*Meiner Frau und Mitgärtnerin Mina und meinen Kindern Alice und Thierry
mit herzlichem Dank für ihre Geduld und Mithilfe.*

© 2020, Elisabeth Sandmann Verlag GmbH, München

ISBN 978-3-945543-73-3
Alle Rechte vorbehalten

Autor: Andreas Honegger
Lektorat: Regina Carstensen
Cover und Satz: Anja Fuchs, Nürnberg
Illustrationen: Eva Kläui und Cornelia Gann
Herstellung: Peter Karg-Cordes
Druck und Bindung: ForPress, Nitra

Bildnachweis:
Cornelia Gann: U1, 5, 16, 36, 48, 71, 76, 81, 85, 87, 89, 97, 107, 110, 113, 133, 149, 157, 165, 179, 180, 201, 205, 215, 236, 239, 246, 262, 267, 277, 278, 286, 292, 294, 303, 321, 358, 378.
Eva Kläui: U4, 7, 8, 24, 33, 40, 44, 50, 53, 65, 69, 90, 95, 104, 116, 129, 136, 137, 142, 152, 159, 171, 172, 174, 188, 192, 198, 203, 209, 219, 228, 248, 257, 261, 296, 297, 298, 305, 313, 329, 334, 340, 361, 370.

Besuchen Sie unsere Website: www.esverlag.de

ANDREAS HONEGGER

Von fiesen Schädlingen, duftenden Kräutern und üppigen Blumen

Erfahrungen eines leidenschaftlichen Gärtners

ELISABETH
SANDMANN

Inhalt

EINLEITUNG 6

KAPITEL 1
Querbeet durch die Natur 7

KAPITEL 2
Frühling 31

KAPITEL 3
Le temps des roses 71

KAPITEL 4
Sommer 97

KAPITEL 5
Herbst 113

KAPITEL 6
Winter 157

KAPITEL 7
Gewürze und Gemüse 189

KAPITEL 8

Kübelpflanzen und Exoten 219

KAPITEL 9

Gartengestaltung 239

KAPITEL 10

Biotope im Garten: Alpinum, Teich und Moorbeet 267

KAPITEL 11

Bäume und Baumschnitt 305

KAPITEL 12

Zu kalt, zu heiß, zu trocken, zu nass - eineFrage des Klimas 329

KAPITEL 13

Schutz vor Tieren, Insekten, Viren, Pilzen, Unkraut
und Neophyten 351

LITERATUR 380

PFLANZENREGISTER 383

Einleitung

Schön ist mein Garten mit den goldnen Bäumen,
Den Blättern, die mit Silbersäuseln zittern,
Dem Diamantentau, den Wappengittern,
Dem Klang des Gong, bei dem die Löwen träu-
men (...)
So schön, ich sehn' mich kaum nach jenem
andern,
Dem andern Garten, wo ich früher war.
Ich weiß nicht wo ... Ich rieche nur den Tau,
Den Tau, der früh an meinen Haaren hing,
Den Duft der Erde weiß ich, feucht und lau,
Wenn ich die weichen Beeren suchen ging...
In jenem Garten, wo ich früher war ...

Hugo von Hofmannsthal, «Mein Garten» 1891

Pflanzenliebhaber, Gärtnerinnen und Gärtner, die ganze Community mit dem grünen Daumen – sie alle sind ständig auf der Suche nach neuen Inspirationen, neuen Gestaltungsmöglichkeiten, aber auch nach ihnen noch unbekannten spannenden Pflanzen. Ich habe es mir zur Aufgabe gemacht, in meinen Gartenkolumnen immer wieder neue Themen und Ideen anzusprechen. Mich begeistert jeden Tag aufs Neue die Schönheit der Blumen, der Reichtum der Arten, die prächtigen Düfte der Blüten, die herrlichen Aromen der Kräuter, das schmackhafte Gemüse, die berauschenden Farben und die immer wieder faszinierende Kraft des Wiedererwachens von Austrieben und Blüten im Frühling nach dem scheinbaren Stillstand im Winter.

Die Mehrzahl der Kolumnen ist in den letzten beiden Jahrzehnten in der *Neuen Zür-* *cher Zeitung* erschienen. Einige von ihnen sind an spezielle Ereignisse gebunden, an besonders heiße Sommer oder besonders kalte Winter, aber letztlich sind die Beobachtungen in Wald, Feld und Garten zeitlos. Die Tipps für die Gärtnerinnen und Gärtner sind gültig wie eh und je, die Betrachtungen zu einzelnen Pflanzen, zu Pflanzenfamilien, zu einzelnen Gärten haben nichts von ihrer Unmittelbarkeit, ihrer Frische und ihrer Aktualität eingebüßt.

Bei den Veröffentlichungen führte der Zufall Regie: Die Kolumnen waren Momentaufnahmen, und die Themen wechselten von Mal zu Mal. Nun sind sie in diesem Buch in einen sinnvollen Kontext gestellt. Wer sich für eine Pflanze, eine Pflanzenfamilie oder einen Gestaltungstipp interessiert, wird das Gesuchte finden. Hinweise zu Krankheiten, Schädlingen, Düngern und Substraten können weiterhelfen, wenn man schon glaubt, nicht mehr weiterzukommen.

Die kleinen Gartengeschichten sind etwas überarbeitet worden, aber sie haben ihre ursprüngliche Geschlossenheit beibehalten. Da die Kolumnen über einen Zeitraum von nahezu zwanzig Jahren entstanden, ließen sich natürlich Wiederholungen nicht ganz vermeiden, aber sie fügen sich wie ergänzende Mosaiksteine zu einem Gesamtbild. Die hervorragenden Illustrationen von Eva Kläui und Cornelia Gann geben dem Buch zudem eine elegante Bildsprache.

KAPITEL 1

Querbeet durch die Natur

Der Erdbeerbaum, *Arbutus unedo*, ein Gewächs der mediterranen
Macchia/Maquis mit essbaren Früchten.

Weshalb sind die Bewohner der britischen Inseln so gartenaffin? Es liegt wohl zum einen an der *My-home-is-my-castle*-Mentalität und zum anderen an dem einst weltumspannenden Empire, das ihnen die Augen geöffnet hat für die botanischen Schätze rund um den Globus. Warum werden Arten und Gattungen neuerdings immer wieder von einer Pflanzenfamilie zur anderen geschoben? Erstaunlich, was Waldpilze für fürchterliche Namen haben! Wieso legen manche Leute Gärten nach den Blütenfarben geordnet an? Wie kam es dazu, dass man den meisten Gründer-vätern der USA eine Blume, die ihren Namen trägt, gewidmet hat? Lupinen sind in Europa Neophyten; sie sind deshalb nicht weniger prächtig, und sie verbessern den Boden und unsere Ernährung. Wie gelangt die Erde in die Säcke, die im Gartencen-ter verkauft werden? Einige Orchideen sind im Trend, sie werden in wirtschaftlich relevanten Zahlen gezüchtet. Der größere Teil der Familie wird aber nur von wenigen Sammlern gehegt und erhalten. Was unterscheidet Pelargonien und Geranien? Wieso wollen die Gärtner das nicht wahrhaben? Welche Pflanzen gedeihen im Innern der Wohnung – und welche machen auch entsprechend etwas her? Wo treffen sich die Pflanzensammler in Europa zum Austausch von Erfahrungen, aber ebenso zum Erwerb seltener oder besonders schöner Pflanzen?

Lauter Fragen, die hier aufgeworfen werden – als Beispiel für die Vielfalt von Informationen und Ideen, die sich dann auf den folgenden Seiten breit entfaltet.

Garten – ein wichtiger Teil der Kultur

Die feine englische Art des Gärtnerns

«*The desk is of arbutus wood*», beginnt eine Kolumne über die irische Schriftstellerin Edna O'Brien in einer Wochenendausgabe des *Guardian*. Wer hierzulande würde es wagen, in einer Zeitung die hölzerne Rarität eines Schreibtisches mit einem lateinischen botanischen Namen zu bezeichnen? Soeben von einer Reise durch englische Gärten zurückgekehrt, erlaube ich mir, ein wenig über den Unterschied zwischen den Engländern und den Kontinentaleuropäern in ihrer Haltung gegenüber den Gärten nachzudenken.

In England darf man davon ausgehen, dass der Leser einer anspruchsvollen Zeitung weiß, dass *Arbutus unedo* der Name des mediterranen Erdbeerbaumes ist, eines wunderbaren Gehölzes mit weißen Glöckchenblüten und roten, erdbeerförmigen Früchten, die oft noch am Baum hängen, wenn dieser schon wieder blüht. Als immergrüner Strauch oder Baum ist er ein idealer Wind- und Sichtschutz. Die Engländer haben zudem das Privileg, dass *Arbutus* in ihrem Golfstromklima sehr gut wächst und in Irland wild vorkommt.

HEIDRÄNTSCHA UND ASELIAS

Und da die Briten ein Volk von Gärtnern sind, benutzen sie die lateinischen Bezeichnungen für Pflanzen so selbstverständlich, dass viele gar keine «populären» Namen haben. Natürlich heißt das kleine Gänseblümchen Daisy, sonst hätte sich Donald Duck ja nie verlieben können. Aber Vita Sackville-West, die englische Autorin und Gartengestalterin, schrieb in ihren Kolumnen mit Selbstverständlichkeit von *Bellis perennis*. Als mir vor vielen Jahren der Besitzer eines großen, öffentlich zugänglichen Gartens in Cornwall mit strahlenden Augen von einer neuen himmelblauen «Haidräntscha» erzählte, die er angepflanzt habe, dauerte es eine Weile, bis ich begriff, dass von Hortensien die Rede war, von *Hydrangea*, die wir in unserem Schullatein auszusprechen pflegen, während die Engländer die wissenschaftlichen Namen übernehmen und sie gnadenlos anglisiert wiedergeben. Azaleen nenne die Briten *Aselias*.

DER KLEINE GARTEN UND DIE GROSSE WEITE WELT

Es gibt wohl zahllose Begründungen, weshalb die Briten eine so viel engere Beziehung zum Gärtnern haben als die Kontinentaleuropäer – die allerdings langsam am Aufholen sind. Zum einen gibt es noch viel «Natur», die man kennenlernen kann, selbst wenn das Wetter nicht immer dazu einlädt. Zum anderen sind auch die Siedlungen gartenfreundlich angelegt. Hochhäuser und Wohnblocks sind selten, kleine Reihenhäuser mit Garten sind praktisch die Norm, selbst in den Städten. Und ein prächtig bepflanztes Vorgärtchen macht auch aus dem winzigsten Häuschen ein kleines *Castle*. Die spezifische Begeisterung für die botanische Vielfalt hat ihre Wurzeln jedoch in der angeborenen Neugier der Inselbewohner auf die weite Welt. Als Händler, Touristen und Welteroberer brachten sie alles Grüne, was sie finden konnten, in ihre Gärten und Glashäuser. Im Lauf der Jahrhunderte entwickelten sie dann ein gutes Gefühl dafür, wie der Wille nach Gestaltung mit der romantischen Großzügigkeit, die Natur sich selbst zu überlassen, in Übereinstimmung gebracht werden kann. So wurde das Gärtnern zu einem wichtigen Teil ihrer Kultur. Da können wir noch viel von den Engländern lernen.

Das Desaster mit der Aster

Eine Gattung mit Tücken

Im Herbst blüht in den Gärten nicht mehr viel. Das wunderschöne Blau des Herbst-Eisenhuts leuchtet hervor, und sonst sind es vor allem die Blüten der Astern, die es mit den farbigen Blättern des Herbsts noch aufnehmen können. Aber was sind denn Astern eigentlich genau?

Wir alle kennen vielleicht die Alpenastern, die mit ihren strahlenden Blüten oft auf kalkigen Fluren mit Edelweiß zusammen gedeihen. Einst waren die Astern eine riesige Gattung, die Pflanzen aus Eurasien, Amerika und Afrika umfasste, bis dann die DNA-Analyse mit einem brutalen Schnitt die eurasischen von den übrigen trennte. Die nordamerikanischen Astern wurden nun den Gattungen der Berufskräuter (*Erigeron*) und der Goldrauten (*Solidago*) zugeordnet.

STERNFÖRMIGE HYBRIDEN

Wir haben seit Langem einen großen Bogen um die Astern gemacht, weil die Einteilung der hohen und niederen Stauden, die fast alle in Weiß, Rosa, Rot und Violett blühen, uns zu kompliziert erschien. Nun ist sie desaströs geworden, weil all die so ähnlich aussehenden Arten amerikanischer Herkunft nicht mehr zur selben Gattung gehören. Aber auch als anonyme Blüten der *Asteraceae* (Korbblütler) verschönern sie uns den Herbst – man muss ja nicht immer alles so genau wissen.

Zudem haben die Gärtner eine solche Fülle von Hybriden gezüchtet – deren sternförmig strahlende Blüten vielleicht wirklich etwas an die gleichnamigen Himmelskörper erinnern –, dass man ein großer Spezialist sein muss, um etwa 'September Ruby' von 'Carnival' oder 'Orlando' zu unterscheiden.

HERBSTASTERN UND WINTERASTERN

Und um das Maß der astralen Verwirrung voll zu machen, gibt es neben den Herbstastern die oft zum Verwechseln ähnlichen Winterastern (*Chrysanthemen*), eine andere Gattung der gleichen Familie, die aus Asien stammen. Sie kamen Ende des 18. Jahrhunderts aus China und Japan zu uns, und die Vielfalt der Sorten sowie ihre oft braun-rostfarbenen Töne machten aus ihr eine ideale Zierpflanze für die kältere Jahreszeit: An Allerheiligen stellt man sie bei uns auf die Gräber, und in der Westschweiz und in Frankreich hängen sie in langen Garben von Fenstern, Brunnen und Kandelabern.

Im Staudenbeet werden die als Jungpflanzen gesetzten «kleinen» Astern bald einmal meterhoch. Man kann sie verpflanzen, oder man verpasst ihnen einen Chelsea-Schnitt, man schneidet die Stauden, die zu rasch aufschießen und zu früh blühen würden, im Frühsommer rigoros um die Hälfte zurück. Nun bilden sie neue Triebe und blühen dann zur gewünschten Zeit. Der Ausdruck geht wohl darauf zurück, dass die an der Chelsea Flower Show beteiligten Gärtner ihre Stauden zurückschneiden, um sie zielgenau auf das Datum der wichtigsten Blumenausstellung in England zur Blüte zu bringen.

Botaniker mit eigener Familie

Die Gruppe europäischer Gesneriaceae

Natürlich haben die meisten Botaniker eine Familie, aber nur wenigen ist es vergönnt, dass eine ganze Pflanzenfamilie nach ihrem Familiennamen benannt ist. Der Zürcher Botaniker Konrad Gessner, der von 1516 bis 1565 gelebt hat, hat einer Pflanzenfamilie, den Gesneriaceen, den Namen gegeben. Gessner hat die Systematik der Pflanzen, die der schwedische Naturforscher Carl von Linné zwei Jahrhunderte später vollendet hat, mindestens vorgespurt. Er hat die Pflanzen, die er angetroffen hat – viele von ihnen versuchte er in Zürich im Garten zu züchten –, in langen Listen aufgeführt. Und er hat mit den wichtigsten Botanikern, die über eigene Gärten verfügten, in ganz Europa korrespondiert, Erfahrungen und Pflanzen ausgetauscht. Man hat ihm zu Ehren auf dem Hügel der «Katz», dem alten Botanischen Garten in Zürich, einen Kräutergarten angelegt, wo nun häufig die Anwälte und Banker aus den umliegenden Büros im Sommer mittags ihr Sandwich verzehren.

Konrad Gessner war Stadtarzt, und die Nähe zur Botanik ist damit eigentlich schon gegeben, waren doch die Pflanzen die wichtigsten Heilmittel seiner Zeit. Seine Apotheke waren die Natur und sein Garten. Als unermüdlicher und genialer Beobachter der Tier- und Pflanzenwelt hat er sich auch als Sprachforscher und Lexikograf einen Namen gemacht. Kaiser Ferdinand I. hat ihm für seine Verdienste einen Adelsbrief verliehen; weit anhaltender nobilitiert wurde er indessen mit der Pflanzenfamilie der Gesneriaceen. Die wenigen Gattungen dieser Familie in Europa sind eigentliche Raritäten und verdienen unsere Aufmerksamkeit. Sie sind sogenannte Tertiärrelikte, das heißt Pflanzen, die mindestens seit dem Pliozän im Wesentlichen unverändert bis in unsere Zeit überlebt haben. Dafür brauchtes sie ein Refugium, einen mehr oder weniger geborgenen Ort, an dem sich das Klima nicht zu stark änderte.

KLEINE FAMILIE IN EUROPA, GROSSE PFLANZENSIPPE IN AFRIKA

Im Falle der Gesneriaceen sind das die Pyrenäen und die Gebirge des Balkans. Es sind ausgesprochen schöne Alpenpflanzen, die in der Regel in Spalten von Kalkfelsen wachsen, dort schöne Rosetten bilden und üppig blühen. Am bekanntesten sind die *Haberlea rhodopensis* aus dem Rhodopegebirge in Bulgarien und Nordgriechenland mit sehr attraktiven blauen Blüten und der Felsenteller *Ramonda myconi* oder *Ramonda pyrenaica* aus den Pyrenäen und dem Montserrat. Noch seltener ist die *Jankaea heldreichii*, eine weiß behaarte Pflanze aus dem thessalischen Olymp, deren Kultur hohe Ansprüche stellt. Kürzlich ist uns eine Kreuzung von Letzterer mit *Ramonda myconi* begegnet, die fantastisch blüht und einfacher zu kultivieren sein soll. *Ramonda myconi* und *Ramonda nathaliae* können in Kultur die seltene Hybide *Ramonda × regis-ferdinandi* bilden.

Die große afrikanische Pflanzenfamilie der Gesneriaceen umfasst insgesamt rund 2000 Arten, von denen gerade nur ein halbes Dutzend außerhalb der Tropen vorkommen. Die Ramonda verdankt ihren Namen dem französischen Naturforscher Ramond de Carbonnières, und wenn man sich von ihr eine Vorstellung machen will, hilft am ehesten das Usambaraveilchen aus den Bergen Ostafrikas. Das sieht ähnlich aus, ist ebenfalls eine Gesneriacea und verdankt seinen wissenschaftlichen Namen *Saintpaulia* dem Baron von Saint-Paul, der die Pflanze im 19. Jahrhundert nach Europa gebracht hat.

Ramonda kommen in vielen Botanischen Gärten und auch in Gärten privater Sammler vor. Der schönste Bestand in der Schweiz ist aber sicher der savoyardische Festungsturm des Château du Châtelard oberhalb von Montreux, dessen Ostwand über und über von diesen prächtigen Pflanzen bewachsen ist. Ramonda sind Überlebenskünstler. Ihre Blätter können bei anhaltender Trockenheit zusammenschrumpeln, sodass man sie für tot hält. Nach einigen Regentagen sind sie aber wieder völlig da.

Felsenteller (*Ramonda pyrenaica*) an einer Felswand.

Borstlinge und Schmierlinge - seltsame Blüten des Moders

Die Massen von Pilzen in den Wäldern

Wenn man im Frühherbst durch die Wälder streift, hört man immer wieder das Ah! und Oh! der Spaziergänger, das an die Begeisterung bei farbigen Explosionen an einem Seenachtfest erinnert. Tatsächlich ist zwischen den Bäumen ein wahres Feuerwerk zu bewundern, und zwar in Form von Pilzen aller Art. Ein regenreicher Frühling, eine sehr warme erste Sommerhälfte und dann ein verregneter August schaffen ideale Bedingungen für das Wachstum der Pilze. Die Saison geht schon Mitte August los und dauert bis Ende September.

Die Ausbeute an Steinpilzen kann manchmal besonders groß ausfallen, uns interessiert aber mehr die Vielfalt der Pilze, all die wunderschönen Formen und Farben, die man in der Saison bewundern kann. Zwei Phänomene sind gut zu beobachten. Zum einen die kreisförmigen Strukturen, in denen die Pilze stehen. Das Myzel, die fadenartige Struktur des Pilzes unter dem Boden, hat sich im Waldboden von einem Ort aus flächig ausgedehnt, und als dazu die Bedingungen ideal waren, schossen rundherum im Kreis die Fruchtkörper, die Pilze, aus dem Boden. Zum anderen wachsen große Mengen auf vermoderndem Holz, auf alten Strünken, umgefallenen Stämmen und verrottenden Ästen. Da bilden sie zum Teil wunderschöne Gruppen, wenn die Pilze gleichzeitig und üppig aus dem Boden schießen. Zum Teil erinnern sie an Kristallstufen, wenn sie alle in

Reih und Glied sich der Luft und dem Raum entgegenrecken.

Der Wald ist derzeit auch ein olfaktorisches Erlebnis. Selbst mit verbundenen Augen würde man sofort wissen, dass man im Wald ist, so intensiv ist der pilzig-moosig-modrige Geruch, der einem in die Nase steigt. Denn während die einen Pilze noch ihre Schirme öffnen, sind andere schon wieder im Zustand der Zersetzung. Bevor sie sich fast ohne Rückstände wieder unseren Blicken entziehen, haben sie massenhaft Sporen ausgestreut, die teilweise wie weißes Mehl den Waldboden einstäuben. Andere pudern ihre Standorte kräftig dunkelbraun.

An lichten Stellen weiß man nicht, wo man die Füße hinsetzen kann, ohne die Pilze niederzutrampeln. Auf dem sich zersetzenden Holz finden sich die Trameten und Porlinge. Bei den Pilzkontrollstellen der Gemeinden werden Hexenröhrlinge – aus der Familie der Steinpilze –, Mönchsköpfe, Herbsttrompeten, Reizker und Rehpilze vorgelegt. Und kaum versucht man mit den Arten zurechtzukommen, merkt man, dass nur «vergiftete» Pilzler der Pilzvergiftung entgehen können, und beschließt, die Speisepilze lieber auf dem Markt einzukaufen.

GRUSELKABINETT IM MÄRCHENWALD

Die Namen der Winzlinge auf der Walderde tönen wie aus dem Telefonbuch des Feenreichs. Hören wir einmal genau hin: «Die porigen

Schupplinge treffen sich mit den schuppigen Porlingen bei den zottigen Schirmlingen, dem fleischblassen Milchling und dem geselligen Nabeling und tratschen über die Rolle der Stäublinge im Streit mit dem Satans-Röhrling, der behauptet, der verdrehte Rübling mit der Rotkappe, diese Gift-Lorchel, habe dem gelbmilchenden Becherling mit der Bischofsmütze das Geheimnis verraten, dass der gemeine Fälbling und der dünnfleischige Egerling den behangenen Düngerling hinter dessen Rücken einen warzigen Drüsling, einen hässlichen Dickfuß, einen gallertfleischigen Krüppelfuß, ja, sogar einen natternstieligen Schleimfuß gescholten habe, was nun den Blättling, den Borstling, den Brätling, den Krempling und den Eier-Wulstling fürchterlich aufregt und den Tränen-Täubling und den wässrigen Faserling, diese beiden Zärtlinge, gar zum Weinen bringt. «Pustularia», meint der fuchsige Streifling, «wir scheren uns einen Pfifferling darum. Wir schicken den brennenden Ritterling mit der abgestutzten Keule, und der wird diesem großen Schmierling eine Ziegenlippe hauen, sodass er glaubt, seine Totentrompete zu hören!» Nur weg aus dem Wald, bis der Spuk mit diesen pilzigen Sonderlingen wieder vorbei ist!

Pilze sind oft vielfältig und kurios, noch kurioser sind oft ihre Namen.

Fast alpine Impressionen

Im Winter rücken die Berge näher

Die Föhnlage der vergangenen Wintertage hat dazu geführt, dass man von Zürich aus die Alpen zum Teil gestochen scharf gesehen hat. Wenn der Föhn und der Westwind um die Vormacht streiten, ergibt sich für uns ein wunderschönes Panorama: Gegen die Berge zu öffnet sich ein regenbogenförmiges helles Tor in der Wolkendecke, und darunter liegt dramatisch und für unser Gefühl überhöht der Alpenkranz. Dann aber zog von Westen der Regen auf, und das Föhnportal über den Alpen fiel in sich zusammen. Der Regen und das laue Westwindwetter sind für die Pflanzen nach wochenlangem Frost eine gute Erholungsphase. Jetzt, wo der Boden aufgetaut ist, sollte man unbedingt dort gießen, wo der Regen nicht hinkommt, unter Bäumen oder die in Kübeln wachsenden Pflanzen, die mit ihrem Laub den Regen ableiten, sodass der Topf trocken bleibt. Noch ist der Winter ja nicht vorbei, er macht nur eine Pause, und die sollten wir nutzen!

TANNEN IN DER BUCHENWALDREGION

Nicht nur bei Föhn sind die Alpen scheinbar näher bei uns, der Winter ist ganz allgemein eine Zeit, in der wir im Flachland härtere Konditionen haben für die Vegetation, solche, wie man sie während eines Großteils des Jahres in den voralpinen und alpinen Regionen findet. Wiesen und Büsche an den Hängen sind nun gelb-braun, die immergrünen Tannen dominieren das Bild, weil die anderen Bäume ihr Laubkleid abgelegt haben. Und mächtige Tannen – man nennt die

frei stehenden Fichten, die mit ihren bilderbuchmäßig gewachsenen Ästen als kräftige Solitäre der Witterung trotzen, «Wettertannen» – prägen normalerweise das Bild der Alpenlandschaft. Eigentlich sind die Tannen Bäume, die in den Laubwaldregionen des Tieflands nicht heimisch sind. Man hat sie in großen Mengen angepflanzt, da man im 19. Jahrhundert ihr schnelles Wachstum schätzte. Sie waren optimales Bauholz für die rasante Entwicklung der Siedlungen in der Gründerzeit.

Gleich außerhalb der Stadt Zürich, beispielsweise im Sihltal, das im Sommer als ein waldiges Tal im Tiefland erscheint – und dank dem wilden Bad von Goethe und seinen Freunden im Fluss, das in die Literaturgeschichte eingegangen ist –, kann man im Winter eine fast alpin geprägte Stimmung erkennen. Das Wasser des Flusses rieselt über die Steine, die Hänge mit ihren teilweise sumpfigen Borden sind in ockerfarbene Pastelltöne getaucht, und zwischen den einzelnen Tannengruppen schweben Nebelschwaden. Man wähnt sich in subalpinen Regionen.

DER STADT EINEN WALD

Gerade der Sihlwald selbst ist ein gutes Beispiel eines ursprünglich reinen Buchenwalds, der über die Zeit durch die Nutzung zum Mischwald wurde. Jahrhundertelang war er eine große Holz- und damit Energiereserve der Stadt Zürich. Die Fraumünsterabtei hatte den «Albisforst» durch die Schenkungsurkunde von Ludwig dem Deutschen 853 zusammen mit anderen Ländereien als materielle Grundlage für das Kloster erhalten. Der Aufschwung der Industrie im 17. und 18. Jahrhundert führte zu einer latenten Holzknappheit, ein Problem, das auch der Sihlwald nicht entschärfen konnte. Seit zwanzig Jahren bleibt dieser mit rund zehn Quadratkilometern größte zusammenhängende Laubmischwald des Mittellands als Naturlandschaft sich selbst überlassen.

Zürcher Garten

Blau-Weiß als elegante Variante zu Bunt

Blau ist eine Farbe, die in der Welt der Blumen eher selten ist. Fast immer ist das vermeintliche Blau von Nahem eher ein Violett. Sehr viele Clematis spielen im Spätsommer in den Gärten in hundert violett-blauen Varianten. Die blaue Blume par excellence ist der blaue Mohn (*Meconopsis*) aus dem Himalaja. Sein strahlendes Himmelblau wird allenfalls noch von einigen alpinen Enzianen erreicht, und – wenn man mit recht viel Kalium-Alaun zuschlägt – von den Hortensien. Auf den diversen teuren Mitteln, die für die Blaufärbung der Hortensien im Handel sind, steht meist, man müsse damit im Frühling und im Herbst die Hortensien gießen. Aber das bringt nichts. Wichtig ist, die Hortensien in dem Moment, wo sich die Farbe der Blüten bildet, mit genügend Alaun zu versorgen.

SPIEL MIT AUSGEWÄHLTEN FARBEN

Sehr attraktiv sind Blumenbeete in Blau-Weiß – den Farben des Wappens von Zürich und Bayern –, und dazu liefern die Hortensien eine perfekte Grundlage, da sie sowohl strahlendes Blau als auch reines Weiß hervorbringen. Aber ebenso viele andere Pflanzen lassen sich in diesen Farben kombinieren, sie wirken irgendwie eleganter als bunte Kombinationen mit Rot und Gelb. Ein wunderschönes Blau und dazu das passende Weiß liefern die Lobelien, wobei die Fleißigen Lieschen das noch reinere Weiß beisteuern können. Wunderschön sind ebenso die lange blühenden nordamerikanischen Präriekerzen (*Gaura lindheimeri*) mit ihren weißen Rispen. Man kann sie mit blauen Kornblumen kombinieren oder gar mit dem fast metallisch blau wirkenden Gauchheil (*Anagallis monellii*). Letztere ist eine nahe Verwandte von unserem Ackerunkraut (*Anagallis arvensis*), das unscheinbare rote Blüten trägt.

In die kleine Gruppe der leuchtend blauen Pflanzen gehört weiterhin die Ochsenzunge (*Anchusa azurea*). Normalerweise findet man sie auf Kieshaufen am Wegrand und im kargen Substrat bleiben ihre Rispen niedrig. Im mit Kompost gedüngten Gartenbeet können die Zuchtsorten 'Loddon Royalist' oder 'Opal' jedoch bis zu 60 Zentimeter hoch werden, und ihr leuchtendes Blau ist dann die Attraktion des Gartens. Man kann nicht über die blauen Blumen schreiben, ohne den Rittersporn zu erwähnen. Wenn man ein wirklich hinreißendes Blau wählen will, muss man ihn blühend kaufen. Und – um die tiefblaue Serie abzuschließen – man sollte auch nicht auf die einjährigen *Salvia patens* 'Oxford Blue' verzichten, selbst wenn man sie jedes Jahr neu kaufen muss.

Ungrüner Lärm

Die grässlichen Laubbläser

In Stadt und Dorf vergeht kaum ein Tag, an dem nicht irgendwo in der Nachbarschaft ein Hauswart oder Gärtner mit dem Laubbläser hantiert. Möglichst früh am Morgen fängt der ungeliebte Lärm an, der so tönt, als lasse jemand den Motor eines Mofas in unregelmäßigen Abständen bis zum Maximum aufheulen. Ziel der Übung ist es, das Laub herumzublasen. Früher haben Hauswarte und Gärtner dazu einen stummen Besen verwendet, und das Laub wurde zusammengekehrt und dem Kompost übergeben. Vorübergehend hatten die Gärtner einen Laubsauger verwendet, der das Laub wie ein großer Staubsauger in einen mitgeführten Sack beförderte. Auch das war nicht gerade eine ruhige Sache; aber wenigstens war es nützlich und endlich: Irgendwann waren die Blätter im Sack.

LIEBER SAUGER ALS BLÄSER

Der Laubbläser dagegen ist – die wenigen löblichen Ausnahmen einmal ausgenommen – ein reines Verdrängungsinstrument. Die Blätter werden aus einem Hauseingang oder einer Ga-

rageneinfahrt wegbefördert und landen entweder auf dem öffentlichen Grund, auf Trottoir und Straße, oder sie werden in die Hecken und Ecken des Nachbargartens hineingepustet. Der Nachbar macht dann wenige Tage später das Gleiche in umgekehrter Richtung, wenn der Wind das nicht schon erledigt hat. Natürlich spart der Gärtner mit dieser Methode etwas Zeit, das manuelle Rechen oder Wischen ist wohl aufwendiger. Aber ist das wirklich ein Fortschritt oder nur eine gedankenlose Bequemlichkeit? Oder ist es vielleicht gar so, dass Gärtner sich gegenseitig das Laub von Garten zu Garten zuspielen und so immer wieder einen triftigen Grund für bezahlte Arbeit in den Kundengärten finden? Unser Vorschlag: Beauftragen Sie nur noch einen Hauswart oder einen Gärtner, der Ihnen verspricht, die grässlich lärmige Maschine zu Hause zu lassen. Zahlen Sie im schlimmsten Fall etwas mehr Geld, denn damit wird Ihr Garten um einiges ruhiger und um einiges grüner: Lärmige Benzinmotoren bei der Grünpflege sind wie die Faust aufs Auge.

Sympathische Stadt

Malven wachsen am Straßenrand

Es gibt viele Pflanzen, die anspruchslos sind und problemlos wachsen. Der größte Teil davon ist Unkraut, das man eigentlich nicht will. Doch es gibt sehr attraktive Pflanzen, die – wenn sie sich wohlfühlen – mit wenig Raum auskommen. Dazu gehören die Malven, die jetzt in schönster Blüte stehen. Zuerst ein Satz zur öden Terminologie: Unsere wilden Malven an Wegen und in Wiesen gehören zur Gattung Malva; unsere Stockrose oder Stockmalve gehört zur Gattung Alcea. *Alcea rosea* gibt es in einer großen Farbpalette: Rot, Rosa, Dunkelrot, Violett, Rostbraun, Gelb und Weiß, und das ganze Programm gibt es auch mit gefüllten Blumen.

Manchmal wachsen zwei Meter hohe Malven in einem kleinen Spalt zwischen einer Hausmauer und dem Trottoir. Und manchmal sind gerade das die gesündesten Exemplare, weil sie im Trockenen stehen und dem Wind ausgesetzt sind. Im Gartenbeet erkranken sie dagegen oft am Malvenrost, einer Pilzkrankheit, die vor allem Pflanzen an feuchten Standorten befällt. Die Blätter werden gelbbraun und sterben langsam ab.

GUERILLA MIT GRÜNEM DAUMEN

Im Sommer kann man hübsche Malven in Zürich rund um die Bäume sehen, die die Straßen säumen. Ein Gärtner und Koch mit Namen Maurice Maggi soll seit einem Vierteljahrhundert nachts die Malvensamen aussäen. Von «Guerilla-Malven» war die Rede, aber es gibt wohl kaum etwas Friedlicheres als die blühenden Pflanzen im sommerlichen Stadtbild. Sie nutzen den sonst brachliegenden oder verunkrauteten Raum, der die Bäume umgibt. Andere «Guerilleros» pflanzen so attraktive Gewächse wie Kletterrosen in den Wurzelbereich der Straßenbäume. So kommen auch die Bewohner einer Wohnung ohne Garten und Balkon zu einem kleinen Gärtchen vor ihrem Haus. Das trägt jedenfalls dazu bei, dass Zürich eine so sympathische Stadt ist.

Blumige Ehre

Präsidiale Pflanzen

Nicht nur Königinnen und Fürsten wurde die Ehre zuteil, ihre Namen im Reich der Pflanzen zu verewigen, auch demokratisch gewählte Präsidenten profitierten von der Sitte der Botaniker, prominente Personen mit einem Blumennamen zu ehren. Wahrhaft demokratisiert wurde diese Namenspatronage aber erst durch die Rosenzüchter, die mehr neue Sorten hervorbringen, als Staatsoberhäupter zur Namensgebung zur Verfügung stehen. So wächst nun in unserem Garten eine Rose, die auf den Namen des deutsch-italienischen Sternekochs Heinz Winkler hört, oder wir durften miterleben, wie eine neue Rhododendron-Hybride den Namen des Schweizer TV-Moderators Kurt Aeschbacher erhielt. Die Zarentochter Anna Paulowna gab der Gattung des Blauglockenbaums, *Paulownia imperialis*, und deren ganzer Familie den Namen, und eine Seerose mit Riesenblättern, *Victoria regia* oder *Victoria amazonica*, wurde nach der der britischen Monarchin Queen Victoria benannt, aber nicht nur, auch ein Frauenschuh, eine Dendrobium-Orchidee, eine Agave und einer Veilchenart wurden mit ihrem Namen versehen.

GEEHRTE GRÜNDERVÄTER

Einer der US-«Gründerväter», Benjamin Franklin, hatte das Glück, dass man ihn als Namenspatron für die wunderschöne *Franklinia alatamaha* wählte. Der erste Präsident der Vereinigen Staaten von Amerika, George Washington, stand dann der großen Fächerpalme *Washingtonia robusta* Pate. Der dritte Präsident der USA, Thomas Jefferson, gab seinen Namen einer sehr viel bescheideneren, aber schönen Pflanze, der *Jeffersonia diphylla*, die im Frühling elegante weiße Blumen hervorbringt und danach schön geformte Zwillingsblätter. Der fünfte US-Präsident, James Monroe, konnte wohl keiner Pflanze den Namen geben, weil Monrovia schon die Hauptstadt des unter seiner Präsidentschaft gegründeten Liberia ist. Den gleichen Namen wie der siebte Präsident, Andrew Jackson, trägt der australische Schmetterlingsblütler *Jacksonia*. Es entzieht sich unserer Kenntnis, ob dieser zu seinen Ehren so benannt wurde. Immerhin hieß aber Jackson mit Spitznamen nach einem Baum. Er, der die Demokratischen Partei mit aufgebaut hatte, wurde «Old Hickory» genannt, und so hölzern wie der zähe Walnussbaum sieht er auch aus. Die *Clintonia borealis*, eine hübsche, gelb blühende Lilie, ehrt den US-amerikanischen Politiker DeWitt Clinton, der Bürgermeister von New York war – mit Bill oder gar Hillary Clinton hat sie nichts zu tun. Eine Pflanze namens *Trumpia* oder *Trumponia* existiert meines Wissens (noch) nicht.

Duftend und farbig

Petunien aus Amerika

Es gibt Pflanzen, die sagen einem jahrelang nicht viel. Dann aber plötzlich fängt man an, sich für sie zu interessieren, und irgendwann will man sie unbedingt im eigenen Garten sehen. Uns ging es unter anderem mit den Petunien so. Lange hatten wir sie nur als filzige Dinger in den Blumenkisten von Mittelklassehotels wahrgenommen. Doch eines Nachts erfüllte ein angenehmer Geruch die Gegend – und wir schnupperten uns durch zu einer dunkelvioletten Petunie, die nicht nur eine wunderschöne samtene Blüte hatte, sondern eben auch diesen blumig-süßen verlockenden Duft.

Wir verstanden die Welt nicht mehr: Wie hatten wir dieser Gattung nur vorwerfen können, sie sei filzig und klebrig, wo sie doch so herrlich schimmernden Samt hervorbringt? Wie hatten wir die Pflanze als billig oder gar ordinär bezeichnen können, einzig aus dem Grund, dass sie problemlos wächst und pflegeleicht ist, was doch erwiesenermaßen ein Vorteil ist? Wie hatten wir ihr ihre Buntheit ankreiden können, wo sie doch so intensive Farbtöne hervorbringen kann wie etwa den nahezu schwarzen Samt, der – wer es denn mag – auch noch mit gelben Strei-

fen zu haben ist? Zwar können wir uns mit den roten, rosa- und lilafarbigen Exemplaren nach wie vor nicht anfreunden und ebenso wenig mit denen, die so schweizerisch-patriotisch rot-weiß gestreift sind – und schon gar nicht mit denen, die einen weißen Saum um die Blütenblätter tragen. Prächtig aber sind die weißen, die ohne Unterlass bis zum Spätherbst blühen, und die fast enzianblauen Sorten.

GESCHENK AUS DER NEUEN WELT

Petunien gehören zu den Nachtschattengewächsen wie Kartoffeln, Tomaten und Peperoni und sind nahe mit dem Tabak verwandt. Sie stammen aus den subtropischen Gebieten Südamerikas und gelangten Anfang des 19. Jahrhunderts nach Europa. Zwei Farben alleine lassen sich gut mischen, etwa Weiß und Blau, oder Weiß und Schwarz. Sind sie bunt durcheinander gesetzt, wirkt das tatsächlich eher billig oder gar kitschig. Sehr schön sind Petunien zusammen mit Geranien in Kistchen und Töpfen. Sie hängen ebenso gern, wie sie flächig wachsen. Und sie sind heute in diversen Blütengrößen erhältlich.

Schöne und nützliche Fremdlinge

Lupinen im Freiland und im Garten

Bei allen Lebewesen sind wir immer wieder gezwungen, über Sinn und Ausmaß der Immigration zu diskutieren. Aber so xenophob wie bei den Botanikern tönt es selten, denn die invasiven Neophyten, also Pflanzen, die von Natur aus nicht hierhergehören, können für die einheimische Flora eine echte Gefahr bedeuten: Die Stärkeren verdrängen die Schwachen. Ganze Standorte können überwuchert werden und seltene Arten sterben aus – ganz ähnlich wie die Bedrohung der einheimischen Krebse und anderer Tierarten.

FARBENPRACHT IM ENGADIN UND IM SCHWARZWALD

Wir haben in den Ferien im Engadin wieder viele prächtige Lupinen gesehen. Im Tal zwischen Pontresina und Morteratsch wurden die Abraumhalden des dortigen Kieswerks von den Lupinen in ein Blütenmeer verwandelt. Auch im Schwarzwald säumen oft Lupinen die Straßen.

Es gibt in Europa einheimische Lupinen; die großen, üppigen vielfarbigen Sträucher, die wir in unseren Gärten sehen und die in die Landschaft verwildern, stammen jedoch aus dem Westen Amerikas. *Lupinus polyphyllus* wächst in alpinen Regionen in British Columbia und Kalifornien bis auf 2900 Metern über Meereshöhe. Anfang des 19. Jahrhunderts kam die Art nach England und bald aufs europäische Festland. In den Dreißigerjahren haben die Züchtungen von Georges Russel we-

gen ihrer vielfältigen Farbvariationen in Europa Furore gemacht. Die britische Staudenzüchterin Sarah Conibaer hat aus diesen Russel-Hybriden in langer Arbeit die Sorten der 'Westcountry Ladies' in diversen Farbtönen – zum Teil sogar mehrfarbig – gezüchtet, die sich nun in vielen Gärtnereien finden. In den Gärten sind aber diese Sorten nicht ganz einfach zu pflegen. Sie brauchen einen sandig-humosen, eher sauren Boden. Am schönsten, aber auch am schwierigsten, sind die gelben.

BODENVERBESSERER UND EIWEISSQUELLE

Lupinen sind aber auch sehr nützlich. Dank ihren Knöllchenbakterien können die Schmetterlingsblütler den Stickstoff aus der Luft nutzen. Sie gelten deshalb als gute Bodenverbesserer und werden als Düngerpflanzen in der Landwirtschaft eingesetzt. Zudem sind sie für uns als Eiweißlieferanten wichtig. Leguminosen (Hülsenfrüchte) wie Erbsen, Linsen und Bohnen sind für uns perfekte Proteinlieferanten und können als Fleischersatz dienen, wie etwa die Sojabohne. Diese Kultpflanze der Vegetarier hat indessen wieder ihre Schattenseite. Der Massenanbau für die Produktion von pflanzlichem Treibstoff ist für einen guten Teil der Zerstörung der tropischen Regenwälder verantwortlich. Ohne den Bockshornklee (*Trigonella foenum graecum*) wären indessen viele Currymischungen nicht mehr dieselben, und ohne Schabzigerklee (*Trigonella coerulea*) ist das Nationalprodukt des Schweizer Kantons Glarus ebenso wenig denkbar wie das Vinschgauer Schüttelbrot.

Sollen wir diese – recht invasiven – wunderschönen Neophyten nun in unserer Landschaft bekämpfen und ausreißen oder uns einfach an ihnen freuen?

Das spannende Orchideenfach der Gärtner

Massenproduktion bedrängt die Spezialisten

Das Wort «Orchidee» ist fast zu einem Synonym für etwas Unnötiges, Luxuriöses geworden. An den Universitäten bezeichnet man damit die Fächer, die nur wenige Studenten besuchen und denen für die Volkswirtschaft wenig Relevanz zukommt, die man sich aber im Hinblick auf die humanistische Bildungstradition noch anzubieten leistet. Ganz falsch ist die Analogie nicht: Orchideen sind auch für den Gärtner eine Herausforderung. Die Freilandorchideen sind schon recht schwierig, die tropischen erfordern zudem ein Gewächshaus oder eine klimatisch gute Lage in der Wohnung.

EINST EIN GROSSER LUXUS – NUN EIN ALLERWELTSPRODUKT

Tatsächlich waren die Orchideen einst ein großer Luxus. Mit dem Kolonialismus haben die Europäer diese exotischen Schönheiten kennengelernt, und Sammler stürzten sich auf jede neue Art, die die Alte Welt erreichte. Inzwischen sind einige Arten rund um den Erdball gewissermaßen Allgemeingut geworden. Sie sind im

Supermarkt erhältlich und kosten einen Bruchteil dessen, was man noch vor dreißig Jahren bezahlt hat. Wir haben, um zu sehen, woher die Orchideen kommen, zwei spezialisierte Gärtnereien besucht, die unterschiedlicher kaum sein könnten.

Roland Amsler in Sirnach im Kanton Thurgau hält nicht weniger als 5000 Arten von Orchideen in seinen Gewächshäusern. Betritt man diese, ist man etwas erstaunt über die Vielzahl von Dingen, die da herumstehen. Die gut isolierten Glashäuser werden mit Holz geheizt, alles ist ausgeklügelt und individuell. Es gibt ungeheuer viel Arbeit, und aus Kostengründen muss Amsler fast alles allein machen. Zwei, drei Pensionierte helfen ihm in Teilzeit. Und Amsler nimmt sich die Zeit, die er eigentlich gar nicht hat, um die Kunden, die Orchideen kaufen, zu beraten. In seinen Gewächshäusern sind die Orchideen teils auf Tischen ausgebreitet, die verschiebbar sind, teils hängen sie an den Wänden, auf kleinen Rindenstücken festgebunden, bis sie sich mit ihren Wurzeln halten. Im Labor konnten wir zusehen, wie Amsler unter strikter Sterilisation die Samen der Orchideen auf Nährlösungen in Flaschen streut und dann die verschlossenen Flaschen lagert, bis die kleinen Pflanzen sich zum Auseinandersetzen eignen.

JUNGE UND BEDROHTE, ABER WACHSENDE FAMILIE

Die Fülle an Pflanzen ist genial, und zum Teil sieht Amsler seine Sammlung als Beitrag zur Arterhaltung, sind doch viele seltene Orchideen – bis jetzt sind 800 Gattungen und gegen 50 000 Arten weltweit gefunden worden – an ihrem natürlichen Standort durch das Roden von Wäldern bedroht oder bereits ausgestorben und können nur in Kulturen überleben. Überleben ist ebenso für sammelnde Orchideenzüchter ein Problem geworden, denn es gibt immer weniger Hobbygärtner und professionelle Züchter, die für seltene und spezielle Orchideen zahlen. Amsler wirbt mit über hundert Veranstaltungen im Jahr für seine Orchideen – Anlässe, bei denen er seine Gäste zudem bewirtet und damit Einkommen generiert. Der Markt wird gleichzeitig überschwemmt mit einigen wenigen Sorten, die sich gut verkaufen. Wie in vielen anderen Branchen, hat die Massenproduktion die Spezialisten an den Rand gedrängt.

So hat auch die Gärtnerei Meyer in Wangen nahe Zürich, die ebenfalls auf Orchideen spezialisiert ist, einen Weg suchen müssen, um auf dem Markt zu bestehen. Sie hat sich im Jahr 2000 mit fünf Gärtnereien aus Dänemark und Deutschland zur Gruppe NEON (New European Orchids Network) zusammengeschlossen. Ihr Ziel ist eine enge Zusammenarbeit auf dem Gebiet von Produktionsentwicklung und Marketing. Die Produktpalette besteht – sieht man sich in der Gärtnerei um – vor allem aus Malaienblumen (*Phalaenopsis*); im Programm sind aber ebenso Orchideen wie *Paphiopedilum*, *Cambria*, *Oncidium*, *Dendrobium*, *Miltonia* und einige weitere. Da es unglaublich viele Sorten und Farben von Phalaenopsis gibt, ist die Vielfalt groß – aber natürlich nichts im Vergleich zu Amslers Vielfalt.

In Wangen wird auch nicht im großen Stil vermehrt. Die Jungpflanzen kommen von anderen Firmen der Gruppe aus Deutschland und Taiwan – Letzteres ist ein Spezialist für kleinblumige Phalaenopsis. Meyer liefert an Blumengeschäfte und Supermärkte, verkauft aber genauso gut direkt im eigenen Outlet. Und es macht Spaß, in diesen blühenden «Feldern» von Phalaenopsis-Hybriden herumzuwandern. Im Betrieb in Wangen arbeiten zwanzig Vollzeit- und zwanzig Teilzeitangestellte.

Blaue europäische Geranien und rote afrikanische Pelargonien.

Anhaltender Familienzwist

Auf dem Fenstersims sind Geranien Pelargonien

Es geht doch nichts über eine schöne Besserwisserei: Seit Jahren kämpfen die Botaniker gegen die Gärtner und den Rest der Welt wegen des Namens Geranium. Genau genommen sind Geranien nur die in Europa ganzjährig gedeihenden Storchschnäbel. Alles, was unsere Fenstersimse und Brunnentröge schmückt, sind eigentlich Pelargonien, deren Urformen vor allem aus dem Süden Afrikas stammen und die deshalb nicht winterhart sind. Im Lauf der Jahre wurden aus diesen «Exoten» die knallroten – vielleicht kitschigen, vielleicht patriotischen – Blüten gezüchtet, die von den Walliser Chalets ebenso wenig wegzudenken sind wie von den behäbigen Berner Bauernhäusern. Gärtnereien halten hartnäckig am Namen Geranium fest, da ihre Kundinnen und Kunden dies tun. Auch die Hänge-«Geranien» sind Pelargonien. Einzig die Gruppe derer, die duften, wenn man mit der Hand ihre Blätter berührt, darf von Gärtners Gnaden den Namen Duftpelargonien tragen.

AUS ALPENWIESEN UND SÜDAFRIKANISCHEN BERGEN

Botanisch bildet – neben der geografischen Ausbreitung – vor allem die Blüte den Unterschied: Pelargonienblüten sind zygomorph, haben also nur eine Symmetrieachse: Ihre linke Seite ist spiegelbildlich zur rechten. Die Geranien sind dagegen fünfzählig radiärsymmetrisch. Es gibt viele – vor allem blaue und violette – in unseren Wiesen und Berghängen, und vielleicht schätzen wir sie deshalb zu wenig, weil wir zu ihrem Namen eben anderes assoziieren. Der deutsche Name «Storchschnabel» kommt von der Form der Frucht – und Gleiches gilt für den griechisch-lateinischen Namen.

Vermutlich werden alle Bemühungen der Botaniker, die beiden Gattungen Pelargonium und Geranium klar zu trennen, nicht fruchten, was aber insofern nicht so schlimm ist, als beide Gattungen der Familie der Geraniaceae (Storchschnabelgewächse) angehören. Wir haben es also mit einem Familienstreit zu tun, den man am besten beim Pelargonienkauf auf dem nächsten Geraniummarkt beilegt.

Der Dschungel in der Stube

Gescholten und geliebt: Zimmerpflanzen

Im Winter, wenn draußen im Garten nicht viel los ist, konzentrieren sich viele Menschen auf die Pflanzen in der Wohnung. Zimmerpflanzen sind ein heikles Thema. Es gibt Leute, die lieben sie und können sich nicht vorstellen, ohne sie zu leben. Jeder Avocadokern wird zu einer Pflanze herangezogen, jeder längst verblühte Weihnachtsstern bekommt sein Gnadenbrot und einen Platz auf dem Fenstersims. Und all das, was der Volksmund unter «Gummibaum» subsumiert, hat sein schlecht-rechtes Auskommen, produziert allenfalls meterlange Luftwurzeln und wird mit Stahlstiften an den Wänden befestigt. Nichts gegen den lieben alten Philodendron, verbirgt sich doch schon hinter dem Namen ein Baum- und Pflanzenfreund, aber für Puristen des zeitgemäßen Wohnens gehört der Wohnzimmerdschungel in den Sperrmüll. Ein Fondue neben einem Holztrog mit Sansevierien mag urgemütlich sein, ist aber absolut nicht mehr in Mode. Und man macht sicher nichts falsch, wenn man auf Zimmerpflanzen überhaupt verzichtet.

WENIGER IST MEHR!

Dennoch können sie sehr elegant wirken, man muss sie nur richtig wählen. Ein paar respektable Bonsais in ihren Schalen können Akzente setzen, sofern sie nicht zu klein gewählt werden. Form und Schnitt sind eben besonders eindrücklich, wenn die Pflanzen nicht zu klein sind. Überhaupt: Der Trend geht heute eindeutig in Richtung großer Solitärpflanzen für die Raumgestaltung. Ein riesiger *Ficus benjamini* oder eine tropische Palme in einer großen Hotelhalle, im Treppenhaus oder in der Lobby eines Unternehmens, ein großer Palmfarn auf einer Konsole in einem Restaurant – das sind die neuen Vorbilder mit Pflanzen auch in Privatwohnungen. Und die Pflanzen sollten dann noch große Blätter haben – XXL in jeder Hinsicht! Großblättrige Anthurien oder Alocasien (*Alocasia amazonica*, *Alocasia odora*), die *Medinilla magnifica* mit den schönen herabhängenden rosafarbenen Blumen, auch große Strelitzien machen sich sehr gut.

Noch eindrucksvoller sind Bananenbäume, etwa die leicht rot gefärbte Musa 'Purple Rain', oder hohe Papyrus-Pflanzen. Oder die fächerförmigen Blätter der Strahlenpalme. Je höher der Raum, umso höher dürfen auch die Pflanzen wachsen: Das darf ruhig einmal eine mehrstämmige Phönixpalme sein oder eine Washingtonia. Und als Buße für alles Böse, was wir über die Gattung Philodendron geschrieben haben: Wirklich hinreißend sind die aufrecht wachsenden – bis drei Meter hohen – brasilianischen Baumphilodendren, deren regelmäßig gefiederte Blätter wirklich prächtig sind. Besonders wirksam ist es, wenn man die großen Zimmerpflanzen paarweise aufstellt, links und rechts einer Sitzgruppe, eines Treppenaufgangs oder einer Tür; Pflanzen und Interieur werten sich gegenseitig auf. Selbst große Pflanzen werden heutzutage in Hydrokultur angeboten. Wo es allerdings die Stabilität erfordert, sind sie in Erde erhältlich.

FÜR DEN SAMMLER GILT:
GENUG IST NIE GENUG!

Über aller gestalterischen Eleganz und Großzügigkeit darf aber nicht vergessen werden, dass es auch enorme Befriedigung vermitteln kann, wenn man Orchideen, Kakteen oder allerhand anderes exotisches Gewächs sammelt. Zu sehen, wie sich die Pflanzen in der Wärme des Raums wie in den Tropen fühlen und immer wieder Blüten treiben, hat seinen subtilen Reiz für geduldige Beobachter.

Blühende Zimmerpflanzen

Bunte Streptocarpus-Züchtungen

Im bitterkalten Winter ist der Wohnraum eine Art Ersatzgarten, auch wenn jede unserer Zimmerpflanzen irgendwo auf der Welt im Freien, im Wald oder im Garten wächst. Aber sie bereiten noch immer Freunde, die klassischen Zimmerpflanzen wie Zyklamen, Gloxinien und Usambaraveilchen! Viele von ihnen gehören zur großen Familie der Gesneriaceae, die, wie schon gesagt, ihren Namen zur Ehre des Zürcher Mediziners und Botanikers Konrad Gessner erhielt. Nur drei Gattungen dieser Familie kommen in Europa wild vor und sind winterhart: die Ramonda, die Haberlea und die Jancea. Erstere sind in den Pyrenäen und in den Gebirgen des Balkans zu Hause, die zwei anderen einzig im Balkan. Wie ihre tropischen Verwandten haben sie gefurchte und behaarte Blätter. Die Schönheit ihrer Blüten erinnert an die Saintpaulia, die samtblättrigen «Veilchen» aus den Usambara-Bergen in Tansania. Diese gehören auch zu den Gesneriaceen, und das Gleiche gilt für die Drehfrucht (Streptocarpus).

Ganz speziell sind die Arten *Streptocarpus grandis* und *Streptocarpus wendlandii*. Sie machen nur ein einziges Blatt – das kann indessen über einen Meter lang werden – und sehr attraktive Blüten. Die Sorte 'Snowflake' ist über und über mit weißen Blüten bedeckt. Bei dieser Form der Einblättrigkeit stirbt ein Keimblatt ab, und das zweite bleibt das einzige, schließlich riesige Blatt der Pflanze. Streptocarpus will mäßig mit zimmerwarmem Wasser gegossen werden. Fäulnis ist der größere Feind der Pflanze als die Trockenheit.

Jäger und Sammler

Entdeckungstour auf europäischen Pflanzenmärkten

Über Biodiversität wird heute viel geschrieben. Wer Freude an Pflanzen hat, sieht in der Biodiversität nicht nur die Ökosysteme von Trockenwiesen und Urwäldern, sondern auch die Möglichkeit, botanische Vielfalt in den eigenen Garten zu bringen. Da gehören dann nicht nur die Pflanzen dazu, sondern ebenso die Tiere, die sich einstellen, wenn man günstige Bedingungen für sie schafft. Mit einem Teich im Garten lockt man Libellen und Kröten an, mit einer trockenen Steine- und Kieslandschaft eröffnet man Eidechsen oder gar Blindschleichen einen

Lebensraum, sofern die Katzen aus der Nachbarschaft Nachsicht zeigen.

Die Vielfalt der Pflanzenwelt ist so faszinierend, dass man schnell einmal zum Sammler werden kann. Und der Pflanzensammler ist sich natürlich bewusst, dass die Zahl der Gattungen, Arten und Sorten auf dieser Welt nahezu unendlich ist: Es sterben zwar leider immer wieder Arten aus, es werden aber auch immer wieder neue entdeckt. Das Spektrum der Pflanzenarten lässt uns staunen, aber natürlich schleichen sich sofort Vorlieben ein. Man entwickelt bald eine Negativliste, beginnend bei dem, was man gemeinhin Unkraut nennt, was aber bekanntlich eine Frage der Wertung ist.

MAG ICH DIE ODER MEHR JENE?

Klar außerhalb des Gartens zu halten sind sicher die invasiven Pflanzen, die den anderen mit Erfolg das Terrain streitig machen. Das wichtigste Auswahlkriterium ist aber die einfache Frage: Gefällt uns das? Als uns Freunde mit ruhiger Überzeugtheit mitteilten, gelbe und orangefarbene Pflanzen hätten in ihrem Garten nichts zu suchen, fanden wir das ein krasses Verdikt, aber wir mussten uns sofort eingestehen, dass wir in Sachen Blütenfarbe auch nicht viel mehr Toleranz kennen – nur floss dies gewissermaßen unbemerkt in den Katalog unserer Auswahlkriterien ein. Das Angebot in Spezialgärtnereien und Pflanzenmärkten wird immer größer. Wenn wir auf – für uns – neue Arten stoßen und diese mit viel Aufwand aus dem Ausland mitbringen, sind sie der ganze Stolz unseres Gartens.

Meist wird die gleiche Pflanze aber schon wenige Jahre später im Gartencenter zu finden sein, und kurz darauf wird sie sogar im Baumarkt als Aktion angeboten. Viele Pflanzen, die wir irgendwann als besondere Schönheit kennenlernten und kauften, entdeckten wir dann im Nachbargarten und alsbald überall. Fast so, wie wenn man Menschen, nachdem man sie und ihren Namen kennengelernt hat, plötzlich häufig wiedersieht. Denn nur was man mit Namen kennen- und schätzen lernt, weckt genügend Aufmerksamkeit für ein Wiedersehen. Wer Lust auf Entdeckungen hat, wird bald zu einem Habitué, zu einem ständigen Gast in den botanischen Gärten und Pflanzenmärkten. Natürlich ist der botanische Garten das ganze Jahr hindurch eine Inspiration.

SAMMELN MIT KLAREN VORSTELLUNGEN

Die gerade einmal etwa 5000 Jahre kultivierten Menschseins reichten nicht aus, um den Trieb des *Homo sapiens* zum Jagen und Sammeln ganz aus den Genen zu tilgen. Wir denken dabei weniger an Löwen-, Nashorn- und Elefantenkiller, sondern an harmlosere Spielarten von Jägern, die vor botanischen Spezialitätenmärkten landauf, landab schon kurz vor der Öffnung in den Startlöchern stehen, um die rarsten Pflanzen zu ergattern. Pflanzenjäger früher Jahrhunderte mussten Strapazen auf sich nehmen, um zu ihren Schätzen zu finden. Ihnen drohten Unfälle, Schiffbruch, wilde Tiere, Kannibalen und Krankheiten. Die Pflanzenjäger unserer Tage scheitern höchstens noch wegen fehlender Parkplätze.

TREFFPUNKTE FÜR PFLANZENJÄGER

Die eigentlichen Pflanzenmärkte mit Verkauf strukturieren gewissermaßen den Ablauf der Jahreszeiten. Das beginnt mit Schneeglöckchenmärkten, und schon im April bieten die Gärtner an der Fête des Plantes à Schoppenwihr im nahen Elsass ihre Produkte an. Im Mai sind der Setzlingsmarkt auf Schloss Wildegg und der

Spezialitätenmarkt in der Hochschule in Wädenswil spannende Orte, an denen Gärtnereien aus der ganzen Schweiz ihre botanischen Raritäten anbieten.

An einem Samstag im Mai finden sich Scharen von Besuchern ein, wenn in Wädenswil am Zürichsee über sechzig Betriebe ihre Schätze feilhalten. Manchmal können wir aber deshalb nicht dabei sein, wenn gleichzeitig nördlich von München, in Freising, die Gartentage stattfinden, an denen ebenfalls eine Fülle von Ausstellern ihre Spezialitäten einem großen Publikum präsentieren. In den Höfen eines ehemaligen Klosters finden Gärtner und Sammler, was ihr Herz begehrt. Obwohl bei unserem letzten Besuch die Jäger die besten Trophäen wohl bereits am Vortag nach Hause getragen hatten, blieb noch genug Spannendes für alle: wunderschöne Freilandorchideen, seltene Wasserpflanzen, eine Fülle von Rosensorten und Carlo de Wilde, ein Sammler von und Händler in Hauswurz. Er hat Hunderte Sempervivum-Arten und noch mehr Kultivare in seinem Garten in Groede in den Niederlanden, und alle sind genau bestimmt und tragen ihren Namen.

Zuvor fanden in Lindau am Bodensee die Gartentage statt. Wegen der ortsansässigen Spezialgärtnerei Sündermann standen die Alpenpflanzen im Zentrum: Prächtige Primeln, Enziane und unzählige Sorten von Steinbrech sind da am Ufer des Sees zu entdecken. In der welschen Schweiz wiederum gibt es den Marché des Plantes Inhabituelles in Vaumarcus am Neuenburgersee.

FAST KÖNIGLICHE PFLANZENSCHAU

Die Journées des Plantes, Frankreichs bedeutendstes Treffen der Gartenfreunde, finden regelmäßig zweimal jährlich in der Domaine de Chantilly nördlich von Paris statt. Sie haben eine ähnliche Bedeutung für die Franzosen wie die Chelsea Flower Show für die Engländer. Gäbe es in Frankreich eine Königin, sie würde hingehen. Der riesige Park um die Schlossanlage ist ein eleganter Treffpunkt, und die berühmte Pferderennbahn garantiert für ausreichende Parkplätze und eine funktionierende Infrastruktur für Tausende von Besuchern. Letzteren steht neben der Pflanzenschau auch die auf den französischen Landschaftsgestalter André Le Nôtre zurückgehenden Parkanlagen und das Musée Condé offen mit seiner prächtigen Gemäldesammlung im Schloss, das nach schweren Zerstörungen in der Revolution um 1870 von Henry d'Orleans, duc d'Aumale, neu aufgebaut wurde, sowie das informative Musée du Cheval. Ein nicht unerheblicher Teil der perfekten Infrastruktur bildet aber das unmittelbar an den Ausstellungsbereich grenzende hervorragende, mit zwei Michelin-Sternen dekorierte, Relais-Château-Hotel Jeu de Paume.

KEINE HEIMFAHRT MIT LEEREN HÄNDEN

Ein signifikanter Unterschied zu Chelsea ist indessen, dass beim wohl bedeutendsten und prestigeträchtigsten Event in London dem Pflanzensammler und Gartenfreund lediglich der Speck durch den Mund gezogen wird. Die Chelsea Flower Show ist nicht als Verkaufsmesse konzipiert, sondern vor allem, um Vielfalt und Qualität der englischen Pflanzenzüchter aufzuzeigen. Da es in England aber sehr viele Gärtnereien gibt mit teilweise sehr weit spezialisierten Angeboten, wird man bei einer Reise ins Vereinigte Königreich sicher nicht ohne Pflanzen zurückkommen.

In Chantilly dagegen sind die botanischen Raritäten nicht nur zu bewundern, sondern ebenso zu erwerben. Dafür fehlen die raffinierten und nach der letzten Mode gestalteten Schaugärten, die Chelsea so berühmt machen. Indessen werden auch in Chantilly die besten Stände und Exponate prämiert.

1982 haben Patrice und Hélène Fustier, deren Familie das Schloss Courson gehört, dort die Journées des Plantes ins Leben gerufen, und 2018 wurden die zweimal jährlich stattfindenden Pflanzentage erstmals vom Standort im Süden von Paris nach Chantilly im Norden der Hauptstadt verlegt. Hier ist zwar alles viel großzügiger und praktischer, aber ohne Gummistiefel geht bei gemischtem Wetter auch hier nichts. Die Pflanzen werden auf Wunsch von Helfern abgeholt, aufbewahrt und schließlich bis zum Wagen gebracht.

SPEZIALISTEN FÜR (FAST) ALLES

Je nach Interessenlage kann man sich hier die neusten Kreationen berühmter Rosenzüchter kaufen oder aber aus einer Fülle von Funkien (*Hosta*) die Sorte aussuchen, die man noch nicht hat und schon seit Langem sucht. Spezialisten für Wasser- und Schattenpflanzen oder alpine Gewächse breiten ihre Schätze aus. Hier finden sich seltene Magnolien, spezielle Seidelbaste, rare Gräser, exquisite Aronstabgewächse, prächtige Primeln und Aurikeln aus der Normandie sowie dekorative großblättrige Pflanzen, die jeden Garten zu einem speziellen machen.

Aber es sind nicht nur die botanischen Raritäten, die einen in ihren Bann ziehen. Es sind vor allem die Begegnungen mit Menschen, die der Aufzucht von diversen Hauswurzarten, schwierigen Freilandorchideen oder fleischfressenden Pflanzen eine höhere Priorität einräumen als dem wirtschaftlichen Erfolg oder der Verfolgung anderer Lebensziele. Diese wunderbaren Leute wissen so spezifische Dinge wie etwa, dass der blaue Mohn aus dem Himalaja gern eine Spur mineralischen Gips in seinem Substrat vorfindet. Das allein lohnt schon die Reise in den Norden von Paris. Der zum Chevalier de la Légion d'honneur ernannte Patrice Fustier ist 2018 verstorben, aber es gibt keine Zweifel, dass die Veranstaltung eine Zukunft hat und immer wieder an ihren Gründer erinnern wird.

ORTICULARIO AM COMERSEE

Die Journées des Plantes in den Anlagen des Schlosses von Chantilly werden im Herbst wiederholt. Im frühen Oktober findet dann auf dem Gelände der Villa Erba in Cernobbio am Comersee die große Pflanzenschau «Orticolario» statt. Auch sie kennt eine Vielfalt von Themen, aber die mediterranen Pflanzen sind hier natürlich stark vertreten. Die Liste der Pflanzenmärkte und die Daten finden sich im Internet unter: www.garten.ch oder www.gartenlinksammlung.de.

KAPITEL 2

Frühling

Schneeglöckchen und Frühlingszyklamen trotzen dem Schnee.

Große Teile unserer Welt – mehr oder weniger alles, was zwischen den Wendekreisen liegt – kennen praktisch keine Jahreszeiten, das Klima verändert sich kaum im Laufe von zwölf Monaten. Aber auch außerhalb der beiden Zonen nördlich und südlich des Äquators sind noch weite Teile der Erde ganzjährig von mildem Klima verwöhnt, etwa Florida, Südkalifornien, Teile Japans, Australiens und natürlich das Mittelmeergebiet. Begüterte Engländer pflegten sich früher im Winter an die Côte d'Azur zurückzuziehen, um dem feucht-kalten Winter nördlicher Zonen zu entkommen. Und heute bringt das Flugzeug viele Europäer in südliche Weltgegenden, wenn sie dem Winter ein Schnippchen schlagen wollen.

Aber eigentlich ist der Wechsel der Jahreszeiten eine prächtige Sache. Man durchlebt am eigenen Wohnort einen Wechsel der Temperaturen, der einer Reise durch diverse Klimazonen entspricht. Entsprechend reich an Pflanzen sind bei uns Natur und Gärten. Und jede Jahreszeit hat dabei ihren eigenen Reiz: prächtige lange Sommerabende, die zum Verweilen im Freien einladen, klare Herbsthimmel, die farbige Wälder überspannen und zum Wandern locken, oder knirschender Schnee unter den Füßen, wenn im Winter die Schneeflocken den Wald verzaubern und man sich am Kaminfeuer die klammen Hände wieder aufwärmen kann. Aber es kommt der Moment, wo man sich nach der Wärme der Sonne sehnt und jeden Frühlingsboten, der im Garten seine Blüten öffnet, mit Begeisterung begrüßt. Ja, der Frühling ist die Zeit des Aufbruchs, der Erneuerung, kurz: die Jugend des neuen Jahrs. Nie überrascht uns die Natur mit so vielen Blüten und so viel neuen Energien.

Vielversprechende Knospen von Magnolien, Jasmin, Rhododendron und Schopflavendel.

Zeit der Versprechen

Knospen wecken Erwartungen

Im Frühling startet alljährlich das hinreißende Feuerwerk der Blüten. Zuerst sind es die Zwiebelpflanzen, von Schneeglöckchen über Krokus bis zu den Iris und den Winterlingen in der Wiese. Dann leuchten die Büsche auf, die Kamelien, die Seidelbaste aller Arten, Jasmine, Forsythien und die herrlichen Schwarzdorne. Und wie sich das bei einem Feuerwerk gehört, explodiert es auch hoch über unseren Köpfen: die Magnolien, die Japanischen Kirschen und schließlich die

Apfelbäume bezaubern uns mit ihren Millionen von Blüten.

Man ist immer wieder hingerissen von der Pracht des wieder aufbrechenden Lebens der Pflanzen im Frühjahr. Wenn man aber genauer hinschaut, findet das spannendste Schauspiel, das die Saison in Wald, Feld und Garten eröffnet, nicht in diesem gewaltigen, sinnlichen Blütenrausch statt. Es sind vielmehr die Triebe, die bezaubern und plötzlich im Beet zu erkennen sind und Großes ankündigen, die roten, zarten Blättchen, die unvermittelt aus dem scheinbar toten Holz austreiben, die mächtigen «Voluten» der Farne, die sich mit eleganter Bewegung zu großen Wedeln entrollen, die Blütenknospen, die – etwa bei den Apfelbäumen – mit roten Tupfern zwischen den Kelchblättern ihre Bereitschaft zeigen, beim nächsten Sonnentag aufzuspringen. Eine Frühlings-Platterbse zu beobachten, wie sie in wenigen Tagen in perfekt choreografierten Bewegungen ihre Blütenknöpfe entfaltet und schließlich erste rot- und blauviolett aufleuchtende Signale zeigt, das bedeutet: Es ist so weit. Und die Aronstab-Gewächse schießen wie eine Speerspitze aus dem Boden, um dann in einer eleganten Drehung das Hochblatt zu entrollen wie eine weithin erkennbare Fahne.

Ja, die kraftvoll austreibenden Knospen und die sich öffnenden Knöpfe enthalten ein wunderbares Versprechen. Damit verglichen wirkt der daraus hervorgehende, oft allzu farbige und üppige Blütenprunk fast etwas billig und grell. Aber man muss das den Pflanzen nachsehen, für sie steht ja das ganze aufwendige Theater im Dienste der Fortpflanzung, der Anlockung der Bestäuber und damit des Überlebens der Art – und in diesem Bereich benehmen sich auch die Menschen oft übertrieben exaltiert, etwas kitschig und zu bunt.

Zu früher Frühling?

Kein Stress bei den Blumen

Die Zeitungen sind voll von Meldungen, wie früh in diesem Jahr – es ist 2019 – der Frühling nicht nur meteorologisch, sondern auch botanisch über uns hergefallen sei. Vielleicht blühen einige Blumen in diesem Jahr früher, aber gemessen an der Tatsache, dass wir kaum einen Winter hatten und sowohl Januar als auch Februar ungewohnt mild waren, sind viele Pflanzen erstaunlich gut im Zeitplan.

DIE INNERE UHR DER PFLANZEN

Früher hatten wir ein kleines Buch, um darin die Blütezeiten festzuhalten. Heute macht das der Fotoapparat im Handy von selbst und ganz präzise. Blickt man auf die Bilder vergangener Jahre zurück, fällt auf, dass die Frühlingsblumen auf der Wiese fast in jedem Jahr fast auf den Tag genau zur gleichen Zeit blühen. Die Krokusse, die Frühjahrs-Zyklamen und die blauen *Iris reticulata*, aber auch die Schnee- und Märzenglöckchen sind in diesem Jahr so genau im Fahrplan wie die Schweizerischen Bundesbahnen. Sie machen mehr Blumen als in den Vorjahren, aber es ist ja auch der Sinn ihrer Existenz, sich zu vermehren und immer mehr vom Rasen in Besitz zu nehmen. Vermutlich reagieren einige Frühjahrsblumen weit mehr auf die Länge des Tages als auf das wärmere Wetter, denn allein von der Temperatur und vom Fehlen des Schnees her hätten sie in diesem Winter ja auch schon im Dezember oder im frühen Januar blühen können. Botaniker bemühen sich seit Langem, diesen Photoperiodismus der Pflanzen zu ergründen. Selbst nach dem eisig kalten Februar von 2012 blühten die Krokusse zur gleichen Zeit wie in diesem Jahr. Der Jasmin im Wintergarten stand 2012 gar zwei Wochen früher in Blüte, aber damals mussten wir diesen heizen, in diesem Jahr nicht. Der Mandelbaum (im Freien) zeigt jetzt zaghaft erste Blüten, 2012 war er um diese Zeit schon voll aufgeblüht.

Deutlich früher als in anderen Jahren sind in diesem Jahr die Austriebe der Strauchpäonien. Die Pfingstrosen gehen damit ein Risiko ein, denn bei einem schlimmen Kälteeinbruch in der zweiten Hälfte des März würden ihre bereits 15 Zentimeter langen Triebe wohl absterben. Insgesamt gehen die Pflanzen die Schwankungen des Klimas offensichtlich weit unaufgeregter an als die Menschen. Ein weiterer Grund dafür, dass sie uns so sympathisch sind!

Farbige Fanale

Auch Austrieb deutet auf Frühling

Natürlich sind im Frühling vor allem die Blumen die prominenten Starbesetzungen im Garten. Aber viele Pflanzen punkten auch mit ihren spektakulären farbigen Austrieben. So macht etwa die Japanische Lavendelheide (*Pieris japonica*) mit leuchtend roten Trieben auf sich aufmerksam. Das stellt die blassen weißen Glöckchen, die dieses Heidelbeergewächs wie so viele seiner Familie hervorbringt, oft in den Schatten, auch wenn die Blumen herrlich nach Honig duften. Die entsprechenden Sorten heißen dann 'Red Fire', 'Red Head', 'Forest Flame', 'Mountain Fire' oder 'Red Mill'. Ähnlich auffallend sind auch die Frühlingsaustriebe der Glanzmispel (*Photinia fraseri*), die man in vielen Gärten sieht. Sie setzen mit intensiven roten Trieben einen Kontrast zum dunklen Laub der Pflanze. Ein Ausbruch des Frühlings, der dann aber bald der normalen Blattfarbe Platz macht. Bekannt ist die Sorte 'Red Robin', die sich wegen ihres kräftigen Rots gut verkaufen lässt.

ÜBERALL FARBEN NACH DEM GRAU DES WINTERS

Aber es sind auch Bäume, die mit ihren ersten Knospen Furore machen. Die Blasenesche

(*Koelreuteria paniculata*) macht hinreißende rosa oder korallenrote Triebe, die auch wegen der doppelten Fiederung des Blattes sehr attraktiv sind. Bei diesem Seifenbaumgewächs ist vor allem die Sorte 'Coral Sun' gesucht. Bei der Gleditsia wiederum, einem Baum aus der Familie der Hülsenfrüchte, ist es der goldgelbe Austrieb, der den Baum eine Protagonistenrolle im Garten spielen lässt. Vergessen wir aber über diesen Baumriesen die kleineren Japanischen Ahornbäumchen (*Acer japonicum* und *Acer palmatum*) nicht, die mit flammenden hellgrünen, goldgelben oder kupferfarbenen Blättern einen Vorgeschmack liefern auf ihre prächtige Herbstfärbung. Wunderschön kupfrig sind die ersten Blätter des *Acer palmatum* 'Katsura' und 'Orange Dream'. Sehr schön sind im Frühling auch die dicht gedrängt wachsenden Blätter von 'Kotohime' und der *Acer shirasawanum* 'Aureum' und der feinblättrige 'Koto-no-ito'.

Pieris mit weißen Blüten und knallrotem Frühlingsaustrieb.

Perce-neiges, die Schneeglöckchen

Der Frühling als zäher Winter

So unsicher die Möglichkeit eines Wintereinbruchs immer wieder ist, so unsicher ist auch, welche Blumen als Erste anzeigen, dass der Frühling zu erwarten ist. Erstaunlicherweise kommen – abgesehen von den Blüten in den Büschen – nur zwei infrage, und beide sind weiß: die Christrose und das Schneeglöcklein. Die Christrose kann noch im alten Jahr erste Blüten treiben. Wirklich schön und voller Blüten ist sie bei uns in der zweiten Hälfte des Februars und Anfang März.

DIE, DIE DEN SCHNEE DURCHSTOSSEN

Die Schneeglöcklein – mit Ungeduld erwartet – blühen schon seit Mitte Januar an geschützten Stellen. Bei uns ist in den Gärten und auch auf den Wiesen immer das gleiche Modell anzutreffen, *Galanthus nivalis*, das «gewöhnliche» Schneeglöckchen. Hie und da ist noch die gefüllte Form zu finden, aber eher selten. In britischen Gärten trifft man auf eine Vielzahl von Varianten. Das Sammeln von Schneeglöckchen ist eine Leidenschaft, die angelsächsischen Exzentrikern immer schon half, in schlecht geheizten Räumen den Winter zu überstehen. Tatsächlich sind diese Boten des Frühlings aber am schönsten, wenn sie verwildern, wenn sie wie in den Bergen durch ihre Masse, die große Zahl wirken. Maßvolles Düngen vertreibt sie nicht – vielleicht hilft es ihrem Wachstum sogar. Was sie aber gar nicht mögen, ist der Rasenmäher.

In diesem Jahr (2013) dagegen mussten sie wohl ein halbes Dutzend Mal ihre dreiflüglige Kappe durch den Schnee stoßen, damit man sie überhaupt wahrnehmen konnte. Auf Französisch heißen sie Perce-neiges, also die, die den Schnee durchstoßen. Und oft machen sie diesem Namen alle Ehre. Nach mehreren Frostnächten blieben aber einige auf der Strecke und fanden die Energie nicht mehr, sich aufzurichten und ihre Glocken dem Wind und den Insekten darzubieten. Auch die Blütenblätter der ersten Krokusse, die vom zarten rosaroten Elfenkrokus, sind von Schnee und der Kälte so malträtiert worden, dass sie sich nicht mehr aus dem Rasen erheben. Vermutlich verwenden sie, sind sie erst einmal befruchtet, ihre verbliebene Kraft lieber auf die Ausbildung der Samen als auf den Kampf mit den Unbilden der Witterung. Die robusten Winterlinge konnten ihrem Namenspatron wohl standhalten, aber ihre Blüten sind matt geworden. Zum Glück merkt man den Gelben das Vergilben weniger an! Ganz ruiniert hat der Frost die Blüten des frühen *Rhododendron praecox*. Er war voller lila Blüten, die sich gerade öffnen wollten. Nun sind sie zu schlaffem, durchsichtigem Pergament geworden. Die Voreiligen, die die Nase zuvorderst haben wollen, schlagen diese halt sehr leicht einmal an.

Der Frühling ist in diesem Jahr eher ein zäher Winter. Aber dieser Winter hat – im Gegensatz zum letztjährigen Februar – keine schweren Schäden angerichtet. Einzelne frühe Blüten hatten Pech, aber keine Pflanze starb. Und dennoch sind uns das kalte Wetter und der graue Himmel noch selten so gründlich verleidet wie in diesem

Winter. Die Klimaerwärmung, über die sich anfangs so mancher Gärtner klammheimlich freute, scheint das 20. Jahrhundert nicht überlebt zu haben. Wenn es so weitergeht, dachte man 2013, wird sich wohl bald der Linthgletscher auf den Weg vom Glarnerland zum Zürichsee machen. So kann man sich täuschen!

Ein später Frühling

Der kühle März hat den Winter verlängert

Normalerweise ist der Winter vorbei, wenn man von den Skiferien heimkommt, oder mindestens glaubt man, ihn dann überstanden zu haben. In diesem Jahr hat sich die Winterkälte im März lange gehalten. Die Krokusse wurden nochmals von einer lang anhaltenden weißen Decke verhüllt. Man hatte keine Lust, im Freien zu spazieren, und die ersten Kröten, die sich zum Zwecke der Paarung im Teich einfanden, verschoben einstweilen ihre Hochzeit auf wärmere Tage, denn eine Eisschicht hinderte sie wirksam am Eintauchen in ihr Frühjahrsvergnügen.

DER BERÜHMTE OSTERSPAZIERGANG

Ein warmer Frühlingsregen und etwas Föhn, der durch die Alpentäler fegt, und schon geht überall das Blühen wieder los. Jetzt hat man wieder Lust, spazieren zu gehen und im Freien Entdeckungen zu machen. Vor dem Protokollieren eines Frühlingsspaziergangs müssen wir jedoch noch eine literarische Reminiszenz erledigen: Weshalb lässt Goethe eigentlich seinen Faust erst an Ostern seinen Frühlingsspaziergang machen? In Mitteldeutschland dauert der Winter etwas länger als bei uns, denn selbst ein später Frühling kommt in unseren Regionen selten erst an Ostern. Wir leben also doch an relativ privilegierter Lage am nördlichen Alpenrand, denn vom Eise befreit sind bei uns Fluss und See in der Regel lange vor Ostern, wenn denn Fluss und See überhaupt noch einmal gefrieren sollten. Die Osterglocken allerdings dürften in diesem Jahr ihren Termin einigermaßen einhalten. Im kommenden Jahr beginnt die Karwoche schon kurz nach Mitte März, dann könnten auch bei uns die ersten Frühlingsgefühle mit der Suche nach Ostereiern einhergehen.

Auf jeden Fall freuen wir uns jetzt an den feinen gelben oder orangefarbigen Blüten der Hamamelis, der Zaubernuss, und auch *Chimonanthus praecox*, die Winterblüte, zaubert ihre Blümchen an die wintergrauen Zweige. Aber die Büsche verblassen angesichts der Krokusse, der letzten Winterlinge, der Frühjahrszyklamen und der tief ins Gras gebückten wohlriechenden Veilchen. Und die Kälte hat dafür gesorgt, dass auch die Schneeglöcklein und die Märzenbecher noch immer in voller Blüte sind. Alle Frühjahrsboten findet man nun praktisch gemeinsam vor. Da man ja nicht einfach quer durch die privaten

Gärten gehen kann, bietet der Botanische Garten die ideale Zusammenstellung der Frühlings-blüher. Was unter der großen Buche unterhalb der Cafeteria derzeit alles blüht, das lohnt schon einen Spaziergang. An Ostern ist es dafür dann zu spät!

Boten eines fragilen Frühlings

Krokusse bringen wieder Farbe in die Welt

Mitte Februar kehrt im Garten wieder zaghaft Leben ein. Die Schneeglöcklein sind längst schon am Blühen, aber – zugegeben – sie sind mit ihren hübschen weiß-grünen Glocken und den milchig-grünen Blättern nicht eben ein ful-minanter Auftakt für die neue Saison. Wirklich Furore machen da schon eher die Krokusse. Die gelben bringen glänzend knallige Farbe in den Garten, wenn sie ihre Blüten öffnen. Da wir uns jetzt nach Sonne sehnen, akzeptieren wir ihr indezentes Glänzen: Sonne oben, Sonne unten. Meistens machen sie das fast gleichzeitig mit den Winterlingen, die ihre goldgelb glän-zenden Hahnenfußblüten fast bodendeckend ausbreiten.

GESTAFFELTE BLÜTENZEIT DER KROKUSSE

Eigentlich sind die Krokusse bei uns in der Natur nicht vielfarbig, sondern primär weiß. Deshalb heißt der Frühlings-Krokus unserer Bergwiesen auch *Crocus albiflorus*. Einige violette Exempla-re sind aber immer anzutreffen, mal mehr, mal weniger. Und wo die violetten mitmischen, sind auch weiße mit violetten Streifen zu finden. In den Alpen und auf den Jurahöhen müssen die

Krokuspflanzen stellenweise noch monatelang warten, bis die Schneedecke so weit geschmol-zen ist, dass sie mit ihren Blüten durchstechen können. Kaum eine Pflanzenart hat eine so lange, nach der Höhe und der Schneedecke gestaffelte Blütezeit, die von Januar bis Juni reicht. Prak-tisch ein halbes Jahr lang kann man blühende Frühlings-Krokusse finden. Wenn der Schnee erst einmal weg ist, stehen die Blüten der Kro-kusse dicht beieinander und versuchen, die noch vor Kurzem schneebedeckte Wiese zu imitieren.

Aber zurück in den Februar: Vorgestern noch strahlten weiße, gelbe und violette Kro-kusse in starken Farben in den Gärten, und tags darauf liegt eine weiße Decke über den Blüten. Als Frühblüher sind sie darauf eingerichtet, sie schließen die Blütenblätter, und ihre schmale Lanzettform lässt sie den Schneedruck gut er-tragen. Kaum scheint die Sonne auf den Schnee, werden die Blüten wieder da sein. Unsere Garten-züchtungen sind allerdings oft sehr großblumig und grellfarben. Die schönste, unserem natürli-chen Krokus am nächsten kommende Variante, ist der grazile *Crocus tommasinianus* mit einer weißen Kronröhre und violetten Spitzen. Er ist in Gärtnereien schwer zu bekommen, doch einmal im Garten heimisch, vermehrt er sich sehr gut und kann ganze Rasen erobern. Krokusse sind Irisgewächse, und es gibt auch Arten, die im Herbst blühen. Die bekannteste ist sicher *Crocus sativus*, der Safran, diese kulinarisch so prächtige Pflanze, ohne die weder der Kuchen noch der Risotto gelb und wohlschmeckend würde.

Nur sehr entfernt verwandt sind die Herbstzeitlosen, *Colchicum autumnale*, die zur Familie der Liliengewächse gehören, und kulinarisch nur zur Beseitigung missliebiger Personen taugen. Tragischerweise kommt es immer wieder vor, dass ihre im Frühjahr sprießenden Blätter mit Bärlauch verwechselt werden, was tödliche Folgen haben kann. Allerdings wird ihr Giftstoff, das Colchicin, in der Medizin verwendet. Als Hemmstoff bei der Zellteilung setzt man es bei Krebs ein. Die in den Bergen vorkommende Form *Colchicum alpinum* blüht oft schon im Juli. Und so, wie es herbstblühende Krokusse gibt, gibt es auch frühlingsblühende Herbstzeitlosen. Sie sind an ihren sechs Staubblättern zu erkennen, Krokusse haben immer drei.

Die eleganten, bodennahen Blüten der Krokus, verwandeln einen Rasen in einen farbigen Teppich.

Frühlingswunder

Für Floristen, Apotheker und Rutengänger

Die frühen Boten des Frühlings sind attraktiv, weil sie nach der grauen und kalten Zeit den ersehnten Wandel ankündigen. Sie sind auf ihre Art «Primeurs», und die sind für alle, die begierig auf Neues sind, interessant. Die Wirkung der Frühlingsblumen beruht jedoch oft auch darauf, dass die Blüten sich vor den Blättern zeigen. Die Bäume und Sträucher riskieren einiges für ihre Fortpflanzung, sie warten jedoch mit dem Ausschlagen des Laubes, bis die Gefahr verheerender Fröste vorbei ist, um ihr Überleben nicht zu gefährden.

DER ZAUBER DER ZAUBERNUSS

Überall blüht jetzt in den Gärten die *Zaubernuss*. Sie ist kein Showtalent unter den Sträuchern, ihre Blüten sind eher unscheinbar, aber sie wären praktisch kaum wahrnehmbar, wenn sie auch noch mit dem Laub des Strauchs in einen Wettstreit treten müssten. So kann der breit wachsende kleine Baum eine Fülle von Blüten zur Geltung bringen, die an den nackten Zweigen stehen wie verknitterte gelbe Sterne. *Hamamelis mollis*, ursprünglich aus China, ist die hellgelbe Variante der Zaubernuss mit vielen langen, fadenförmigen Blütenblättern. An einigen Zweigen im Garten sieht man noch die nussartigen Früchte vom Vorjahr. Etwas dunkler im Gelb, dafür noch etwas länger, sind die Blüten der Zuchtform *Hamamelis x intermedia,* die von der chinesischen Form abstammen.

Davon gibt es eine ganze Palette von Varianten mit Marktbezeichnungen wie 'Feuerzauber', mit feuerroten Blüten, 'Ruby Glow', mit orangefarbigen Blüten, aber im Herbst prächtig roten Blättern. Oder 'Jelena', die Blüten in einem leuchtenden Orangegelb sprießen lässt. Etwas zurückhaltender sind die Blüten mit verdrehten Kronblättern der *Hamamelis japonica* aus dem Land der aufgehenden Sonne, und schließlich tragen auch noch die USA zu dieser Pflanzenfamilie bei, beispielsweise mit *Hamamelis vernalis* oder *Hamamelis virginiana*. Gerade Letztere ist derzeit sehr im Gespräch, handelt es sich doch bei ihr um ein Gewächs, von dem man sich in vielfacher Hinsicht Heilung von Krankheiten verspricht.

Der Zauber im Namen der Zaubernuss leitet sich vordergründig wohl weniger von den Heilerfolgen als von der Blüte der Pflanze und allenfalls von ihrem bezaubernden Duft ab: Die meisten Blüten der Hamamelis-Sträucher verbreiten einen angenehmen, oft süßen Geruch. Wer sich dazu, verführt durch den Klang des Namens, eine arabische Assoziation einfallen lässt, liegt insofern falsch, als der Name der Pflanze aus dem Griechischen kommt und kundtut, dass sie «mit Früchten» aufwartet. Vermutlich hat der Strauch das Odium des Magischen übrigens dadurch erhalten, dass aus seinem Holz Wünschelruten geschnitten wurden, mit denen man nach Wasseradern oder Schätzen gesucht hat.

Ohne Zwiebelpflanzen wäre der Frühling arm

Kurze Vegetationszeit

Sie sind die Ersten im Frühling und oft die Letzten im Herbst: die Zwiebelpflanzen. Viele von ihnen sind ursprünglich Bewohner der Steppen – auch der «Steppen» über der Baumgrenze der Berge. Entsprechend widerstandsfähig sind sie und überleben auch harte Zeiten mit Hitze, Kälte und Trockenheit. Nach der Blüte bilden sie Blätter aus, die in der Regel im Mai vergilben, mehr oder weniger gleichzeitig mit der Reife der Samen. Man sagt dann, «die Pflanze zieht ein». Mit anderen Worten, ihre Lebensfunktionen und Energievorräte sind nur mehr auf die Zwiebel konzentriert. Ihre kurze Vegetationszeit ist vorbei; erst im kommenden Frühling macht sie sich wieder mit Blüten bemerkbar.

KROKUS UND SEINE KUMPANE

Inbegriff der Frühlingsblumen sind ja die Krokusse. Aber im Kanton Wallis kann man im Frühjahr neben ihnen auch die Frühlingslichtblume (*Bulbocodium vernum*) finden. Sie gleicht in der Farbe den Herbstzeitlosen, hat aber feinere Blütenblätter, die sich wie Sterne ausbreiten. Die Krokusse fühlen sich sehr wohl in der Gesellschaft von Schneeglöckchen und Märzenbechern. Aber diese beiden sind noch längst nicht alles, was die Zwiebelgewächse zum Frühling beitragen. In kräftigem Blau leuchten die Glöckchenblüten des Blausternchens (*Scilla sibirica*) aus dem Beet und weiß oder hellblau die Sterne des Schneeglanzes (*Chinodoxa luciliae*).

Zu den Blauen kommen auch noch die Traubenhyazinthen (*Muscari*) hinzu, die in großer Zahl in den Blumenläden angeboten werden, sei es in Holzgefäßen, Tonschalen, in alten Bergschuhen – oder zu was immer die Fantasie führen mag.

Neue Farben und Blütenformen steuern schon früh im Jahr die Zwergiris bei. *Iris reticulata* sind kräftig blau bis violett, die *Iris danfordiae* leuchtend gelb, die *Iris bucharica* gelb-weiß, und *Iris histrioides* sind von einem fulminanten Hellblau oder in der Sorte 'Katharine Hodgkin' von einem matten Blau mit gelbem, getigertem Schlund. Sie alle wachsen gern in der Wiese und blühen in jedem Februar oder März.

DIE ZARTEN GLOCKEN DER SCHACHBRETTBLUME

Auf dem – besser immer etwas feuchten – Rasen gedeihen die Schachbrettblumen (*Fritillaria meleagris*) und vermehren sich ganz von selbst. Ihre Glocken kommen etwas später, wenn die Schneeglöckchen schon welken. Dann blühen auch im lichten Gebüsch oder unter Bäumen die Hasenglöckchen oder Waldhyazinthen (*Hyacinthoides non-scripta*), die blauen Glöckchen, die als «Bluebells» den Engländern etwa das Frühlingsgefühl vermitteln, das uns Festländern etwas später die Maiglöckchen schenken.

Die «fetten» Hyazinthen in Weiß, Rosa und Blau mit ihrem durchdringenden Parfum lassen wir in den städtischen Parks auf der Seite liegen, wie auch die üppigen Büschel der Narzissen und die Kohorten der Tulpen. Für den Gärtner spannend sind die in der Größe zu den anderen Frühlingsblühern passenden Dichter-Narzissen (*Narcissus poeticus* oder *Narcissus radiiflorus*), die Naturformen aus dem Welschland. Oder bei den Osterglocken die «Jonquille» (*Narcis-* *sus pseudonarcissus*) und allenfalls noch die zierlichen 'Tête-à-Tête'. Bei den Tulpen sind die Wildtulpen eine Zierde für den Garten, etwa die aus Asien stammende *Tulipa tubergeniana*, die Weinbergtulpe (*Tulipa sylvestris*) oder Gesners Tulpe (*Tulipa gesneriana*), die allen Gartentulpen ihren wissenschaftlichen Namen gab.

Bunter Rasen

Plädoyer für eine Frühlingsblütenwiese

Rasenflächen scheinen primär dazu da, gemäht zu werden. Daneben kann man sich im Sommer darauflegen und sich von der Sonne bräunen lassen, oder man kann Federball oder Croquet spielen. Ein gepflegter «englischer» Rasen ist indessen sicher kein Fußballplatz. Er ist frei von Unkraut, tiefgrün und monoton langweilig.

GEDULD IM FRÜHSOMMER BRINGT BLÜTEN IM SPÄTWINTER

Erst die Zwiebelpflanzen, die aus ihm eine Frühlingswiese machen, geben dem Rasen vorübergehend großen Charme. Der Frühling ist die beste Saison für Gartenvoyeure; noch behindern weder Laubbäume noch Hecken die Sicht in spannende Gärten. Und so kann man zwischen Gitterstäben hindurch prächtige Kolonien von Schnee- oder Märzenglöckchen und vielen anderen Zwiebelpflanzen betrachten, die den Rasen vor dem Haus wie eine Alpenwiese im Frühjahr aussehen lassen. In einer Zeit, in der alles neu- und umgestaltet wird, gehören solche dichten Blütenteppiche zu den raren Kostbarkeiten.

Auch wir haben uns lange den Zwiebelpflanzen im Rasen verweigert, weil sie einen zwingen, geduldig zu warten, bis sie ihre Blätter gebildet haben und wieder «einziehen», das heißt ihre Saison beenden und das Laub gelb werden lassen. Bis zum Frühsommer kann man den Rasen nicht richtig mähen. Nun aber ist uns das egal, und wir haben im Herbst alle nur möglichen Arten von Krokussen, Schneeglöckchen, Märzenglöckchen, Zwergiris, Schachblumen, Narzissen und Camassia (Prärielilien) in den Rasen gepflanzt. Seitdem ist an jedem Tag etwas mehr Frühling auf dem Rasen, was wir gerne mit einem späten Rasenschnitt bezahlen.

Es gibt im Frühling wirklich nichts Anmutigeres als eine bunte Wiese, die über und über bewachsen ist. Aus den umliegenden Beeten schleppen die Ameisen zudem die Samen von Frühlingszyklamen ein, die dann noch einige kräftige rote Tupfer setzen. Die frühblühenden

Zwiebelpflanzen sind dekorativ, wenn sie vereinzelt stehen – so wie in den Bergen –, aber auch, wenn sie in Gruppen dicht zusammenstehen. Besonders die *Iris reticulata* sind prächtig, sie stehen wie Soldaten da, in Reih und Glied. Ihr intensives Blau, ihr klares Weiß, ihre hellen Gelbtöne heben sich kräftig ab vom Grün des Rasens. Man setzt sie im Herbst, indem man – am besten mit einem spitzen Meißel – runde Löcher in den Boden stanzt und diese dann mit etwas Sand flach macht, die Zwiebel hineinsteckt und mit Sand auffüllt. Schon nach wenigen Wochen sieht man die Pflanzstellen nicht mehr. Man kann auch kleine Osterglocken setzen oder die weißen wilden Narzissen.

Die Hundszahnlilie entfaltet sich früh im Laubwaldboden.

Attraktive Farbakzente

Jetzt blühen die Frühlingszyklamen

Wer aus einer Familie stammt, in der die Pflanzen eine erhebliche Rolle spielen, der weiß seit frühester Kindheit, dass der erste Ausflug im Frühjahr in den Norden des Kantons Zürich führt, dorthin, wo entlang des Rheins die Leberblümchen (*Hepatica nobilis*) blühen. Im Herbst unternahm man dann einen viel späteren Ausflug, bewaffnet mit Fotoapparat und Balgengerät, auf die St. Luzisteig an der Grenze zwischen Graubünden und Liechtenstein, wo im Herbst die einheimischen Zyklamen (*Cyclamen purpurascens*) blühen. Die Zyklamen kennen viele nur aus den Blumenläden, und die unglaubliche Vielfalt der Rottöne der Zuchtformen lässt eine exotische Herkunft vermuten. Tatsächlich lautet der Name der gezüchteten und mit Nährstoffen hochgetriebenen Formen auch *Cyclamen persicum*. Ihr Herkunftsort ist allerdings nicht Iran, sondern das südliche Mittelmeer von Griechenland bis Libanon und Nordafrika. Sie sind, was den Wasserhaushalt angeht, etwas kompliziert: Mal werden sie schlaff, weil sie zu wenig, mal, weil sie zu viel Wasser bekommen haben. Man kann aber auch die Knollen dieser Zuchtform in den Garten setzen, und sie überstehen milde Winter. Blüten und Blätter werden dann allerdings fast so klein wie bei den Wildformen. In Rabatten von Hotelgärten und Parks an der Riviera werden jeden Winter unzählige dieser großblütigen Zyklamen gepflanzt, die während langer Monate immer wieder Blumen hervorbringen.

FRÜHLINGS- UND HERBSTZYKLAMEN

Alle Zyklamen sollten im Garten auf jeden Fall einen – im Sommer – halbschattigen Platz haben, bei dem ein guter Wasserabzug sichergestellt ist. Sie lieben kalkhaltige Erde und warme Standorte. Gefällt es ihnen einmal an einem Standort, vermehren sie sich von selbst über ihre Samen – sie werden von den Ameisen verbreitet. Schon bald bilden sie niedrige geschlossene Blütenhorste, die sehr attraktive Farbakzente in den Garten bringen. Auch ihre Blätter sind – meist herzförmig und oft silbergrau gezeichnet – sehr dekorativ. Da sie Knollen oder «Erdscheiben» bilden, muss man sie in Pflanzenkatalogen oft bei den Knollen- und Zwiebelpflanzen suchen. Botanisch gehören sie jedoch in die Familie der Primelgewächse (*Primulaceae*), wo man sie kaum vermuten würde. Und ihr deutscher Name «Alpenveilchen» führt, was die Systematik anbelangt, erst recht in eine Sackgasse. Denn an Veilchen erinnern nur vage die zurückgeschlagenen Kronblätter und der Duft, den einzelne Sorten verströmen.

Viele der aus den Bergregionen rund ums Mittelmeer stammenden Zyklamen sind bei uns in milden Lagen problemlos winterhart. Eine leichte Abdeckung mit Nadelzweigen kann den delikateren Arten helfen. Wie unser einheimisches Alpenveilchen blüht auch die *Cyclamen neapolitanum* im Spätsommer. Die Blätter dieser Art erinnern an Efeu, und sie blüht sowohl reinweiß als auch in Rottönen. Ist es nicht spannend, einen Ort zu wissen, wo man die *Cyclamen neapolitanum* findet?

Ferner gibt es noch die *Cyclamen coum*. Ostbulgarien, die Türkei und der Kaukasus sind ihre Heimat. Die Blätter sind fast rund und dunkelgrün glänzend. Ihre ersten niedrigen Blüten blühen schon tief im Winter; wenn es frühlingshaft warm wird, explodieren die Pflanzen in dichten Büscheln karminroter, rosafarbener und weißer Blüten. In verschiedenen – vor allem älteren – Gärten kann man sie dann bewundern. Prächtig ist die große Kolonie, die sich am Südhang des Botanischen Gartens Zürich unter einer gewaltigen Rotbuche, die im Sommer Schatten spendet, entwickelt hat. Die bodendeckende Blütenpracht wird noch unterstützt durch andere Blumenteppiche, die gleichzeitig neben oder in den Zyklamen-Kolonien blühen. Weiße Schneeglöckchen, violette Krokusse, gelbe Winterlinge und diverse Nieswurzarten haben ebenfalls eine Präferenz für diese optimale Lage.

Steiler Zahn

Die Hundszahnlilie – eine elegante Frühlingsblume

Es gibt Pflanzen, die will man einfach haben, auch dann, wenn sie uns offensichtlich nicht wollen. Solch eine einseitige Liebe verbindet uns etwa mit der Hundszahnlilie. Deren hübsche, filigrane rosa Blüte erscheint im zeitigen Frühjahr. Ihre Kronblätter sind nach rückwärts gebogen, wie bei den Zyklamen oder der Götterblume (*Dodecatheon*), und ihre spitz zulaufenden Blätter sind dunkelgrün und braun gefleckt. Ja, die Blätter sind durchaus hübsch, und sie haben der Pflanze auch den Namen Forellenlilie eingebracht. Aber wir möchten eigentlich nicht jedes Jahr mehr Blätter, sondern endlich einmal Blüten sehen!

Der Hundszahn (*Erythronium dens-canis*) kann, da er im peripheren Kanton Genf, an den Jurafußseen und im Tessin wild wächst, gewissermaßen als einheimisches Gewächs gelten. Im Kanton Zürich beschränkt er sich aber auf die Gärten. Im Herbst werden die kleinen – dem Reißzahn eines Hundes gleichenden – Zwiebeln in den Gärtnereien angeboten. Meist sind sie schon etwas vertrocknet oder spröde, aber wir versuchen immer wieder an einem anderen Platz im Garten die Zwiebeln zum Wachsen und die Pflanze zum Blühen zu bringen.

«BLÜHWILLIG» UND «PFLEGELEICHT» SIEHT ANDERS AUS!

Bis jetzt tun wir das vergeblich. Dabei haben wir alle in der einschlägigen Literatur vermerkten Bedingungen eingehalten: Sie haben einen halbschattigen Standort, eine sandig-humose Garten-

erde und die Feuchtigkeit, die sie brauchen. Da sie in der Natur in lichten Laubwäldern leben, haben wir in einem Wald für sie die Erde von verrotteten Blättern geholt. Aber es verhalf zu nichts außer zu einem noch besseren Blattwuchs.

Im nahe gelegenen Zürcher Botanischen Garten blüht derweil die Hundszahnlilie im Schatten und im verrottenden Laub eines großen Baumes hie und da. Von einem Horst von Pflanzen kann man nicht reden, aber immerhin, sie blüht. Der Standort scheint ideal zu sein, von besonderen Pflegemaßnahmen der dortigen «Profis» hingegen ist nichts zu beobachten. Im Internet höhnt eine Rubrik mit Gartentipps gar, der Hundszahn sei «extrem pflegeleicht»! Zudem existieren diverse Sorten, 'Snowflake' beispielsweise blüht weiß und ist ein weiteres Desideratum für Fortgeschrittene.

Zum Trost gibt es noch zwei Dutzend andere *Erythronium*-Arten, und einige darunter sind sehr gute Blüher wie etwa die 'Pagoda', die aus einer Kreuzung von *Erythronium californicum* und *Erythronium tuolumnense* entstanden sein soll. Die Amerikanerin hat größere, zitronengelbe Blüten, ist robust und äußerst blühwillig in fast jedem Boden. Ihre Blätter sind allerdings nicht gefleckt. Wunderschöne Blätter und zarte, elegante rosa Blumen haben *Erythronium revolutum*, *hendersonii* und *japonicum*. Prächtig ist die weiße Variante der kalifornischen Forellenlilie 'White Beauty' mit einem feinen roten Basalring im Schlund.

Es gibt also wirklich ausreichend Arten und

Sorten, die uns mit ihren Blüten Freude bereiten. Und zudem sind sie alle frosthart. Trotzdem fiebern wir dem Frühlingstag entgegen, an dem unser «einheimischer» Hundszahn endlich eine zarte rosa Blüte einem sonnigen Märzhimmel entgegenstreckt.

Die zierlichen Blausterne

Heimliche Stars unter den Frühlings-Zwiebelpflanzen

Oft muss man zweimal hinsehen, um es zu glauben, wenn im Frühling die Rasen um die Häuser plötzlich in allen Farben strahlen. Es können erste Müllerblümchen sein oder wohlriechende Veilchen, die den Frühling ankündigen, aber es sind oft Zwiebelpflanzen, die über Jahrzehnte hinweg aus nahe gelegenen Beeten heraus die Rasenflächen «erobert» haben. Die Krokusse sind nun schon fast verblüht, die Schnee- und Märzenglöckchen dagegen sind ausdauernd und noch immer schön. Man ist oft erstaunt, wie wunderbar es in den Rasenflächen blüht – oder wie tot diese sein können: Vereinzelte Primeln in pastösen Farben sind oft die einzigen Frühlingsboten. An anderen Orten dagegen haben die strahlend gelben Winterlinge ganze Gärten – vorübergehend – eingenommen.

In einem verwunschenen Garten im Zürcher Quartier Hottingen haben wir einen Rasen angetroffen, der ganz von zierlichen Blausternchen besiedelt wurde. Der Zweiblättrige Blaustern (*Scilla bifolia*) ist von der modernen Botanik den Spargelgewächsen zugeordnet worden – früher war er ein Liliengewächs –, was seinem Charme aber keinen Abbruch tut.

Sein Blau ist strahlend wie der Frühlingshimmel, und man wähnt sich in einer solchen Wiese in einem Märchen. Natürlich findet man heute auch weiße *Scilla bifolia*, und die Gattung hat noch andere Schönheiten aufzuweisen, etwa den nahe verwandten Sibirischen Blaustern mit etwas geschlosseneren hängenden Blüten, oder *Scilla mischtschenkoana*, den weißen Blaustern aus dem Kaukasus mit hellblauen Streifen. Nahe verwandt ist auch die Sternhyazinthe (*Chionodoxa luciliae*), auch als Schneeglanz bekannt, aus der westlichen Türkei. Sie blüht ganz ähnlich wie Scilla, aber mit weit geöffneten, gegen den Himmel gerichteten blauen Blüten. Sehr attraktiv ist auch *Scilla peruviana* mit einer symmetrisch angeordneten blauen Blütendolde. Sie stammt nicht, wie der Name vermuten lässt, aus Südamerika, sondern aus dem westlichen Mittelmeerraum. Sie wurde auf einem Schiff namens «Peru» erstmals im 17. Jahrhundert nach England gebracht.

Die Winterlinge lassen sich von Schneeresten nicht beeindrucken.

Winterlinge – großblütige Winzlinge

Die vermeintlich Kommunen

Im März blühen sie wieder in (fast) allen Bee-ten, die gelben Winterlinge mit ihrem grünen Kragen aus Hochblättern. Sie gehören zu den Ersten im Jahr, und da der Winter ihre Blütezeit ist, haben sie auch von dieser Jahreszeit ihren Namen bekommen. Und weil sie eben klein sind, oft nur wenige Zentimeter hoch, hat man ihnen das diminutive «-linge» als Endung angehängt. Wie der Lehrling, der Winzling, der Fremdling

oder der Findling ist auch der Winterling für immer mit seinem Namen dafür bestraft wor-den, dass er sich – gewissermaßen als Frühchen – vorzeitig aus dem Boden wagt. Aber genau das ist seine Chance: Wenn die höher wachsenden Stauden sich entwickeln und ihn in ihren Schat-ten stellen, hat er seine Blüte längst hinter sich, entwickelt die Samen und verzieht sich dann wieder für Monate unter die Erde.

In alten Gärten bildet der Winterling strahlend gelbe Teppiche, die manchmal in die Landschaft hinaus verwildern, wo er dann als Neophyt gilt, da er ursprünglich nur vom Südosten Frankreichs über Italien, den Balkan und Ungarn bis zur Türkei vorgekommen ist. In der zweiten Hälfte des 16. Jahrhunderts hat er sich nördlich der Alpen als Zierpflanze verbreitet. Der Winterling (*Eranthis hyemalis*) gehört zu den Hahnenfußgewächsen. Seine einzige Blüte ist aber durchaus nicht winzig. Denn ihre Größe liegt zwischen den Blüten ihrer großen Verwandten Sumpfdotterblume und Trollblume. Wegen der geschlitzten Blattform und seiner Giftigkeit wird er in England auch als «winter aconite» bezeichnet, was den Winzling auf wundersame Weise in den Klub der hohen Stauden befördert, denn *Aconitum* ist der lateinische Name des Eisenhuts.

Seine Tendenz zur Ausbreitung mag ihn als kommun erscheinen lassen. Aber es gibt sehr exklusive Arten, wie *Eranthis cilicica* mit bronzefarbenen Hochblättern oder die Hybridform *Eranthis × tubergenii* mit besonders großen Blüten. Ein delikates Schmuckstück für den Sammlergarten ist *Eranthis pinnatifida* aus Japan, mit weißen Blüten und prächtig angeordneten blau-gelben Staubgefäßen und rotviolettem Stempel. Sie lassen einen an kleine Christrosen oder große Frühlingsanemonen denken.

Eine Vielfalt von Farben und Formen

Die kurze, aber prächtige Saison der Buschwindröschen

Im April sind die lichten Wälder heller als zu jeder anderen Jahreszeit. Die Blätter sind noch klein und hellgrün, und sie wirken transparent. Am Boden breiten sich die weißen Buschwindröschen (*Anemone nemorosa*) aus, die oft fast geschlossene Blütenteppiche bilden. Sie wachsen aber nicht nur im Wald, wie der lateinische Name suggeriert (*nemorosus* = wald-, baumreich), oder in den Büschen, wie der deutsche Name vermuten lässt. Sie wachsen durchaus auch in Wiesen und Gärten.

Das Buschwindröschen gehört zur Familie der Hahnenfußgewächse (und ist damit auch giftig). Es ist eine sehr zierliche Pflanze, die sich mit unterirdischen Rhizomen ausbreitet. Aus dem weitverzweigten Wurzelsystem eines einzigen Exemplars können bis zu 100 Blüten aufsteigen. Teile dieser Rhizome werden bei Gartenarbeiten oft verschleppt, sodass die Blumen überall auftauchen, ob man will oder nicht. Aber sie haben nur eine kurze Vegetationsperiode. Wenn sich das Laub der Baumkronen verdichtet, geht ihnen das Licht aus. Sie ziehen sich wieder in den Untergrund zurück und überlassen anderen Pflanzen die Bühne.

Die hübschen Frühlingsanemonen gibt es in vielen Spielarten und Farbvariationen. Das Gelbe Windröschen (*Anemone ranunculoides*) kann sich mit dem Buschwindröschen hybridisieren, und es entsteht die hellgelbe *Anemone × lipsiensis.* Es gibt in der Familie auch das blaue Balkanwindröschen mit vielen schmalen Blütenblättern. Und die Züchter haben über die Jahre eine ganze Palette von Farben und Formen gesammelt oder geschaffen. Neben den Farbvariationen sind auch gefüllte Blüten ('Alba Plena')

und mit Laubblättern durchwachsene Blüten ('Amelia', 'Salt and Pepper', 'Bracteata Pleniflora') entstanden. Die *Anemone blanda* ist ebenso in vielen Sorten zu finden: 'Blue Shades', 'Atrocaerulea' (dunkelblau), 'Ingramii' (blauviolett), 'Violet Star', 'White Splendour', 'Bridesmaid' (weiß), 'Pink Star' oder 'Radar' (magentarot mit weißem Zentrum).

Buschwindröschen entwickeln vielfältige Farben und Blütenformen.

Die Zarten im Schatten

«Unscheinbare» Elfenblumen

Es gibt wunderschöne Blumen, die man meist gar nicht wahrnimmt. Dabei kann man in manchen Vorgärten auf sie stoßen und sich von ihren zarten Blüten überraschen lassen: Die Elfenblumen werden häufig als «Bodendecker» genutzt, um schattige Partien in den Gärten mit robustem Grün einzudecken, damit das Unkraut sich dort nicht ausbreitet. Nun haben die deutschen Staudengärtner *Epimedium* – wie sie die Elfenblumen nennen – gewissermaßen mit einem Kraftakt aus dem Dornröschenschlaf gerissen. Sie sind zur Staude des Jahres 2014 deklariert worden. So dümmlich die Wahl von irgendetwas zum Ding des Jahres sein mag – schlimmer ist wohl nur noch die Festlegung eines Tages von irgendetwas, denn der wiederholt sich alljährlich –, so verdient mag es für die Elfenblumen sein, aus dem bescheidenen Dasein von Bodenbedeckern aufzutauchen ins Bewusstsein der Gärtner.

ELFENBLUMEN KANN MAN VERFALLEN
Elfenblumen sind während vieler Monate praktisch nur eine grüne Blätterzone, im Herbst färben sich einige davon recht attraktiv. Aber im Frühjahr, Ende April, Anfang Mai recken sie ihre Blüten empor. Bei einigen Arten sind diese klein und unscheinbar. Andere aber sind elegant, an sehr feinen Stielen festgemacht, sodass sie im Wind tanzen und vielleicht auch so zu ihrem Namen gekommen sind: kleine herumirrende elfenhafte Blüten in Rot, Gelb, Weiß. Es gibt wohl gegen fünfzig Arten und noch mehr Sorten, die durch Kreuzungen entstanden. Sie sind fast alle frostbeständig. Bekannt sind das gelbe *Epimedium × perralchicum* 'Frohnleiten' oder 'Rubinkrone' und das sehr schöne rote *Epimedium grandiflorum* 'Crimsons Beauty'. Das rote *Epimedium rubrum* hat auch rot eingefärbte junge Blätter. *Epimedien* lieben den sauren und feuchten Boden unter Rhododendren, sie gedeihen aber auch gut in humoser Gartenerde. Das gelbe *Epimedium pinnatum* ssp. *colchicum* 'Elegans' erträgt auch trockenen Boden, ist robust und dehnt seine Horste schnell aus. Warnung: Wer sich in die angeblich Unscheinbaren vernarrt, läuft Gefahr, einer neuen Sammlerleidenschaft zu verfallen!

Kurze Pracht

Japanische Kirschen

Jahrelang haben wir sie als Kitsch wahrgenommen, diese rosaroten Blütenwolken in Gärten und entlang von Trottoirs. Japanische Kirschen – so dachten wir – gehören eher in den Garten eines pinkfarbenen Barbie-Hauses als in den von botanisch Interessierten. Dann aber haben wir einen *Prunus subhirtella* 'Autumnalis' angeschafft, eine botanische Spezialität für die Ecke der Früh- oder Winterblüher, und damit den Bann gegen die Gattung Prunus gebrochen. So konnte sich dann auch ein Zwergbäumchen von *Prunus tomentosa* mit weißen Blüten wie Erdbeeren oder Fingerkraut in die Frühjahrsecke ducken, bald folgte mit *Prunus incisa* 'Kojou-no-mai' ein weiterer Zwerg mit reinweißen, gestielten Blüten, und wegen seiner unvergleichlich bezaubernd mahagonifarben glänzenden Rinde kamen wir nicht um einen hochstämmigen *Prunus serrula* herum.

PRÄCHTIG BLÜHEND UND ERST NOCH MIT FRÜCHTEN

Gewissermaßen auf einer zweiten Schiene haben mit Schwarzdorn, Mirabelle, Aprikose, Pfirsich, Zwetschge und Tafelkirsche die nützlichen Vertreter der Gattung Prunus Einzug gehalten, in deren Gefolge mit dem Mandelbaum (*Prunus dulcis*) viel zartes Rosarot die Hauswand erobert. Die machten den Weg frei für weitere Japanische Kirschen, und heute existiert so etwas wie eine sammlerische Wunschliste, etwa mit der Kurilenkirsche, *Prunus kurilensis* 'Brillant', oder *Prunus serrulata*, der in der säulenförmigen Art 'Amanogawa' auch im dichtest bepflanzten Garten noch einen Platz finden sollte. So kurz kann der Weg sein von der Verachtung zur Sucht.

An einem Apriltag gerieten wir zufällig in einer Zürichseegemeinde in einen Traum von weißen Tokio-Kirschen (*Prunus × yedoensis*), ein halbes Dutzend Bäume mit dicht an dicht stehenden Blüten, die nach Honig riechen und von Hummeln umschwärmt werden. Bei anständigem Wetter halten sie vielleicht eine Woche oder zwei, dann ist die ganze Pracht wieder vorbei. Die teuren Bäume kamen vor Jahren von Hamburg mit dem Tieflader in die Schweiz. Lohnt sich der ganze Aufwand für den kurzen Blütentraum? Natürlich! Das ist wahrer Luxus – wie ein großartiges Feuerwerk oder, philosophischer mit Friedrich Schiller: «Ein Augenblick gelebt im Paradiese ...» Und hier wird nicht gestorben, sondern auf den nächsten Frühling geharrt, wenn die Natur – ganz japanisch-shintoistisch – wieder mit voller Kraft einfährt zum Fest der Kirschblüte.

Eine der zauberhaftesten Waldpflanzen: der Seidelbast

Wer ist das Männchen im Walde?

Jeder hat eine andere Vermutung

Ein Männlein steht im Walde ganz still und stumm,
Es hat von lauter Purpur ein Mäntlein um.
Sagt, wer mag das Männlein sein,
Das da steht im Wald allein
Mit dem purpurroten Mäntelein.

August Heinrich Hoffmann von Fallersleben hat 1843 das Kinderlied vom Männchen im Walde geschrieben. Jeder denkt sich nun eine andere Pflanze aus, die damit gemeint sein kann. Primär denkt man an den Fliegenpilz, der wirklich purpurrot ist. Der Erfinder hat aber an eine Hagebutte gedacht, die eigentlich eher orangerot ist und nur selten aufrecht steht. Persönlich habe ich immer an einen Seidelbast gedacht, der im Frühling duftende dunkelrosa Blüten direkt um seine senkrechten Triebe ausbildet und diese danach bis zum Herbst in purpurrote Beeren kleidet, die sich wieder eng um die senkrechten Zweige drängen.

BLASEN MACHEN WIE EIN BIENENSTICH

Unsere Vorfahren haben den Seidelbast Zyland genannt. In unserem nördlichen Nachbarland heißt er Zeiland, Kellerhals oder Kälberhals, Deutscher Pfeffer, Beißbeere, Giftbeere oder Giftbäumlein, und es gibt noch mehr so sympathische Ausdrücke. Zeiland soll vom altdeutschen Wort «zidal» für Biene kommen, weil die Rinde der giftigen Pflanze Blasen machen kann wie ein Bienenstich.

Es gibt wohl keine wild wachsende Pflanze, die im Frühling mit einem prunkvolleren Bild aufwartet: ein blühender Strauch, umgeben von einem süßen Duft, der die Sinne verwirrt. Die Frage, ob seine Farbe rosa oder violett sei, lassen wir im Raum stehen, denn heutzutage muss etwas schon pink wie ein Barbie-Mobil sein, damit es als rosa durchgeht, alles andere wird in den großen Topf von Violett, Lila und Purple geworfen. Das wunderschöne Rosa des Seidelbasts ist in den Frühlingswäldern ein überwältigendes Erlebnis; kein Wunder, dass wir den Seidelbast auch gern im Garten hätten. Schon dreimal haben wir ein – nicht gerade billiges – Exemplar in der Gärtnerei gekauft, und jedes Mal hat es im Verlauf des Sommers das Zeitliche gesegnet. Auf dem Markt ist *Daphne mezereum* primär in der Sorte 'Rubra' erhältlich, die wunderschön blüht, dicht voller «purpurfarbener» Blüten ist – was immer das heißen mag –, im Glashaus

vorgetrieben wird und, kaum gepflanzt, eingeht. Unsere Nachbarn jenseits der Straße haben ins lehmige Bord an die volle Sonne einfache *Daphne mezereum* gepflanzt und sie ihrem Schicksal überlassen – sie kommen zu unserem Ärger hervorragend und blühen jedes Jahr prächtig. Wir hatten es schon mit saurer und basischer Erde probiert, mit Sand und Humus, feucht und trocken – alles half nichts, obwohl sich unmittelbar daneben eine *Daphne × burkwoodii* 'Somerset' sehr gut entwickelt. Und dann geschah das Wunder. Ein weiterer Versucht wurde belohnt, seit einiger Zeit hält sich *Daphne mezereum* in unserem Garten, trotz aller Toxizität ist sie aber von Heuschrecken grässlich zersiebt worden.

DUFTBOMBEN GARANTIERT

Das Sammeln von Seidelbasten ist eine gärtnerische Leidenschaft. Gerade weil Seidelbast oft Schwierigkeiten bereiten, ist die Herausforderung groß, und zudem ist zu vermuten, dass der Duft das Hirn des Gärtners umnebelt und die Vernunft beim Kaufentscheid an jeder Intervention hindert. Im April blüht *Daphne odora* 'Aureomarginata', eine hinreißende Verführerin, und bald kommt *Daphne bholua* aus der Himalaja-Region zum Blühen, die leider nicht ganz winterhart ist. Gut, als Gartensorten eignen sich auch *Daphne × transatlantica* und deren Sorte 'Eternal Fragrance'. Hübsch ist auch der eher alpine Rosmarinseidelbast *Daphne cneorum*, der ebenfalls wunderbar duftet und zwischen Steinen ein prächtiges Polster bildet. Und im Garten gedeiht auch die *Daphne pontica*. Wir haben unsere vor Jahren bei Christopher Lloyd in Great Dixter gekauft, und sie hat sich inzwischen auch durch Aussaat vermehrt. Geeignet für den Garten ist ebenso die einen niedrigen Busch bildende *Daphne tangutica*. Sie blüht und duftet eine halbe Ewigkeit – und man sollte sie deshalb nahe beim Haus pflanzen, damit man olfaktorisch von ihr profitieren kann. Wegen seiner Giftigkeit sollte man Seidelbast nie in die Nähe von Kinderspielplätzen setzen.

Nur vereinzelt findet sich der Seidelbast in unseren Wäldern, vor allem in Buchenbeständen fühlt er sich wohl, und er braucht für sein Gedeihen die Verbindung mit einem Wurzelpilz.

Da der Seidelbast im Wald eher selten ist, darf man sich kein wildes Exemplar in den Garten holen. Die Pflanze ist geschützt, und weil sie im Garten nicht mit ihrem Partner-Pilz rechnen kann, geht sie höchstwahrscheinlich ein. Die roten Beeren, aber auch andere Teile der Pflanze sind stark giftig. Die Samen werden von einigen, gegen das Gift immunen Vögeln verbreitet, von Bachstelzen, Rotkehlchen und Drosseln.

Nasser Spaziergang

Eine Apologie des Frühlingsregens

Natürlich gehört es sich, über das Wetter zu jammern. Nach einem langen, kalten Winter, der mit einem gewaltigen Schneefall Mitte März nochmals daran erinnerte, dass trotz der vielbeschworenen Klimaerwärmung die Alpennordseite der Schweiz klimatisch durchaus zu den raueren Regionen zählt, kommt der Frühling ja auch nur zaghaft. Und wenn, dann in Form von Frühlingsregen. Bei allem Grund, den wir haben, über das nasskalte Wetter zu klagen, versuchen wir eine Rehabilitation des Regenwetters. Wir behaupten ganz nass-forsch, dass ein einziger Gartenspaziergang mit dickem Pullover und Regenschirm reicht, um Freude über die wunderbare Nässe auszulösen, die da vom Himmel rieselt.

AUFBLITZENDE PERLEN

Wie prächtige Perlenketten hängen die Wassertropfen in regelmäßigen Abständen an den Zweigen der Staudenrosen, die frisch-grüne Blättchen mit roten Rändern aus den dunkelroten Knospen drücken. Die Johannisbeerbäumchen treiben an den obersten Zweigen schon erste zierliche Blättchen aus; darunter hängen noch die vertrockneten feinen Zweiglein, von denen man im Sommer die Beeren gestreift hat. Anstelle der Beeren funkeln nun kristallklare Wassertropfen, die trotz dem vermeintlich trüben Wetter hell strahlen wie Diamanten. Die Rhododendren, die noch vor Monatsfrist unter der Last des Schnees so manchen Ast verloren haben und noch vor einer Woche im Nachtfrost die matten Blätter schlaff hängen ließen, strahlen nun wieder in ihrer ganzen Pracht – die Blätter hoch erhoben, die Knospen verheißungsvoll angeschwollen. Die lilafarbenen frühen Sorten haben schon ihre Blüten geöffnet, und die weißen Kamelien blitzen ebenfalls hell aus dem dunkelgrünen Laub.

In den großen Polstern der Erika fängt sich die Feuchtigkeit in den Nadeln und rieselt an den Zweigen runter, um sich dann zwischen den Steinblöcken darunter in einem improvisierten Wasserfall zu sammeln. Man kann das Rieseln und das Plätschern hören. Am Tag zuvor – an einem der Sonnentage – haben wir die alten fleckigen Blätter der Hirschzungen-Farne abgeschnitten, und wir könnten beschwören, noch kaum etwas von den neuen gesehen zu haben. Und jetzt, im Regen, schieben sich überall die weiß-flaumigen Halbkreise der neuen Rispen aus dem moosig-braunen Filz, der sie bisher geschützt hat.

FREUDE DER EINEN, DAS AUS FÜR DIE ANDEREN

Kurz war die Blütezeit für die Krokusse, die Leberblümchen und die Frühlings-Zyklamen. Ihre Blütenblätter liegen vom Regen zerschmettert auf der Erde. Noch immer aber harren hinter dem Haus einige Schneeglöcklein aus, die einfach die Blüten schließen, wenn ihnen das Wetter nicht gefällt. Schon haben die ersten Osterglocken ihre gelben Blüten geöffnet – schließ-

lich ist ja auch schon Palmsonntag, und nahe der Hausmauer bilden rote, weiße und blaue Hyazinthen eine Trikolore. Jeden Tag stoßen nun wie Spargeln neue Triebe aus dem Boden. Klar, das ist der Gelbe Enzian, und das sind die Salomonssiegel, und dort die Speerspitzen entlang des Wassers sind die Scheincalla. Lange hat man sich nicht gesehen. Jetzt trifft man nach und nach wieder auf alle, die tief im Boden überwintert haben.

Wunderschön steht der Regen den Lenzrosen. Sie neigen ja ohnehin schon ihre Blüten eher der Erde zu. Nun machen sie daraus ein System, um ihre Fortpflanzungsorgane im Trockenen zu halten. Das Moos über den feuchten Tuffsteinen ist duftig grün, das ist genau das Wetter, das es liebt. Den Kindern kann man ja verbieten, die schönen Polster für Osternester zu missbrauchen, die Amsel dagegen kennt da gar nichts! Überall sucht sie herum, kratzt Moos weg und schleudert Erde und Blätter auf die frisch geputzten Wege. Frühmorgens allerdings bedankt sie sich für all den Ärger, indem sie selbst im schlimmsten Regenwetter ihren Gesang anstimmt, lange bevor der Wecker schellt.

Herbstfarben im Frühling

Die Welt des japanischen Ahorns

Jetzt, wo der Frühling trotz Kälte und Regenwetter Tatsache geworden ist, scheint alles auf einmal zu blühen. Es duftet wunderbar. Die weißen Magnolien – *Magnolia stellata* – verströmen ein

ganz zartes Parfum, vor allem aber verzaubern die wohlriechenden Schneeballarten mit ihrem Duft ganze Gärten. *Viburnum carlesii*, der Koreanische Schneeball, und die in England gezüchtete Hybride

Viburnum × Burkwoodii blühen und duften um die Wette. Im Urteil unseres Sohns ist der Duft der Letzteren allerdings ein recht prosaisches Aroma: «Wie parfümierter asiatischer Reis!» Wunderschön und schneeweiß blüht auch die *Choisya ternata*, die Orangenblume, die einen verführerischen Geruch verströmt, aber auch die winterharte Dreiblattorange, *Poncirus trifoliata*, die weit enger mit den Zitrusgewächsen verwandt ist, trägt nun überall weiße Blüten. Fast zehn Jahre hat es gedauert, bis sie sich endlich zum Blühen bemühte, nun aber belohnt sie es überaus reich.

KRÄFTIGE FARBEN, ZARTE FORMEN

Die zartesten Farbtöne bringen wohl die Japanischen Ahornbäumchen in den Frühlingsgarten. Sie sind sowohl wegen der filigranen Art des Blattes als auch wegen der überraschenden Färbung Prunkstücke des Frühlings – und erstaunlicherweise sind es die gleichen Bäume, die sich auch im Herbst wieder auf unnachahmliche Weise in ein leuchtendes Farbkleid hüllen. Das Schönste an ihrem Auftritt im Frühling ist der farbige Hauch im morgendlichen Gegenlicht. Zum Glück werden die Bäume nicht riesig, sondern man kann sie mit gezieltem Schnitt klein halten. So kann man sich auch in einem kleinen Garten eine Sammlung von Bäumchen zulegen. Der Name von *Acer japonicum* 'Aconitifolium' deutet darauf hin, dass die Blätter wie die des Eisenhuts fiederschnittig gelappt sind. Die Blätter von *Acer palmatum* sind noch feingliedriger spitzzipflig eingeschnitten. Auf Deutsch heißen diese Bäume Fächer- oder Schlitzahorn. Die Formen der Blätter und deren Färbung sind unglaublich variantenreich. Und praktisch jede Sorte hat ein anderes Wachstum. Alle aber sind von einer großen Eleganz.

Vor allem die wegen ihrer filigran geschlitzten Blätter 'Dissectum' genannten Sorten sind im Frühling duftig und fragil. Zusammen mit Rhododendren und Azaleen, mit Kamelien und Magnolien lassen sich japanisch wirkende Gärten gestalten. Die Sorte 'Atropurpureum' treibt tiefrot aus, wird dann grün und endet im Herbst wieder rot. *Acer palmatum* 'Red Wood' besitzt einen dunkelroten Stamm und prunkt mit orangeroten Blättern, die dann grün werden. Die Sorte 'Sishigashira' treibt ihre etwas krausen Blätter in einem frischen Grün aus, das das ganze Jahr über fast im gleichen Ton vor den dunkleren Gehölzen strahlt.

Wie Schnee im Frühling

Duftige Felsenbirne, duftender Schneeball

An den hinter uns liegenden sonnigen Tagen fingen die Bäume und Sträucher fast explosionsartig zu blühen an. Plötzlich stand so viel in Blüte, als wenn die Pflanzen selbst sich nach dem phasenweise bitterkalten Winter den Frühling intensiv herbeigesehnt hätten, nicht anders als die Menschen. Unter all den üppig blühenden Bäumen, den gewaltigen Magnolien, den gefüllten rosafarbenen Prunus, den strahlend weißen Schwarzdornen, den wilden und domestizierten Obstbäumen, fällt ein Strauch besonders durch seine zurückhaltende duftige Blüte auf: die Felsenbirne. Es gibt eine einheimische europäische Art, die echte Felsenbirne, *Amelanchier ovalis*, auch ovalblättrige Felsenmispel genannt. Sie wächst in Gebüschen an Berghängen und in Felsschluchten, und ihre Blüten erinnern tatsächlich etwas an Birnen: Sie blühen, während sich die ersten Knospen der Blätter entfalten. Die länglichen, regelmäßigen Blütenblätter haben dem Gehölz aber auch zu dem Namen Edelweißstrauch verholfen.

ESSBARE FRÜCHTE

Weit attraktiver und deshalb oft in unseren Gärten zu finden sind die vom nordamerikanischen Kontinent stammenden Felsenbirnen. *Amelanchier lamarckii*, die Kupfer-Felsenbirne, ist bei uns an Autobahnborten angepflanzt worden und zum Teil aus den Gärten in den Wald verwildert. Die Art ist nicht leicht von *Amelanchier arborea* oder *Amelanchier canadensis* zu unterscheiden, dem Namen, unter dem sie die Baumschulen anbieten. Die Züchter haben eine breite Palette verfügbar, etwa die Sorten 'Grandiflora' oder 'Ballerina', und wir wollen uns nicht einmischen in die komplizierte Frage, aus welchen Kreuzungen diese im Einzelnen hervorgegangen sind. Allen diesen Felsenbirnen ist gemeinsam, dass sie im Frühling einen duftigen weißen Strauch bilden mit Blüten, die an eine Wolke von Schneeflocken erinnern. Felsenbirnen sind Sträucher, die sich normalerweise schon an ihrer Basis verzweigen und deshalb Büsche bilden. Aber wie von so vielen uns als Strauch familiär gewordenen Pflanzen zieht man heute auch von der Felsenbirne Hoch-

stämme. Aus diesen lassen sich Alleen bilden, die in der Blütezeit sehr attraktiv sind. Es gibt unter den Japanischen Kirschen sicher atemraubendere blühende Baumkronen, aber in Sachen duftiger Eleganz übertrifft die Felsenbirne wohl die meisten anderen Bäume. Außerdem sind ihre reifen beerenartigen «Birnen» hervorragend zum Essen – solange uns die Vögel nicht zuvorkommen.

Von der Schneewolke zum Schneeball: Die verschiedenen Arten von *Viburnum* erfreuen uns praktisch das ganze Jahr mit Blüten. Sie sind nicht nur im Sommerhalbjahr blühaktiv, einige sind es vom Herbst bis zum Frühling mit ihren zum Teil duftenden Blüten. Unter ihren Hybriden gibt es viele Sorten, die selbst im Winter so stark duften können, dass man mit der Nase die Hecken absucht, bis man auf die rosa Blüten trifft. Ein kleiner Busch hat uns im frühen Winter jeden Morgen mit seinem Geruch so genarrt, dass wir ihn auf der falschen Straßenseite gesucht haben. Schließlich entdeckten wir die Pflanze in einem auf der anderen Seite liegenden Garten. Nun ist sie leider verschwunden, Haus, Garten und alle Pflanzen wurden abgetragen, um einem Neubau Platz zu machen. Auch *Viburnum tinus*, der Lorbeer-Schneeball, hat sehr lange geblüht. Er trägt oft noch die metallisch glänzenden schwarz-blauen Beeren vom Vorjahr, zusammen mit den Blüten. Wer jedoch einen wohlriechenden Schneeball – beispielsweise *Viburnum × Juddii* – in seiner Nachbarschaft stehen hat, der wird alle anderen vergessen: «Unserer» steht im Nachbargarten in westlicher Richtung, genau dort, von wo normalerweise der Wind weht. Und er hüllt den Garten tagelang in immer neue Wolken von Wohlgeruch, sodass man den Frühling nicht nur spürt, sondern ganz entschieden auch riecht.

Ein intensiver Rausch

Schnell verwehte Frühlingsblüte

Wir wissen, wie die Japaner das Fest der Kirschblüte, des Symbols für Schönheit, Aufbruch und Vergänglichkeit, feiern: als religiöses Moment des Shintoismus, um für die Wiederkehr der fruchtbaren Jahreszeit zu danken, und daneben in den Parks unter den blühenden Bäumen als Volksfest, das mehr oder weniger zu einer Art von gesellschaftlich akzeptiertem Botellón (man könnte auch Trinkgelage sagen) ausartet. Nach einem strengen und nicht enden wollenden Winter haben wir großes Verständnis dafür, dass man den Zauber der Blüte mit überbordender Begeisterung feiert. Bei uns blühen nämlich nicht nur die Kirschen, sondern auch der Schwarzdorn, die Felsenbirnen und die Magnolien.

ERST DIE BLÜTEN, DANN DIE BLÄTTER

Die Pracht dieser frühen Blüte beruht auf der Tatsache, dass die Blüten vor den Blättern kommen und sie so nicht von «Grünzeug» verdeckt und konkurrenziert werden. Leider ist die Freude an der Blütenpracht recht kurz. Nach einigen wunderschönen und warmen Frühlingstagen standen die Bäume wie verabredet in voller Blüte. Doch in der zweiten Wochenhälfte brauste ein Frühlingssturm übers Land, und es begann zu schneien. Aber nicht Schneeflocken, sondern die weißen Kronblätter des Schwarzdorns und der Japanischen Kirschen stoben mit dem Wind davon. Und auch die Magnolien brachten ihre

Blütenblätter dem Sturm zum Opfer.

Jetzt treiben die Blätter aus bei den Kirschbäumen und den Magnolien. Einige Magnolien haben recht attraktives Laub; die Japanischen Kirschen aber sind nicht sehr interessant, bis sie das nächste Mal wieder für wenige Tage in Blüte stehen, und sie liefern auch keine essbaren Früchte. Soll man denn überhaupt Bäume pflanzen, die nur wenige Tage lang Herz und Auge erfreuen? Eine philosophische Frage, gewiss, aber eine mit einer klaren Antwort: Ja, man soll. Denn die kurze Dauer zwingt uns dazu, die Blüte auch wirklich zu genießen. Blühten die Bäume wochenlang, kein Mensch würde sie mehr beachten. Und die Intensität der ersten Frühlingswochen ist jedes Jahr erneut ein großartiges Erlebnis.

Ein kleiner Baum verdient es indessen, als Ausnahme der Regel genannt zu werden: *Prunus subhirtella* 'Autumnalis'. Im August bereits kann man einzelne weiße Blüten an dieser Japanischen Kirsche finden, und über den Herbst und an jedem einigermaßen angenehmen Wintertag produziert der Baum laufend Blüten. Man sollte meinen, er hätte bis zum Frühling seine Pflicht erfüllt, aber nein, kurz bevor die Blätter austreiben, ist nochmals die ganze Krone üppig strahlend weiß. Und jetzt, nach den ersten Frühlingsstürmen, hat der Prunus wohl noch immer Blüten in Reserve.

Explosion der Blüten

Geraffter Frühling

Natürlich kommt nach jedem Winter der Frühling. Aber kaum je ging das so schnell wie in den hinter uns liegenden drei Wochen. Januar und Februar ließen uns auf die ersten Schneeglöckchen und Krokusse warten, diese kamen eher spät und hielten lange. Dann aber war mit einem Mal das Wetter so mild und sonnig, dass die Pflanzen nur so aus dem Boden schossen, und nach wenigen Tagen schon öffneten sich die Blüten.

So blühte geradezu von einem Tag auf den anderen der (frühe) Mandelbaum mit der Aprikose und dem Apfelspalier. Alles, was sich in der Natur sonst in acht oder zehn Wochen abspielt, ist in diesem Jahr 2011 auf vier Wochen komprimiert. Wenn man die Daten auf älteren Blumenfotografien vergleicht, fällt einem die Akzeleration erst wirklich auf. Vor einem Jahr blühten der Hundszahn oder die Schachblume fast einen Monat später. Und die Osterglocken haben keine Chance, bis zum – in diesem Jahr späten – Fest, das ihnen den Namen gab, durchzuhalten. Bereits blühen die Magnolien, die Kamelien, die Forsythie und an den Teichrändern die Sumpfdotterblume, aber noch immer stehen die Schneekirsche (*Prunus subhirtella*) und der Japanische Papierbusch (*Edgeworthia chrysantha*) – die ja eigentlich fast zu den Winterblühern gehören – in voller Blüte. Natürlich sehen viele nicht primär die Schönheit dieses besonderen Frühlings, sondern sie fühlen sich bestätigt in der Furcht vor der Klimaerwärmung, wenn in den Föhntälern schon am 2. April ein Sommertag mit 25 Grad Celsius zu verzeichnen ist. Paradoxerweise war der hinter uns liegende Winter in vielen Teilen Europas jedoch ein sehr kalter. Die Klimaerwärmung ist für den Menschen nicht direkt wahrnehmbar. In den letzten hundert Jahren hat die Temperatur insgesamt um ein gutes halbes Grad zugenommen, eine Dimension, die wir nicht spüren können. Genießen wir also, allen Klimafragen zum Trotz, den schönen Frühling!

Welcher ist der beste Duft?

Olfaktorische Frühlingssafari

Die Menschen suchen ja laufend nach Superlativen. Jetzt, wo die Frühlingssonne die Blüten hervorgetrieben hat, schwirren einem in Wald und Garten die Düfte um die Sinne, und oft muss man mit der Nase auf Safari gehen, um die Quelle eines hinreißenden Geruchs in einem der Nachbargärten oder im eigenen Garten orten zu können. Doch welcher ist der beste?

Für Patrick Süskinds Romanfigur Jean-Baptist Grenouille, den wir ja auch im Film kennenlernten, ist das höchste der olfaktorischen Gefühle der Duft schöner junger Mädchen. Ein wunderbarer Einfall, der dem 1985 erschienenen Buch *Das Parfum* zu großem Erfolg verhalf, aber eben nur eine erotische Parabel. Denn in Tat und Wahrheit – und wenn wir einmal die Pheromone beiseitelassen, die in unserem Hormonsystem den Orkan ausbrechen lassen – riechen eindeutig die Blumen am besten. Und seit Menschengedenken machen sich die Mädchen und die Damen dies zunutze, um sich selbst in die beste Aura zu hüllen und die Sinne der Männer zu verwirren.

ERSCHNUPPERTE SCHÖNHEITEN

Also bleibt es dabei: Nase in den Wind und den besten Düften nach! Vom Nachbarsgarten dringt der schwere Duft vom Kirschlorbeer herüber. Kirschlorbeer ist ein Prunus aus der Familie von Apfel, Birne und Kirsche, und so wundern wir uns auch nicht, dass das kleine Mirabellenbäumchen an der Hausmauer einen zarten Wohlgeruch verbreitet. Aufgeblüht ist

aber auch der Koreanische Schneeball mit seinem unvergleichlichen Parfum, von dem ein einziger Busch an milden Frühlingsabenden mehrere umliegende Gärten einhüllen kann. Und noch immer duftet die schon vor Wochen aufgeblühte Duftblüte (*Osmanthus × burkwoodii*), die sich häufig in Vorgärten findet. Aber auch dieser Duft ist etwas süß und schwer, erinnert an 1001 Nacht. Das tut auch der Weiße Jasmin (*Jasminum polyanthum*), der – frisch aus dem Wintergefängnis entlassen – seine Blüten öffnet. Aber der Jasmin riecht eleganter, frischer. Zurückhaltend, aber von überwältigender Ausgewogenheit ist der Duft der weißen Sternmagnolie.

DEZENTE AROMEN,
FÜR DIE MAN SICH BÜCKEN MUSS

Apart und von besonderem Reiz für unsere Geruchsorgane sind die gelben Blüten der Aurikeln, die jetzt auf den Felsen im Garten blühen. Noch mehr bringt aber der Lorbeerseidelbast die Frische des Bergfrühlings in Erinnerung und löst Sehnsüchte nach Wanderungen über der Baumgrenze aus. Noch müssen wir uns mit welchen in den Niederungen begnügen, wo sich im Wald unser normaler Seidelbast findet, der auch gut duftet, aber leider schon fast verblüht ist. Am Waldrand findet die Nase zu den feinen, unscheinbaren Blüten des Geißblatts und am Wegrand zu den wohlriechenden Veilchen, deren Duft zu erhaschen körperliche Verrenkungen erfordert.

Der Duft der Liebe

Kultblume Maiglöckchen

Der Duft des Liliengewächses Bärlauch wird nach den ersten Frühlingstagen immer intensiver, und schließlich «stinkt» das grüne Blattwerk, das uns nach Ende des Winters mit seinem Duft in den Wald lockte, nur noch. Aber der Wald entschädigt uns kurz darauf mit dem ultimativen Wohlgeruch der «Maieriisli», der zart duftenden Maiglöckchen, der «Muguets» der Pariser. In unserer Region kommen sie in gewissen Wäldern vor, aber zu verraten wo, wäre ihrer Erhaltung kaum dienlich. Zudem haben die Floristen die «besseren», hochgezüchteten Arten mit langen Stilen und vielen Blütenbechern, mit denen sich mehr Staat machen lässt. Die Maiglöckchen tragen nicht umsonst den Wonnemonat in ihrem Namen, sie gelten seit je als Symbole der Liebe. Ein Strauß der weißen Blumen gehört fast in die Hände einer Braut.

LIEBENSWÜRDIGE UND INFORMATIVE ZUSCHRIFT

Weil die Wälder längst nicht mehr genug Maiglöckchen hergeben, müssen die Gärtner die Blumen züchten. Ein Zentrum ihres Anbaus ist Norddeutschland. Vor einiger Zeit erreichte mich der Brief eines Schülers aus Hamburg. Sei es aus eigenem Antrieb oder weil der Lehrer

die Klasse zum Marketing für die heimischen Blumenzüchter anhielt, teilte er mir jedenfalls auf drei handschriftlich abgefassten Seiten alles Wissenswerte über die Maiglöckchen mit: «Die Maiblume, im Vierländer Volksmund auch als Lütten Lilln bezeichnet, begann um 1860 eine wichtige Erwerbsquelle zu werden. Auf der Böge in Hamburg-Curslack stand gewissermaßen ihre Wiege.» Neben historischen Erörterungen hielt er fest, dass die pharmazeutische Industrie aus den Maiglöckchen Herzpräparate herstellen würde. Er erzählte dann, dass sich ab 1860 eine eigentliche Maiglöckchenkultur entwickelte, als man erkannte, dass sich die Blumen durch künstliche Wärmegabe auch im Winter zur Blüte bringen lassen, dass man aus der Wildform neue Sorten züchten und man es durch jahrzehntelange Auslese schaffen könne, dass die Blütenrispen der Maiblume immer mehr und größere Blütenglöckchen tragen. «Das Maiglöckchen überzeugt nicht durch Superlative, sondern durch schlichte Eleganz und Natürlichkeit. Es ist zum Symbol der Beständigkeit geworden und wird sich in Zukunft ganz sicher neben allen exotischen und extravaganten gärtnerischen Züchtungen behaupten.» Da hat er recht, dem ist nichts hinzuzufügen.

Hartriegel – was langsam wächst, wird endlich hart

Eine Vielfalt mondäner und nützlicher Bäume

Im späteren Frühling blühen sie wieder in den Gärten, die strahlend weißen Hartriegel-Bäume. Wie ein von Neuschnee bedeckter Baum sieht zum Beispiel der Japanische Blumen-Hartriegel (*Cornus kousa*) aus, der seine Äste wie breite Fächer in Etagen anlegt. Alle Blüten stehen dicht an dicht nach oben. Das sieht wunderbar aus, aber der Botaniker wird sofort einwenden, es handle sich bei der blühenden Pracht eben nicht um Blüten, sondern um Scheinblüten: Vier weiße, cremefarbene oder rosa Hochblätter (Brakteen, spezialisierte Laubblätter) gruppieren sich um eine kugelige Dolde von unscheinbaren kleinen Blüten, die nachher eine Scheinfrucht ausbildet, einen «Steinfruchtverband».

Wir kennen bei uns als Hartriegel vor allem die Kornelkirsche, einen Strauch oder kleinen Baum, der im März mit kleinen gelben Blüten aufwartet und später im Jahr mit ovalen, kirschenartigen Früchten. Sie sind dekorativ und bei den Vögeln und den Menschen beliebt. In der Deutschschweiz heißt die Kornelkirsche «Tierlibaum», in Deutschland «Herlitze» oder «Dürlitze» und in Österreich «Dirndlstrauch». Ob man da etwas über die psychologischen Unterschiede der deutschsprachigen Nationen hineingeheimnissen könnte? Das Gedankenspiel mit den unterschiedlichen volkstümlichen Bezeichnungen ist aber weniger wichtig als die konkrete Verwendung der Früchte, also deren Verarbeitung zu Konfitüre und Obstbrand.

EXTREM HARTES HOLZ

Warum er Hartriegel heißt, weiß jeder, der schon einmal versucht hat, einem solchen Baum mit der Säge zu Leibe zu rücken: das Holz ist ausgesprochen hart. Selbst sein lateinischer Name, der auf hartes Horn und das Attribut «männlich» zurückgehen soll, verweist auf die Härte des langsam gewachsenen Holzes. Das Holz ist so schwer, dass es im Wasser sinkt, und es wurde früher für die Stiele von Werkzeugen, für Kämme und für Spazierstöcke verwendet. Es gibt in Europa kein härteres Holz! Schon die alten Griechen hatten ihre Speere und Lanzen aus dem Holz der Kornelkirsche hergestellt. Die Bäume können sehr alt werden. Im alten Rom soll eine Kornelkirsche 800 Jahre alt geworden sein. Auch im alten Botanischen Garten Zürich findet sich ein altes Prachtexemplar.

Die Kornelkirsche wächst bei uns nicht nur in den Gärten, sondern auch an Waldrändern, in Hecken oder an begrünten Autobahnböschungen. Die gärtnerische Sorte 'Jolico' blüht etwas üppiger als die Kornelkirsche und hat vor allem größere Früchte. Sie haben einen hohen Zuckeranteil und enthalten viel Vitamin C. Man erntet sie vollreif und dunkel, indem man Tücher unter die Bäume legt und diese schüttelt.

Im April und im Mai kommen dann in den Gärten die Blumen-Hartriegel zum Blühen. Dank ihrer Hochblätter, die je länger, je größer gezüchtet werden, gehören sie zu den schönsten

Blütensträuchern des Gartens. Die Hochblätter beginnen ganz klein und farblos und wachsen dann zu immer größeren weit offenen Blüten heran.

GANZ SCHÖN AUFFÄLLIG

Aus dem östlichen Russland stammt der Tatarische Hartriegel (*Cornus albus*), der einen weiß blühenden Busch bildet und vor allem in der Sorte 'Elegantissima' oder 'Argenteomarginata' in den Gärten angepflanzt wird. Die Sorte 'Sibirica' macht prächtige korallenrote Stämme. Bei den meisten Hartriegeln sind die Blätter gegenständig angeordnet, nicht aber beim Tatarischen und beim Wechselblättrigen Hartriegel (*Cornus alternifolia*), wie schon dessen Name verrät. Letzterer hat eine sehr schöne Wuchsform mit breit ausladenden, waagerechten «Etagen». Besonders attraktiv ist die weiß gefleckte Sorte 'Argentea'. Die gleiche Wachstumsform hat auch der Pagoden-Hartriegel (*Cornus controversa*), der vor allem in seiner Variante 'Variegata' sehr elegante Bäume mit fächerförmigen Ästen formt.

Der Amerikanische Blumen-Hartriegel (*Cornus florida*) stammt aus Nordamerika und bildet luftige Sträucher mit schneeweißen oder roten Blüten. Er und seine asiatischen Verwandten stellen höhere Anforderungen an den Boden als unsere heimische Art. Sie tolerieren keine Staunässe und ziehen einen humosig-sauren Boden vor. Bei den amerikanischen Arten wachsen die Früchte nicht zu einer einzigen zusammen wie bei den asiatischen. Auch aus den USA stammt Nuttalls Blüten-Hartriegel (*Cornus nuttallii*), der im Frühling vierpassförmige weiße Blüten macht und im Herbst eine wunderschöne rote Färbung annimmt.

Geradezu explosionsartig hat sich die Zahl der Sorten vermehrt, die in den letzten Jahren von der Art des Japanischen Blumen-Hartriegels auf den Markt gekommen sind. Dabei will es das asiatische Paradox, dass vor allem die aus China stammende Form (*Cornus kousa* var. *chinensis*) zur Zucht dieser Sorten Verwendung fand. Fast schon klassisch ist die Sorte 'China Girl' mit weißen, spitz zulaufenden Hochblättern und prächtigen, an Stielen herabhängenden roten und gelben Früchten im Herbst. Ausgeprägte cremeweiße, zipflige Hochblätter bringt die Sorte 'Milky Way' hervor, während 'Nicole' besonders reinweiße, große Blüten macht. Ihr Ausmaß wird indessen von 'Venus' in den Schatten gestellt, deren Blüten einen Durchmesser von bis zu 20 Zentimeter erreichen sollen.

Was die Zahl der Blüten und die Blühdauer betrifft, schlägt 'Weiße Fontaine' den Rekord. Mit 'Satomi' und 'Rosabella' stehen auch rosa Varianten zur Verfügung. Die belgische Spezialitätengärtnerei Le Try hat über hundert *Cornus-kousa*-Sorten im Angebot. Viele dieser Hartriegel haben eine sehr schöne Herbstfärbung.

Aber damit ist die Gattung noch nicht erschöpft, sie bietet auch noch ein staudenähnliche Frühlingsblüte an. Der Kanadische Hartriegel (*Cornus canadensis*) bildet einen niedrigen Teppich von Blättern und Blüten, der im Winter völlig in den Boden einzieht und im Frühjahr wieder austreibt. Jeder Blütenstand ist umgeben von vier weißen – seltener rosafarbenen – Hochblättern. Dieser Hartriegel braucht saure und etwas feuchte Erde. Der sich nur wenig unterscheidende Schwedische Hartriegel (*Cornus suecica*) kommt in den arktischen und subarktischen Zonen außerhalb des amerikanischen Kontinents vor. Man kann ihn noch als Relikt der Vergletscherung an einigen Orten in Deutschland und den Niederlanden antreffen, dort ist er aber vom Aussterben bedroht.

Viola odorata – das Wohlriechende Veilchen.

Wohlriechende Veilchen, gefeierte Narzissen

Frühe Wärme und Trockenheit

Wann soll man über das Geschehen in Wald und Garten berichten, wenn nicht jetzt, wo alles zu knospen, zu sprießen oder zu blühen beginnt? Höchste Zeit, sich draußen an der Front, wo der Frühling sich ausbreitet, einmal ganz genau umzusehen. Seit vielen Wochen hat es nie mehr richtig und ausdauernd geregnet, Hoch nach Hoch hat sich installiert und den Tourismusregionen eine ihrer schönsten Wintersaisons gebracht, die man sich vorstellen kann. Die Temperaturen sind zwar nachts noch häufig unter den Gefrierpunkt gefallen, aber die Tage sind sonnig und warm. Die Schneeglöckchen haben ihre schönste Zeit hinter sich, noch sieht man die Blüten, aber sie sind schon häufig von den grau-grünen Blättern fast verdeckt. Diese schießen jetzt ins Kraut, und die Fruchtknoten beginnen rasch zu wachsen, denn nur kurz ist die Zeit, die ihnen bleibt, bis in den wachsenden Wiesen kein Licht mehr auf sie fällt. Auch die Krokusblüten sind schon welk geworden, und die Märzenbecher haben ebenfalls viel an Kraft verloren. Sie lieben einen feuchten Standort, an der Sonne ist es ihnen inzwischen zu heiß.

FRÜHLINGSPRIMELN UND BASTARDE

Unverwüstlich harren die Frühlingsprimeln auf den Wiesen aus. In allen Farben sieht man sie, oft auch in dunkelblauen oder violetten Tönen, die unschwer als eingekaufte und dann ausgesetzte Varianten zu identifizieren sind. Noch überwiegt das pastellfarbene Gelb, das auf einigen Rasenflächen fast zu geschlossenen Blütenteppichen zusammenwächst. Ihr klassischer Standort sind der Sonne zugewandte Rasenhänge, Bahndämme und Autobahnränder. An warmen Orten sind nun Schlüsselblumen zu finden und blauviolette Veilchen, von denen man das Gefühl hat, früher hätten alle geduftet und heute fast gar keine mehr. Elias Landolt, ein Schweizer Geobotaniker, versichert in seiner *Flora der Stadt Zürich*, *Viola odorata*, das Wohlriechende Veilchen, sei noch immer häufig. Was wir auf der Forch, ein Übergang zwischen Zürich- und Greifensee, gefunden haben, hätte eine *Viola canina* sein können, wenn nicht die Blätter ganz anders gewesen wären und die Blüten riesig.

Vielleicht war unsere Nase nicht ausreichend sensibel, oder aber unsere *Viola odorata* hatte sich schon mit so vielen Stiefmütterchen aus den Nachbargärten gekreuzt, dass ein Bastard mit wunderschönen großen Blüten entstanden ist, dem der Wohlgeruch abhandengekommen ist. Wie so oft, wenn man das Glück in der Ferne sucht, treffen wir im Rasen des Nachbarhauses prächtige Kolonien von *Viola odorata* mit fast kreisrunden Blättern, mit kleineren Blüten zwar – aber sie duften!

UNTERSCHIEDLICH ATTRAKTIVE OSTERGLOCKEN

Ostern ist erst in vier Wochen, aber die Osterglocken kümmern sich nicht groß um Termine. Sie wollen jetzt blühen und stehen in kräftigen Gruppen als heitere Farbflecken im Garten. Die Variationen dieser Narzissen sind unglaublich. Es gibt alle Kombinationen von Gelbtönen, oft ist die kleine Trompete im Innern dunkel, außen der Blütenblätterkranz hell oder umgekehrt. Im Palmengarten in Frankfurt am Main sind eine Fülle von Arten zusammengetragen, sodass man ihre Spezifikationen gut beobachten kann. Viele Farbnuancen sind recht natürlich, andere, mit Orangetönen, sehen aus, als seien sie aus Krepppapier für die Osterdekoration einer Konditorei gemacht. Immer häufiger sieht man die kleinen, gedrungenen Arten, die viel natürlicher wirken und oft zwei Blüten aus einem Stängel entwickeln. Ihre Farben sind kräftig, und die Blüten wirken – im kleineren Maßstab – sehr groß. Sie erinnern an die natürlich vorkommenden kleinen Osterglocken aus den Vogesen, denen um den See von Gérardmer alljährlich das Narzissenfest gewidmet ist.

So schön es ist, als reiner Beobachter im Garten die Pracht des Frühlings zu genießen und bei Spaziergängen etwas über die Zäune zu blicken, so lässt einem der Garten doch keine Ruhe: Wieso sind die Christrosen plötzlich so schlaff, warum die anderen Schneerosen so unansehnlich? Gräbt man einen Finger tief in die Erde, weiß man, warum: Es ist alles total ausgetrocknet. Noch kein Problem für die meisten Pflanzen, die erst ihre Knospen blähen, aber fatal für die Pflanzen, die jetzt ihre wichtigste Vegetationszeit haben und täglich Blätter und

Blüten produzieren. Selbst die im vergangenen Herbst umgepflanzte *Helleborus foetidus*, die Stinkende Nieswurz, die olfaktorisch so wenig eine Geruchsbelastung ist, wie die meisten Veilchen ein Wohlgeruch sind, und die sonst gar nicht zu viel Sonne haben können, sind vertrocknet. Stauden, die jetzt noch keine tief reichenden Wurzeln haben, sind dringend auf eine Spritzkanne voll Wasser angewiesen.

Primeln mit Suchtpotenzial

Aurikeln als Zucht- und Sammelobjekte

Jedem aufmerksamen Zeitgenossen ist kaum entgangen, dass der britische Thronfolger bei seiner Heirat mit Camilla nicht irgendeine Orchideenblüte oder ein exotisches Gewächs aus dem Blumenladen am Revers trug, sondern die wunderbar symmetrische Blüte einer Lenzrose. Was da aussah wie eine Kokarde oder das Abzeichen einer Vereinigung – auch seine Söhne, die Prinzen William und Harry, folgten dem Beispiel des Vaters –, war die Blüte eines *Helleborus orientalis*. Für die Trauung im Stadthaus von Windsor wählte Prinz Charles eine dunkelrote Lenzrose, für die Zeremonie in der Schlosskapelle eine weiße mit zarten roten Sprenkeln. Die blühen derzeit in seinen Gärten, wohl auch im Park von Windsor. Die Wahl der Blume fürs königliche Knopfloch ist nicht nur ein Beweis von gutem Geschmack und Raffinement, sie ist auch ein Bekenntnis zu den einfachen Werten

des englischen Landlebens, und sie zeugt von einer gewissen Komplizität mit seinen Söhnen. Das mag nach Überinterpretation klingen, aber in England sind Blumen, insbesondere Sorten, die es in immer neuen Formen und Varietäten gibt, für viele von weit größerer Bedeutung als bei uns.

MANCHMAL MIT BÄRENÖHRCHEN

Bestes Beispiel für die britische Lust am Züchten und Sammeln sind die Aurikeln. Bei uns finden sie sich in den kalkhaltigen Teilen der Alpen, hie und da auch in Steingärten. In der angelsächsischen Welt, von England über die USA, Kanada und Neuseeland, sind sie begehrte Objekte. Unsere goldgelbe Aurikel (*Primula auricula*) – latinisiert vom volkstümlichen «Bärenöhrchen» – aus den Alpen mit dem Hauch von Kalkmehl auf den Blättern und den goldgelben Blüten mit ihrem wunderbaren Duft hat inzwischen Legionen von gezüchteten Varianten in allen Farben und teilweise weit offenen oder gefüllten Blüten bekommen. Wie dunkelviolette, weiß geränderte Röcke oder knallrote Glocken – was das Herz begehrt. Sie ist durch Mutation und Kreuzung aus dem «Flüeblüemli» der Alpen hervorgegangen, vorzugsweise durch die Einkreuzung von *Primula hirsuta*, welche die Rot- und Blautöne lieferte. Wir wollten zunächst von so elaborierten Hybriden im eigenen Garten nichts wissen – nur schon aus Angst, dass sie die authentische Erbsubstanz der einheimischen Primeln ruinieren könnten. Aber kaum waren dann doch die ersten hohen Alpinen-Töpfe im Regal, drohte uns die Sammelwut einzuholen.

IM AURIKEL-FIEBER

Jedoch: Aurikeln brauchen viel Pflege. Sie müssen ständig geteilt und neu eingetopft werden, weil sie immer mehr in die Höhe wachsen. Sie leiden unter Winternässe, brauchen guten Abzug oder eine Glasscheibe über sich. Die Engländer haben deshalb oft Gewächshäuser für die alpinen Pflanzen oder überdachte «Auricula Theatre». Auch auf dem europäischen Festland wütete das «Aurikelfieber»: In Tournai im belgischen Wallonien soll der Abt von Saint-Michel im 18. Jahrhundert 15 solcher Theater aufgestellt haben. Der Stadtgründer von Karlsruhe, Markgraf Karl III. Wilhelm von Baden-Durlach (1679 – 1738), trug rund 500 verschiedene Aurikeln in seinem Garten zusammen und ließ sie von Malern porträtieren. Und Goethes Freund Herzog Carl August von Sachsen-Weimar-Eisenach hat rund 400 Arten im Schloss Belvedere bei Weimar zusammengetragen.

Mehr über die Vielfalt der Farben und Formen findet man auf den Homepages der National Auricula and Primula Society (www.auriculaandprimula.org.uk), die mehrere Sektionen umfasst und jährlich zahlreiche Ausstellungen veranstaltet, der Royal Horticultural Society oder der American Primrose Society. Heute kümmert sich unter anderem die Gärtnerei Barnhaven Primroses um die Züchtung der Primeln. Das Unternehmen wurde von einer Sammlerin in den USA gegründet, ließ sich dann im nordenglischen Lake District nieder und zog dann in die Bretagne weiter (www.barnhaven.com). Seine Primeln werden an vielen europäischen Pflanzenmärkten angeboten.

Elegante Kletterpflanze

Die immergrüne Clematis

Nicht immer sind die Märzenglöckchen, die Winterlinge und die Krokusse die Protagonisten des Frühlings. Im geschützten Rahmen des Wintergartens blühen jetzt mit schneeweißen oder rosa überhauchten Blüten die Immergrüne Clematis (*Clematis armandii*) und seit Anfang

Februar der weiße Jasmin (*Jasminum officinale*) um die Wette. Aber es ist nicht nur ein Wettstreit der Blüten, sondern auch ein olfaktorischer Wettkampf: Beide Pflanzen haben einen wunderbaren Duft, der vom Wintergarten her das ganze Haus erfüllt. Nach drei, vier Wochen ist die Pracht dann vorbei. Der Boden ist nun überhäuft von welk gewordenen Blütenblättern, und es geht ans Aufräumen.

Noch ist allerdings die Saison der *Clematis armandii* nicht vorbei. Im Freien klettern ihre Schwestern bis zum zweiten Stock hinauf, indem sie die Glyzinien umschlingen. Sie haben Büschel von Blüten vorbereitet, und bei der nächsten Schönwetterperiode werden sie als weiße oder leicht rosa angehauchte Polster an der Fassade hängen. Ja, die charmante Clematis ist bei uns – mehr oder weniger – winterhart. Im eisigen Februar 2012 ist sie zwar herunter bis zum Wurzelstock gefroren. Doch das scheint sie nur noch mehr herausgefordert zu haben,

so schnell wie möglich verlorenes Terrain zurückzuerobern. Zudem vermehrt sie sich aus Samen selbst – man muss sie dann nur dahin in den Garten setzen, wo man sie auch wirklich will. Oft werden leider einige der lanzettlichen ledrigen Blätter braun, und man muss sie entfernen. Was schnell wächst, scheint auch schnell wieder zu vergehen.

Die *Clematis armandii* ist nach dem französischen Missionar Jean Pierre Armand David benannt, der in Asien Pflanzen sammelte. In den Gärtnereien finden sich neben der botanischen Art die Sorten 'Apple Blossom' (zu Beginn leicht rosa überhaucht), 'Hendersonii rubra' (hellrosa), 'Little White Charm' (reinweiß mit schmalen Blütenblättern) und 'Snowdrift' (reinweiß mit etwas breiteren Blütenblättern). Angemerkt sei, dass es noch andere immergrüne Clematis gibt, etwa die *Clematis forsteri × cartmanii* 'Joe' und 'Early Sensation' (beide prächtig weiß).

Die *Clematis armandii* hüllt Wintergarten und Hausfassade in ein Blütenmeer.

Wilde Ranken

Das Glück in der Höhe

Schon im April geht es los: Die Kletterpflanzen suchen ihren Lebensraum in der Höhe. Sie profitieren von allem, was ihnen Halt geben kann, von Gittern, Felsen, Büschen und Bäumen, und sie haben nur ein Ziel: so hoch hinaus wie möglich. Schon in diesen frühen Apriltagen zeigen die Akebien ihre ersten karmesinroten Blüten. Die fingerblättrige Akebie (*Akebia quinata*) hat es mit den ungeraden Zahlen. Sie hat fünf fast regelmäßige Blätter, die eine Art großes Kleeblatt bilden, und drei fast runde Blütenblätter, aber eine Fülle von Blüten. Sie klettert überall hinauf, wo sie kann. Bei uns teilt sie sich über die ganze Höhe der Fassade einen Draht mit einer Kletterrose.

Obwohl die Akebie rücksichtslos ihre Ranken schlingt, kommen die Rosen gut zum Blühen. Ein anderes Schlinggewächs, das Chinesische Spaltkörbchen (*Schisandra chinensis*), hat sich einen großen Baum als Rankhilfe erwählt. Die hübschen Blumen gehen nun bis weit hinauf. Allerdings ist das Gewächs zweihäusig, und wenn man die gesunden «Vitalbeeren» ernten will, braucht man eine weibliche und eine männliche Pflanze.

Großartige Kletterer sind die Clematis. Vor allem natürlich die bei uns heimische Waldrebe (*Clematis vitalba* oder *Clematis recta*) mit kleinen weißen – nicht unattraktiven – Blüten. Sie wuchern über Büsche und Bäume wie Lianen und bilden armdicke verholzende Stämme. In der Deutschschweiz sind sie unter dem Namen «Niele» bekannt, und wegen des Hohlraums in ihren Zweigen kann man damit in der Jugend erste Rauchversuche wagen. Die Gärtner interessieren sich natürlich für die prächtigen, groß blühenden Sorten.

Le temps des roses

Prächtige Rosen im Frühsommer.

Wenn der Rausch des Frühlings erst einmal vorüber ist, kehrt im Garten gewissermaßen Normalität ein. Das heißt nicht, dass nun weniger Pflanzen blühen würden, aber sie tun das etwas ausdauernder und vor allem weniger gleichzeitig. Die Zwiebelpflanzen des Frühlings – Fritillarien, Tulpen, Narzissen und alle anderen – brauchen nun Zeit, damit ihre Samen reifen können. Und ihre Blätter schaffen Assimilationsprodukte, so lange noch etwas Sonne sie trifft. Dann werden sie gelb, unansehnlich und «ziehen ein». Man sollte diesen Prozess abwarten, kann aber ihre unordentlichen Blätter zu einem Zopf binden, damit sie nicht stören. Viel Stauden entwickeln sich nun schnell und rauben den Zwiebelpflanzen das Licht – deren kurze Saison ist vorbei. Dafür schießen die Rittersporne und Fingerhüte in die Höhe. Vom Frühling sind noch einige Primeln geblieben – vor allem die in Feuchtgebieten gedeihenden. Sie umringen den Teich nun dekorativ mit ihren Blüten. Und die Iris haben nun ihre Saison und brillieren in tausend Formen und Farben. Vor allem sind von Mitte Mai an die Rosen die prägenden Blumen. Seien das die ersten Beetrosen oder die Kletterrosen, die an ihren Gerüsten üppig die Blüten öffnen, oder auch die Ramblerrosen, die hoch in den Wipfeln der Bäume ihre Blütenpracht entfalten. Im Wonnemonat Mai beginnt die Zeit der Rosen, «Le temps des roses» – wie der französische Komponist Charles Gounod eines seiner Lieder benannt hat - und mit den Rosen erblüht auch die Saison der – literarisch überhöhten – Liebe. Mindestens für die, welche nicht schon während der Kirschblüte – «Le temps des cerises», die unter anderen Yves Montand besang – von ihren Emotionen überwältigt wurden.

Rosige Zeiten

Klettern und Blühen bis zum Dach

Bäume, so sagt man, wachsen nicht in den Himmel; Rosen aber versuchen es immer wieder. Mit dem Einbruch frühsommerlichen Wetters beginnt die Zeit des Jahres, in der man glaubt, alles wolle gleichzeitig blühen. Die letzten Glyzinienblüten hängen in den Zweigen, die violetten Rhododendren beenden das Farbenspiel dieser üppigen, reich blühenden Gattung, die Iris sind aufgegangen, vor allem aber ist es die Zeit der Rosenblüte. Jetzt muss man die Rosen genießen, noch sind ihre Blätter – abgesehen von etwas Hagelschaden – kräftig und dunkelgrün, ein Kontrast, vor dem sich die Blüten umso besser präsentieren. Danach fängt die Arbeit an: Die ersten Blattläuse machen sich über die Knospen her, die schwarzen Sterne des Rußtaus und die schimmlige Pilzschicht des Mehltaus breiten sich aus. Aber diesen Kampf nehmen wir gern auf, wenn wir nun sehen, wie wunderbar sich die Blüten entfalten.

KLETTERROSEN ...

Besonders die Kletterrosen haben es uns angetan. Wenn wir sie nicht zurückschneiden, wachsen einzelne Sorten Stockwerk um Stockwerk die Fassade hinauf, umranken Balkone und Fenster bis zum Dach. Sie brauchen eine gewisse Stütze, da sie sich nicht selbst halten können. Überlange Seitentriebe mit welken Blumen müssen zurückgeschnitten werden, damit sie ihre Stabilität nicht verlieren und sie im Nachsommer nochmals blühen. Die Stämme aber verholzen und können jahrelang neue

Blüten tragen. Verglichen mit den aggressiven Glyzinien, die Drähte aus ihrer Verankerung reißen, Dachrinnen eindrücken und die man – einem Dompteur gleich – immer wieder mit der Rosenschere auf ihren Platz zurückweisen muss, sind Rosen anspruchslos.

.... UND ANDERE GIPFELSTÜRMER

Wer keinen Platz hat für Kletterrosen, der kann sich andere Kletterer in Töpfen auf den Balkon holen. Dankbar sind alle Formen von Clematis, die in der Regel auch problemlos überwintern. Gleiches gilt für das Geißblatt (*Lonicera caprifolium*), mit dem sich ganze Lauben bilden lassen. Andere Kletterpflanzen sind nur für eine Saison: Sehr beliebt ist die Schwarzäugige Susanne (*Thunbergia alata*), die in den Blumenläden und auf dem Markt zu finden ist. Die Pflanze mit der gelben oder orangefarbenen Blüte mit dem schwarzen «Auge» im Innern ist nimmermüde im Klettern und im Blühen. Ein wilder Climber, der aber erst spät blüht, ist die Glockenrebe (*Cobaea scandens*), welche die einfallsreichen Angelsachsen wegen ihrer ebenfalls sehr schön gestalteten Kelchblätter «Cup-and-Saucer Vine» nennen.

Wir haben aber noch weitere interessante Kletterer gefunden: die verschiedenen Passionsblumen. Eine dunkelrosa blühende mit relativ kleinen Blüten oder eine violette mit gefransten Blüten und gezackten Blättern. Einzelne Passionsblumen überstehen bei uns in die Erde gepflanzt milde Winter und treiben im Frühjahr wieder aus. Zum Teil leider auch da, wo wir sie nicht haben wollen. Eine weitere Variante ist das ebenfalls sehr dekorative Purpurglöckchen (*Rhodochiton atrosanguineum*), bei dem aus hellrosa Kelchblättern eine dunkelviolette, trompetenförmige Blume hängt. Im lateinischen Namen verbirgt sich wie im Rhododendron wieder das griechische Wort für «Rose». Die Rose ist einerseits der Inbegriff für das Blumige an der Blume, anderseits, da hat Gertrude Stein recht, andererseits auch ein ganz singuläres Phänomen: Eine Rose ist eine Rose, ist eine Rose …

Rosen in sengender Hitze

Eine Sortensammlung im Rosenbeet

Rosen haben gerne Sonne, und deshalb blühen sie auch gut und bleiben gesund, wenn sie viel Licht bekommen und hie und da der Wind durch sie hindurchfegt. In den vergangenen Tagen hat die Sonne aber geradezu unbarmherzig über die Rosenbeete herniedergebrannt, weshalb einige der Edelrosen etwas schnell ihre Blütenblätter verloren. Der Blick über die vielfältigen Farben der Polyantharosen und der Floribundarosen ist prächtig:

'Queen Elizabeth', einer Frau gewidmet, die das Patronat für viele Gärten auf sich vereinigt, kann mit ihrem kühlen hellen Rosa einen Sonderplatz für sich beanspruchen, sonst sind die Farben bunt gemischt, weniger einem System als einem befriedigenden Gesamteindruck verpflichtet. Man kann aber durchaus Vergleiche anstellen, etwa dass bei den Sorten, deren Blumen Gelb und Rot enthalten, die Anteile der Farben wechseln. Bei 'Maskerade' dominiert ein kräftiges Rot das Gelb, bei 'Circus' ist es gerade umgekehrt. Und 'Mme A. Meilland' – immer noch eine der prächtigsten Sorten mit zartem Duft – wechselt, während sich die Blüte öffnet, die Farbe. Der zarte rosa Hauch, der den Saum der Blüte färbt und oft durch eine fast weiße Übergangszone vom Hellgelb getrennt ist, gibt der sich öffnenden Blüte ihre unvergleichliche Eleganz. In der Hitze dieser schon hochsommerlichen Tage halten sich die üppigen Blumen nicht so lange, bald rieseln die Petalen (Kronblätter) nieder. Zum Glück blüht die 'Mme A. Meilland' immer wieder, bis in den ersten Winterschnee hinein. Der berühmte Rosenzüchter dieses Namens widmete sie seiner Frau, aber der Handel suchte sich für die Vermarktung in anderen Ländern eine klangvollere Bezeichnung. So heißt die gleiche Rose in Deutschland nun 'Gloria Dei', und wo sie nicht den Ruhm Gottes mehren soll, ist sie einer nicht minder prestigeträchtigen Idee oder Hoffnung gewidmet: 'Peace'.

Das Blühen in den Bäumen

Gärtnern in einer dritten Dimension

Wer nicht über gewaltige Latifundien verfügt, stößt bei der Gartengestaltung bald an Kapazitätsgrenzen: Jeder Quadratmeter ist schon dicht bepflanzt – was kann man da noch machen? Das ist der Moment, in dem man sich bewusst wird, dass ein Garten keine Fläche, sondern ein Raum ist, und dass der Platz, der in der Horizontalen fehlt, allenfalls in der Vertikalen durchaus noch vorhanden ist: Mauern, Einfriedungen, Hauswände lassen sich mit Pflanzen verschönern, und auch alte, große Bäume eignen sich optimal als Stützen für Kletterer, die hier ihr eigenes Leben, ihre eigenen Blüten entfalten können.

RANKENDE, UMHERSCHWEIFENDE UND WUCHERNDE PFLANZEN

Natürlich denkt man zuerst an Clematis, an Jasmin, an Geißblatt oder Glyzinien, wenn von blühenden Kletterpflanzen die Rede ist. Die Königin unter den Kletterern ist aber die Rose. Aber hier soll nicht von den Kletterrosen die Rede sein, die sich brav an einen Bogen binden lassen oder die Hausmauer verschönern. Hier geht es um die Kategorie der «Rambler», die, einmal gut angewachsen am Fuße eines Baumes, wie eine Rakete in die Höhe schießen und nach einigen Jahren den sie stützenden Baum im Juni in ein Blütenmeer verwandeln. Neben den braven Kletterern wirken die Rambler wie tollkühne Zirkusartisten. Sie erobern die Bäume gewissermaßen für ihre Zwecke. «To ramble» heißt auf Deutsch umherschweifen, und genau das tun sie auch. Rambler lassen sich kaum

domestizieren, sie wachsen zehn Meter in die Bäume hoch und machen dann enorm lange Triebe, mit denen sie wie mit riesigen Tentakeln nach dem nächsten Baum suchen, der sich erobern lässt.

Sie blühen meist weiß, cremefarben, rosa oder aber auch rot und violett. Am schönsten sind die weißen Sorten, wie 'Alberic Barbier', 'Kiftsgate' oder 'Bobbie James', oder leicht rot überhauchte wie 'Paul's Himalayan Musk', 'Albertine' oder 'Francis E. Lester'. Die Letztgenannte hat offene, einfache Blüten wie die Hundsrosen, aber an dicht gefüllten Büscheln. Rosen entwickeln keine Systeme, um sich anzuheften, sie verfügen weder über Haftwurzeln noch über Ranken, sie nutzen die Äste der Bäume als Traggerüst und wachsen mit ihren flexiblen Trieben in den Baum hinein und dann aus der Krone wieder heraus. Rambler eignen sich auch hervorragend, um alte Gartenhäuser, Schuppen oder Garagen mit Grün zu überwachsen und einmal im Jahr zu einer kleinen Blütensensation zu machen.

Hoch in den Bäumen breiten sie üppige Blütenkissen aus. Die einen überwuchern ganze Baumkronen und setzen ihnen wunderschöne Blütenkronen auf. Aber sie machen viel später im Jahr meist auch prächtige Bouquets von leuchtend roten Hagebutten. Und sie werden auch einer weiteren Bedeutung ihres Namens gerecht: Sie «wandern», sie säen sich selbst aus im Garten. Eine hat sich, wie wenn sie es wahrgenommen hätte, bei uns neben einem abgestorbenen großen Baum niedergelassen, und nach zwei Jahren ist sie schon an seiner Spitze angekommen. Eine andere hat sich auf dem Moos eines kleinen Gartenhauses neu bewurzelt und von dort einen weiteren Baum angepeilt. Leider ist in diesem Winter eine der schönsten Rambler unseres Gartens – die 'Paul's Himalayan Musk' – plötzlich gestorben.

Natürlich sind die Rosen nicht die Einzigen, die gerne in die Bäume klettern. Auch die *Akebia quinata* erobert mit ihren Trauben dunkelroter Blüten Hauswände und Bäume. Etwas spezieller

und seltener anzutreffen ist *Schisandra rubiflora* mit karminroten Blüten und roten, kugeligen Früchten. Zudem kann man mit *Schizophragma hydrangeoides* und noch besser mit den ihre Blüten in tellerförmigen weißen Kreisen ausstreckenden Kletterhortensien (*Hydrangea petriolaris*) unansehnliche Bäume zu neuem Leben erwecken. Wer Wert auf viele Blüten legt, ist mit *Clematis montana* immer gut beraten, die rosaroten Blüten klettern Jahr für Jahr höher in den «Gastbaum».

Eine Ramblerrose in der Krone einer Föhre.

Heliogabal, der opulente Kaiser

Wenn es Rosenblüten schneit

In diesem Jahr scheinen die Ramblerrosen besonders üppig zu blühen. Wir haben sie so gepflanzt, dass sie hoch in die Bäume hinaufklettern und diese im Juni in ein Blütenmeer verwandeln. Und dann kommen die kräftigen Gewitter, mit denen wir die warmen Tage bezahlen, und in Wind und Wetter fliegen die Blütenblätter der Rosen davon wie ein Sturm von Schneeflocken im Winter. Einige der Ramblerrosen blühen nochmals im späteren Jahr, bei den meisten aber ist die Pracht nach einem heftigen Gewitter für eine Saison vorbei. Man muss die Blüte genießen, solange sie vorhält! Oder mit den Worten des Zürcher Musikpädagogen Hans Georg Nägeli («Freut euch des Lebens»): «Pflücket die Rose, eh' sie verblüht!»

Das erinnert an die Vergänglichkeit aller Schönheit und das daraus resultierende *carpe diem*; wer das Leben genießt und bewusst lebt, kann auch dessen Vergänglichkeit akzeptieren. In seiner überbordenden Üppigkeit lässt einen der dicke Teppich von Blütenblättern aber auch an Heliogabal denken, jenen prunksüchtigen Kaiser, der kurz das Römische Reich beherrschte

und an einem seiner opulenten Feste so viele Blütenblätter auf die Gäste regnen ließ, dass einige unter der duftenden Masse erstickt sein sollen. Bis vor hundert Jahren gehörte es für kunstsinnige Menschen zur Allgemeinbildung, all die Mythen, Legenden, Sagen, Geschichten und historischen Anekdoten zu kennen, die während Jahrhunderten die Themen für Bilder, Skulpturen und musikalische Werke lieferten. Hans Werner Henze und Sylvano Bussotti ließen sich von dem dekadenten Kaiser zu Kompositionen inspirieren. Sir Lawrence Alma-Tadema malte 1888 das Bild «The Roses of Heliogabalus», auf dem die Massen von Blütenblättern auf die Teilnehmer eines Gastmahls oder einer Orgie herabfallen. Er nahm sich die künstlerische Freiheit heraus, Rosenblätter zu verwenden, die spätantike Sammlung von Kaiserviten *Historia Augusta* erzählt die Geschichte mit Veilchenblüten. Ja, das ist erst wahrer Luxus: Rosenblüten kann man jetzt mit Rechen und Schaufeln zusammensammeln, Veilchen muss man einzeln von Hand pflücken!

Einfach schön

Der Reiz der ungefüllten Rosen

Jetzt, wo die Rosen ihre ganze Pracht entfalten, kann man sich von ihrer Üppigkeit faszinieren lassen. Aber wirklich berührend und von schlichter Eleganz sind die einfachen Blüten, die ungefüllten fünfzähligen, die Archetypen aller *Rosaceae* dieser Welt. Wie die einzelnen Arten zustande gekommen sind, ist eigentlich unerheblich, und es würde eine ganze Zeitung füllen, das verständlich darzulegen. Sobald man vor einem blühenden Rosenbusch steht, etwa vor der zart rosaroten *Rosa glauca*, die – wie die ähnliche *Rosa canina* – bei uns heimisch ist, denkt man nicht mehr an solche Dinge. Mit ihren blaugrauen Blättern und den innen weißen und gegen außen rosa Blüten ziert sie jede Hecke. Ein Prachtstück unter den Kletterrosen ist die großblütige, zartgelbe 'Mermaid'. Sie ist allerdings nur in Weinanbaugebieten winterhart – und was diese Warnung der Gärtnereien bedeuten kann, haben wir sogar auch im Rebgebiet im Winter 2012 erlebt: Damals ist die etwa gleich empfindliche *Rosa banksiae* etwa vier Meter zurückgefroren, hat sich nun aber wieder ihren alten Raum zurückerobert. Da kann man der 'Mermaid' auch ihre Chance geben!

Wunderschön ist die *Rosa chinensis* 'Mutabilis' mit Blüten, die an bewegte Schmetterlinge erinnern. Sie wurde 1934 auf der Isola Bella im Lago Maggiore entdeckt und den Gärtnereien zugänglich gemacht als 'Tipo Ideale'. Der spanische Lyriker Federico García Lorca hat ihre kurze Blütezeit in einem Gedicht gewürdigt. Bei Freunden, die wirklich herausragende Gärtner und Blumenkenner sind, haben wir eine prächtige Rose gesehen, die im Innern einen dunklen Basalfleck aufweist. Sie gehört zu den «persischen Rosen», die aus der Kreuzung europäischer Kultivare mit der *Hulthemia persica* (*Rosa persica*) hervorgegangen sind. Der Gärtnerei Harkness Roses im britischen Hitchin ist es unter anderen gelungen, diese prächtigen Hybriden auf den Markt zu bringen. Aus dieser Gärtnerei stammt unter anderem die aparte 'Alissar Princess of Phoenicia'. Sie hat allerdings schon ein paar Kronblätter mehr als fünf.

Faszination Duftrosen

Schweizer Rosenbuch prämiert

2015 ist ein Jahr, das von einer besonders schönen Rosenblüte geprägt sein wird. Beetrosen, Kletterrosen und Ramblerrosen gaben im Mai und im Juni ihr Bestes, und es brauchte einige sehr heiße Tage und ein paar Stürme, um die üppige Blüte zu beenden. Aber Rosen sind nicht nur die Krönung eines schönen Gartens oder – wie es die Blumenhändler suggerieren – die besten Boten für die Deklaration der Liebe, sie sind ebeno eine Quelle der guten Düfte. Duftrosen sprechen neben dem Seh- auch den Geruchssinn des Menschen an, und ihre Beliebtheit ist heute wieder nahezu so groß wie im 19. Jahrhundert. Das olfaktorische Erlebnis der Rosen war letztlich ein Grund, weshalb sie gepflanzt wurden, denn sie dienten in erster Linie der Herstellung von Parfum. Aus den Damaszener Rosen wird bis heute Rosenöl und Rosenwasser hergestellt. Aus den wilden Rosen wurde mit der Zeit eine Fülle neuer Sorten gezüchtet.

Aber welche sind die Sorten mit dem besten Duft? Der in der Region Zürich lebende Kasimir M. Magyar ist der Sache auf den Grund gegangen und hat sein profundes Wissen über Rosen in einem prächtigen Bildband, *Der Rosenflüsterer*, niedergeschrieben. Das tönt vielleicht besser, aber eigentlich hätte es *Der Rosenschnüffler* heißen sollen, hat sich doch der Verfasser schon vor Jahren Rat und Hilfe geholt bei dem ausgezeichneten Schweizer Duftanalytiker Roman Kaiser, der für den Aromenhersteller Givaudan gearbeitet und zum Duft der Orchideen publiziert hat. Es sind die Urrosen aus Europa und dem Orient, die den Duft weitervererbt und sich, mit den Chinarosen gekreuzt, zu der unglaublichen Sortenvielfalt entwickelt haben, die wir heute auf dem Markt finden.

DUFTROSEN IM RANKING

Magyars Buch wurde von der «World Federation of Rose Societies» am 17. Weltkongress in Lyon als einziges Rosenbuch mit dem Literary Award dieses Weltdachverbands ausgezeichnet. Magyar beschreibt nicht nur die Düfte der orientalischen und europäischen Urrosen, er listet auch die chemischen Duftanalysen der Rosen auf, und das Buch enthält eine Hitparade der besten Duftrosen. Die Spitzenreiter dieses Rankings seien hier verraten: Sie heißen 'Papa Meilland', 'Duftwolke', 'The McCartney Rose', 'Sutter's Gold' und 'Anna Pavlova'. Ihnen auf den Fersen sind in Magyars Ranking 'Jardins de Bagatelle', 'Cosmos', 'Jeanne Moreau', 'Westerland', 'Just Joey', 'Gertrude Jekill' und 'Doris Leuthard', die nur um ein Geringes besser duftet als 'Keiko Magyar', die der Verfasser für seine Frau züchten ließ. Die beiden Damen sind übrigens in guter Gesellschaft, 'Charlotte Rampling' gibt sich die Ehre sowie 'William Shakespeare 2000'.

Weide- und Wonnemonat Mai

Bäume, Felder und Raritäten blühen

Etwas altertümelnd heißt auf Schweizerdeutsch der Blumenstrauß «Maien», und das ist für uns so selbstverständlich, weil der Mai der Monat des intensivsten Blühens ist. Der Mai ist auch der Wonnemonat, eine Umdeutung aus Weidemonat, und auch dafür sind wohl die bunten, saftigen Wiesen der Anlass. Jetzt blühen die Apfelbäume, es duften die Glyzinien, die Rapsfelder stinken. Und im Mai wird nicht nur der Muttertag gefeiert, sondern im Mai findet jeweils an einem Samstag an der Hochschule Wädenswil am Zürichsee ein «Spezialitätenmarkt» statt, der sich immer mehr zu einem gärtnerischen Höhepunkt in unserer Region entwickelt. Am vergangenen Samstag stauten sich die Autos auf der Zufahrt zum Schulgelände, und schon vor dem offiziellen Beginn waren die interessantesten Stücke mit dem roten Zettel «Verkauft» versehen.

Es scheint, dass auch immer mehr auf gärtnerische Raritäten spezialisierte Betriebe in Wädenswil vertreten sind. Über den Gotthard kommt jedes Jahr die Baumschule Eisenhut aus San Nazzaro im Schweizer Kanton Tessin. Neben den Zitrusbäumen und den Magnolien bringt Reto Eisenhut auch Trouvaillen mit wie Sternanis oder kleine japanische Magnolien.

Aus dem Norden oder besser: aus dem Süden Deutschlands, genauer aus Sulzburg-Laufen zwischen Basel und Freiburg im Breisgau, kommt die Staudengärtnerei Gräfin von Zeppelin mit Iris und Pfingstrosen. Sie erweitert damit das Angebot der Hochschule, die selbst einen wunderschönen Päoniengarten besitzt. Die Staudengärtnerei Rusterholz aus Oberrieden prunkt mit japanischem Ahorn und anderem Gehölz. Die wunderschöne Orangenblume 'Aztec Pearl', die wir für eine Freundin hätten mitnehmen sollen, war leider schon verkauft. Nicht so schlimm, denn inzwischen gibt es diesen weiß blühenden und duftenden Strauch, der in Weinbaugebieten winterhart ist, auch im Gartencenter. Dafür fanden sich beim Institut für Umwelt und Natürliche Ressourcen traumhafte Salbeipflanzen für den Wintergarten, und Johann Blättler aus Kerns brachte eine reiche Auswahl von Freilandorchideen mit. Ein gewaltiges Gedränge herrschte vor den Ständen mit Alpenpflanzen, aber auch Cistus, Feigen und Gewürzpflanzen wurden stürmisch umworben. Wer leer ausging, kann sich trösten: Der nächste Mai kommt bestimmt.

Der europäische Frauenschuh und die rosafarbene amerikanische Verwandte.

Wem passt der Frauenschuh?

Freilandorchideen im Garten

Die bei uns in der Natur wachsenden Orchideen sind weniger spektakulär als die aus tropischen Wäldern. Aber sie sind umgeben vom Nimbus der Exklusivität, und das war seit je eine Droge für die Gartenliebhaber: «Frauen-schuh», «Knabenkraut», «Waldvögelein», das klingt wie Musik in den Ohren des Gärtners. Kein Wunder, dass bei uns die Frauenschühlein im Wald praktisch verschwunden sind, weil sie während Jahrhunderten ausgegraben und in

Gärten verpflanzt wurden. Heute werden die entsprechenden Verbote zum Glück ernst genommen. Bei anderen Arten ist die Bedrohung durch das Verschwinden der Biotope bedingt. Viele Orchideen bevorzugen feuchte Wiesen oder Trockenstandorte, und die sind in der Kulturlandschaft rar geworden.

BEOBACHTEN – NICHT AUSBUDDELN!

Heute käme es wirklich niemandem mehr in den Sinn, die geschützten Orchideen einfach irgendwo auszugraben. Am besten ist es, sie an ihrem natürlichen Standort zu besuchen, sorgsam, ohne die unauffälligen jungen Austriebe einfach niederzutrampeln, um möglichst gute Fotografien machen zu können. Beat A. Wartmann hat es riskiert, ein Buch herauszugeben über die Orchideen in der Schweiz, das einen zu verschiedenen Standorten bringt. In der Region Zürich führt eine der Orchideen-Wanderungen um den Greifensee, eine andere über die Südflanke des Pfannenstiels. Auch in den trockenen Föhrenwäldern im Kanton Schaffhausen gibt es gut zu beobachtende Bestände, und in Erlinsbach im Kanton Aargau sogar einen Orchideen-Lehrpfad mit Namensschildern.

Insgesamt wachsen in der Schweiz wild noch über siebzig verschiedene Arten von Orchideen (in Deutschland sollen es sechzig Arten sein). Die Begeisterung für sie ist nicht nur ein schweizerisches Phänomen, sondern in ganz Europa und den USA verbreitet. Im Roman *Die Orchideensammlerin* der in China geborenen Autorin Michelle Wan wird ein Mordfall geklärt, weil der Weg des Opfers anhand der seltenen Pflanzen bestimmt werden kann.

Wer trotzdem im eigenen Garten auf Orchideen nicht verzichten will, der sollte sich an Gärtnereien halten. Die Wildform des europäischen Frauenschuhs gedeiht so wenig in jedem Garten, wie der gläserne Schuh von Cinderella an jeden Fuß passt. Oft ist das Gedeihen auch Glückssache. Es gibt heute spezielle gezüchtete Sorten, die viel besser im Garten zurechtkommen als die ursprüngliche Art. Es gelang, die Pflanzen so zu selektionieren, dass sie sich an schattigen Lagen mit guten Bedingungen zu schönen Horsten entwickeln. Zudem kann man neben den einheimischen Formen rot gesprenkelte Frauenschühchen im Garten halten. Man darf sich einfach nicht daran stören, dass *Cypripedium calceolus* – benannt nach der Insel Zypern der Aphrodite, der Schuh der Venus, «Sabot de Venus», oder der Schuh der Maria, «Pianella della Madonna» – in der Gärtnerei ganz prosaisch «Emil» heißt!

WEITER FÜR DEN GARTEN GEEIGNETE FREILANDORCHIDEEN

Für den Garten gibt es übrigens heutzutage auch Dactylorhiza-Arten, gewissermaßen die Schwestern-Gattung des Knabenkrauts, die gut gedeihen. Aus Asien stammt die *Bletilla striata*, die hübsche Rispen mit roten Orchideenblüten macht, aber auch die Zwergorchideen der Gattung Pleione, von der einige Formen in geschützten Lagen bei uns winterfest sind, beispielsweise die Tibetorchidee *Pleione limprichtii*. Ebenfalls aus Asien stammt die Scheinorchidee, *Roscoea cautleoides*. Sie macht schöne zitronengelbe Blüten, tut aber, wie ihr Name sagt, nur so, als sei sie eine Orchidee, und gehört eigentlich zu den Ingwergewächsen.

Ritterliche Stauden

Hinreißende Farben – hinraffende Gifte

Nach Pfingstrosen, Schwertlilien und Rosen wird der sommerliche Garten vor allem von drei hohen Stauden geprägt. Es sind dies die beiden ritterlichen Stauden Eisenhut und Rittersporn und der prosaischere Fingerhut des tapferen Schneiderleins. Ohne diese drei erhabenen Gestalten ist ein Garten nur halb so eindrücklich. Am wenigsten anspruchsvoll von den dreien ist der Fingerhut, der sich selbst aussät und in nahrhafter Erde gut gedeiht. Der Eisenhut – benannt nach der helmartigen Form der Blüte – hat gerne fette, nährstoffreiche Gründe, man trifft ihn in den Bergen häufig um Alphütten oder am Rande großer Steine. Mit dem Rittersporn – so genannt nach den Honigspornen der Blüten – haben die Gärtner am meisten Mühe.

Ein Gärtner, der den Rittersporn als Schnittblume vom Feld verkauft, rät dazu, die Stöcke alle zwei Jahre zu teilen und neu zu pflanzen. Rittersporn braucht zudem tiefgründigen Boden mit guter Drainage. Der Variantenreichtum der Sorten ist enorm und reicht von Weiß über Rosa, viele Violetttöne bis zu tiefstem Himmelblau und zartem, strahlendem Hellblau. Zusammen mit den wohlgeformten, kräftigen Blättern ist die Staude eine Pracht, auf die man nicht verzichten will. Sie brauchen schon im März Schneckengift, weil die Nacktschnecken ihre Eier genau ins Herz der Pflanze legen, sodass die Jungen gut versorgt sind. Man wundert sich dann, weshalb die Pflanzen einfach nicht mehr ausschlagen.

Für Menschen sind die drei ritterlichen Stauden richtige Giftzwerge: Der Fingerhut, *Digitalis purpurea*, ist stark giftig, aber auch als Heilmittel bekannt. Rittersporn, *Delphinium elatum*, ist voller giftiger Alkaloide, und der Eisenhut, *Aconitum napellus*, ist die giftigste Pflanze unserer Breitengrade, sie kann bei bloßer Berührung zu Vergiftungen führen.

Adel verpflichtet

Königskerze und Kaiserkrone

Ob ein Junge Kevin, Justin oder Harry heißt, hängt letztlich davon ab, welche Filme oder Serien seine Eltern besonders lieb(t)en. Ähnlich willkürlich verhält es sich mit den Pflanzennamen. Einzelne Pflanzen haben Glück. Sie bekommen klangvolle Namen mit aristokratischem Flair, andere müssen mit Namen wie Stinkbaum, Hundswürger, Leberwurstbaum oder Beinbrech durchs Leben.

Da jetzt die prächtige Kaiserkrone (*Fritillaria imperialis*) blüht, wenden wir uns denen zu, die eher zu den Auserkorenen gehören, dem Hochadel der Pflanzen gewissermaßen. Neben der Kaiserkrone – tatsächlich in ihrer Gattung die eleganteste und höchste Art – gibt es die Kaiserwinde (*Ipomoea tricolor*). Sie hat viele wunderschöne, große, himmelblaue Blüten und regiert über nahezu 500 Arten in ihrem Stamm der Prunkwinden. Wir sähen sie gerne jedes Jahr wieder an – ganz im Gegensatz zu ihrer Cousine aus dem Stamm der *Convolvulaceae*, der echten Zaunwinde (*Convolvulus sepium*), die wir trotz jahrelangen Bemühungen nicht ganz aus dem Garten bekommen haben. Eine der schönsten Sorten heißt 'Morning Glory', denn am Morgen blühen sie auf, und sie sind meist am Abend schon verwelkt. Sie sind damit ein Pendant zur Königin der Nacht, der Kaktee, die auch nur für kurze Zeit aufblüht, jeweils in der Nacht. Nicht der Blüte, sondern der Größe verdankt die Königskerze (*Verbascum*) ihren Namen. Ihre aus großen, filzigen Blattrosetten aufsteigenden Blütenstände adeln eher unterprivilegierte Orte wie Schuttkegel, Bahndämme, Weg- oder Autobahnränder.

Und wegen seiner Größe hat wohl auch der Königsfarn (*Osmunda regalis*) seinen Namen erhalten. Er liebt einen sauren und feuchten Boden am Rande von Gewässern. Aber sein Streben nach Höhe an unsicherem Standort lässt ihn oft einknicken, wenn republikanische Sommerwinde oder gar revolutionäre Platzregen aufkommen. Fast gleich groß, aber ungleich stabiler und fast so schwer auszurotten wie die Zaunwinde ist der Adlerfarn, der immerhin dem König der Lüfte den Namen verdankt.

Vier Göttinnen - eine Frucht

Eine Beere mit vier Blättern

Jetzt findet man sie wieder in den Wäldern, die giftige Einbeere (*Paris quadrifolia*), diese merkwürdige Pflanze aus der Familie der Germergewächse, die sich gerade einmal aufrafft, vier Blätter zu machen und eine Frucht genau in der Mitte dieser Rosette von vier Blättern. Sie ist zentralsymmetrisch wie ein klassischer Kirchenbau, man findet aber auch Exemplare mit fünf Blättern, ganz selten nur solche mit drei, und auf einem Raritätenmarkt habe ich eine Spezies gefunden, die unter den vier Blättern noch einen Kranz aus acht Blättern macht (*Paris incompleta*). Die hübsche japanische Version mit weißen Blüten (*Paris japonica*) ist übrigens ein Rekordhalter in Sachen Genom mit fünfzigmal mehr DNA als der Mensch. Und ihre Blüte ist von unterschiedlicher Größe, kann aber prächtig werden.

Natürlich umfasst auch die Gattung Paris in Eurasien eine Fülle von Arten, von der einfachen Einbeere unserer Wälder bis zur Tibetischen Einbeere (*Paris thibetica*). Außer in spezialisierten Gärtnereien findet man die spannenden Raritäten der Gattung kaum. Aber man sollte immer die Augen offen halten, vielleicht findet man einmal eine *Paris delavayi*, eine *Paris polyphylla* oder eine *Paris rugosa*: alles prächtige Pflanzen für die, die Symmetrie lieben.

DER APFEL GEBÜHRT DER SCHÖNSTEN

Pragmatiker unter den Botanikern nehmen an, dass der Name «Paris» von lateinisch «par» zurückzuführen ist, abgeleitet von der Gleichheit oder der gleichen Anzahl aller Teile dieser Pflanze. Das ist aber viel zu prosaisch. Viel attraktiver ist die mythologische Interpretation: Die Pflanze heißt Paris, weil in der Mitte die goldene Frucht mit der Aufschrift «der Schönsten» thront, und die vier Blätter verkörpern die Göttinnen Aphrodite, Athene, Hera sowie Eris, die Göttin der Zwietracht, die den Apfel warf. Auf Englisch heißt die Einbeere übrigens «True Lover's Knot», aber die Briten sind halt eindeutig viel romantischer als wir. Die – obwohl der Welt der Märchen zugehörige – ganz und gar unromantische pflanzliche Homöopathie empfiehlt die Einbeere um ihrer abführenden und Brechreiz auslösenden Wirkung willen. Sie ist tatsächlich giftig, und sie wurde früher gegen die Pest eingesetzt, wohl in der Annahme, dass, wer die giftige Beere überlebt, auch vor der Pest gefeit sein sollte.

Die Einbeere – *Paris quadrifolia* – eine perfekt zentralsymmetrische Pflanze.

Die Helmzier der Pflanzen

Panaschierte Blätter

Wir freuen uns, wenn wir an einem Wintermorgen aufwachen und die Pflanzen im Garten alle mit einer kleinen weißen Haube aus Neuschnee bedeckt sind. Die Natur wirkt nun viel freundlicher als an den anderen tristen, grauen Wintertagen. Einzelne Pflanzen erfreuen uns auch im Sommer mit solchen hellen Tupfern vor dem dunkeln Grün anderer Pflanzen: Die panaschierten Pflanzen haben nicht überall in ihren Blättern Chlorophyll, die Blätter bleiben ganz oder in Teilen weiß.

Der Begriff leitet sich her vom Panasch, dem Federbusch, der zur Helmzier der Soldaten gehört. Die alten Griechen verwendeten dafür Pferdemähnen, die Römer Federn; im Mittelalter war ein jedes Zeichen recht, das es im Schlachtfeld ermöglichte, Freund und Feind zu unterscheiden. Das Bier wird dann zum Panaché, wenn wir es mit etwas Limonade «aufhellen», und bei Wahlen panaschieren wir, wenn wir der Liste der von uns bevorzugten Partei einige farbige Tupfer aus anderen Listen aufsetzen. Die Parteien ihrerseits lieben derart veränderte Listen so wenig wie gepanschten Wein.

Das Angebot an panaschierten Pflanzen ist groß. Einkeimblättrige haben gestreifte Blätter wie Yucca, Agave, Iris, Kalmus, Kanonenputzer, Chinaschilf und viele andere Gräser. Die Zweikeimblättrigen zeichnen sich durch unterschiedlichste Zeichnungen auf den Blättern aus. Die Funkien (*Hosta*) sind ein ganz besonders spannendes Sammelobjekt mit diversen weißen und gelben Blattzeichnungen. Aber auch Salbei, Melisse, Hortensien, Spindelstrauch, Efeu, Weiden und Stechpalmen haben prächtig gezeichnete Blätter. Der eleganteste Baum unter den panaschierten ist aber zweifellos der Pagoden-Hartriegel, *Cornus controversa* 'Variegata' – Letzteres ist generell die botanische Bezeichnung für Panaschierte. Mit seinen weit ausladenden, fächerförmigen Ästen hat er genau das, was die Franzosen mit «avoir du panache» beschreiben, ein schneidiges Auftreten. Panaschierte Funkien eignen sich übrigens hervorragend, um dunkle Gartenpartien unter hohen Bäumen fürs Auge aufzuheitern.

Blaue unter sich: die Raublattgewächse Natternkopf, Ochsenzunge und Nabelnüsschen.

Vom Wegrand-Unkraut zum blauen Gartenschmuck

Natternkopf und verwandte Raublattgewächse

Es gibt Pflanzengattungen mit einem enorm breiten Spektrum: Die Wolfsmilch etwa besiedelt mit einer Fülle von Arten Wüsten, kiesige Ebenen, Waldränder, aber auch Sümpfe, gewissermaßen von den «Kakteen» Afrikas bis zu den Wasserpflanzen in Europa. Bei anderen Pflanzenfamilien ist die Differenzierung des Lebensraums vielleicht nicht so ausgeprägt, aber sie erstaunt doch. Zum Beispiel beim Natternkopf: Im Sommer sieht man an Bahn- und Autobahnrändern, auf Steinhaufen bei Äckern und auf trockenen Wiesen häufig die hübschen blauen Rispen des gewöhnlichen Natternkopfs.

Die Blüten des Natternkopfs sind – wie viele Blüten der Raublattgewächse – von einem intensiven Blau, oft mit einigen roten Blütenteilen changierend. Die Raublattgewächse heißen botanisch *Boraginaceae*, und der Borretsch, welcher der Familie den Namen gab, ist für seine strahlend blauen Blüten bekannt, die gern als Gewürz – oder wohl eher als Dekor – für Salat benutzt werden. Bekannt sind auch die enzianblauen Blüten der Steinsamen oder Rindszungen (*Buglossoides*). Ihr Name deutet auf die raue Behaarung der Blätter hin. Raublattgewächse sind unangenehm anzufassen.

Ein weiterer Vertreter der Familie ist das Lungenkraut, das in lichten Wäldern durch sein schönes Blau auffällt. Und da kann es auch nicht erstaunen, dass das prächtige hellblaue Vergissmeinnicht ebenso zu dieser Familie zählt. Das gleichermaßen strahlende Nabelnüsschen (*Omphalodes verna*) ist ebenfalls mit von der Partie, wie auch der Himmelsherold (*Eritrichium nanum*), der hoch über der Waldgrenze mit seinem üppigen blauen Blütenpolster die Felsen schmückt. Ein prächtiges Blau zeichnet auch die Ochsenzungen (*Anchusa*) aus. Einige der Raublattgewächse sind «Unkräuter» am Ackerrand, andere haben gärtnerisch Karriere gemacht, etwa *Anchusa azurea* in ihrer Zuchtsorte 'Loddon Royalist'. Sie wurde vor einem halben Jahrhundert in der Gärtnerei Loddon in der englischen Grafschaft Berkshire gezüchtet und gehört zu den Edelsteinen des Gartens.

Iris, die Göttin des Regenbogens

Schwertlilien in Natur und Kultur

Pfingstrosen und Schwertlilien sind der Inbegriff der reichen Blüte eines schon fortgeschrittenen Frühlings. Die Schwertlilie verdankt ihren deutschen Namen der Form ihres Blattes, den lateinischen Namen «Iris» hat sie von der Göttin des Regenbogens – denn selten finden sich in einer Blüte derart viele feine Farbschattierungen wie bei ihr. Das gilt für diejenigen Arten der Gattung, die als Zwiebelgewächse funktionieren

und oft sehr früh im Jahr schon blühen, genauso wie für die mit einem Rhizom ausgestatteten Arten, die jetzt ihre Blüten öffnen.

Die häufigste Schwertlilienart, die hellblauviolette Bleiche Schwertlilie (*Iris pallida*), kommt aus den Karstregionen Dalmatiens, Unterarten finden sich jedoch in weiten Teilen der Mittelmeerländer, wo sie für die Parfumfabrikation (aus den Rhizomen) angebaut wird.

Auch bei uns ist sie eine der Protagonistinnen in den Bauerngärten. Als Resultat jahrelanger Genmanipulation durch Kreuzungen von *Iris pallida* mit *Iris variegata* sind eine Fülle prächtiger Sorten der Kulturform Bartiris (*Iris barbata*) entstanden. Alljährlich kann man sich im Irisgarten der Stadt Zürich neben dem Belvoirpark in der Enge einen Überblick über diese enorme Vielfalt verschaffen.

Aber die Iris blühen bei uns nicht nur in der Kultur, auch in der Natur finden sie sich. Wenn man mit dem Zug oder auf der linksufrigen Seestraße an der Halbinsel Au am Zürichsee vorbeifährt, sieht man das kräftige Blau der Sibirischen Schwerlilie (*Iris sibirica*) in den Riedwiesen vor dem dortigen Schloss. Das Gleiche gilt für die Sumpfgebiete am oberen Teil des Zürichsees.

Und an den Seen und Wasserläufen entlang blühen die gelben Schwertlilien (*Iris pseudacorus*). Beide lieben sie einen feuchten Standort, während die Bartiris lieber auf einem durchlässigen, kiesig-sandig-lehmigen Grund stehen und gut mit Sonne und Trockenheit auskommen. Die leicht erhöhten Beete im Irisgarten sind da vorbildlich! Im Süden lieben sie Mauerkronen – besonders in alten Ruinen. In der Normandie gedeihen die Bartiris auch auf den Giebeln der Strohdachhäuser. Eine große Auswahl von Formen und Farben zeigt der Irisgarten auf Schloss Vullierins über Morges am Genfersee oder der Irisgarten im deutschen Rußdorf, und die Gärtnerei der Gräfin von Zeppelin im Markgräflerland in Baden-Württemberg.

Wild wachsend im Sumpf: die gelbe Schwertlilie und die blaue *Iris sibirica*.

Glockenblüten unter sich: Persische, gelbe und orangerote Kaiserkrone.

Immer Saison?

Kaiserkronen, Päonien und Hortensien

In englischen Gärten, deren Besitzer für den Unterhalt auf die Einnahmen der Besucher angewiesen sind, hat man angefangen, viele Hortensien zu pflanzen. Das verlängert die Saison weit in den Spätsommer, ja, bis in den Herbst hinein. Bei uns aber pflegt der Blumenhandel die Hortensien schon vor Ostern auf den Markt zu werfen. Wollen wir das eigentlich? Wenn die

Blumen dann später in den Garten gepflanzt werden, verlieren sie erst einmal total ihren Rhythmus und gehen allenfalls ein oder werden krank. Wir kennen das Phänomen schon seit Langem vom Gemüse. Irgendwo auf der Welt ist immer Saison. An Weihnachten kommt der Spargel von der Südhalbkugel, im Februar aus Peru, im März aus Nordafrika und Südspanien, im April aus Südfrankreich, und im Mai recken sie dann bei uns die Köpfe aus der Erde. Die Erdbeeren kennen einen ähnlichen Fahrplan und sind fast ganzjährig erhältlich. Mit den Gewächshäusern ist ohnehin – wenn man die Energie bezahlen kann – fast alles möglich. Ärgerlich sind dabei nicht nur die ökologischen Aspekte – der Energieverbrauch, die Treibstoffkosten für den Transport –, sondern vor allem der Verlust der saisonalen Strukturen. Die Jahreszeiten hatten ihre Leitblumen und ihre spezifischen Gemüse und Früchte, die Duft, Farben und Aromen mit sich brachten. Der Frühling kündet sich an mit Schneeglöckchen, Osterglocken und Bärlauch. Dann kommen Tulpen, Morcheln und Spargel.

DIE EWIG GEBEUGTEN

Schon Joseph von Eichendorff hat sich ein recht weites Zeitfenster geöffnet für den Blick in den alten Garten: «Kaiserkron und Päonien rot, / Die müssen verzaubert sein ...» Tatsächlich blühen die Kaiserkronen im frühen Frühling. Die Legende besagt, dieses Liliengewächs habe sich geweigert, vor dem Kruzifix das Haupt zu beugen, weshalb die Fritillarien es nun für immer gebeugt halten müssen. Sie blühen also mehr oder weniger in der Osterzeit. Ihre kleineren Verwandten, die reizenden Schachbrettblumen, schütteln etwa gleichzeitig ihre weißen und violett-braunen Glocken aus dem Laub. Die Päonien aber, egal ob weiß, gelb oder rot, blühen in der Regel ziemlich genau sieben Wochen später, an Pfingsten, was ihnen auch ihren deutschen Namen – Pfingstrosen – gegeben hat. Mag sein, dass die Blütezeiten im deutschen Norden etwas zusammenrücken, aber es brauchte doch noch immer viel dichterische Freiheit, sie gleichzeitig im Garten zu sehen.

Sicher kein Grund, an diesem tief romantischen Gedicht herumzunörgeln, aber wir lassen uns von den Zeilen des Dichters zu einem nostalgischen Blick auf die alte schöne Zeit verleiten, als es noch nicht rund ums Jahr alles zu kaufen gab. Jede Braut möchte gern ein Bouquet mit Maiglöckchen, wann auch immer die Hochzeit stattfindet. Dies war eine der ersten großen Herausforderungen, vor die die Treibhaus-Gärtnereien gestellt wurden. Und als Resultat können wir nun auch die blauen Hortensien im März kaufen, obwohl diese eigentlich eher das Blumenjahr beenden.

Pflanzen ohne Chlorophyll

Leben auf Kosten anderer

Laden Sie sich auch immer einen Schmarotzer zur Weihnachtsfeier ein? Die hübschen Misteln, die wir uns nach angelsächsischem Vorbild an Weihnachten über den Türrahmen hängen – einst durfte man sich darunter küssen, heute kann man das überall tun –, sind Schmarotzer im Pflanzenreich. Sie wachsen auf Bäumen und partizipieren an deren Stoffwechsel. Aber – das kann uns mit ihnen versöhnen – sie sind nur zur Hälfte parasitär, denn sie haben selbst Blattgrün und können so durch Assimilation auch selbst für ihre «Verpflegung» sorgen. Pflanzen ganz ohne Blattgrün (Chlorophyll) sind darauf angewiesen, von «Wirten» das Lebensnotwendige zu beziehen, selbst wenn diese das natürlich nicht wollen. Die größte Gruppe der Chlorophylllosen, die Pilze, sind von den Systematikern längst aus dem Reich der Pflanzen in ein eigenes verschoben worden. So verbleiben nicht mehr viele bleiche Gesellen im Pflanzenreich. Aber diesen begegnen wir recht häufig bei unseren Spaziergängen. Und die beiden wichtigsten sehen sich von ferne recht ähnlich. Es handelt sich um die Vogel-Nestwurz (*Neottia nidus-avis*) aus der Familie der Orchideen und die Sommerwurz (*Orobanche*), einst den Braunwurzgewächsen zugeordnet, heute aber eine eigene Familie bildend, in deren Nähe auch die seltener zu beobachtende Schuppenwurz (*Lathraea*) eingeordnet werden kann.

Die Nestwurz findet sich in Wäldern, vorzugsweise nach unseren Erfahrungen feuchten Laubwäldern, und ihre typischen in Ähren angeordneten beigefarbenen Orchideenblüten verströmen einen feinen Honigduft. Die diversen Arten der Sommerwurz und der Schuppenwurz dagegen lieben eher Trockenwiesen, sonnige Hänge oder Schafweiden, in südlichen Regionen findet man sie auf felsigen, mageren Rasen. Orobanchen «zapfen» die Wurzeln von Salbei, Zistrosen, Berberitzen oder Disteln an, die Schuppenwurz diejenigen der Pappeln, Weiden, Erlen oder der Haselnuss. Die – für den Gärtner – unangenehmsten Parasiten sind die Seiden- oder Teufelszwirne (*Cuscuta*). Sie gehören zu den Windengewächsen und spinnen die Pflanzen mit rötlich-gelbem, blätterlosem Gewucher förmlich zu. Die Nessel-Seide (*Cuscuta europaea*) etwa befällt Hopfen und Brennnesseln, und ihre Gespinste erinnern an Horrorfilme.

Im Pflanzenreich gibt es viele Formen von Parasitismus, und der Vorgang von Werden und Vergehen der Pflanzen ist begleitet von Wechselwirkungen zwischen Bakterien, Pilzen und Pflanzen. Immer mehr erkannte die Forschung die Bedeutung jener Mykorrhiza für das Gedeihen der Pflanzen, und der Weg von der Symbiose zum Parasitismus ist im Wurzelraum ein kurzer. Unsere bleichen Schmarotzer sind zudem nicht die einzigen, die auf Kosten anderer leben. Das farbige und grüne Läusekraut oder der Klappertopf laben sich im Dunkeln des Wurzelbereichs ebenfalls an fremden Wurzeln.

Euphorbien-Euphorie

Die Wolfsmilch mit dem gewissen Etwas

Ein Teil der Frühlingsblumen ist bunt wie Ostereier, und wir beachten deshalb vor allem die Osterglocken und Tulpen, die Kirschbäume und Magnolien, die sich optisch in den Vordergrund schieben. Daneben gibt es aber auch weniger spektakuläre und dennoch wunderschöne Frühjahrsblüher wie etwa die Wolfsmilch. Sie blühen jetzt an den Waldrändern, an steilen Hängen und an den sonnigen Ufern üppig sprudelnder Bäche. Und schaut man genauer hin, so erkennt man auch ihre Schönheit. Rund zwei Dutzend Arten kommen bei uns vor, vom kleinen «Unkraut» über die niedrige, fast zitronengelb blühende Warzen-Wolfsmilch bis zu stattlichen Pflanzen wie *Euphorbia cyparissias*, der Zypressen-Wolfsmilch, mit feinen Blättern wie Lärchennadeln und attraktiven roten Blütendolden. Vielfach sind Blätter und Blüten zentralsymmetrisch angeordnet.

Im Garten ist die Vielfalt der Sorten noch beeindruckender: Man kann ganze Sammlungen nebeneinander pflanzen: die dunkelrote *Euphorbia amygdaloides* aus der Türkei, die orange blühende *Euphorbia griffithii* aus Bhutan oder die *Euphorbia myrsinites*, die Walzen-Wolfsmilch, mit ihren wie Schuppen, Ziegel oder Tannzapfen angeordneten grauen Blättern, die aus dem Mittelmeergebiet stammt, aber auch bei uns gut in trockenen Mauern oder zwischen Steinen wächst. Besonders eindrücklich sind die jetzt in voller Blüte stehenden, hellgrün leuchtenden *Euphorbia characias* ssp. *wulfenii*, die vor sonnigen Fassaden bis zu einem Meter hoch

werden können. Die *Euphorbia amygdaloides* wächst den Jura entlang, sie ist auch in diversen Zuchtformen in Gärten zu finden. Hübsch sind an den Felshängen im Wallis die *Euphorbia seguieriana* mit ihren regelmäßig beblätterten Büscheln.

EINE GLOBALE FAMILIE FÜR DIVERSE BIOTOPE

Weltweit gibt es über 2000 Arten von Wolfsmilch, man kann an dieser Art die Fähigkeit zur Anpassung an unterschiedliche Wachstumsbedingungen geradezu optimal demonstrieren. In trockenen Gebieten haben sie sich zu den gleichen Formen herangebildet wie die Kakteen auf dem amerikanischen Kontinent. Im feucht-tropischen Klima sind sie dagegen großblättrig geworden – wie etwa *Euphorbia pulcherrima*, der Weihnachtsstern aus Mexiko. Die Palette reicht von den sukkulenten Varianten bis hin zur gern im Wasser wachsenden *Euphorbia palustris* (Sumpf-Wolfsmilch). Neben kleinen, nur wenige Zentimeter hohen Pflanzen sind auch fünf bis 20 Meter hohe «Bäume» in der gleichen Gattung anzutreffen. Und neben mehrjährigen – ja uralt werdenden – Varianten sind auch nur zweijährige bekannt, etwa die ungefragt in den Garten versamende Kreuzblättrige Wolfsmilch mit ihren völlig symmetrischen, kreuzweise gegenständigen Blättern. Sie kommt und geht, wie sie will. Allen gemeinsam sind die Form der kleinen Blüte, die von attraktiven Hochblättern umgeben ist, die wir als «Blüten» interpretieren, und ihr ätzender milchiger Saft, den sie verlieren, wenn sie verletzt sind.

VON EUPHORBOS BIS POINSETT

Aus unserer Begeisterung für die Gattung der Euphorbien haben wir nie einen Hehl gemacht. Nun liegt ein kleiner Band vor uns, den die Gesellschaft Schweizer Staudenfreunde als Jahresgabe verschickte. Da steht viel Wissenswertes drin. Der Systematiker Carl von Linné hat ihnen 1753 den Namen des Euphorbos, des Leibarztes von König Juba II. von Numidien (ca. 50 – 25 v. Chr.), gegeben. Dieser Arzt hat laut dem römischen Gelehrten Plinius eine Expedition zu den Kanarischen Inseln angeführt und konnte eine Hauterkrankung seines Herrn mit dem Saft einer Wolfsmilch heilen.

Der schon erwähnte spektakuläre Weihnachtsstern, der von Gärtnern Poinsettia genannt wird, hat seinen Namen Joel Roberts Poinsett zu verdanken, der von 1825 bis 1829 Botschafter der USA in Mexiko war und späterer Kriegsminister der Vereinigten Staaten. Er hatte die Poinsettia nach Nordamerika gebracht – wo sie ihre Erfolgsgeschichte begann. Deren kräftiges Rot ist heute auch in Europa kaum mehr von den Festtagen wegzudenken – auch wenn man es sich oft wünschen würde. Im erwähnten Büchlein der Staudenfreunde wird unter anderem diese Erfolgsgeschichte nachgezeichnet, die im Wesentlichen der amerikanisch-deutschen Familie Ecke in Hollywood zu verdanken ist. Ebenfalls mit Christus in Verbindung gebracht – allerdings nicht mit seiner Geburt, sondern mit seinem Sterben – wird die *Euphorbia milii* 'Splendens' aus Madagaskar, der sogenannte Christusdorn. Alles in allem sind die Euphorbien eine Gattung, die eine gute Monografie verdient. Das Buch *Euphorbia/Wolfsmilchgewächse* kann man unter www.staudenfreunde.ch bestellen.

Ein selten schönes Blau ist selten

Das Rare zieht uns an

Was häufig ist und verbreitet, verleidet uns schnell einmal, was dagegen rar ist und speziell, fordert uns heraus. Das ist eine simple Regel der Marktwirtschaft, jeder Auktionator bedient sich ihrer, um die Preise in die Höhe zu treiben. Aber das Durchschauen des Mechanismus ändert nichts daran, dass wir uns nach dem Seltenen sehnen. Das ist bei Pflanzenfreaks nicht anders. Weiße, rote und gelbe Pflanzen gibt es häufig, auch violette und rosarote, und bei den Rosen spielen die Petalen (Kronblätter) einer einzelnen Blüte oft von Weiß über Gelb und Rosa bis zu Rot. Was im Pflanzenreich selten ist, ist das Blau. Ein klares Himmelblau gehört kaum zur Palette der Botanik, und das ist wohl der Grund, weshalb die Romantiker mit so viel Sehnsucht nach der blauen Blume suchten.

Die wohl schönste blaue Blume: der Himalaja-Mohn.

EINE WELT VON FARBEN – ABER WENIG WIRKLICHES BLAU

Manchmal denkt man, dass, je nach Jahreszeit, besonders viele weiße oder rote oder gelbe Blumen anzutreffen sind. Ein Freund hat mir erzählt, dass er auf der Fahrt im Zug von München übers Allgäu knallgelbe Wiesen voller Löwenzahn angetroffen hat, die gleichzeitig mit den hellgelben Rapsfeldern geblüht haben: eine Welt in Gelb, eine Landschaft, die der Sonne Konkurrenz machen will. In den letzten Wochen haben in den Gärten die Catalpas geblüht mit ihren prächtigen weißen Bignonien-Blüten und die Robinien, die dank ihrem zarten Duft nicht zu übersehen sind. Wer einen Schneeflockenbaum (*Chionantus*) besitzt, dachte wohl, über Nacht sei der Winter zurückgekehrt. Die wunderschönen «Terrassen» des schneeweißen vierzipfligen *Cornus kousa* stachen einem ins Auge, die weißen Teller der Kletterhortensien und die Pyramiden der Eichblatthortensien, die gewaltigen Kaskaden der weißen Deutzia, der Spiräen und der Philadelphus-Sträucher. Und bis zuoberst in den Bäumen hingen die weißen Kletterrosen. Eine Welt in Weiß, so schien es, die dann vom Rot der Rosen abgelöst wurde.

Aber wo bleibt eigentlich das Blau? Fast bei jeder blauen Blume muss man sich fragen, ob sie nicht eigentlich eher zu Violett neigt. Beim vermeintlich blauen Lavendel ist die Sache klar, er ist violett – nur bringt es der Buchdrucker kaum je fertig, ein perfekt lavendelblaues Feld zu reproduzieren. Meist dominiert dann ein ins Rot tendierendes Lila. Blau sind Enziane, und blau sind die Hortensien, wenn sie genügend mit Aluminium versorgt sind. Auch der Rittersporn kann ein klares Blau hervorbringen. Blau sind die Lobelienteppiche und einige Ceanothus-Sträucher. Plumbago (Bleiwurz) ist strahlend blau bis hellblau. Etwas milchig-blau sind Wegwarte, Vergissmeinnicht und die filzigen Polster des hochalpinen Himmelsherolds, aber auch die Blüten der tropischen Wasserhyazinthe. Aber auf die blaue Tulpe und die blaue Rose warten wir seit Langem vergeblich und werden mit violetten oder blasslila Blüten geködert, die als «blau» ausgegeben werden.

Ein wirklich schönes Blau bringen die mohnartigen Blüten von *Meconopsis grandis* oder *Meconopsis betonicifolia* hervor. Sie scheinen wirklich die von den Romantikern gesuchte «Blaue Blume» zu sein. Der Große Scheinmohn kann bis 15 Zentimeter große, leuchtend blaue Blumen bilden. Aber leider sind die Pflanzen schwer zu halten. Sie lieben feuchte, moorige Erde und ein alpines Klima, das an ihre Heimat im Himalaja erinnert. Das gilt auch für die Hybride aus den beiden Arten, *Meconopsis sheldonii*. Blau sind an schönen Tagen überall der Himmel und der See, damit wollen die Pflanzen offenbar selten konkurrieren.

KAPITEL 4

Sommer

Johanniskraut: wirkt gegen Depressionen – wenn man es nur schon ansieht.

Der Sommer ist im Garten eine Zeit des Genusses: Wir ziehen uns in den Schatten großer Bäume zurück, trinken kühle Getränke und verschieben praktisch das ganze Leben ins Freie. Wer es sich leisten kann, schaltet einen Gang zurück, arbeitet eher nachts und verbringt den Tag mit Kontemplation, lässt sich treiben. Die Natur – nicht nur die Sonne – scheint nun im Zenit zu stehen, und die Tage sind lang. Schwimmen, Picknick, Wandern und die großen Ferien stehen auf dem Programm. Der Sommer ist aber auch die Zeit der sich auftürmenden Kumuluswolken und der gewaltigen Gewitter: Alles neigt zum Extremen. Jetzt sind die Pflanzen oft auch darauf angewiesen, dass man zur Spritzkanne oder zum Gartenschlauch greift. Beeren und Gemüse sind im Überfluss vorhanden, bereits werden die ersten Felder abgeerntet, und es riecht nach Wärme und nach Heu.

Der Johannistag

Eine Zäsur im Sommerhalbjahr

Noch wenige Tage gibt es Spargel, dann müssen wir wieder ein gutes Dreivierteljahr warten, bis die feinen weißen Stangen aus europäischer Produktion auf den Markt kommen. Denn vom Johannistag, dem 24. Juni an lassen die Bauern die Spargelfelder ruhen. Die Triebe können nun ins Kraut schießen, ihre feinen Blätter bilden und blühen. Spargel, *Asparagus officinalis*, geben den Spargelgewächsen, *Asparagaceae*, ihren Namen. Die Pflanzen brauchen über den Sommer Nährstoffe, damit die Pflanzen Kraft gewinnen, um im nächsten Jahr wieder ihre Sprosse durch die sandige Erde zu treiben. Der Tag des Täufers Johannes wurde als Endpunkt für die Spargelsaison – er wird als «Spargelsilvester» bezeichnet – gewählt, weil er von alters her eine Zäsur ins Sommerhalbjahr legt: Früher betrachtete man ihn als Moment der Sommersonnenwende, von dem an die Tage kürzer und die Nächte länger werden, was mit zahlreichen Bräuchen, mit Feuer, Wasser und wildem Treiben gefeiert wurde. Der Johannistag ist damit so eine Art «Sommerweihnacht», denn auch der Weihnachtstag, der Geburtstag von Christus, wurde näherungsweise auf ein klassisches astronomisches Datum gelegt, die Wintersonnenwende. Heute beginnt der Sommer korrekterweise am 22. Juni, den die Astronomen als Wendepunkt errechnet haben – so wie die Weihnacht astrologisch ein paar Tage danebentrifft. Aber die Folklore rankt sich noch immer um den Johannistag. Während die Spargelernte am Johannistag zu Ende geht, beginnt

die Ernte der Johannisbeeren. Sie haben ihren Namen vom ungefähren Datum der Reife.

BEEREN UND BLUMEN KÜNDEN VOM SOMMERANFANG

Im Zürcher Dialekt heißen sie einfach «Trübli», weil ihre Beeren in kleinen Trauben an den Zweigen hängen. Sie gehören übrigens zur Familie der Steinbrechgewächse und sind in den Bergen wild anzutreffen – wie die Erdbeeren und die Himbeeren. Aus ihren saftigen Früchten mit der unverwechselbaren Säure lassen sich Kuchen oder Eis und ein hervorragendes Gelee zubereiten. Streicht man sie durch ein Sieb, verschwinden die lästigen Kerne. Im Umland von Wien lässt man ihren Saft vergären und trinkt ihn dann als Ribiselwein – von ihrem lateinischen Namen *ribes* abgeleitet –, ein verdammt gefährliches Getränk, das kühl und süß die Kehle herunterrinnt und den Durst löscht, ohne dass man überhaupt merkt, dass man Alkohol trinkt. Johannisbeeren sind in vielen Sorten und Farbschattierungen zu finden, von grünlich-weiß über hellrot, dunkelrot bis schwarz. Letztere ergeben die bekannte Crème de Cassis, die uns mit Weißwein als Kir zum Aperitif gefällt, aber als Prinzip (das Cassis-de-Dijon-Prinzip) die Beamten der EU strapaziert.

Ebenfalls von Johannes dem Täufer hat das Johanniskraut, *Hypericum*, seinen Namen, weil es zu dieser Zeit voll in Blüte steht. Man hat herausgefunden, dass es natürliche

Antidepressiva enthält, so wie wenn die Natur sich denken würde, die Tage werden kürzer, die Nächte länger, die Menschen sind wieder stärker der Tatsache ausgeliefert, dass alles vergeht, da brauchen sie was, um ihre Seele aufzuhellen. Die Nacht aufzuhellen, geben sich zurzeit der Mittsommernacht auch die Johanniswürmchen Mühe, und der Johannistrieb ist – botanisch gesehen – der zweite Austrieb der Laubbäume oder der Reben im Sommer. Zudem wird der Johannistag oftmals Holundertag genannt, weil dann die Holunderblüten gepflückt und – beispielsweise – zu Sirup verarbeitet werden.

Weiß als Sommerfarbe

Blühende Bäume im Juni

Sind einmal die Japanischen Kirschen, die Apfelbäume, die Flieder, die Schwarz- und auch die Weißdornbäume verblüht, erwartet man keine großen blühenden Sensationen mehr in der Landschaft. Aber das ist eine unnötige Resignation, der die Gärtner einiges entgegenzuhalten haben. Gerade im Juni können noch prächtige Blütenkaskaden den Garten verschönern.

In der zweiten Hälfte Mai bis Mitte Juni blühen die Philadelphusbüsche mit ihren weißen Blüten. 'Belle Etoile' hat große hibiskusartige Blumen, die zuinnerst beim Ansatz der Staubblätter rot gefärbt sind. Besonders üppig ist der 'Schneesturm', aber man sieht allen Pfeifenstrauch-Pflanzen – so heißt Philadelphus auf Deutsch – an, dass sie zu den Schneeballgewächsen gehören. Sie sind den weißen Kugeln des Gemeinen Schneeballs (*Viburnum opulus*) oder des Japanischen Schneeballs (*Viburnum plicatum*) von weitem recht ähnlich. So schön sie sind, mit einem Anflug von grünem Snobismus diagnostiziert man bei einigen Philadelphus-Arten, bei den Deutzien, den Spiräen und den Weigelien, die weiße und rosa Farbtupfer in die Gärten setzen, eine etwas vulgäre Note: Kleine Blumen, manchmal mit viel Grün vermischt, hängen an wenig organisiert wachsenden Sträuchern. Viel zauberhafter sind die fast gleichzeitig blühenden Prunkspieren (*Exochorda*). Eine Hybride von *Exochorda racemosa* und *Exochorda korolkowii* mit dem schönen Namen 'The Bride' ist von wunderschönem reinem Weiß, und man spürt, dass es hier um die großen Blüten von Rosaceen geht, die schon einen Vorgeschmack geben auf die später blühenden weißen Rosen. Die Königin der weißen Rosen ist sicher die *Rosa bunonii* 'The Himalayan Musk', eine Wildrose, die viele Meter hoch in die Bäume klettert und diese dann mit weißen Blumen einhüllt. Wir haben in einem Altstadtgarten in Zürich ein wunderschönes Exemplar gesehen, das «seinen» Baum völlig mit weißen Blumen überdeckte. Wieso hat man langweilige Bäume im Garten, wenn diese so wunderschöne Symbiosen eingehen können?

PRÄCHTIGE WEISSE GLOCKEN

Duftende weiße Blüten bringt im Juni auch der Schneeflockenstrauch (*Chionanthus*) in die Gärten. Die zweihäusige Pflanze macht bis zu 20 Zentimeter lange Blütenrispen mit vielen streifigen Blütenblättern. Fast noch attraktiver ist *Chionanthus retusus* aus China, dessen Blüten vor den Blättern austreiben und so die volle Wirkung entfalten können. Unser Favorit unter den blühenden Bäumen ist aber der Storaxbaum (*Styrax japonica*) aus dem Gebirgswäldern Japans. Nicht zu Unrecht wird er «Japanischer Schneeglöckchenbaum» genannt. Die Zweige sind horizontal angeordnet in Etagen, und die weißen Glöckchen hängen herab, ähnlich wie wir das vom Salomonssiegel kennen. *Styrax japonica* ist erst 1862 nach Europa gekommen. Am Rande des Alpinums im Botanischen Garten Zürich steht ein wunderschön gewachsenes Exemplar. Sowohl *Chionanthus* wie *Styrax* duften fein.

ROBINIEN UND KASTANIEN

Das stärkste Parfum geht zurzeit aber von den Robinien aus. Der Duft der stattlichen Bäume hat eine betörende zitronige Süße und lässt schon an die Linden denken, die bald anzeigen werden, dass nun Sommer geworden ist. Die verbreitetste Robinie ist *Robinia pseudoacacia*, die Scheinakazie. Ihre Fiederblätter erinnern an die Akazien, jene gelben Frühlingsboten aus dem Süden, die ihrerseits das Pech haben, von den Gärtnern als Mimosen bezeichnet zu werden, obwohl sie doch außer dem Frost gar nichts fürchten. Die *Mimosa pudica*, die wiederum den Akazien ähnelt, ist die, die ihre Blätter beim Berühren faltet, weshalb der Name für immer zum Symbol der Schamhaftigkeit geworden ist. Noch blüht einer der schönsten Sträucher mit weißen Blüten nicht. Erst im Hochsommer zeigt *Aesculus parviflora*, die Strauch-Rosskastanie, ihre prächtigen langen weißen Kerzen.

Klettern und Blühen

Die Zeit der Clematis

Der Sommer ist die Zeit, in der die meisten Clematis blühen. Natürlich haben einige Waldreben schon im Frühjahr geblüht und entlassen nun ihre anemonenartigen Samen in die Luft: Die Fruchtkörper schweben an behaarten Grannen über weite Strecken im Wind. Insbesondere die stark blühenden *Clematis-montana*-Arten können Bäume, eine Pergola oder kleine Dächer in eine Wolke von Blüten verwandeln. Ihre verholzenden Triebe sind ausdauernd, weshalb sie schon im Frühjahr zum Blühen bereit sind.

Diejenigen Clematis, die neu von unten austreiben müssen, brauchen etwas länger, um an ihrem Rankgerüst emporzusteigen und dann noch Blüten zu entwickeln. Aber nun öffnen sie in den Gärten ihre großen, häufig blauen oder violetten Blumen. Kletterpflanzen wie Clematis ermöglichen es, einen schon dicht bewachsenen kleinen Garten oder eine Terrasse gewissermaßen in die Vertikale zu erweitern. Sie dienen damit oft als perfekter Sichtschutz, um die Privatsphäre eines Balkons sicherzustellen. Natürlich sind die Glyzinien die wildesten unter den Kletterern, aber sie verlangen viel Pflege, weil man ihre Austriebe über die ganze Saison zurückschneiden muss. Lässt man sie wuchern, können sie arge Schäden an Dachrinnen und Balkongeländern anrichten.

Da sind die Clematis weit ungefährlicher. Aber einige südländische Pflanzen kann man hierzulande bei Weinanbauklima gut im Freien halten, etwa die Campsis mit ihren rot-orangefarbenen Blüten, den weißen Jasmin, die blaue Passionsblume oder die ganz früh im Frühling weiß-rosa blühende *Clematis armandii* mit schönen immergrünen, ledrigen, lanzettlichen Blättern. Sieht man jetzt in den Gartencentern die unzähligen Sorten von Clematis, muss man sich in Acht nehmen, nicht auch noch diese Gattung zur Sammlung auszubauen.

Hauchdünne Farbtupfer

Klatsch-, Schlaf- und Goldmohn – Sommersymbole

Claude Monets Bilder haben die Mohnfelder Frankreichs weltberühmt gemacht. Streng genommen sind die in der impressionistischen Malerei zu Farbtupfern reduzierten Mohnblumen das Unkraut im Kornacker. Aber was für ein prächtiges, leuchtend-rotes Unkraut: ein Symbol für den Sommer schlechthin! Die beiden Kelchblätter fallen ab, und die Blüten des Klatschmohns breiten sich aus. Etwas zerknittert bleiben sie meist, wie aus Krepppapier. Nahe Verwandte sind in den Bergen und im hohen Norden zu finden, etwa der Alpenmohn, der Rhätische Mohn oder der Island-Mohn (*Papaver nudicaule*). Sie fügen dem Knallrot des Klatschmohns die Farben Orange, Gelb und Weiß hinzu. Sie alle wirken zierlich und zerbrechlich verglichen mit dem robusten, großblütigen Türkischen Mohn (*Papaver orientale*) in unseren Gärten.

MOHNSAMEN FÜR SEMMELN

Die eigentlichen Mohnfelder sind die des meist violetten Schlafmohns (*Papaver somniferum*), der aus dem westlichen Mittelmeerraum stammt und seit den Tagen der Pfahlbauer in Europa als Lebensmittel angebaut wird, sei dies um seiner Samen oder des daraus gewonnenen Öls willen oder aber, um aus dem Milchsaft der Kapseln Opium zu gewinnen. Als Gärtner interessiert uns vorwiegend, dass es sich um eine sehr schöne Pflanze handelt, die mit ihrem fast weiß-grauen Laub und der eleganten «Bewegung» ihrer Triebe sehr dekorativ ist. Nicht umsonst haben die Künstler des Jugendstils sie immer wieder als Vorlage bemüht. Attraktiv ist auch der Kalifornische Mohn, *Eschscholzia californica*. Er stammt aus den nordamerikanischen Trockengebieten. 1903 wurde er als Staatsblume Kaliforniens festgelegt und hat am 6. April einen Feiertag, den «California Poppy Day».

Gelbe Kerzen

Alant, Königskerze, Ligularia

Im Sommer blühen die hohen gelben Kerzen im Staudengarten. Wir halten die alphabetische Reihenfolge nicht ein und beginnen mit der Königskerze (*Verbascum giganteum*), einem Gartengast, der sich oft einstellt, ohne dass man es will. Das Braunwurzgewächs mit den großen filzigen Blattrosetten und der bis zwei Meter hohen gelben Blütenkerze wächst am liebsten auf trockenem kiesigem Grund an der Sonne oder entlang der Autobahnen. Es gibt etwa 300 Arten von *Verbascum*, und sie sind längst nicht alle gelb. Mit ihrer vertikalen Ausrichtung schmücken sie die Beete im Garten.

HOHE BLÜTENSTÄNDE, GROSSE BLÄTTER

Sehr viel attraktivere gelbe Kerzen machen die Ligularien, großblättrige üppige Pflanzen mit eleganten, senkrecht aufragenden Blüten, die aber im Gegensatz zur Königskerze tiefgründige, feuchte und nährstoffreiche Erde lieben und den lichten Schatten vorziehen. Eine der eindrücklichsten ist die *Ligularia przewalskii* mit eingeschnittenem Laub. Mit der ebenfalls eindrücklichen *Ligularia veitchiana* gekreuzt entstand die Hybride 'Zepter' mit kräftig gelben Blüten an ei-

nem dunklen Stängel. Fast noch schöner ist die *Ligularia stenocephala* 'The Rocket', mit großen, dunkelgrünen, gezackten Blättern und Blüten, die erst im oberen Drittel der Stängel beginnen. Bei den *Ligularia dentata* sind die Blätter groß und rund, die Blüten ragen aber weniger auf. Sie sind arnikaförmig, und bevor die Ligularien eine eigene Gattung wurden, waren sie in der Literatur unter Greiskraut, *Senecio*, oder Kreuzkraut anzutreffen.

Voll in die Höhe strebend sind die Blüten von *Inula* oder Alant, ebenfalls einem Korbblütler. Es gibt etwa hundert Arten, wobei *Inula helenium* wohl die imposanteste ist: riesige Blätter und Blüten wie strahlende kleine Sonnen, die sich auf weit über zwei Meter in die Höhe recken können. Wem diese Pflanzen zu riesig sind, der kann sich an *Rudbeckia* halten, die ihre Blüten mit den sonnenförmigen Kronblättern um das braune Zentrum über Wochen dem Himmel entgegenstrecken. Sie sind unverwüstlich und können oft zur Plage werden, da sie sich zu großen Tuffs ausbreiten, die dann nur noch schwer zu verpflanzen sind. Man versteht, dass eine der Sorten, die im Handel sind, 'Goldsturm' genannt wird!

Die Nachtkerze hat ein elegantes, leuchtendes Zitronengelb.

Zitronengelber Neophyt

Die Nachtkerze erfreut die Herzen

Wir haben hier das Hohe Lied der gelben Ker-zen, die im Garten ihre leuchtenden vertikalen Akzente setzen, angestimmt. Die schönste von ihnen, die Nachtkerze, haben wir uns dabei ge-wissermaßen als Dessert aufgehoben: Die Ge-meine Nachtkerze (*Oenothera biennis*) ist attraktiv, weil ihre Blüten relativ groß sind und von heller zitronengelber Farbe. Zudem verbreiten sie in der Nacht einen süßlichen Duft, mit dem ihre Bestäuber – vor allem Nachtfalter – angelockt werden. Freunde von uns sind so begeistert von den Nachtkerzen in ihrem Garten, dass sie deren Aufblühen alljährlich feiern.

Immer schon hätte man das in Europa nicht tun können, denn die Nachtkerze stammt aus den gemäßigten Regionen Nordamerikas und kam erst im 17. Jahrhundert zu uns. Sie ist also ein klassischer Neophyt, gehört aber heute zum festen Bestand der einheimischen Flora. Sie stellt auch wenig Ansprüche an den Standort. Sie kommt an Straßen- und Bahndämmen vor, in Kies- oder Steinhaufen, aber ebenso in Vorgärten. Etwas polemisch ausgedrückt: Sie wächst überall dort problemlos, wo Unkraut gedeiht.

Einiges zu ihrer Popularität hat sicher die – effektive oder vermeintliche – Heilkraft des aus ihren Samen gewonnenen Öls beigetragen. Zu diesem Zweck wird sie auf Feldern angebaut. In bäuerlich geprägten Regionen hat man früher ihre Pfahlwurzel gegessen. Die Nachtkerze ist – wie ihr Artenname *biennis* verrät – eine zweijährige Pflanze. Im ersten Jahr bildet sie eine hübsche bodennahe Rosette, dann im zweiten die hoch aufstrebende Blüte. Insgesamt sind von der Gattung Oenothera weltweit über hundert Arten bekannt, und viele von ihnen bilden Hybride. Spektakulär – und damit ein weiteres Element ihrer Beliebtheit – ist die Geschwindigkeit, mit der sie ihre Blüten öffnet. Man kann zusehen, wie die Kronblätter sich auseinanderschieben. Im Internet, etwa auf YouTube, ist dies in Filmen in Echtzeit zu sehen.

Schöner Schleier

Wiesenrauten in Natur und Garten

Das erste Mal sind sie uns in den Bergen aufgefallen, die Wiesenrauten (*Thalictrum*). Diese eher unscheinbaren Begleiter gewisser Pflanzengesellschaften, die man beharrlich übersieht, wenn sie in attraktiver Gesellschaft sind. Und dann heißt sie auch noch Stinkende Wiesenraute (*Thalictrum foetidum*): ein Kraut mit filigranen Blättern, das an kalkigen Schieferfelsen die prächtige Steinnelke und die kugelige dunkelblaue Scheuchzer'sche Rapunzel begleitet. Weit auffälliger setzt sich die Akeleienblätt-

rige Wiesenraute (*Thalictrum aquilegifolium*) in Szene. Ihre zart rosafarbenen Quasten ragen hoch aus dem Grünerlengebüsch heraus. Rundblättriger Steinbrech begleitet sie diskret im Unterholz. Manchmal findet man sie in der typischen Hochstaudenflur zusammen mit Alpen-Milchlattich, Alpendost und Eisenhut. Sie kommt ebenso in der Umgebung von Zürich, beispielsweise an der Sihl entlang, vor.

FILIGRAN, ABER ATTRAKTIV

Die Wiesenrauten – es gibt etwa 300 Arten und Sorten – sind sehr dekorative Gartenpflanzen, die in Staudenbeeten als Begleiter von anderen Pflanzen sehr hübsche, duftige Effekte machen. Ihre Blüten sind wie Büschel von Feuerwerk. Nicht so üppig und auch nicht so frech in den Farben wie die Dahlien, sondern sehr schlicht, denn eigentlich sind es meist nur die Staubfäden, die eine flaumige Blüte bilden, die Kronblätter fehlen. Die Blüten stehen wie ein Schleier über den Bergwiesen – ähnlich dem Schleierkraut (*Gypsophila*). Von der rosaroten Akeleienblättrigen Wiesenraute existieren weiße und dunkelrosa Zuchtformen für den Garten. Vor dunkeln Blättern wie Rhododendren oder Kamelien machen sich die gelb blühenden Arten von Thalictrum sehr gut. Leider sind sie sehr anfällig, was Wind und Wetter betrifft, ihre hohen Halme knicken, wenn die Blüten vom Regen durchtränkt sind, gerne ein. Solider sind die Blütenstängel des robusten *Thalictrum speciosissimum*. Gewisse Arten können sogar weit über zwei Meter hohe Büsche bilden.

In unseren Augen ist das blau-violette *Thalictrum delavayi*, das Ende August blüht, eines der schönsten Mitglieder der Gattung. Es entwickelt vier richtige kleine Blütenblätter mit vier farbigen Kelchblättern und erinnert daran, dass ja die Clematis eine nahe Verwandte in der großen Sippe der Hahnenfußgewächse ist. Viele Züchter hingegen sind der Meinung, dass dem *Thalictrum diffusiflorum* der Schönheitspreis gehöre, denn dieses macht noch größere blau-violette Blüten. Die nächste Verwandtschaft innerhalb der *Ranunculaceae* ist die Gattung der Akelei. Sie kommt in unserer Gegend ebenfalls wild vor. Und so wie es *Thalictrum aquilegiifolium* gibt, existiert auch eine *Aquilegia thalictrifolia* in den Lombardischen Alpen. Sie blüht etwas dunkler als die strahlend blaue Alpenakelei in unseren Zentralalpen und den Westalpen. In dem zum Standardwerk für die Flora des Alpenbogens avancierten Pflanzenatlas *Flora alpina* sind nicht weniger als acht Thalictrum-Arten verzeichnet.

Große Säufer

Hortensien im Garten

Hortensien heißen in der Sprache der Botaniker *Hydrangea*, was uns an den wasserspendenden Hydranten erinnert, und genau das ist auch die Meinung: «Hydrangea», eine griechische Wortmischung, meint den Wasserkrug, der nötig ist, um den fast permanenten Bedarf der Pflanze nach Wasser zu decken.

Hortensien sind in vielen Arten erhältlich, als Kletterhortensie, als Rispenhortensie (*Hydrangea paniculata*), als Eichenblättrige

Hortensie, als Samthortensie usw. Wenn sie Durst haben, hängen Blüten und Blätter herab. Höchste Zeit, sie zu wässern. Werden sie im Topf nicht gegossen, sind sie oft schon nach vierundzwanzig Stunden kaum mehr zu retten, die Blüten und die Blätter fallen ab. So beliebt sie als Topfpflanzen sind, so sind sie doch nur ausgepflanzt als große Büsche wirklich hinreißend. Besonders wenn sie im Spätsommer in variierenden Farben nebeneinanderstehen und im Verblühen diese verwaschenen, etwas dekadenten Färbungen annehmen, die von Rot über Grün bis zu allen Schattierungen von Blau verlaufen.

Hortensie Schloss Wackerbarth.

Leuchtende Dekadenz

Die vielfältigen Aspekte der Hortensien

Vor einigen Jahren erklärte uns im Südwesten Englands ein älterer Gentleman, der einen großen, der Öffentlichkeit zugänglichen Garten besitzt, die Rolle der Hortensien im Gartenjahr: Die Besitzer von Gärten, die auf die Einnahmen durch die Besucher angewiesen seien, hätten begonnen, Hortensien zu pflanzen, damit die Gärten noch bunt und attraktiv aussähen, wenn die meisten anderen Blumen längst verwelkt seien. Tatsächlich verlängern die Hortensien die Saison, vor allem dann, wenn man über wenig Staudenbeete verfügt, die auch im Spätsommer und im Herbst noch Farbtupfer setzen.

Für die einen sind Hortensien triste Friedhofspflanzen, andere schwärmen von ihrer kräftigen Blütenpracht, und wieder andere lieben sie gerade um ihrer leicht dekadenten Welke willen, wegen der pastösen Farbtöne, welche die Blüten annehmen, wenn sie lange und relativ trocken an der Pflanze bleiben. Rainer Maria Rilke hat für die blaue und die rote Hortensie je ein Gedicht verfasst. Der «Blauen Hortensie» kommt dabei die Rolle zu, die Vergänglichkeit zu symbolisieren:

So wie das letzte Grün in Farbentiegeln
sind diese Blätter, trocken, stumpf und rauh,
hinter den Blütendolden, die ein Blau
nicht auf sich tragen, nur von ferne spiegeln.
Sie spiegeln es verweint und ungenau,
als wollten sie es wiederum verlieren,
und wie in alten Briefpapieren
ist Gelb in ihnen, Violett und Grau;
Verwaschenes wie an einer Kinderschürze,

Nichtmehrgetragenes, dem nichts mehr geschieht:
wie fühlt man eines kleinen Lebens Kürze.

IN VIELEN GEBIETEN SIND HORTENSIEN WINTERHART

Erst im Gespräch mit deutschen Züchtern wurde uns bewusst, dass die am Ende des 18. Jahrhunderts von Asien eingeführten Hortensien nicht winterhart waren und in Kübeln gehalten werden mussten. Im Gegensatz zu einigen Teilen von Kontinentaleuropa, wo die Hortensien im Winter eingeräumt werden, sind sie im milden Klima an den Alpenrandseen meist problemlos durch den Winter zu bringen. Entsprechend groß ist die Vielfalt in diesen Regionen. Obwohl der griechisch-lateinische, aber auch englische Name «Hydrangea» so viel bedeutet wie «viel Wasser» und die Hortensien tatsächlich sehr viel Wasser brauchen, ertragen sie keine Staunässe. Sie fühlen sich an einem halbschattigen Ort wohler als an der prallen Sonne.

UM EIN PAAR ILLUSIONEN ÄRMER

Die Hortensien, das ist den Frankophilen klar, haben ihren Namen vom Vornamen Hortense, also wohl von Hortense de Beauharnais, der Stieftochter Napoleons I. und der Frau seines Bruders Louis, König von Holland, und Mutter von Charles Louis Napoleon, dem späteren Kaiser Napoleon III. So schön diese aristokratische Herkunft tönt, sie ist nicht wahr. Den Namen «Hortensie» soll die Pflanze von dem französischen Botaniker Philibert Commerson bekommen haben, der sie nach seiner Freundin benannte – ein Hinweis mehr darauf, dass sich Frauen Pflanzenliebhaber als Freunde wählen sollten! Vermutlich gehört aber auch diese romantische Geschichte ins Reich der Erfindungen. Die Hortensien haben ihren Namen wohl nicht von einer Dame mit Namen Hortense bekommen, sondern vom lateinischen Adjektiv *hortensius*, «den Garten betreffend», «gärtnerisch». *Flos hortensia* heißt einfach «Gartenblume». Immerhin haben aber der Frauenname Hortense und die Hortensie den gleichen Ursprung: Die mit diesem Attribut benannte Frau ist die Gartenbesitzerin oder die Gärtnerin. Die verbreitete Bauernhortensie wird oft auch als Gartenhortensie bezeichnet; angesichts der Herkunft des Wortes ist das indessen klar ein Pleonasmus.

Und wenn wir schon beim Abbauen von Illusionen sind: Das, was wir als wunderbare Blüten der Hortensien ansehen, sind keine Blüten, sondern nur sterile Scheinblüten, die eigentlichen fertilen Blüten sind unscheinbare kleine Pünktchen zwischen den Scheinblüten. Die Hortensien verstehen es, eine Show abzuziehen. Und diese ist oft sehr prächtig. Hortensien sind übrigens Steinbrechgewächse, was man ihnen wahrlich nicht ansieht. Falsch ist auch das Gerücht, Hortensien würden – wenn man sie raucht – eine cannabisartige Wirkung haben. Aus diesem Grund sollen auch immer wieder Teile von Hortensien aus Gärten gestohlen werden. Beim Rauchen der Pflanze wird indessen hochgiftige Blausäure freigesetzt, die dem Körper nachhaltigen Schaden zufügt.

DEM BLAU KANN MAN NACHHELFEN

Die bei uns bekannteste Art ist die *Hortensia macrophylla*, auf Deutsch «Bauernhortensie».

Weiße Hortensien blühen immer weiß. Rote Hortensien können blau blühen, wenn sie auf saurem Boden wachsen und genügend Aluminiumionen zur Verfügung stehen. Diese lassen die Farbe umschlagen, sind aber nur dann ungebunden vorhanden, wenn die Erde ausreichend sauer ist (pH-Wert 3,5 bis 4,5). Alaun oder Aluminiumsulfat – unter dem Handelsnamen «Hortensien-Blau» verkauft – hilft besonders, wenn man noch etwas Essig ins Gießwasser gibt, das gewünschte intensive Blau zu erreichen. Allerdings nur, wenn der Dünger keine Phosphate enthält, denn diese neutralisieren den Blaumacher. Der Alaun wird am besten kurz vor dem Öffnen der Blüten verabreicht.

VIELE NEUE ZÜCHTUNGEN

In diversen Farbtönen von Rot bis Blau entwickeln die Züchter stets neue Formen. Die runden Blütenbälle wurden immer spezieller: Ein Kreis leuchtender Schaublüten umrahmt die unscheinbaren fruchtbaren Blüten wie ein Kreis von leuchtenden Sternen eines Feuerwerks. Oder aber die Farben werden extravaganter, selbst in jeder Schaublüte kommen abgestufte Farbtöne vor. Andere Sorten kennen Schaublüten mit gezacktem, ausgefranstem oder farblich unterschiedlichem Rand. Hinreißende Violetttöne kamen auf den Markt und dekadent-schillernde Farben wie 'Grant's Choice', die rot-blau changierende 'Enziandom', die metallisch changierende blau-violette 'Graziosa', 'General Patton', 'Masja' oder gar 'Schloss Wackerbarth' mit blau, rot, violetten und gelben Teilen in der gleichen Schaublüte. Neue Sorten wie 'Endless Summer' haben nicht nur eine strahlende Blaufärbung, sie blühen auch mehrmals, und man kann sie bedenkenlos zurückschneiden. Das ist nicht bei allen Hortensien so. Damit sie nicht mager austreiben, sondern schöne, große Blütenballen machen, muss man sie richtig schneiden. Andreas Pellens aus Geldern am Niederrhein, dessen Firma jährlich etwa eine Million Hortensien heranzieht, rät, die Macrophylla-Hortensie erst im Frühling zurückzuschneiden. Derzeit ist die 'You & Me' aktuell, speziell die gefüllte, rosa blühende 'Emotion'. Bauernhortensien blühen am alten Holz. Wenn man sie bis zum Boden zurückschneidet, blühen sie in der Regel eine Saison nicht.

Die Farbpalette der Bauernhortensien wird immer vielfältiger und spezieller.

Die sonderlichen Verwandten

Spezialitäten der Gattung Hortensien

Im Spätsommer sind es nicht die Bauernhortensien, sondern andere Zugehörige dieser Gattung, die noch immer den Garten verschönern. Normalerweise ist man sich gar nicht bewusst, dass es neben der allen bekannten Bauernhortensie auch Vertreter der Gattung gibt, die zu gewaltigen Sträuchern, Büschen, ja fast zu Bäumen heranwachsen können. Bis zu zweieinhalb

Meter hoch wird die Ball- oder Baumhortensie *Hydrangea arborescens*. Außer bei der beliebten Zuchtform 'Annabelle' sind die weißlich-grünen Blüten dieser Art aber nicht so überzeugend.

RISPENHORTENSIEN MACHEN FURORE

Sehr dekorativ aber sind die *Hydrangea paniculata* mit pyramidenförmigen weißen bis cremefarbenen Blütenständen, die bis fünf Meter in die Höhe steigen kann. Die Sorte 'Grandiflora' ist besonders attraktiv, da fast alle Blüten gleich groß und gleichzeitig offen sind. Ihre Blätter sind oval und laufen in einen Spitz aus. Die Auswahl der Sorten wird jährlich größer: Von cremeweiß ('Limelight') über grün-weiß ('Silver Dollar') bis zu leichtem rosa ('Bobo', 'Kyushu', 'Grandiflora', 'Phantom') variieren die Grundfarben. 'Vanille Fraise' beginnt weiß und hat dann rote und gelbliche Blütenteile, ganz wie der namengebende Eisbecher. Bis in eine bordeauxrote Endphase gehen 'Wims Red', 'Ruby', 'Pink Diamond', 'Pink Lady' oder 'Pinky Winky' und die neu auf den Markt gekommene 'Diamant Rouge' oder 'Diamantino', die weiß aufblüht und dann mit ihrer Blütenfülle im August wie ein roter Flieder wirkt.

Rispenhortensien blühen im Spätsommer, wenn man froh ist, dass noch etwas zu blühen beginnt. Die Sorte 'Tardiva' blüht besonders spät. Mit einer geschickten Kombination hat man lange blühende Hortensien im Garten. Im Gegensatz zu den Bauernhortensien kann man sie im Herbst leicht zurückschneiden. Im Frühling darf man dann radikal sein und sie so tief zurückschneiden, wie man die Pflanze im Aufbau gern haben möchte. Im Topf gehaltene Rispenhortensien schneidet man tief; an Orten, wo sie sich zu Büschen entwickeln dürfen, kürzt man sie auf eine Höhe von etwa 50 Zentimeter ein.

EICHENBLÄTTRIGE HORTENSIEN UND SAMTHORTENSIEN

Noch spezieller ist die *Hydrangea quercifolia*, die Eichenblättrige Hortensie. Die spitzzipflig gelappten Blätter sind nicht nur wegen ihrer Form, sondern auch wegen ihrer ledrigen Oberfläche mit deutlichen Blattadern interessant. Ihre hellgelb bis weißen Blütendolden leuchten aus dem Schatten, in dem sie bevorzugt steht. Zudem gibt es Sorten, die duften! Wie viele ihrer Gattung stammt sie aus den Vereinigten Staaten. Die Sorte 'Snow Queen' bildet mit vielen sterilen Blüten eine attraktive Blütenkerze.

Zu größeren Gebüschen wachsen die Vertreter der «Villosa-Gruppe» heran. Die *Hydrangea aspera* aus Südostasien zum Beispiel hat flaumige Blätter und macht große, halbkugelige oder tellerförmige Blütenstände mit vielen schneeweißen Scheinblüten. Sie kommen in vielen Variationen vor, die auffallendsten und speziellsten sind sicher die violett eingefärbten, mit weißen, unfruchtbaren Blüten auf einem violett-braunen Kissen. Groß, eindrücklich und besonders samten sind von dem guten halben Dutzend Sorten die 'Macrophylla' und die 'Sargentiana', die eigentliche Samthortensie. Auch die senkrecht aufragenden «Stämme» und die Blätter sind mit einem flaumigen Violett angehaucht, das sie Anfang September in den Gärten zu einem ganz besonderen Blickfang werden lässt. Die einen finden es absolut in Ordnung, dass ihre Hortensien wachsen, wie es ihnen gefällt, und andere freuen sich, wenn es gelingt, einen mehr oder weniger regelmäßigen «Dom» von Blüten heranwachsen zu lassen, die höchsten möglichst im Zentrum der Pflanze.

KLETTERHORTENSIEN UND IMMERGRÜNE

Aber selbst diese stattlichen Gruppen sind nicht die Inhaber des Höhenrekords bei den Hortensien. Dieser liegt klar beim Champion unter den Kletterern, der *Hydrangea anomala* oder *Hydrangea petiolaris*, einer Kletterhortensie, die bis zu 15 Meter hoch an Häusern oder Baumstämmen emporklettert und ursprünglich von der japanischen Insel Yakushima stammt. Es gibt kaum ein besseres gestalterisches Element, um langweilige Fassaden oder kahl gewordene Stämme zu verschönern. Auch im Schatten eines Waldes wachsen die kräftigen Kletterer in die Höhe, langsam, aber sicher, sich stets mit ihren Haftwurzeln einen guten Halt suchend. Die teller- oder kuppelförmigen Schirmrispen der Blütenstände stehen fast genau waagrecht, eingefasst von einem Rand großer, weißer Scheinblüten. Sie zieren dann die «Fenster» wie luftige, weiße Spitzenstickerei. Vielleicht nicht die strahlendste Hortensie, aber mit Sicherheit eines der Highlights einer unglaublich vielfältigen Pflanzengattung.

Eher als Kuriosität und um der Vollständigkeit willen sei noch darauf hingewiesen, dass es auch immergrüne Hortensienarten gibt. Zu dieser Gruppe zählen einige tropische Hortensien und Kletterhortensien-Neuzüchtungen. Etwa *Hydrangea serratifolia* aus Mittelamerika oder *Hydrangea peruviana* oder die prächtige *Hydrangea integrifolia*. Sie alle sind in Mitteleuropa nicht winterhart, nur *Hydrangea Seemannii*, ursprünglich aus Mexiko, ist im Weinbauklima winterhart. Sie wächst in unserem Garten langsam aber sicher an einem kahlen Baumstamm empor. Immergrüne Kletterer bilden ähnlich dem Efeu Haftwurzeln, mit denen sie mehrere Meter in die Höhe klimmen. Sie bevorzugen schattige Standorte, da sie selbst mit weniger Sonne reiche Blüten bilden. Die immergrünen Hortensien sind im Allgemeinen empfindlicher als die laubabwerfenden Arten, und sie können generell nur in milderen Gebieten im Freien gepflanzt werden.

Herbst

Die Herbstblätter präsentieren sich in den vielfältigsten Farben:
Hamamelis, Eichblatthortensie, Jungfernrebe, Koelreuteria.

Denkt man an den Herbst, schwingt immer etwas Wehmut mit: Frühling war Aufbruch, Sommer war Genuss, und nun erfüllt so etwas wie Abschied vom Gartenjahr unser Denken und Fühlen. Das ist die typische Einstellung von uns konjunkturell verwöhnten Menschen des 21. Jahrhunderts. Der Herbst war einst – als es noch nicht alles rund ums Jahr im Supermarkt zu kaufen gab – die Zeit der Ernte, des Überflusses und des Festes. Man kelterte den Wein und dankte dem Schicksal für das, was der Boden hervorgebracht hatte. Wenn man ein Plädoyer für den Herbst als schönste Jahreszeit halten möchte, muss man sich nur die Farben, die Gerüche und den Geschmack der Dinge in Erinnerung rufen, aber auch den Ton des Herbstes, das raschelnde Laub, die knisternden Feuer, der Duft von Kastanien, von aufgebrochener Erde und von regennassen Wäldern. Der Herbst ist die Zeit der Jagd, des Wildes auf dem Teller, der Pilze, der Äpfel und des jungen Weins.

Der Herbst ist aber auch die Zeit des Indian Summer, der farbigen Wälder, der prächtigen Herbstanemonen, der Herbstkrokusse, der Herbstzeitlosen und der sich im Wind biegenden Gräser. Wer vorausdenkt, plant die üppige Blüte des kommenden Frühlings und setzt jetzt die Blumenzwiebeln in Töpfe oder direkt in die Erde. Das Laub muss zusammengekehrt, die Gräser aufgebunden, die nicht winterharten Pflanzen an ihrem Standort geschützt eingepackt oder eingeräumt werden. Jetzt führen die Gärtner wieder ihre Diskussionen, welche Pflanzen im kommenden Winter wie viele Minusgrade ertragen. Vor dem ersten Wintersturm muss im Garten alles niet- und nagelfest gemacht werden.

Der Gärtner als Maler

Mit Herbstfarben gestalten

Der Herbst ist ein strahlend-farbiges Ereignis. Nach unseren Erfahrungen entstehen die schönsten Herbstfarben, wenn die Pflanzen von der Sonne beschienen werden und trocken stehen. Die Protagonisten des bunten Spiels sind bekannt: Das intensiv leuchtende Gelb bilden bei uns der Ginkgo, der Feldahorn oder der Zuckerahorn, der Star des Indian Summer und Motiv des kanadischen Wappens. In den roten Tönen sind die verschiedenen Japanischen Ahornbäumchen nicht zu schlagen. Was die Zwischentöne anbelangt – eine große Palette von zartem Gelb bis zu Dunkelrot –, ist der Amberbaum großartig. Spannend sind aber ebenso die vielfarbigen Blätter, die uns die Geschichte der Verfärbung erzählen wollen. Hier sind die Jungfernreben (*Parthenocissus*) fast unschlagbar. Aber auch der Persische Eisenholzbaum gehört dazu.

KOMPOSITIONEN IN STRAHLENDEN FARBTÖNEN

Fast schon dreidimensional wirken die tief gelappten Blätter der Eichblatthortensie, und wie farbige Wappen halten die Federbuschsträucher (*Fothergilla*) ihre halb gelb, halb rot verfärbten Blätter aus dem Dunkelgrün der Rhododendren. Die fast in Rosetten angeordneten feinen Fiederblätter des Blasenbaums (*Koelreuteria paniculata* 'Coral Sun') werden im Herbst gelb mit pinkroten Spitzen. Der attraktive Perückenstrauch (*Cotinus coggygria* 'Royal Purple') wird von Rot zu einem fahlen Rosa, sodass die Blätter fast transparent aussehen. Ganz ähnlich wirkt die Herbstverfärbung der Apfelbeere (*Aronia arbutifolia*) sowie die von einigen Prunus-Sorten, etwa der Bergkirsche (*Prunus sargentii*). Und in die Reihe der prächtigen Herbstfärbungen gehören ebenfalls die Heidelbeeren; sowohl unsere einheimischen «Zwerge» als auch die amerikanischen «Riesen» legen sich ein prächtiges Herbstkleid zu.

Wer sich Zeit lässt und Pflanzen mit Herbstfärbung zusammenträgt, kann ein wunderschönes Bild gestalten, einem Maler gleich, der seinen Pinsel mal ins Rot, mal ins Gelb der Palette eintaucht; es entstehen Szenerien, die im Herbst Begeisterung auslösen.

JAPANISCHE PROTAGONISTEN

Irgendwo in der Peripherie ragt das schillernde Gelb des Ginkgo-Baums, und in Rubens'scher Pracht breitet sich darunter das üppige Farbenspiel des Persischen Eisenholzbaumes aus. Einzelne Teile sind fast grün, andere leuchtend gelb, und die der Sonne zugewandten Äste sind in dunklen Purpur gekleidet. Die seitliche Mauer wird von der Jungfernrebe in ähnlich kräftigen Farben bemalt. Davor sind die unteren Blätter des Pfaffenhütchens weiß, fast transparent, geworden, je höher man schaut, umso kräftiger wird jedoch ihr Rot. Bunt treiben es die Japanischen Ahornbäumchen: Die einen fast zitronengelb, andere in billigen Orangetönen, die man außer im Herbst im Garten gar nicht schätzt. Ausgerechnet 'Orangeola' färbt seine geschlitzten Blätter in strahlendes Rot. Nur allen- falls 'Skeeter's Broom' und 'Osakazuki' können in dieser Farbpalette mithalten. Und vor einer dunkelgrünen Wand von Rhododendren übt der Eisenhutblättrige Ahorn, klar die Diva in die- sem Theater, den schnellen Kostümwechsel von Grün zu Gelb und schließlich zu Blutrot. Aber selbst dieser dramatische Auftritt kann die Wir- kung des japanischen Enkianthus-Bäumchens nicht überbieten, das wie loderndes Feuer in der Herbstsonne leuchtet.

Als Hintergrund bietet sich ein tiefes Grün an, eine Thuja- oder Eibenhecke, Portugiesischer Kirschlorbeer oder Rhododendren. In wenigen Tagen putzen die ersten Herbststürme die Lein- wand wieder frei, und der erste Schnee lässt sie wieder weiß werden, sodass man sich überle- gen kann, wie denn das «Tableau» durch einige Farbtupfer noch ergänzt werden kann, wenn es in einem Jahr wieder präsentiert wird.

Die prächtige Farbpalette des Herbstes.

Immer der Nase nach

Herbstdüfte mit Überraschungen

Früher haben wir geglaubt, der Unterschied zwischen den warmen und den kalten Jahreszeiten sei vor allem dadurch bedingt, dass es in ersteren schön und heiß, in letzteren kühl und nass sei. Eine nützliche Vereinfachung vielleicht für Kindergärtner und Statistikerinnen. Diverse Sommer zeigen, dass es mit der Sonne, mit der Wärme und der Trockenheit nicht weit her ist! Kein Jahr ist wie das andere.

EIN JAHR ALS OLFAKTORISCHES EREIGNIS

Verlassen wir uns deshalb nicht mehr darauf, ob wir den Pullover versehentlich oder absichtlich zu Hause gelassen haben, sondern vertrauen wir ganz unserer Nase. Kein anderes Organ ist so sehr in der Lage, uns die Jahreszeiten fühlen und spüren oder eben riechen zu lassen. Am ersten wirklich schönen Frühlingstag merkt man es sofort, wenn man aus der Haustür tritt: «Jetzt hat die Welt wieder einen Duft!» Die lange von der glasig-kalten Luft anästhesierten Geruchsorgane leben auf. Und was könnte mehr das Gefühl von Sommer, Wärme und Süden vermitteln als eine Brise, angefüllt mit dem Duft trockenen Grases, vermischt mit dem Aroma von sonnenwarmem Lavendel. Und natürlich hat auch der Herbst seine Düfte. Das feuchte, etwas herbe Laub, die umgebrochene Erde, das nasse Gras oder der leichte Moderduft von Holz und Pilzen im schattigen Wald sagen: «Verweile, genieße noch den Augenblick, die letzten warmen Strahlen der Sonne. Die Wolken am Horizont werden Sturm und Kälte bringen.»

VERFÜHRUNG AUS DEM GEBÜSCH

An solchen Herbsttagen hat uns in Südwestfrankreich ein umwerfender, köstlicher Duft – zwischen Jasmin und Seidelbast – genarrt. Er zog vorbei, ohne Hinweis auf seine Quelle. Endlich fanden wir dann die kleinen, unscheinbaren Blüten einer Ölweide, die im Schutz einer Mauer ihre Zweige bis zu deren Krone streckte. Dieses Jahr blüht *Elaeagnus* – ein vokalreicher Zungenbrecher – auch bei uns, und seit wir ihn kennen, steigt uns sein Parfum in mitteleuropäischen Regionen hie und da aus einem verwunschenen Garten in die Nase. Wenn man den Kopf in den glänzenden, dunkelgrünen, winterharten Blättern vergräbt, findet man den Duft vielleicht nicht, aber plötzlich, von einem Windzug hervorgezaubert, ist er wieder da. *Elaeagnus* ist übrigens verwandt mit unserem Sanddorn.

In der Form *Elaeagnus × ebbingei* sind verschiedene attraktive Sorten im Handel, etwa 'Gilt Edge' mit gelb umrandeten Blättern, etwas poetischer eben: mit Goldschnitt. Die dunkelgrünen erinnern an das Laub der Kamelien, und die jungen Blätter haben einen kupfrig schimmernden Überzug. Die Blüten sind eher unscheinbar, kleine, vierzipflige Glöckchen. Aber wohlriechender könnte sich der Herbst nicht verabschieden.

Jede Jahreszeit hat ihre spezifischen Duftpflanzen

Ein betörender Garten der Sinne

Vielfach werden – nicht zuletzt, um Jugendliche für die Botanik zu begeistern – Aromagärten angelegt. Die meisten setzen primär auf Gewürze. Es wird Rosmarin gepflanzt, Oregano, Salbei, Bohnenkraut, Thymian, Currykraut, Koriander, Liebstöckel, Fenchel, Basilikum, Wermut, Estragon, Pfefferminz, Zitronenmelisse, Verveine, Duftpelargonien und allenfalls noch Knoblauchvariationen – und dann darf man sich da hindurch schmecken, indem man überall etwas an dem Grünzeug reibt. Das ist gut und recht, aber die wahren Düfte der Pflanzen sind nicht die für die Küche, die den Gaumen kitzeln, sondern die rein olfaktorischen, die uns entgegenwehen und den Gefühls- und Hormonhaushalt aufwühlen, Erinnerungen und Träume heraufbeschwören und Sehnsüchte nach fernem Glück.

GEWÜRZDUFT UND BLÜTENPARFUM

Wirkliche Duftpflanzen erfüllen die Luft mit ihrem Wohlgeruch, ohne dass man sie streifen, zerquetschen oder kauen muss. Sie schaffen damit eine ganz besondere Atmosphäre, eine sinnliche Welt des Duftes. Im Winter sind es die weiß-rosaroten Schneeballsträucher, die aus wächsernen Blüten ihren Duft verströmen, Winterblüte, Zaubernuss und Wohlriechende Heckenkirsche (*Lonicera fragrantissima*). Im Frühling sind es Goldregen, Glyzinie und natürlich die Maiglöckchen, die wie so viele Liliengewächse einen betörenden Duft verbreiten: Die Weihnachtsnarzissen und Hyazinthen holt man sich ja schon in der kalten Jahreszeit ins Haus, damit sie mit ihrem Geruch den muffigen Geschmack des Winters vertreiben. Später im Jahr sind es dann die Lilien, die oft einen so schweren, süßen Duft verbreiten, dass man sie in geschlossenen Räumen kaum aushält. Dass ausgerechnet eine Blume mit so sinnlichem Duft als Symbol der Reinheit dem Engel, der die unbefleckte Empfängnis verkündet, in die Hand gedrückt wird, mag erstaunen.

Zum Frühling gehört auch der Duft des Seidelbasts und der nahe mit diesem verwandten Edgeworthia. Und Fothergilla, die Gelben Azaleen, die Duftblüte, der Korea-Schneeball und die Pfingstrosen sind ebenso hinreißende Duftquellen. Oft sind es ja kleine und unscheinbare Blumen, die ihre geringen optischen Anreize durch starken Duft ausgleichen wollen. Im Frühsommer die Linden, die meisten Arten von Geißblatt, der Kirschlorbeer und der Buchs. Meist ziehen diese Düfte mit dem Wind und sind nicht einfach zu orten. Bei kleineren Pflanzen aber muss man sich schon mit der Nase in die Nähe bemühen, etwa bei den wohlriechenden Veilchen und bei unseren einheimischen Orchideen, beim Männertreu mit seinem typischen Vanillearoma und in der Nacht bei der weiß blühenden Kuckucksblume.

EIN GARTEN DER DÜFTE

Im Sommer sind der Pfeifenstrauch, die Duft-rosen, die Nelken, der Gewürzstrauch und Buddleia (Sommerflieder) fürs sinnliche Parfum im Garten zuständig. Elfenbeinginster und Lavendel bringen den Süden in unsere Gärten. Wer einen Wintergarten hat, wird auf die Orangen- und Zitronenblüten und die diversen Jasminarten, aber auch auf Gardenien und den Sternjasmin (*Trachelospermum jasminoides*) nicht verzichten wollen. Im Herbst sind unter anderem die Ölweide, die Duftblüte und der nach Backwerk riechende Katsurabaum die olfaktorischen Stimmungsmacher. Wer geschickt anpflanzt, lebt praktisch rund ums Jahr in Wohlgerüchen. Um einen Kontrapunkt zu setzen, sollte man doch eine Gemeine Drachenwurz (*Dracunculus vulgaris*) in den Garten der Düfte und der Lüste setzen: Deren Blüte stinkt erbärmlich nach Aas, da sie Fliegen anlockt, die sie befruchten sollen. Das ist auch ein Dufterlebnis! Zum Glück dauert es nur wenige Tage.

Violetter Herbst, farbige Wälder - giftige Beeren

Herbstzeitlose, Herbst-Goldbecher und Glockenrebe

Bunt sind schon die Wälder: Eh man sich versah, hat draußen vor der Stadt der Herbst Einzug gehalten. Bei schönem Wetter strahlten am Samstag einige goldgelb gewordene Bäume vor dem noch kräftigen Grün der Wiesen und dem Blau des Himmels. Eichen- und Ahornarten, aber auch vereinzelte Birken, als Allee entlang schmaler Landstraßen gepflanzt, haben eine kräftige Herbstfarbe angenommen. Die Blätter der Jungfernrebe, die ganze Hausfassaden, aber ebenso Lampenmaste und Hecken überziehen kann, erreichen jetzt ihr schönstes Stadium, in dem jedes Einzelblatt die ganze Palette der Farbübergänge von Grün über ein sanftes Gelb und einen fast weißen Pastellton bis zum zarten Rot und zum kräftigen Karmin enthält, sodass das Laub im Sonnenlicht fast transparent erscheint. Vom bunten Wald abgesehen, ist Violett die botanische Farbe des Herbstes. Auf den Wiesen sind es die Herbstzeitlosen, die mit ihren lila Krokusblüten für Akzente sorgen. Im Garten blühen im Oktober an sonnigen Tagen ebenso der violette Safran (*Crocus sativus*), der violettblaue Herbstkrokus (*Crocus speciosus*) und die großen Gartenformen der Herbstzeitlosen (*Colchicum*) sowie der prächtig glänzend-gelbe Herbst-Goldbecher (*Sternbergia lutea*): All diese herbstblühenden Zwiebelpflanzen scheinen mit ihren diversen Farbtönen dem endgültigen Ablauf der warmen Jahreszeit zu trotzen.

JUGENDSTILDEKOR UND PRINZESSINNEN

Nach nicht enden wollendem Klettern auf die Gipfel von Büschen und Bäumen ist nun auch die Glockenrebe (*Cobaea scandens*) im Garten voll erblüht. Jeden Tag öffnen sich neue violette Blumenglocken wie ein Jugendstildekor in regelmäßiger Reihe an den äußersten und höchsten Zweigen des «Gastbaums». Man braucht kein Karl Blossfeldt zu sein – der Pflanzenfotograf hat die Cobaea natürlich abgelichtet –, um ihre «gotischen» Qualitäten wahrzunehmen. Und mit ihren spiraligen Ranken, die überall Halt suchen, ergäbe die Cobaea hervorragende Vorlagen für Stoffe von Morris oder Vasen von Gallé. Zuerst sind die Blüten grünlich-weiß, dann färben sie sich intensiv violett, und schließlich bleiben die noch immer sehr dekorativen Kelchblätter, die in der Silhouette eine Blüte vortäuschen.

NICHT WINTERHART

Beim ersten Frost fällt die Cobaea dann in sich zusammen, und im nächsten Jahr muss sie neu ausgesät werden. Die Pflanze stammt aus Mexiko, und sie ist bei uns nur in Glashäusern durch den Winter zu bringen. Man kann die Glockenrebe zurückgeschnitten im Haus überwintern, wenn sie in Kübeln gehalten wird. Damit sie ausreichend Kraft und Nährstoffe erhält, ist es jedoch besser, sie direkt in die Erde zu pflanzen. Wenn man will, dass sie schon im Sommer zum Blühen kommt, muss man sie bereits im März

aussäen und Ende April ins Freie setzen. Das schönste Blauviolett der Jahreszeit tragen die samtenen großen Blütenblätter der Prinzessinnenblume (*Tibouchina urvilleana*), die erst aufhören wird zu blühen, wenn sie eingeräumt wird. Schon mit ihren Früchten protzt die Schönfrucht (*Callicarpa*), deren transparente Beeren in einem so giftigen Violett leuchten wie die Violen der Hexen im Märchen. Die Beeren werden den Strauch noch bis tief in den Winter schmücken. Von sehr tiefem, fast schwarzem Violett sind die Beerenkerzen der Kermesbeere (*Phytolacca*), und ihre Stängel sind purpurfarben überlaufen. Kleinkinder sollte man von der giftigen Pflanze fernhalten; für größere Kinder und Erwachsene gelten zehn Beeren noch als unbedenkliche Dosis – kein Grund allerdings, davon zu kosten!

Die sehr schön gerippten glänzenden Beeren und auch die rübenförmige Wurzel der Kermesbeere enthalten diverse toxische Stoffe, die in der Pflanzenheilkunde Anwendung finden; die Liste der damit zu behandelnden Leiden ist lang. Das Violettrot des Beerensafts – der Farbstoff Phytolaccanin – wird vor allem zum Färben verwendet. Bereits die Ureinwohner in Neuengland färbten damit Felle und Leder. Die Farbe ist aber nicht lichtecht. Früher soll damit vor allem der Rotwein farblich aufgebessert worden sein: eine Verfälschung, die Louis XIV. mit der Todesstrafe ahnden ließ.

Zweite Zeit der starken Farbe

Im Herbst leuchtet die Natur noch einmal

Alle lieben den Frühling, die Zeit des Aufbruchs, der Jugend des Gartenjahrs. Im Herbst dräut schon die Kälte des Winters, die feuchte Kälte dringt bis in die Knochen. Aber dazwischen gibt es immer wieder gleißende Tage mit einem tiefblauen Himmel und mit intensiv schimmernden Farben. Natürlich ist es nicht die strahlende Blütenpracht des Frühlings, sondern es ist das Aufleuchten der Blätter, die sich verfärben, bevor sie fallen. Dennoch ziehen viele den Herbst dem Frühling vor, da die Farben harmonischer sind, wärmer. Sie gehören einer gut abgestimmten Palette an, während der Frühling doch häufiger etwas grell bis kitschig sein kann in der Wahl seiner Farbtöne. Der Herbst ist eleganter, selbst die Mode der Menschen richtet sich danach. Man geht in dezenten Braun- und Olivtönen spazieren, obwohl die Zeit der Jagd einem leuchtende Farben nahelegen würde, damit man nicht versehentlich das Opfer einer Verwechslung wird ...

Die Wälder färben sich in Gelb und Hellbraun, und die Laubbäume zeichnen sich – wie sie das im Frühling getan haben – deutlich aus zwischen den immergrünen, dunklen Nadelbäumen. Am schönsten im Wald sind aber die Lärchen, die Nadelbäume, die lange noch die schillernde, gelbe Herbsttracht tragen. Und gewisse Eichen werden wunderschön gelb, ihre Blätter leuchten besonders im Gegenlicht kräftig auf und verzaubern die Wälder mit ihrem warmen Licht.

Im Garten kennen wir noch andere Favoriten: Am prächtigsten, aber leider von kurzer Dauer ist die Herbstfärbung der Jungfernreben. Sie verwandeln Häuser und Bäume, auf die sie klettern, in tiefrote, lebende Flächen. Weitere Stars im Garten sind jetzt die Ahornbäume in all ihren Variationen. Die roten werden noch leuchtender, die grünen strahlen in sattem Gelb, wie wenn sie vergoldet wären. Auch die Felsenbirnen überziehen sich nun mit einem fast transparenten Kleid von (kupfer-)farbigen Blättern, wie sie das schon im Frühling mit den frischen Austrieben taten. Gewisse Arten von Hartriegel verfärben sich prächtig, aber ebenso der japanische Katsura- oder Kuchenbaum leuchtet durch den Garten. Japan lieferte weiterhin den Flügel-Spindelstrauch (*Euonymus alatus*), den man hauptsächlich wegen seiner wunderschönen Herbstfärbung pflanzt, die ihm in Amerika den Namen «Burning Bush» gebracht hat. Noch glühenderes Rot schafft allenfalls die Prachtglocke (*Enkianthus perulatus*), ein Heidegewächs, also eine Moorpflanze, von denen ja einige – auch die Strauchheidelbeeren und einiger Japanischer Azaleen – sich wunderschön färben.

Wer die schönste Inszenierung des Herbstes zustande bringt, ist wohl Geschmackssache. Vermutlich siegt der Enkianthus oder einer der Japanischen Ahornbäume, etwa der Eisenhutblättrige Fächerahorn. Natürlich fällt uns auf, dass viele Gewächse mit wunderschöner Herbstfärbung der japanischen Gartenkultur entstammen. Das hängt mit der hohen Wertschätzung der Natur und dem Wechsel der Jahreszeiten im Schintoismus zusammen. Das Adjektiv «eisenhutblättrig» erinnert uns aber auch daran, dass im Herbst noch Blüten den Garten verschönern.

Der im Herbst blühende Eisenhut (*Aconitum carmichaelii*) mit seinem starken grünen Laub und den kräftigen violettblauen Blütenständen passt sich bestens in die Farbensinfonie des zu Ende gehenden Sommerhalbjahrs ein.

Das Spiel mit dem Licht

Bilanz eines goldenen Herbstes

Kein Herbst ist wie der andere. Oft lassen der Regen und die hereinbrechende Winterkälte das Laub der Bäume sofort in ein unansehnliches Braun übergehen, das zum Glück bald zu Boden fällt. Ein starker Frühfrost kann das ganze Farbenspiel des Herbstes zunichtemachen. Der Sommer kann sich aber auch in einen wunderschönen Oktober hinein verlängern, und die Bäume und Sträucher haben Zeit, ihren Zuckerhaushalt schön langsam dem Wandel der Jahreszeiten anzupassen.

EINE SPARMASSNAHME

Biochemisch gesehen ziehen die Laubbäume, wenn sie spüren, dass der Winter naht, hormongesteuert den Zucker, die Proteine und andere nützliche Aufbaustoffe aus den Blättern zurück. Diese werden nun mehr und mehr von der Wasserzufuhr abgeschnitten und fallen schließlich ab, damit der Baum im Winter die enorme Verdunstung der Blätter nicht mehr ertragen muss. Dies würde ihn – beispielsweise bei gefrorenem Boden – gnadenlos vertrocknen lassen. Der Laubabwurf und die wunderschöne

Herbstfärbung sind also nur eine Strategie zum Überleben in Zeiten der Trockenheit.

EIN PHÄNOMEN VON LICHT UND CHEMIE

Wenn die Tage kürzer werden und das Chlorophyll – das Blattgrün, das die Fotosynthese leistet – nicht mehr gebraucht wird, lässt das Blatt den anderen Farbstoffen freie Bahn. Die chemischen Substanzen Xanthophylle und Carotinoide nehmen überhand und färben die Blätter ein. Wenn die Tage warm und die Nächte kühl sind, bilden sich die Anthocyane, die roten Farbstoffe, und die Blätter beginnen zu leuchten. Natürlich ist das Phänomen am schönsten in der großen Masse, wenn im Indian Summer die Wälder sich färben und Hügel und Täler in kräftigen Gelb- und Rottönen erstrahlen vor einem tiefblauen Himmel.

Man sollte beim Anlegen eines Gartens die Herbstfärbung in die Überlegungen einbeziehen. Wenn man ausreichend Platz hat, kann man ganze Bäume als herbstliche Fackeln in den Garten pflanzen, etwa einen amerikanischen Tupelobaum (*Nyssa sylvatica*) oder eine

Sumpf-Eiche (*Quercus palustris*). Auch der Persische Eisenholzbaum (*Parrotia persica*) oder der Amberbaum (*Liquidambar styraciflua*) liefern tolle Herbstfarben. Der *Liquidambar styraciflua* gehört zur Familie der Zaubernussgewächse, kommt aus Nordamerika und hat eine Herbstfärbung, die Grün, Rot, Gelb und sogar fast weiße Töne umfasst, sodass der Baum in der Herbstsonne richtig aufleuchtet. Aber er färbt sich mit sehr individuellen Noten. Straßenzüge, die mit Amberalleen bepflanzt sind, zeigen, wie eigenwillig sie dies tun: Keine zwei Bäume sind gleich.

STAUDEN, BÜSCHE UND BÄUME LEUCHTEN

Licht strahlt der gelbe Ginkgo-Baum von weitem vor dem Hintergrund immergrüner Bäume. Natürlich kann man sie alle zusammensetzen, die Pflanzen mit prächtiger Herbstfärbung, aber sie tun einem selten den Gefallen, alle zur gleichen Zeit den Zenit ihres Farbkleids zu erreichen. So ist es am schönsten, wenn man sie vor

dunkeln Gehölzen verteilt: den Katsurabaum, den Perückenstrauch, die Berberitzen (*Berberis thunbergii*), die Zaubernuss, die Fothergilla, den Flügel-Spindelstrauch, den Hartriegel, der im Frühjahr und im Herbst brilliert, und natürlich all die Ahornbäume, die eine unglaubliche Farbpalette in den Garten zaubern, beispielsweise *Acer rubrum* 'October Glory'. Viele Leute halten sich beispielsweise den Essigbaum (Rhus) nur wegen seiner prächtigen Rotfärbung im Herbst, obwohl er ein invasiver Neophyt und ein wahres Unkraut ist.

Man kann die Intensität der Herbstfärbung etwas steuern, indem man die Pflanzen in mageren Boden, an einem sonnigen, eher trockenen Standort pflanzt. Vor allem aber ist es das Alter, das die Bäume zur Herbstfärbung anregt. Auch die Gelbtöne sind reichlich vertreten. Neben dem erwähnten, fast zitronengelben Ginkgo färben sich Urweltmammutbaum (*Metasequoia glyptostroboides*), Sumpfzypresse (*Taxodium distichum*) und Lärche in wunderschönen Gelb- und Kupfertönen.

Fast wie im Frühling

Herbstanemonen mit Aura

Der Herbst ist nicht die Zeit der großen Blüte. Frühjahrsblüher wie etwa die Rhododendren machen – sofern es nicht die seltenen im Herbst blühenden Sorten sind – vereinzelt einige unzeitgemäße Blüten, die dann dafür im Frühling fehlen und nicht ins Festkonzert des blühenden

Moorbeets einstimmen können. Aber der Herbst hat auch einige genuine Blüher, die jetzt, weil nur wenig blüht, im Garten besonders auffallen. Eine Gruppe von leuchtend blauem Eisenhut leuchtet aus der Ferne und entschädigt uns einigermaßen dafür, dass die Rittersporne in einem nass-feuchten Sommer keine Lust hatten, ein zweites Mal zu blühen. Sie zogen fast vollständig ein – und noch ist unklar, ob sie im kommenden Frühjahr wieder ausschlagen oder ob sie einfach verfault sind.

Besondere Freude machen derzeit die europäischen Zyklamen (*Cyclamen hederifolium*). Weiße und rote blühen schon seit Wochen um die Wette. Und der Goldbecher-Krokus, den man den ganzen Sommer über vergessen hatte, drückt nun durch die Bodenkrume und bereitet die Blüte vor. Im Botanischen Garten blüht er bereits, wohl wegen der südexponierten Lage und der Tatsache, dass es sich um alte Exemplare handelt. Wir haben unsere Sternbergia einmal von einem Ehepaar in Südfrankreich geschenkt bekommen. Ihr Garten war über und über voll von den wunderbaren gelben Blüten, und wir mussten einfach anhalten und die Pracht bewundern. Ein Wort gab das andere, und wir fuhren mit ein paar in Zeitungspapier gewickelten Sternbergia in die Schweiz zurück.

Aus dem Boden schauen auch die Spitzen des Safrans, der immer erst im Oktober blüht. Leider liegen die großblütigen Herbstzeitlosen einmal mehr vom Regen zerschmettert am Boden. Sie machen tapfer immer neue Blüten, aber das Wetter kennt in diesem Jahr keine Gnade. Unfehlbar schön blühen Jahr um Jahr die Krötenlilien (*Tricyrtis hirta* und ihre Hybriden). Ihre Blüten erinnern an Orchideen, denn sie sind hübsch gesprenkelt. Die Blätter haben ebenfalls einen hohen dekorativen Wert im Garten. Es erstaunt, dass derart attraktive und problemlos winterharte Pflanzen so wenig verbreitet sind in den Gärten. Die größte Zier

des Herbstgartens sind indessen die Herbstanemonen oder Anemone-Japonica-Hybriden. Die Urahnen dieser Vielblüher stammen aber nicht primär aus Japan. Man nimmt an, dass die Hybriden aus der *Anemone hupehensis* aus West- und Zentralchina hervorgegangen sind, jedoch aus ihrer japanischen, großblütigeren Variation. Die andere Wurzel des Stammbaums ist die *Anemone vitifolia* aus der Himalaja-Region. Ihre großen Blüten mit den makellos weißen Kronblättern und dem dekorativen Kranz gelber Staubgefäße in der Mitte machen aus dieser Anemone ein herbstliches Pendant zu unseren alpinen Pulsatilla. Im schrägen Gegenlicht eines schönen Herbsttags, wenn die einen Blüten Schatten auf die anderen werfen und große alte Bestände ganze Gärten aufleuchten lassen in Weiß und Rosa, wähnt man sich im Frühling.

Bei der Vielzahl der Sorten und Hybriden ist schwer zu sagen, welche denn eigentlich im eigenen Garten wächst. Es sind alte Gartenpflanzen, deren Wert man schon seit Langem kennt. Bekannte Sorten sind die rosafarbene 'Königin Charlotte' und die großblumige weiße 'Honorine Jobert'. Man kann sich vorstellen, wie schön ihre natürlichen Verwandten, die in alpinen Regionen bis 2500 Metern Höhe zwischen schattigen Felsen und in tiefen Schluchten wachsen, in freier Landschaft wirken müssen. Die Herbstanemonen sind nicht nur dekorativ im Garten, sie sind auch sehr pflegeleicht. Sie kommen in tiefgründiger lehmiger Erde ebenso gut wie in alter lockerer Gartenerde, und man kann sie mit der Gabel relativ gut teilen. Das Vermehren lohnt sich, denn je größer die Gruppe ist, desto eindrücklicher ist der Effekt.

Trockener Herbst

Der Wasserhaushalt und die Winterhärte der Pflanzen

Meist ist es im Spätherbst tagelang grau draußen, eine milchige Hochnebelschicht schottet uns von der Sonne ab. Wer diese Hochdrucklagen aber für feucht-nasses Herbstwetter hält, der irrt sich gewaltig. Der Oktober ist manchmal ein sehr niederschlagsarmer Monat, es fehlt an Wasser, und es ist höchste Zeit, dass es regnet. Regnet es aber nicht genug, muss man den Garten wässern, denn die Pflanzen sollten nicht trocken stehen, wenn die Winterkälte kommt. Kaum eine Pflanze wird im Winter erfrieren, aber es werden viele vertrocknen. Schon bald lassen einige Rhododendren die Blätter hängen – ein Zeichen dafür, dass sie zu wenig Wasser erhalten. Je mehr der Boden jetzt noch feucht gehalten wird, desto eher können Bäume und Büsche fit in den Winter starten.

KLIMAZONEN MIT VIELEN AUSNAHMEN

Um die Winterhärte von Pflanzen zu definieren, verwendet man heute in Europa eine Skala von Klimazonen, die der USDA-Map, einer Karte des U.S. Department of Agriculture, zugrunde liegen. Sie richtet sich nach dem mittleren jährlichen Minimum, das heißt, die Tiefstwerte jedes Jahres werden addiert und durch die Anzahl der bislang erfassten Jahre geteilt. Die Umrechnung der Zonen von Fahrenheit auf Celsius macht es etwas kompliziert, und zudem wurden für Europa noch dazu halbe Zonen (a und b) eingeführt. Die Region Zürich zum Beispiel liegt der Karte nach auf der Grenze zwischen den Zonen 7a (–17,7 °C bis –15°C) und 7b (–14,9 °C bis –12,3° C).

Stadtgebiete weisen einen etwa um eine halbe Klimazone günstigeren Wert auf, und auch die Lage an einem See oder Fluss mildert das Klima. Hier können keine Kaltluftseen entstehen. Für die Weinbauregion um den Zürichsee und die Stadt dürfte deshalb mit einer Klimazone 8a (–12,2 °C bis –9,5 °C) gerechnet werden. Ob die Pflanzen das ebenfalls so sehen, hängt vom Standort im Garten ab. Ein geschützter Ort an der südexponierten Fassade schützt vor der eisigen Bise. Immerhin wurden in Zürich in der Hälfte der letzten zwanzig Jahre bodennahe Minimaltemperaturen von –15,7 °C bis –18,2 °C (2003) gemessen. Von den Indikatorpflanzen, die für die Zone 8 festgelegt wurden (Neuseeländischer Gänseblümchenstrauch, Orangenblüte, Mittelmeerschneeball, Lorbeerkirsche, Chinesische Klebsame, Erdbeerbaum) haben aber alle die letzten schweren Winter überlebt.

AUSGEWACHSENE PFLANZEN HABEN GRÖSSERE CHANCEN

Wichtig ist auch das Alter der Pflanzen. Mit adulten Bäumen und Sträuchern hat man eher Chancen als mit jungen. Ein junger Olivenstock erfriert fast mit Sicherheit, ein alter Baum kann sich sogar in einem großen Topf in der Stadt durch den Winter schmuggeln. Natürlich spielt weiterhin die Länge einer Frostperiode mit Tiefsttemperaturen eine Rolle, und noch wichtiger ist, dass die Rinde gefrorener Bäume nicht von den warmen Strahlen der Sonne aufgewärmt wird. Das lässt sie aufspringen und schließlich abfallen, der Baum nimmt Schaden und stirbt ab. Bei vielen Sträuchern und Stauden hilft Mulchen. Eine Schicht Baumrinde, Laub oder Stroh schützt die unterirdischen Teile der Pflanze – wenn sie auch abstirbt, wird sie sicher wieder ausschlagen.

Es gibt im Netz eine Datenbank zur Winterhärte exotischer Pflanzen, die auf persönlichen Erfahrungen von Gärtnern basiert. Es ist erstaunlich, was wir am Zürcher Seebecken danach alles in den Garten pflanzen können. Natürlich ist das jedes Mal ein Experiment, und man sollte im Frühjahr daran denken, denn die Ausgepflanzten haben eine viel bessere Ausgangslage, um den Winter zu überstehen, wenn sie im Herbst schon gut verwurzelt sind. Da finden sich Agavenarten, die bis minus 29 Grad Celsius aushalten sollen, oder etwa die Zimmeraralie (*Fatsia japonica*), die in der Zone 7 bis zu minus 23 Grad Celsius überdauert haben soll. Bei uns wächst sie schon fast zwanzig Jahren im Garten und hat sich sogar durch Samen vermehrt.

Kamelien im Herbst

Diskussion um die Frostverträglichkeit

Nein, man soll prinzipiell nicht alle Moden mitmachen, die die Gartencenter uns im Laufe der Jahreszeiten schmackhaft machen wollen. Trotzdem konnten wir nicht darauf verzichten, aus dem reichen Angebot herbstblühender Kamelien eine weitere zu kaufen. In schönsten Rosa- und Weißtönen strahlen die Blüten mit ihren langen Kronblättern aus dem dunkeln Laub, und solange das Wetter so prächtig bleibt – in der Nacht feuchter Nebel, am Tag trockene Sonne –, kann nichts dieser Blütenpracht etwas anhaben. Entgegen allen guten Ratschlägen, die mahnen, Kamelien erst im Frühjahr auszupflanzen, da nur gut angewurzelte Pflanzen den Winter überstehen, haben wir unsere bereits in die saure Erde gesetzt. Wir werden sie dafür mit etwas Winterschutz versehen.

ENGAGIERTE DEBATTE UM DIE KAMELIEN

Zufällig sind wir im Internet auf einen erbitterten Streit gestoßen, den sich deutsche Kamelienliebhaber liefern. Es gebe in Deutschland keine winterharten Kamelien. Gärtner, die solches als Verkaufsargument anführten, seien Betrüger, so lautet etwa der Ton der Debatte. Dies zeigt, dass naturverbundene Gärtner kein Deut besser sind als Politiker, wenn es um den Austausch von Argumenten und die zugehörige Polemik geht. Tatsächlich ist Deutschland, ist ein großer Teil Europas kein guter Standort für Kamelien. Jahrelang wuchsen sie nur am Mittelmeer, an den oberitalienischen Seen und im Westen Frankreichs sowie in Cornwall und in Südengland. Die Rheinebene und die Weinanbaugebiete entlang der nördlichen Alpenrandseen (die Klimazone 8 bei den Botanikern) sind indessen durchaus für Kamelien geeignet – jedenfalls so lange, wie die Seen nicht zufrieren. In milderen Gebieten nördlich der Alpen machen die etwas robusteren Kameliensorten im Winter keine Probleme. Sie wachsen schnell, schneller als die – ebenfalls im Moorbeet gedeihenden – Rhododendren, und sie blühen im Frühjahr regelmäßig. Voraussetzung ist ein Standort, der nicht vor elf Uhr morgens voll der Sonne ausgesetzt ist, da die gefrorenen Blätter sonst verbrennen und braun werden. Wir haben eine weiß blühende Kamelie, die während langer Jahre im Wintergarten durch die kalte Jahreszeit gebracht wurde, ausgesetzt, und sie blüht seit drei Jahren wunderschön.

Kamelien haben ihre Ansprüche: Der Boden muss sauer, durchlässig und doch immer feucht sein – und auch die Luft sollte nicht zu trocken sein. Kamelien stammen aus den nebligen Bergwäldern Asiens und gelangten um 1739 erstmals nach Europa (Kew Gardens, London). Eine der ältesten Kamelien Kontinentaleuropas (1780 gepflanzt) steht in Pillnitz bei Dresden und wird mit einem fahrbaren Schutz durch den Winter gebracht.

DIE TEEKAMELIE ÜBERWINTERT IM WINTERGARTEN

Zum Auspflanzen sollte man drei- bis vierjährige Pflanzen verwenden. Je älter, desto besser sind die Chancen, den Winter gut zu überstehen. Die *Camellia-japonica*-Arten sind in der Regel winterhart. Nun wollen wir es mit den *Camellia sasanqua* versuchen, der herbstblühenden Art. Derzeit sind über 30 000 Sorten von Kamelien bekannt, und ihre Blüten sind von faszinierender Vielfalt. Die gefüllten Sorten sind opulent, die einfachen sind mit ihren prominenten gelben Staubgefäßen von der zarten Eleganz der Christ- oder Lenzrosen. Das glänzende dunkelgrüne Laub verleiht den nötigen Kontrast.

«Unser» Gartencenter muss sich keinen Tadel gefallen lassen: An jeder *Camellia sasanqua* hängt ein eingeschweißter Zettel, der klar vermerkt, dass die Pflanzen nur im Weinbaugebiet winterhart sind und dass sie im Frühjahr ausgepflanzt werden sollten. Im Gegensatz zu den im Frühling blühenden Kamelien duften die im Herbst blühenden stark. Bei uns im Garten blüht die *Camellia sasanqua* 'Cleopatra' zurzeit zusammen mit der *Camellia sinensis*, dem Teestrauch, der auch im Herbst seine weißen Blüten öffnet – von denen ein leiser Duft nach grünem Tee auszugehen scheint. Die *Camellia sinensis* indessen muss im Winter ins Glashaus.

Attraktive Herbststauden

Späte und spezielle Blüten

Der August hat es dem Rittersporn nicht leicht gemacht, seine zweiten Blüten hervorzubringen: Der Mehltau hat die Austriebe befallen, und was noch gesund aussieht, wird, wenn wir nicht aufpassen, Opfer der Schnecken, die in diesem Jahr offenbar einen Rekord an Länge, aber auch an Gefräßigkeit aufstellen wollen. Invasiv ist ebenso das Auftreten der Blattwanzen. Sie krabbeln an jedem grünen Zweig und saugen die Kraft aus den Blättern.

Vielleicht helfen ja die Blüten der Silberkerze (*Cimicifuga*) und ihr Duft, denn ihr lateinischer Name besagt, dass sie Wanzen vertreibt. Silberkerzen sind hochattraktive Pflanzen mit großen gefiederten Blättern und eleganten langen Blütenkerzen. Die Gattung umfasst meh-

rere Arten, die im Schatten gut gedeihen, ihr natürlicher Standort ist ein feuchtes Gebüsch. Die Juli-Silberkerze (*Cimicifuga racemosa*) stammt aus den Wäldern Nordamerikas, die September-Silberkerze (*Cimicifuga ramosa*) aus Korea und Japan. Mit ihrem dunkelroten Laub haben sich besonders die Sorten 'Atropurpurea' und 'Brunette' in den Gärten durchgesetzt. Die Oktober-Silberkerze (*Cimicifuga simplex*) stammt aus Japan und bildet bis zu meterlange Blütenkerzen. Sie alle passen sehr gut zu den im Herbst blühenden Herbstanemonen, zu Funkien und zu anderen großblättrigen Pflanzen wie Rodgersien, Ligularien, Astilben und zum herbstblühenden Eisenhut.

Purpurblätter

Benjamin Franklins Baum

Im Spätherbst – besonders wenn die Tage trocken und schön sind – zeigen einige Bäume und Sträucher spektakuläre Farben. Kaum bekannt, aber mit einer Herbstfärbung, die an rotbackige Äpfel erinnert, ist die Franklinie (*Franklinia alatamaha*) aus den USA. Die *Franklinia alatamaha* hat – wohl durch einen Schreibfehler

eines Botanikers – noch ein siebtes a erhalten, obwohl schon die sechs bei korrekter Schreibweise des Namens Altamaha rekordverdächtig wären. Sie hat zudem die Eigenschaft, vom Juli bis zum Spätherbst zu blühen. Ihre wachsweißen Blüten, die einen Durchmesser von bis zu zwölf Zentimetern erreichen können, wirken mit ihren dunkelgelben Staubgefäßen im Zentrum sehr dekorativ. Sie fallen besonders auf, wenn sie noch zusammen mit der Herbstfärbung am Baum zu finden sind.

Die Pflanze aus der Familie der Teestrauchgewächse wurde 1785 von John Bartram und seinem Sohn William am Altamaha River in Georgia entdeckt, und diese gaben ihr zu Ehren ihres Freundes, des amerikanischen Politikers Benjamin Franklin, den Namen «Franklin Tree». Franklin gilt als Erfinder eines raucharmen Kaminofens (Pennsylvania Fireplace) und des Blitzableiters. Zudem war er einer der bekanntesten Politiker Nordamerikas zur Zeit des Unabhängigkeitskriegs. Er gehörte zu den Verfassern der Unabhängigkeitserklärung. Als Diplomat schmiedete er die Allianz mit Frankreich und war in Paris ungeheuer beliebt. Eine Pilzerkrankung, die durch infizierte Baumwolle eingeschleppt worden war, führte bis 1803 zum Aussterben des Baums in der freien Natur. Die Bartrams retteten indessen einige Exemplare.

Für die Amerikaner gilt die Franklinia als das seltenste Gehölz der Welt. Heute zählt man weltweit wieder etwa 2000 Exemplare (Franklinia Census), neun davon in Deutschland. Inzwischen dürften es wohl mehr sein. In der Schweiz ist eine vermerkt: Zeit, dass wir unser Exemplar auch registrieren? Leider hat es sich verabschiedet, bevor wir dazu kamen. Falscher Standort, falscher Boden, falscher Gärtner?

Wenn man Glück hat, entfaltet die Franklinia ihre großen, weißen und duftenden Blüten genau dann, wenn die langen eleganten Blätter schon tiefrot gefärbt sind. Sie schätzt einen sauren, sandigen, gut durchlässigen Boden – wie alle Diven ist sie anspruchsvoll, sie mag den Boden feucht, aber ja keine Staunässe. Wir haben die Franklinia schon einmal erwähnt, als es um die Tatsache ging, dass die Namen vieler amerikanischer Staatsmänner – von der Washingtonia bis zur Clintonia – auch in der Botanik vorkommen.

Die Franklinia – bordeauxrote Blätter und strahlend weiße Blumen.

Hübsche Früchtchen

Mit Farbe in den Winter

Irgendwann sind die letzten farbigen Blätter, die den Herbst vergoldeten, nur noch eine braune raschelnde Substanz auf den Wegen. Aber zum Glück gibt es noch die Früchte: Beeren strahlen nun von vielen Büschen und Stauden.

Beginnen wir mit der Pflanze, der die Schönheit ihrer Frucht den Namen gab, der Schönfrucht (*Callicarpa bodinieri* var. giraldii). In der schönsten Form Profusion macht sie dicht an dicht kreisrunde violette Beeren. Prächtig sind dann die Hagebutten verschiedener Rosen. Die Ramblerrose 'Filipes Kiftsgate', die im Sommer hoch oben in den Bäumen blüht, macht im Herbst wunderbare dunkelrote Hagebutten in dichten Dolden. Das wirkt dekorativ und lässt düstere Nadelbäume spannender aussehen. Aber auch in den Tiefen des Moorbeets ist nun die Zeit der Beeren. Die Heidelbeeren sind natürlich längst weg und gegessen, aber die Preiselbeeren sind mit ihrem leuchtenden Rot sehr hübsch, und die Torfmyrte (*Pernettya mucronata*) aus Südamerika ist voller weißer oder rosa Beeren, die fast den ganzen Winter halten. Gärtner und Gärtnerinnen wissen um die Attraktivität und verkaufen sie als Dekorationspflanze für Balkon oder Fensterbank. Noch besser winterhart sind die Scheinbeeren (*Gaultheria procumbens*), die derzeit ihre roten Beeren zeigen.

Was Scheinbeere meint, wollen wir nicht erläutern, denn was eine Beere ist, ist eine Wissenschaft für sich: Da zählen Banane, Zitrone, Melone, Tomate und Peperoni dazu, nicht aber Erdbeere, Himbeere, Vogelbeere oder Wacholderbeere. Letztere sind genau besehen eine Sammelnussfrucht, eine Sammelsteinfrucht, eine Apfelfrucht oder ein Zapfen. Aber lassen wir uns die Freude an den Beeren dadurch nicht vermiesen. Besonders schön sind derzeit die *Skimmia japonica* 'Red Diamant'. Sie haben unter den Blüten herrliche rote Beeren, pardon: Steinfrüchte.

Spieglein, Spieglein an der Wand ...

Die zehn schönsten Herbstfarben

Heute wird alles und jedes einem Rating unterworfen: Wieso nicht auch einmal die Bäume und Sträucher mit den prächtigsten Herbstfarben auflisten? Ratings sind unseriös, subjektiv und nicht ernst zu nehmen – aber sie sind offenbar unterhaltend und werden gelesen.

Auf Platz 1 der Herbstfarben setzen wir den japanischen *Enkianthus perulatus*, die Prachtglocke, mit scharlachroten Blättern im Spätherbst. Platz 2 gehört dem *Rhus typhina* 'Dissecta', dem doppelt gefiederten Essigbaum oder Farnwedel-Sumach. Sein Aufglühen in Cadmiumgelb und Krapplackrot im Herbst dauert zwar nur kurz, ist aber überwältigend. Platz 3 weisen wir der *Nyssa sylvatica* zu, dem Nymphenbaum, der gern am Wasser wächst und mit leuchtend roten Blättern den Herbst verschönt. Auf Platz 4 dürfen sich die Japanischen Ahornbäumchen *Acer japonicum* oder *Acer palmatum* ausbreiten. Fast alle Vertreter der Gattung Ahorn tragen im Oktober ihre schönste Tracht. Auf Platz 5 muss endlich der Amberbaum kommen, *Liquidambar styraciflua*. Er hat selten eine einzige Herbstfarbe, sondern eine ganze Palette, die von Grün, Gelb und Orange bis Rot und gar Weiß reicht. Ähnliches gilt auch für *Cercidiphyllum japonicum*, dem Lebkuchenbaum auf Platz 6 und für den Persischen Eisenholzbaum, *Parrotia persica*, auf Platz 7. Auf Platz 8 setzen wir wieder ein einheitliches Dunkelrot. Es stammt von den Blättern des *Euonymus alatus*, dem Geflügelten Pfaffenhütchen. Um strahlend schön zu werden, braucht Euonymus einen sonnigen Standort. Es ist reine Willkür, ihn vor Platz 9 zu nennen, denn im Gegenlicht ist dieser, der Perückenstrauch, *Cotinus coggygria* 'Royal Purple', mindestens so hübsch. Auf dem 10. und letzten Platz muss die Felsenbirne, *Amelanchier lamarckii*, unbedingt noch mit, obwohl die Aronia das ebenfalls verdient hätte, von der Jungfernrebe gar nicht zu reden. Und die Lärchen, die unsere Hochtäler vergolden? Sie hätten mit Sicherheit unter die ersten Zehn gehört! Ratings sind halt doch ein Unsinn – quod erat demonstrandum.

Keine Zeit für Herbstdepressionen

Es drängt die Zeit, den Winter vorzubereiten

Der Herbst kann mit oft neblig-trüben Tagen, Stürmen und immer längeren Nächten zur meistgehassten Jahreszeit werden. Einige Leute haben regelmäßig im Herbst ihre Depression. Bauern und Gärtner haben dafür einfach keine Zeit. Der Herbst stresst, weil nun plötzlich alles eilt, die Tage, an denen die Temperatur unter den Gefrierpunkt sinkt, kommen bald. Und deshalb tragen all diejenigen, die intensiver mit der Natur und den Jahreszeiten zu tun haben, eine Liste dessen mit sich im Kopf, was man noch tun muss, um die Pflanzen gut durch den Winter zu bringen.

Da geht es dann um Dinge wie: Geranien einräumen, nicht winterharte Wasserpflanzen aus dem Teich holen, Tontöpfe, die bei Frost Schaden nehmen, und empfindliche Pflanzen ins Innere stellen und nicht transportierbare sensible Gewächse mit Vlies und Luftpolsterfolie einhüllen. Daneben will der Rasen seine Herbstdüngung mit einem Produkt, das der Bildung von Moos vorbeugt. Andere Pflanzen sollten nun etwas Dünger für die bessere Verwurzelung erhalten. Die letzten Zwiebelpflanzen müssen noch gesetzt werden – wobei allenfalls ein Produkt gegen Schimmel und eines gegen Mäusefraß über die Knollen gestreut wird, be-

vor die Setzlöcher mit Sand wieder zugemacht werden. Man kann, wenn man weiß, dass man keine Mäuse hat, hier auf Chemie verzichten. Dafür sollte man stark zehrenden Zwiebeln, zum Beispiel denen der großen Kaiserkronen, mit einer Dosis organischen Düngers – etwa mit Hornspäne – eine bessere Startchance bieten. Nach jeder stürmischen Nacht müssen dann die Sitzplätze und Wege wieder vom Laub befreit werden. Und alles Laub, das man sofort aus Teichen fischt, sinkt nicht ab und bringt keine neuen Nährstoffe ein. Der Herbst fordert heraus, alljährlich ist er ein kleiner Tod für das Laub der Bäume und das Grün vieler Stauden.

Andererseits kann der Herbst aber mit seinen goldenen Tagen zur schönsten Zeit im Garten werden. Das farbige Laub vieler Bäume und Sträucher und der schräge Lichteinfall der Sonne erzeugen Stimmungen, wie man sie sonst nie erlebt. Wenn das Licht durch den vielfarbigen Amberbaum strahlt, die großen violetten Herbstkrokusse blühen und die weißen Sonnenlieschen mit letztem Kraftaufwand aus dem grünen Laub strahlen, prunkt die Natur nochmals mit ihrem vergänglichen Glanz. Das nächste Mal so richtig hinreißen wird sie uns mit dem ersten Schnee.

Die Lespedeza präsentiert sich am besten, wenn sie herabfallen kann.

Purpurrosa Wasserfall

Lespedeza macht Furore

Anfang September fangen die Lespedeza an zu blühen. Auf Deutsch heißt die Pflanze «Thunbergs Buschklee», aber das weiß eigentlich niemand. Da sich die Zahl der blühenden Pflanzen vom Frühling an laufend verringert, ist man froh um solche, die nochmals Farbe in die Gärten bringen – nach der Hauptblütezeit des Sommers und bevor die Blätter es übernehmen, im Garten für Farbe zu sorgen. Die Lespedeza blüht von Ende August bis zum ersten Frost. Die Pflanze stammt aus Ostasien, aus China und Japan, hat sich aber in Europa einen festen Platz in Gärten und Parks erobert. Es gibt etwa fünf Arten und diverse Sorten.

Wie schon der Name Buschklee sagt, handelt es sich bei der *Lespedeza thunbergii* um einen Schmetterlingsblütler aus der Familie der Hülsenfrüchtler *(Fabaceae)*. Die Pflanze macht lange – bis zu 80 Zentimeter –, mit Blüten behangene Rispen, die bogenförmig wieder gegen den Boden hängen. Ihre schönste Pracht können sie dann entfalten, wenn sie auf einer Mauer wachsen, über die sie den Schleier ihrer Blüten herabhängen lassen können. Unser Exemplar

– es wächst in einem Topf auf einer Terrasse und hängt über die Fassade – fängt jeden Frühling kurz über dem Boden wieder neu an mit den Zweigen, und dennoch wird es jedes Jahr etwas größer und üppiger. In unserer Region frieren die Lespedeza zurück, nur an besonders geschützten Lagen können sie verholzen, die Gärtner schneiden sie jedoch ohnehin meist zurück. An exponierten Lagen ist ein Winterschutz zu empfehlen.

Aber welche Farbe hat die Lespedeza eigentlich? Ähnlich wie beim Lavendel gibt es kaum in einem Buch ein Bild, bei dem die Farbe wirklich so wiedergegeben wird, wie sie ist. Blüht sie rot, altrosa, lila, violett gar, oder purpurrosa, wie man hie und da liest?

Gras bedeckt die Welt

Gestaltungsmächtige Gräser

Gras ist für uns primär nichts Besonderes, wir mögen die Blumen in der Wiese lieber, und Wiesen und Rasen wollen gepflegt, geschnitten, gemäht werden. Kurz: Wir erleben das Gras vorwiegend, indem wir es entfernen, um dem Garten einen gepflegten Eindruck zu verleihen, und diejenigen unter uns, die an Heuschnupfen leiden, warten sehnlichst darauf, bis das Gras endlich in den Silos, den Heustöcken oder den Mägen der Kühe verschwunden ist. Gräser indessen bedecken die Erde von den Polarregionen über die fruchtbaren Gürtel der gemäßigten Regionen und die Steppen bis an die Ränder der

Wüsten und in den Bereich der tropischen Regenwälder. Gras wächst in der Tundra über dem Permafrost, in den fruchtbaren Weidegebieten aller Weltteile. In den Savannen ernährt es die gewaltigen Tierherden, die Ausgangspunkt für die Nahrungsketten für viele Tierarten sind. Widerstandsfähiges Gras findet sich aber auch auf trockenen Sandplätzen und im seichten Wasser. Aus der Familie der Gräser stammen ferner die für die Ernährung der Bevölkerung so wichtigen Getreidearten: Mais, Weizen, Roggen, Gerste und Reis sind Gräser, die durch Jahrtausende der Kultur immer fruchtbarer wurden. Weit mehr als die Hälfte der weltweiten Nahrungsproduktion wird durch Gräser sichergestellt.

OHNE GRÄSER FEHLT DER NATÜRLICHE EINDRUCK

Viele Gärtner, die sich vor allem um Blumen kümmern, sehen im Gras nur ein lästiges Unkraut, das man immer wieder mal jäten muss, wenn es zwischen die Blütenpflanzen gerät. Das ist rund ums Jahr falsch, denn wenn ein Garten einigermaßen natürlich aussehen soll, dürfen Gräser darin nicht fehlen. Sie verleihen dem Garten die vertikalen Akzente, die es in den Beeten braucht als Abwechslung zu den breit ausladenden Blattpflanzen: Der gärtnerische Wert der Gräser darf nicht unterschätzt werden. Vor allem um einen Wasserlauf oder einen Teich sind Gräser sehr dekorativ. Schilf, Chinaschilf (*Miscanthus sinensis*) – von dem es sehr schöne panaschierte Formen gibt – und viele andere hohe Gräser sind sehr attraktiv. Erst sie machen aus einem Tümpel optisch ein richtiges Feuchtgebiet.

SEGGEN, SIMSEN UND BINSEN

Chinaschilf und das uns von südlichen Ländern bekannte Pfahlrohr (*Arundo donax*), das noch höher ist als unser Schilf und in dessen rauschenden Feldern Pan seine Flöte zu blasen pflegt, lieben bei uns einen etwas trockeneren Standort – nur so verfaulen sie im Winter nicht. Für den Gestalter von Feuchtgebieten sind Seggen, Simsen und Binsen natürlich genauso wichtig, sie sind aber keine Gräser und haben keine Knoten in den Stängeln. Die Saison der Gartengräser kommt dann, wenn die Getreidefelder und die Wiesen längst abgeerntet sind. Ihre Rolle bei der Gartengestaltung wird im Herbst und im Winter augenfällig, dann, wenn frühmorgens die Tautropfen schwer an den gebogenen Rispen hängen oder wenn der Raureif sie mit tausend glitzernden Kristallen schmückt. Jetzt schmücken sich beispielsweise ebenfalls die Pampasgräser (*Cortaderia selloana*) mit ihren gewaltigen Büscheln.

Das rote Japanische Blutgras, in Begleitung eines prächtig gefärbten Spindelstrauchs.

Halme im Herbstwind

Gräser, eine Welt für sich

Beim Anblick eines im Wind wogenden Korn-
felds ahnt man, wie hübsch Gräser auch im
Garten sein können. Tatsächlich sind die Gräser
zurzeit eines der wichtigsten Elemente für die
zeitgenössischen Gartengestalter. Für ein gan-
zes Feld haben jedoch die wenigsten in ihrem
Garten Platz. Natürlich sind die Gräser optimal
für die Repetition, sie geben einer Gartenanlage Struktur, Rhythmus und – mit ein wenig
Wind – Bewegung. Und sie sind Magneten für
Insekten. Sie sind zudem unabdingbar für die
Anlage eines Steingartens, eines Feuchtbiotops
oder eines Moorgebiets: Ein Alpengarten wirkt
erst wirklich natürlich und glaubhaft, wenn einige Polstergräser mit ihren Büscheln Akzente
setzen.

Gräser sind indessen auch für die Bepflanzung von Terrassen und Balkonen hervorragend
geeignet. Immer mehr sieht man zeitgenössische Architekturelemente in Kombination mit
diversen Gräsern. Im September stehen die bis
zu einem Meter hohen blühenden Halme – sie
sehen aus wie flauschige Flaschenputzer – von
Pennisetum orientale in ihrem Zenit. Ganze Beete davon können eine Straße oder einen Gar-
tenweg säumen – wenn man nur genug Platz
dafür hat. Aber ein Topf auf einer Terrasse ist
nicht minder wirkungsvoll. Ein Trog auf dem
Balkon, bewachsen nur mit Federgras (*Stipa*) ist
praktisch zu jeder Jahreszeit schön: Im Frühjahr, wenn die zarten grünen Gräser austreiben, im Hochsommer, wenn die silberweißen
«Federn» in der Sonne leuchten, und jetzt im
Herbst, wenn sich die feinen, goldgelb gewordenen Halme vom Wind zerzausen lassen. Im
Engadin und im Wallis wächst an den trockenen Hängen das Steppengras *Stipa pennata*, das
heute als *Stipa eriocaulis austriaca* bezeichnet
wird, wohl weil es so oft die Tirolerhüte der Österreicher schmückt. Für gärtnerische Zwecke
sind die Arten *Stipa tenuissima* aus der Neuen
Welt oder *Stipa splendens* aus Asien im Handel.
Für Balkontröge und Töpfe besonders beliebt ist
das rote Japanische Blutgras, *Imperata cylindrica*
'Red Baron'. Es sieht auch ausnehmend schön
aus am Rand eines Gewässers.

Chinaschilf mit eleganten Wedeln, die im Gegenlicht leuchten.

Überzuckerte Gräser

Gartenschmuck in den dunkleren Jahreszeiten

Im Herbst und Winter sind Gräser im Garten besonders wertvoll, denn sie werden in feuchten, kalten Winternächten zu Trägern von Raureifkristallen, die aus den verdorrten Grashalmen verzauberte Gebilde entstehen lassen. Selbst bei Schneefall durchstechen die robusteren Halme die weißen Kissen, die sich auf den Pflanzen drapieren. Manchmal hält dieser Zauber lange, manchmal legen Sturm und Schneetreiben die Grashalme bald flach.

Aber es lohnt sich, beim Anlegen von Gärten oder bei gelegentlicher Veränderung der Bepflanzung, Gräser einzuplanen. Je größer sie sind, desto eindrücklicher ist ihre Wirkung. Wenn man ausreichend Platz hat, ist das sogenannte Pampasgras (*Cortaderia selloana*) optimal. Aber auch mit dem Chinaschilf kann man einen ähnlichen Effekt erzielen. Und es gibt davon eine Fülle von Sorten. Sie machen sich natürlich am Ufer eines Teichs besonders gut – selbst wenn dieser im Winter zugefroren ist. Gut geeignet, um im Winter für Aufsehen zu sorgen, sind ebenso die größeren Arten der Lampenputzergräser (*Pennisetum*). Vielleicht wird uns der Winter einen hübschen Raureif schicken. Wenn nicht, kann man sich mit einem Gras behelfen, das zwar nur klein ist, eine Segge, die aber das ganze Jahr an jedem Halm eine weiße Umrandung trägt, die wie Raureif aussieht. *Ficinia truncata*, 'Ice Crystal', ist relativ neu auf dem Markt, aber leider ist die kleine Segge nur «bedingt» winterhart. Was das heißt, sahen wir im Frühling. Anfänglich kam sie bemerkenswert gut durch den milden Winter und hat tagein, tagaus mutig so getan, als ob sie gänzlich vereist wäre – und im Frühjahr war sie tot.

Silberglanz

Langsam übernimmt der Winter

Der Wind hat die meisten Blätter von den Bäumen geholt. Was nicht im Freien überwintern kann, ist an geschützte Orte geräumt oder mit Vlies oder Luftpolsterfolie eingepackt worden. Der Garten, die Terrasse oder der Balkon sind vorbereitet, der Winter kann kommen. Aber einige Pflanzen haben noch keine Lust, ihren «Winterschlaf» anzutreten. In der Mauer blüht noch der Gelbe Lerchensporn, im Beet vor dem Haus hat der Ananas-Salbei (*Salvia rutilans*) seine kardinalroten Blumen eben erst geöffnet, und der prächtige hellblaue Pfeffer-Salbei (*Salvia uliginosa*) will noch gar nichts vom Winter wissen. Schon blüht auch der Bodnant-Schneeball mit seinen herrlich duftenden weiß-rosa Blüten. Bis in den Frühling hinein wird er sie immer wieder von Neuem öffnen, angefangen hat er in diesem Jahr schon im Oktober. Die Wetterschmöcker aus dem Muotathal im Kanton Schwyz, die glauben, aus Zeichen in der Natur das Wetter langfristig vorhersagen zu können, würden daraus wohl ableiten, dass der Winter besonders mild oder aber besonders hart ausfallen wird.

Doch im Moment sind es nicht die Blütenpflanzen, sondern die Gräser, die im Garten die Szene beherrschen. Pampasgras und Chinaschilf sind die Protagonisten, und einige Sorten verdrehen die Grannen ihrer Fruchtstände auf eine sehr aparte Art. Das Chinaschilf, *Miscanthus sinensis*, gibt es in vielen Variationen. 'Silberfeder' entspricht nun ganz dem Bild, das wir vom Schilf am Ufer eines Sees kennen, 'Adagio' ist eine kleinere Variante davon. Besonders groß sind die in der Landwirtschaft eingesetzten 'Giganteus', die in der Automobil- und Bauindustrie Anwendung finden, aber auch als Brennmaterial für Heizungen und zur Energiegewinnung. 'Malepartus' ist wohl die reizvollste Art, da sie ihre silbernen Blütenstände unübertrefflich elegant kräuselt und vom Gegenlichteinfall der tief stehenden Sonne profitiert, in dem ihre Fruchtstände silbern aufleuchten. Der Name Malepartus ist übrigens eine neulateinische Bildung aus französisch «mal» und «pertuis» (Durchgang) und bezeichnet in der Tierfabel die Wohnung des Fuchses. Er ist daher oft der Name von Restaurants, die dort stehen, wo sich Fuchs und Hase Gute Nacht zu sagen pflegen.

«Gras» mit blauen Blüten

Schlangenbart und Lilientraube

Ein Rasen kann manchmal zum Verzweifeln mühsam sein. Das Unkraut erstickt die Gräser, Moos breitet sich aus, immer wieder muss man mit Dünger helfen. Und natürlich muss jede Woche mindestens einmal der Rasenmäher hervorgeholt werden. Es gibt eine perfekte Methode, den grünen Teppich pflegeleicht zu machen, aber sie ist weder billig noch einfach zu haben: Die Lösung kommt aus Japan und heißt Schlangenbart oder *Ophiopogon japonicus*. Als Rasenersatz nimmt man die Zwergsorte 'Nana'. Wie wir bei einem Bekannten mit einem prächtigen japanischen Garten gesehen haben, kann man einfach den Rasen durch Schlangenbart ersetzen, und wenn er dicht verwachsen ist, darauf auch gehen. Am besten trennt man die einzelnen Pflanzen, wenn man sie im Topf kauft, und setzt sie in regelmäßigen Abständen. Sie sind bald verwurzelt und machen neue Ableger. Die Amerikaner nennen *Ophiopogon* «Dwarf Mondo Grass». *Ophiopogon* braucht allerdings einen feuchten, am besten sauren Boden und sollte nicht zu heiß stehen. Er macht kleine Blumen und prächtige, metallisch glänzende blaue Beeren. *Ophiopogon* ist neben Dunkelgrün ebenso in schwarzer ('Nigrescens') und in einer silbernen Variante erhältlich. Der Schlangenbart hat indessen mit Gras gar nichts zu tun.

Die blauen Beeren des Schlangenbarts kennen wir von der nahe verwandten Lilientraube (*Liriope muscari*). Beide – als Nolinoideae verwandt mit den Maiglöckchen – waren bis vor Kurzem unter den Liliengewächsen eingereiht, gehören nun aber zu den Spargelgewächsen. Liriope macht im Herbst wunderschöne blauviolette Blütenkerzen – diese erinnern mit ihrem blauen, traubigen Blütenstand von fern an die Traubenhyazinthen (*Muscari*) des Frühlings, was ihnen ihren Artnamen gegeben hat. Die Blätter sind wesentlich länger als beim Schlangenbart, aber auch die Lilientrauben gibt es in verschiedenen Farbvarianten. Liriope kommen am besten als «Grasband» zur Geltung, in einer Felspartie des Gartens. Die Pflanze stammt aus chinesischen Wäldern, Bambushainen und Schluchten. Es gibt sie in diversen Formen und Farben, etwa in Weiß als Sorte 'Monroe White'.

Ein hübsches Violettblau bringen 'Ingwersen', 'Moneymaker', 'Royal Purple' oder 'Big Blue'. Die Blätter können grün oder fast schwarz sein. Mit ihrem gelbem Blattrand ist die Sorte 'Variegata Gold Banded' besonders attraktiv.

Lilientraube in Grün oder Schwarz mit hübschen Früchten und leuchtenden Blumen.

Safran und andere Blütenraketen

Vorsorgen für den Frühling mit Krokussen

Bald nach den Sommerferien stehen sie wieder in den Regalen, die Zwiebelpflanzen, die uns im Frühjahr als Erste wieder ermutigen, indem sie uns mitzuteilen scheinen: Irgendwann geht er vorbei, der Winter – seht doch, wir sind schon da! Und unter den Ersten sind meist die Krokusse zu finden. Sollen sie noch Zeit haben,

sich in der Erde gut zu verwurzeln und sich aufs Blühen vorzubereiten, müssen sie im Oktober gesetzt werden.

GROSSE AUSWAHL IM ANGEBOT
Die Vielfalt der Sorten ist immens. Wer es gern bunt treibt, pflanzt gelbe, dunkelviolette und

weiße Krokusse. Will man lieber im Garten eine naturnahe Wirkung erzielen, sollte man die feinen, meist hellvioletten Sorten wählen, etwas den schottischen *Crocus biflorus* (Zweiblütiger Krokus), die Varietäten von *Crocus sieberi* (Sieber-Krokus) oder *Crocus tommasinianus*, dem Elfen-Krokus. Bei Letzterem ist der Schlund der Blüte fast weiß und wird dann übergangslos immer kräftiger in der Farbe. Dadurch wirkt er sehr natürlich und elegant. Nahe verwandt mit den Krokussen ist die Frühlings-Lichtblume. In der Schweiz ist sie im Wallis heimisch und bildet bei der Schneeschmelze kräftig violette Sterne, da ihre Blütenblätter sich weit mehr öffnen als beim Krokus.

Obwohl für uns der Krokus fast zum Inbegriff des Frühlingsboten geworden ist, gibt es doch viele Sorten, die im Herbst blühen. Während wir die einen pflanzen, blühen die anderen. Besonders schön ist der *Crocus pulchellus* (Rosen-Herbst-Krokus) mit weißen Blüten und feinen violetten Streifen. Ein leuchtendes Blau bietet dagegen *Crocus speciosus* (Pracht-Herbst-Krokus). Er ist ebenfalls in Weiß ('Albus') zu haben, das schönste Himmelblau aber bietet die Sorte 'Conqueror'. Wie sein Name sagt, erobert er von sich aus neue Standorte. Bei uns hat er den Rasen okkupiert; aber der automatische Mäher kennt keine Gnade, sodass wir jede Knolle evakuieren und an einem sicheren Ort wieder einpflanzen mussten.

EINIGE ZEIGEN SICH SCHON IM HERBST

Der allerbekannteste Herbstkrokus aber ist der *Crocus sativus*, der Safran. Er gedeiht gut an mehr oder weniger trockenen Standorten auch bei uns, und man kann ihn an vielen Orten kaufen. Aber hier wird er nur wegen der schönen blau-violetten Blüten gepflanzt und nicht um der orangeroten Narben willen, aus denen das teure Gewürz gewonnen wird.

Werfen wir noch einen Blick auf eine andere verwandte Zwiebelpflanze, die im Herbst blüht, die Herbstzeitlose: *Colchicum alpinum* (Alpen-Herbstzeitlose) verzaubert oft schon am Ende der ersten Jahreshälfte in den Bergen die Matten. *Colchicum autumnale* findet sich in weiten Teilen Europas, hat es gern etwas feucht und ist nicht einfach in den Gärten zu ziehen.

Dafür gibt es eine große Zahl von Züchtungen, die große Blumen, gefüllte und vor allem sich selbst vermehrende Herbstzeitlose hervorbringen. Es gibt auch gelbe und weiße Sorten, die den Herbstgarten in frühlingshaften Tönen aufscheinen lassen. *Colchicum* 'Lilac Wonder' lässt eine Fülle von Blüten wie ein Feuerwerk bis zu 20 Zentimeter in die Höhe schießen und hat eine strahlend dunkelrote Farbe. Aber wenn ihr das Klima nicht gefällt, stürzen die Blütenraketen fast ebenso schnell wie sie aufgestiegen sind, zu Boden. Herbstzeitlose machen ihre Blätter im Frühling, und sie enthalten so viel Gift, dass es sich nicht empfiehlt, sie mit Bärlauch zu verwechseln!

Drei Klassiker des Herbstes: Herbstzeitlose, Safran und Herbstkrokus.

Im Herbst schon den blühenden Frühling planen

Nur wer Granaten in den Boden setzt, genießt im Frühling ein Feuerwerk

«*Jardiner, c'est prévoir*», so könnte man ein bekanntes Sprichwort leicht abändern. Wer nichts anpflanzt, kann auch nichts ernten, und wer nicht rechtzeitig gegen Schnecken, Käfer und Raupen vorgeht, kann sich nicht an seinem Gemüse freuen. Vor allem aber gilt das für die Zwiebelpflanzen: Nur was man rechtzeitig im Herbst in den Boden setzt, wird im Frühjahr blühen.

Tatsächlich gibt es nichts Großartigeres, als wenn im frühen Frühling – zum Teil noch durch die Schneedecke – sich die zarten Blüten der Zwiebelpflanzen öffnen und verkünden, dass der Frühling vor der Tür steht. Aber wieso schreiben wir schon im frühen Herbst darüber? Die Zwiebelpflanzen kommen Ende September, Anfang Oktober in die Regale der Geschäfte, und die schönsten und seltensten sind am schnellsten verkauft. Lassen wir nichts anbrennen! Nach den Sommerferien schon kommen die Zwiebeln der Madonnenlilien und der Herbstkrokusse zum Verkauf. *Crocus speciosus* ist der dankbarste Herbstkrokus: Er schiebt bis zum ersten Frost seine dunkelblauen Blüten hervor, eine nach der anderen. Hübsch ist auch der Safran, aber er bleibt nicht lang in unseren Gärten, blüht meist nur im ersten Jahr, und im zweiten liefert er noch ein paar Blätter als Lebenszeichen. Jetzt haben wir ein Jutesäckchen voller größerer Zwiebeln gefunden, die in der Bündner Herrschaft, im nördlichsten Teil des Kantons Graubünden, gezüchtet werden. Sie sehen so kräftig aus, dass wir einen neuen Versuch wagen. Wir suchten ihnen aber auch die sonnigsten Standorte! Die Herbstkrokusse werden noch in diesem Jahr blühen, die Madonnenlilien bilden im Herbst eine Blattrosette, aus der im Frühjahr die Blüten treiben.

ALLES MÖGLICHST SCHNELL IN DEN BODEN

Die Schneeglöckchensammler haben sich längst ihre Spezialitäten gesichert. Für die Gärtner, denen die sublimen Unterschiede in der Blütenform kein Herzklopfen zu verursachen vermögen, hat es ausreichend günstige Zwiebeln im Angebot. Die Märzenglocken sind dagegen eher launisch. Sie wollen so früh wie möglich gesetzt werden und nehmen schnell Schaden, wenn sie ungepflanzt herumliegen; man kauft sie mit Vorteil im Topf. Probleme machen ebenso die Kaiserkronen (*Fritillaria imperialis*), die in Orange oder Gelb wirklich die Fürsten im Frühjahrsbeet sind. Ihre Knollen müssen – wie die der Tulpen – gegen Fäulnis geschützt werden, und sie brauchen, um ihre von einem grünen Blätterschopf gekrönten Häupter hoch emporheben zu können, viel Energie, sprich Dünger. Gibt man ihnen aber reichlich Hornspäne und Kompost, steigt die Gefahr, dass die Knollen in nassen Wintern faulen. Auch bei ihnen ist man nie sicher, ob sie im nächsten Jahr nochmals eine Blütenkrone ausbilden oder ob im Beet die Republik ausgerufen wird.

Viel einfacher sind die Schachblumen (*Fritillaria meleagris*) zu halten. In einem immer etwas feuchten Rasen vermehren sie sich von selbst. Sie sind froh um ein saures, etwas torfiges Substrat. Schaut man sich all die wunderbaren Fritillarien an, etwa die braun-violette *Fritillaria persica*, möchte man sie gerne alle haben, aber sie sind anspruchsvoll: Sie bevorzugen eine frische, etwas feuchte und nahrhafte Erde, dürfen es aber nie nass haben, und ihr Wurzelhals sollte in einem sandig-kiesigen Substrat stehen. Hängen im ersten Jahr fünf Blüten in ihrem Krönchen, sind es im zweiten vier und im dritten drei – und dann irgendwann kommen nur noch Blätter. Da muss man mit Dünger vorsichtig nachhelfen.

TULPEN UND WILDTULPEN

Es gibt aber unter den scheinbar kommunen Tulpen tolle Spezialitäten, etwa die zierlichen Wildtulpen. Darf man sie wirklich kaufen? Fragen Sie den Gärtner, ob er sich ganz sicher ist, dass es nicht wild wachsende Raritäten sind, die im Land Erdoğans und noch weiter im Wilden Osten kurzerhand ausgegraben und verkauft werden. Sicherer ist man sich seiner Sache, wenn man die hinreißenden, zum Teil weiß-zitronengelben Narzissen kauft, die zweifelsfrei aus niederländischen Massenproduktionen stammen. Auch hier gilt die Regel: Es hat, solange es hat!

DIE ZWIEBELPFLANZEN-WIESE

Setzt man Zwiebelpflanzen in den Gartenboden, besagt die «Hausregel», dass man die Zwiebeln immer zweimal so tief setzen soll, wie sie groß sind. Besser pflanzt man sie aber noch tiefer, also eher dreimal so tief. Sie sind so im Winter besser geschützt vor Kälte und etwas schwieriger zu erreichen für die Mäuse. Vor allem aber sollte man sie tiefer setzen, wenn sie im Rasen wachsen, der hie und da vertikutiert wird.

Zwiebelpflanzen im Rasen lassen im Frühling eine wunderschöne Blumenwiese entstehen. Die Pflanzen blühen jedes Jahr üppiger, sie vermehren sich gut durch Selbstaussaat. Das Problem ist jedoch, dass man den Rasen nicht mähen darf, bevor die Samen ausgereift sind und die Zwiebelpflanzen «einziehen»: Sie werden gelb und braun, und der Rasen schießt ins Kraut wie eine Wiese. Erst im Juni kann der Rasen wieder gemäht werden. Wer also über die ganze Saison einen gepflegten grünen Rasenteppich will, sollte auf die «Frühlingswiese» verzichten und die Zwiebeln in die Beete setzen, also an Orte, wo das Ausreifen und Einziehen weniger stört, weil

andere Stauden das Absterben der Blätter den Blicken entziehen. Gesetzt werden alle Zwiebeln ungefähr gleich: Man gräbt mit einem Setzholz oder einer Metallstange ein Loch, tiefer als die geplante Lage der Zwiebel. Zuunterst kommt Sand oder feiner Kies in das Pflanzloch, um eine gute Drainage sicherzustellen. Die Zwiebeln werden mit einem Produkt eingepudert, das die Fäulnis verhindern soll, und in die gewünschte Tiefe gebracht. Dann erhalten die Pflanzen Hornspäne als biologischen Nahrungsvorrat und Sand oder Dachgartenerde. Damit werden sie nun zugedeckt, wobei man mit Vorteil etwas Perlit (vulkanisches Gestein) beimischt, immer bemüht, dem Verfaulen vorzubeugen und das rasche Anwurzeln zu fördern.

Den Abschluss der Frühlingsblüher machen der Gelbe Hundszahn, die Schachbrettblume, die Prälilien und die Milchsterne. Nun folgt die Zeit der Zierlauche, dieser roten, blauen und violetten runden Kugeln, die sich hoch über die Beete erheben. Hübsch sind aber auch der Sizilianische Honiglauch (*Nectaroscordum siculum*) mit hängenden rosafarbenen Blüten und viele Nutzlauche wie der Schnittlauch, der Schnittknoblauch mit hoch aufragenden weißen Blüten oder der Zimmerknoblauch (*Tulbaghia violacea*), der im Süden vor allem um seiner zierlichen roten Blüten willen häufig gepflanzt wird.

Frühlingsblüte aus der «Konservendose»

Zwiebelpflanzen in Töpfen

Im Februar haben wir den Winter satt und sehnen uns nach Blüten, Duft und Farben. Das können wir haben, wenn wir ausreichend Zwiebelpflanzen in den Garten – oder in Töpfe – pflanzen.

Die Bepflanzung von Töpfen ist sehr reizvoll, aber man muss diese bei sehr tiefen Temperaturen schützen, damit die Zwiebeln im Topf, der von allen Seiten gefriert, nicht Schaden nehmen. Im Boden hat man damit keine Probleme, weil die meisten empfindlichen Zwiebeln tiefer liegen, als der Boden gefriert. Das Pflanzen im Topf gibt einem die Möglichkeit, Tulpen und Narzissen, Krokusse und viele weitere kleine Zwiebelpflanzen zusammen zu setzen, immer in unterschiedlichen Höhen. Nach einer guten Drainage zuunterst im Topf – und einer Schicht Hornspäne als langfristigem Vorrat an organischer Nahrung und allenfalls etwas Pulver als Schutz gegen Mäusefraß und Fäulnis – werden zuerst die hoch aufragenden Blumen gepflanzt, die ja auch entsprechend tief im Boden verankert sein müssen.

Man überdeckt diese mit einem Substrat, mit Gartenerde, der etwas Sand beigemischt wird, oder mit Dachgartenerde. Unten werden die Tulpenzwiebeln oder die hohen Kaiserkronen gesetzt. Anschließend sind Narzissen oder Osterglocken an der Reihe. Wenn diese mit Substrat überdeckt sind, finden die Hyazinthen ihren Platz, und über den Hyazinthen kommen dann die Kleinen, die Schnee- und Märzenglöckchen, die niedrigen Iris (blaue *Iris reticulata* und gelbe *Iris danfordiae*), allenfalls niedrige Wildtulpen, Schneeglanz (*Chinodoxa*), Hundszahn, Traubenhyazinthen und Blausternchen (*Scilla*). Als letzte Schicht folgen dann die Krokusse und die niedriger wachsenden Scilla und die Winterlinge, die noch mit einigen Zentimetern Substrat überdeckt werden und mit Sand, Lavasteinen oder Kies eine dekorative Abdeckung erhalten, welche auch das lästige Graben der Amseln etwas reduzieren kann.

Zeit zum Einwintern

Früher Kälteeinbruch zwingt zur Eile

Wir kennen alle die schönen Theorien, wie die Topfpflanzen denn am besten in kühleren Regionen den Winter überstehen. Wichtigste Überlebensregel ist die, dass man möglichst spät einräumt und möglichst früh ausräumt, weil das Klima im Innern eines Kalthauses, eines Treppenhauses oder eines Kellers immer der Gesundheit der Pflanzen abträglich ist. Dann sollte man noch Blatt- und Schildläuse bekämpfen, weil die sich in der (relativen) Wärme im Innern weit schneller ausbreiten und sie keine Fressfeinde zu befürchten haben.

Nach einem Prachtsommer und einem goldenen Herbst für die Winzer kann man doch davon ausgehen, dass die milde Witterung sich bis in den November hinein halten wird. Aber man kann sich täuschen, und es kommt völlig anders als erwartet. Heimtückische Nachtfröste sind plötzlich da und die Topfpflanzen müssen Hals über Kopf in einer Nacht-und-Nebel-Aktion in den frostfreien Bereich gebracht werden. Den Oliven und den Lorbeerbäumen, den Oleandern und den Agaven machen die kühlen Oktobernächte nichts aus, aber andere Pflanzen bieten danach einen traurigen Anblick: Die Engelstrompeten sind – wenn sie sich spät entwickelt haben – im Spätherbst noch voller Blütenknospen. Aber nach der ersten eisigen Nacht hängen Knöpfe und Laub wie nasse, grüne Lumpen an den Stängeln. Und die Feigenblätter fallen innerhalb eines Tages grün vom Baum, noch einige letzte süße Feigen der «zweiten Generation» entblößend, die sich bisher im Laub verbergen

konnten. Der Feigenbaum, der eher Mühe hat, seine Früchte in unserer warmen Saison ausreifen zu lassen, setzt im Frühjahr am alten Holz viele Früchte an, die im August reif werden und den Wespen in der Sommerferienzeit viel Vergnügen bereiten. Im Oktober beschert er eine weitere reiche Ernte an den Zweigen, die sich im Frühsommer entwickelt haben.

Der erste Frost kann auch die riesigen Blätter der *Gunnera manicata* (Mammutblatt) zusammenbrechen lassen. Sie sehen dann aus, als ob man sie im heißen Wasser gekocht hätte. Fürs Erste aber schützten die Blätter noch die darunterliegenden Sprossen vor dem Gefrieren. Normalerweise werden diese in trockenes Laub eingebettet und dann mit den umgekehrten – ebenfalls getrockneten – eigenen Blättern vor Nässe geschützt. Trockner Torf und Jutesäcke können einen Ersatz bieten, und Holzbretter gewährleisten dann den Regenschutz.

Die Nacht-und-Nebel-Aktion des Einwinterns lässt die Terrassen leer erscheinen. Im Innern des Kalthauses ist es zu warm, wenn die Sonne fast täglich den Novembernebel durchdringt. Viele Pflanzen können nochmals austreiben. Regelmäßiges Lüften ist unabdingbar. Sonst blühen plötzlich die Zitronen – viel zu früh! Andere leiden – während in den meisten Töpfen noch die vom Regen nasse Erde etwas austrocknen muss – schon unter Trockenheit: Wandelröschen und Plumbago verlieren die Blätter. Sie werden wieder neue machen, aber alles Kranke und Faulende muss nun möglichst schnell entfernt werden, damit die Pflanzen gesund bleiben. Sie müssen ja sicher bis im April in der Enge des Winterquartiers überleben.

Allen Versprechungen des Sommers zum Trotz kann der Oktober beweisen, dass wir nördlich der Alpen definitiv nicht am Mittelmeer leben.

Einräumen, einpacken oder riskieren?

Welcher Winterschutz für welche Pflanze?

In der Region der nördlichen Alpenrandseen und in der Oberrheinischen Tiefebene sind – selbst ohne Klimaerwärmung – mehr Pflanzen winterhart, als man früher glaubte. Die Wahl von resistenteren Sorten, das Pflanzen von größeren Exemplaren und besondere Aufmerksamkeit bei der Wahl des Standorts machen heutzutage in den Weinbauregionen vieles möglich. Weit verbreitet sind mittlerweile die Hanfpalmen (*Trachycarpus fortunei*), vielfach Tessiner Palmen genannt, die mit ihren grünen Fächern südliche Atmosphäre verbreiten. Auch Araukarien, die urtümlichen südamerikanischen Bäume, oder Wollmispeln (*Eriobotrya japonica*) gedeihen in den erwähnten Regionen ohne einen besonderen Winterschutz. Viele Pflanzen und alle «Südländer» verlangen allerdings Maßnahmen gegen die Kälte, vor allem wenn sie noch klein sind. Zitrusbäume und klassische Südländer wie Bougainvillea, Brugmansia (Engelstrompeten) und die meisten Palmen überleben den Winter nur im Haus.

EIN GUTES WINTERQUARTIER

Die klassische «Orangerie» ist hell, luftig, aber nicht voll der Sonne ausgesetzt – das Winterquartier für die Pflanzen sollte kühl sein, aber nicht kalt. Dazu eignet sich ein Treppenhaus besser als die gut geheizte Stube. Zu viel Wärme schadet den Pflanzen nur, weil sie dann zur falschen Jahreszeit austreiben. Sie sollten eher trocken gehalten werden, aber nie austrocknen – alles braucht ein gewisses Gefühl, eben den bekannten grünen Daumen. Draußen, an der frischen Luft, könnten viele problemlos überwintern, wenn da nicht die Bise wäre, der kalte, trockene Nordwind, der die Pflanzen austrocknet. Die problematischen Pflanzen benötigen in ihrer Jugend, wenn sie ausgepflanzt sind, Unterstützung, um heil durch die kalte Jahreszeit zu kommen. Bernhard Hirzel, früher stellvertretender Leiter des Botanischen Gartens Zürich, hat den Freunden des Gartens erklärt, wie man das macht. Bäume, die ihr Laub abwerfen, wie etwa der Granatapfel oder die Lagerstroemia, lassen ihre Lebensfunktion im Winter ruhen. Ohne Blätter verdunsten sie kaum Wasser, sodass vor allem ihre Wurzeln geschützt werden müssen. Immergrüne dagegen, wie etwa der Kirschlorbeer oder Oliven, in kälteren Lagen auch Kamelien, ja sogar Rosmarin, sollten mit einem Vlies vor dem Austrocknen durch den Wind und vor direkter Sonneneinstrahlung geschützt werden. Man kann das kurzzeitig machen, in kalten Nächten. Einige Wäscheklammern reichen aus, und so bald als möglich wird die dünne Einhüllung wieder entfernt.

PALMEN SIND WIDERSTANDFÄHIGER, ALS MAN DENKT

Die einfachste und wichtigste Maßnahme ist nach wie vor das Anhäufen von trockenem Laub, über das dann einige Tannenäste gelegt werden, damit es nicht gleich davonfliegt. So dringt der Frost nicht in den Boden ein, Wurzeln und Keimzonen der Pflanzen bleiben geschützt. Die Winterschutzmaßnahmen sind immer eine Sache des Abwägens: Bindet man Hanfpalmen oder Pampasgras ein, so macht ihnen die Kälte nichts, aber sie verfaulen gern im Kern. Und hat sich im Herzen der Palme erst einmal Fäulnis eingestellt, ist das Ende absehbar. Deshalb lässt man Palmen und Pampasgras heute oft ganz ohne Winterschutz; beim Pampasgras sind die braunen alten Grashalme bereits ein ausreichender Schutz, sie vor dem Frühling abzuschneiden, wäre falsch. Oft sieht man auch Bananenstauden (*Musa basjoo*), die im Freien überwintern. Sie brauchen allerdings ein recht hohes Laubhäufchen als Schutz, wenn die Stämme erhalten bleiben sollen.

VORSICHT BEI NASSSCHNEEFALL

Manchmal bricht der Winter in Form von viel nassem Schnee ein, der bei Temperaturen über null und bei Windstille auf die Erde flockt und immer nässer wird und schwere Polster auf den Ästen entstehen lässt. Die möglichen Schäden an den Bäumen sind nicht zwingend enorm, nicht zu vergleichen etwa mit dem, was Ende des vergangenen Jahrhunderts der Sturm «Lothar» angerichtet hat. Aber die vielen abgebrochenen Äste und Spitzen von Bäumen sind dennoch ein herber Verlust für viele Gärtner. Was geschieht eigentlich in einem solchen Fall? Nach einem relativ milden Oktober können im November noch viele Blätter an den Bäumen hängen. Sie bieten eine große Ablagefläche für die nassen, schweren Schneeflocken, und je mehr sich die Zweige unter der Last des Schnees beugen, umso größer wird die horizontale Fläche, die mehr und mehr Schnee aufnehmen muss, bis schließlich die Äste unter dem Druck der Last brechen. Solcher Schäden im Garten kann man sich fast nicht erwehren. Wir haben selbst schon versucht, noch im Dunkeln, in aller Herrgottsfrühe, die Äste der Bäume zu schütteln. Das hat geholfen, weil der Schnee am Morgen weiterhin fiel. Für viele Bäume und Sträucher kam die Entlastung jedoch schon zu spät.

Was lässt sich vorkehren, damit die Gärten solche vorzeitigen Wintereinbrüche einigermaßen unbehelligt überstehen? Das Abschütteln des Schnees hilft sicher, aber es ist nicht jedermanns Sache, mitten in der Nacht mit einem Besen im Dunkeln herumzustochern und bis auf die Haut nass zu werden. Besonders gefährdeten Gehölzen gibt man besser vorbeugend eine Stütze, damit sie gar nicht erst in Schieflage geraten und sich so immer mehr Schnee aufladen. Zypressen beispielsweise gelten ja als ungemein biegsam. Sie nehmen aber Schaden, wenn ihre Spitzen vom Schnee bis auf die Erde herabgedrückt werden. Es lohnt sich deshalb, sie mit einer soliden Stange zu stützen, damit sich ja keine Schneemassen ablagern können. Und für Bambus schlägt man besser Pfosten ein, die dann mit einem Raster von Schnur oder Draht verbunden werden, sodass den Halmen eine aufrechte Haltung aufgezwungen wird. Das hilft aber nur, wenn das obere Drittel abgestützt wird. Liegen die Halme zu weit unten auf, raubt man ihnen die natürliche Elastizität, und sie brechen dort, wo sie auf der Stütze aufliegen, erst recht. Kleinen Bäumen hilft das Schütteln. Vor großen Bäumen, vor allem im Wald, hält man sich in solchen Situationen besser fern!

Welke Blätter gehören nicht auf Wege, aber im Beet sind sie ein Winterschutz.

Was tun mit dem Herbstlaub?

Es braucht keine sauberen Beete

Wir pflegen von den wunderschönen Farben des Herbstes zu schwärmen oder sind elegisch und glauben zu wissen, weshalb Rilkes Blätter mit verneinender Gebärde fallen. Es gibt indessen um uns herum Mitmenschen, die können dem Herbst nichts abgewinnen. Fallende Blätter sind für sie störender Schmutz, dem man am besten mit dem Laubbläser zu Leibe rückt, dem kulturlosesten Lärmapparat, der je erfunden wurde. Natürlich ist es für Hausfrauen und Hausmänner ein Graus, wenn das Laub in den Beeten auf der Erde liegt. Aber Sauberkeit und Ordnung ist nicht das wichtigste Kriterium im Garten. Pflanzen, Nützlinge und Kleintiere profitieren von einer Schicht Laub.

Und die Beete? Da scheiden sich die Geister. Viele Gärtner wollen, dass einfach alles ordentlich aussieht. Daher werden die Blätter entfernt, und häufig werden auch Ziergräser geschnitten, obwohl diese gerade im Winter mit etwas Raureif besonders schön aussehen. Zudem dienen vielen Arten von Schilf und Gras die Blätter vom alten Jahr als Winterschutz. Man kann sie, wenn man Ordnung will, zusammenbinden und so die neuen Austriebe fürs kommende Jahr vor Frostschäden bewahren. In einem Zeitalter, in dem Abfall mit Recht als Wertstoff bezeichnet wird, sollte auch das Laub nicht achtlos weggefegt werden. Das Laub ist für den Garten in vielfacher Hinsicht gut: Es enthält Kalzium und Eisen, und eigentlich gibt der Baum so dem Boden einen Teil von dem zurück, was er ihm mit den Wurzeln entnommen hat. Wird das Laub entfernt, unterbricht man diesen Kreislauf. Laub verrottet zudem zu einem hervorragenden Humus, der vielfältiges Leben in die Erdschichten bringt. In alten Gartenbüchern wird «Lauberde» explizit für viele Substratmischungen empfohlen. Laub ist zudem ein Bodendecker, der als natürliche Mulchschicht im Winter den Wurzelbereich der Pflanzen effektiv vor Kälte schützt. Wenn wir alles wegblasen oder der Kehrichtabfuhr mitgeben, sieht der Garten wohl ordentlich aus, aber die Pflanzen haben einen wertvollen natürlichen Kälteschutz verloren.

AUF DEM RASEN SOLL KEIN LAUB LIEGEN

Selbstverständlich hat das Laub auf dem Rasen nichts verloren, da unter einer kompakten Laubschicht die Gräser vergilben und absterben. Und auf Plätzen und Wegen mag es zwar romantisch sein, in raschelndem Laub zu wandern, aber wenn es feucht wird, rutscht man aus. Besser, wir rechen das Laub vom Rasen und wischen die Wege, nutzen aber dann das Laub als zusätzlichen Winterschutz. Für viele empfindliche Pflanzen ist Laub ein hervorragender Schutz. So lange ist es ja noch gar nicht her, seit die Menschen bei uns im Winter unter Laubsäcken Wärme und Schlaf suchten. Trockene Blätter sind vielfach gebogen und schließen damit Luft ein, was sehr gute Isolationswerte ergibt. Andererseits wird damit aber die Feuchtigkeit im Boden zurückgehalten, die Verdunstung stark verringert. Und das kann für das Überleben im Winter entscheidend sein, denn nur wenige Pflanzen erfrieren, die meisten trocknen aus, weil sich die trocknende Erde zusammenzieht und die Wurzeln den Kontakt mit der Erde verlieren. Immergrüne Sträucher und Bäume verdunsten über die Blätter immer Feuchtigkeit. Kann diese wegen des gefrorenen, ausgetrockneten Bodens nicht mehr ersetzt werden, gehen sie ein. Deshalb ist die richtig eingesetzte Gießkanne oft die bessere Überlebenshilfe als Tannenreisig, Vlies oder Plastik. Zudem ist es eine ganz entscheidende Überlebenshilfe für die Pflanzen, wenn der Herbst neben schönen Tagen auch viel Regen bringt.

KRANKE BLÄTTER GEHÖREN IN DEN KEHRICHT

Es braucht hier indessen noch ein großes Aber: Die Blätter von kranken Pflanzen gehören in den Abfall und sollten verbrannt werden. Insbesondere die Rosenblätter sollten möglichst alle in den häuslichen Abfall (nicht auf den Kompost) geworfen werden, denn sie sind fast immer von Sternrußtau, einer Pilzkrankheit, befallen. Wenn man die Rosen mit Herbstdünger stärkt und allenfalls mit Kuhmist-Granulat anhäufelt und im Frühjahr vorbeugend behandelt, kann man die Krankheiten zurückdämmen. Auch das Laub von Eichen, Pappeln, Kastanien und Walnussbäumen kann, wegen seines hohen Säuregehalts, die Stauden schädigen. Zudem verrottet es nur langsam.

Sauwetter?

Missachtete Qualitäten des Novembers

Alles stöhnt in den letzten Monaten des Jahres übers Wetter, über die Kälte und über den Regen. Für die verwöhnten Mitglieder unserer Zivilisation gehört es sich geradezu, über das Wetter zu jammern, wenn man das zentral geheizte Haus kurz verlassen muss, um in klimatisierte Büros oder Läden zu gehen. Es gibt jedoch keinen rationalen Grund, in dieses Lamento einzustimmen, und es gibt schon gar keinen emotionalen Grund, das Novemberwetter zu verteufeln. Es gibt nämlich ein ganz einfaches Mittel, diesem Klima etwas abzugewinnen: Man muss mit Freude rausgehen, in den Garten, in den Wald. Da kommen die dicken Pullover, die warmen Socken und die Stiefel zum Einsatz, die Windjacke oder der gewachste Barbour-Mantel. Trotz der relativen Kälte riecht es draußen nach Erde, nach Gras, nach verrottenden Pilzen und nach Holz.

KOMM IN DEN TOTGESAGTEN PARK UND SCHAU …

Wer sich nicht gerade in den tiefen Wald wagen will, kann einen Park besuchen, allenfalls den wohl am interessantesten bepflanzten, den Botanischen Garten, der zu jeder Jahreszeit etwas zu bieten hat. Die schöne Allee der jungen amerikanischen Amberbäume vor dem Botanischen Garten in Zürich ist ein gutes Beispiel für die Individualität aller Lebewesen: Einer der Bäume in der Reihe hat schon alle Blätter abgeworfen, einer ist gelb-rot mit Schwerpunkt Gelb, einer mit dem Akzent auf Rot, und einer ist noch ganz grün, als ob der Herbst ihm bisher nichts hätte anhaben können. Sie sind, mit einigen Kirschbaum-Sorten und den Japanischen Ahornbäumchen, die Stars des Herbstes. Ganz generell waren die Farben in diesem Jahr besonders intensiv, da es im Oktober sehr trocken war, sodass das Laub nicht im Regen braun geworden ist. Das zurückliegende Wochenende mit seinen starken Windböen hat aber viel vom strahlenden Herbstlaub abgeräumt.

GELBE TENNISBÄLLE

Im Garten finden sich noch viele Früchte an den Bäumen. Die Dreiblättrige Orange (*Poncirus trifoliata*) ist voller gelber Zitrusfrüchte, die sich allerdings nicht essen lassen, aber sehr dekorativ aussehen, wie kleine runde gelbe Tennisbälle. Sehr schöne gelbe und rote Früchte tragen derzeit die verschiedenen Solanum-Arten. Einige von ihnen haben immer noch ihre violetten Blüten, denen man ansieht, dass es sich hier um nahe Verwandte unserer Speisekartoffeln handelt. Voller Früchte sind der Kakibaum und die Germanische Mispel auf einer Wiese, von denen eine italienische Familie kostet und dann einige einsammelt. Vorzugsweise brennt man aus diesem Kernobst Schnaps. Beim Strauch der Kermesbeere (*Phytolacca americana*) fallen die dunkelroten Beeren ins Auge: Die sind noch am Strauch, aber die Blätter sind schon sehr welk. Noch immer finden sich blühende Pflanzen, die dankbaren weißen und roten Zy-

klamen, die einfach weiterblühen, bis sie unter dem Schnee verschwinden. Andererseits haben aber auch schon die typischen Winterblüher wie Rhododendron 'Praecox' und die Winter- oder Higankirsche *Prunus subhirtella* 'Autumnalis' ihre ersten Blüten geöffnet. So geht der Herbst langsam in den Winter über. So schön ein Spaziergang bei Wind und Wetter sein mag – noch schöner vielleicht ist das Heimkommen, wenn man die klammen Hände um eine dampfende Tasse Tee legt und sich vor einem gemütlichen Kaminfeuer mit einem Pflanzenbuch in die Polster kuschelt.

Die Winterkirsche öffnet vom Herbst bis zum Frühling immer wieder ihre zarten Blüten.

Der Herbst und sein Ende

Vom Winde verwehte Pracht

Ein goldener Herbst hat uns etwas für den arg verregneten Sommer entschädigt. Als bereits im Oktober die Temperaturen unter den Gefrierpunkt sanken, glaubte man kaum mehr Zeit zu finden, um den Garten seriös auf den Winter vorzubereiten. Da und dort mussten neu erworbene Pflanzen noch vor Einbruch der Kälte in den Boden gepflanzt werden, und die Nicht-Winterharten in Kübel und Töpfen sollten eingeräumt werden. Aber es war dann – von regionalen Ausnahmen abgesehen – nicht so dramatisch, wie man befürchtet hatte. Der erste Kälteschock der Bise räumte einem angenehmen Spätherbst Platz, und der Föhn brachte Temperaturen, die das Arbeiten im Freien zum Vergnügen machten.

Am Wochenende kam aber der Umschlag und mit ihm der Regen, den die Pflanzen bitter nötig hatten. An einigen Stellen, die vom nächtlichen Tau nicht profitieren konnten, war die Erde sehr trocken und hart. Keine gute Voraussetzung für kommende kalte Zeiten. Nun sorgt ein Landregen für ausreichende Feuchtigkeit. Leider ist damit aber die spektakuläre Farbenpracht der Blätter vorbei. Aus vielen Gärten leuchteten einem farbige Bäume entgegen. Bäume, die man bis dahin übersah, machten mit dem Herbst-Make-up auf sich aufmerksam.

FRÜHER SCHNEE AUF DEN AHORNBÄUMEN

Ende November lag schon einmal Schnee, aber noch immer hängen einige Blätter in den Bäumen, als wollten sie dem Winter trotzen. Viele der Ahornbäume in den Gärten sind noch immer voller farbigen Laubes. Die Japanischen Ahornbäume haben besonders schöne Herbstfarben entwickelt.

IM HERBST AUSWÄHLEN UND KAUFEN

Der Herbst ist auch der einzig richtige Zeitpunkt, um diese Bäume persönlich in den Gärtnereien auszuwählen, denn kein Exemplar ist wie das andere. Die einen färben sich früher ein und verlieren die Blätter eher, die anderen sind später dran. Die Japanischen Ahornbäume tragen meist japanische Namen, die man sich nicht leicht merken kann. Bereits ohne Blätter sind die meisten stark gefiederten 'Dissectum'-Formen, so auch der kuppelförmig wachsende 'Ornatum' mit einer prächtigen Rotfärbung und der noch viel feuriger rot leuchtende 'Osakazuki'. Ebenso sind der orangegelbe 'Sango-kaku' mit korallenrotem Stamm, 'Deshojo' und 'Ibo nishiki', der goldorange *Acer shirasawanum* 'Aureum' und der rote Eisenhutblättrige Ahorn *Acer japonicum* 'Aconitifolium' bereits kahl. In wunderschönem Kupferglanz zeigen sich hingegen noch immer 'Seiryu' und der zwergige 'Shishigashira', der seine gelben Blätter lange trägt und von den Engländern «Lion Head» genannt wird. Leuchtend gelb sind jetzt auch der sehr gedrängt kleinwüchsige 'Mikawa-yatsubusa' und der 'Koto Hime', auch er mit eng aneinanderwachsenden Blättern. Immer noch purpurrot präsentieren sich 'Orange Dream' und 'Orangeola'. Die am längsten anhaltende filigrane Farbenpracht liefert indessen die Art selbst, *Acer palmatum*, die allerdings eher selten zu finden ist. Sie hat kleine Blätter, die wie gelbe und rote Spitzen die terrassenförmigen Äste duftig elegant umgeben.

Schneerosen überall

Spät, aber nicht verspätet

Die Welt ist voller Rosen; für jede Gelegenheit gibt es Rosen. Saisonbedingt sind am Ende eines Jahres die Christrosen aktuell, im Frühjahr sind es dann die Pfingstrosen und schließlich im Sommer die Seerosen auf dem Teich und natürlich die Rosen, tout court, die wilden Heckenrosen, die Beetrosen, die Kletterrosen und die Ramblerrosen, die bis in die Baumwipfel hinaufsteigen. In manchen Jahren aber gibt es «Schneerosen». In den Beeten haben die Gärtner die Stöcke früher immer zurückgeschnitten und mit Tannenzweigen als Winterschutz gedeckt. Viele Leute verzichten heute aber darauf, ihre Rosen so zu verzärteln. Es gibt genug robuste Sorten, und eigentlich soll der Winter ja den Schädlingen den Garaus machen. Deshalb kann man in den Gärten Rosen sehen, die noch an Weihnachten ihre Blüten öffnen. Wenn der Schnee sie überrascht. sehen sie bezaubernd aus in ihrem duftigen weißen Kleid.

BLÜHEN AN RONSARDS TODESTAG

Vor allem eine 'Pierre de Ronsard' oder zu Deutsch 'Edenrose' von dem französischen Rosenzüchter Francis Meilland hat am 27. Dezember noch viele offene Blüten im Schnee, als ob sie an die wunderschönen Verse in den «Sonetten für Hélène»: «Leben Sie, wenn Sie's mir glauben, warten Sie nicht auf morgen: Pflücken sie noch heut' die Rosen des Lebens», ihres Namensgebers erinnern möchte, oder an Ronsards Tod am 27. Dezember 1585.

Aber die Rosen waren längst nicht die Einzigen, die von diesem langen milden Herbst profitierten. Der Pracht-Herbst-Krokus blüht ohne Unterlass bis Weihnachten, sodass man sich wunderte, wo denn alle diese Blütenknospen immer wieder herkommen und was mit ihnen bei einem noch früheren Wintereinbruch geschehen wäre. Daneben öffneten auch schon die ersten Frühlingszyklamen ihre Knöpfe, und die Zwergiris, der Schneeglanz, die Blausterne und der vorwitzige Affodill (*Asphodelus*) wagten sich schon weit über die Erde hervor mit ihren Knospen. Zum Glück kam nun der Schnee vor der Kälte, sodass sie für den Moment geschützt sind.

Die Wucherblume wuchert an Allerheiligen auf den Gräbern

Chrysanthemen aus Ostasien

Viele kennen den deutschen Namen der Chrysantheme gar nicht. Sie heißt bei uns Wucherblume, wohl weil unsere Vorfahren über die einzige bei uns vorkommende Art, die in Äckern wuchernde Saat-Margerite (*Chrysanthemum segetum*), die Gattung Chrysanthemum kennengelernt haben.

Die heute in den Gärten dominierenden Arten stammen alle aus Ostasien. Und der aus dem Griechischen kommende Gattungsname bedeutet Goldblüte. Und diese goldenen Blüten sind keine Wucherpflanzen, sie werden vielmehr in Gärtnereien sorgsam vermehrt und gezüchtet, seit der schottische Pflanzensammler Robert Fortune 1843 im Auftrag der Royal Horticultural Society einige Sorten von China nach England gebracht hat. Schon Konfuzius soll die Chrysantheme gelobt haben; vor allem aber in Japan genießt die Blume als Symbolblume des Kaiserhauses und als Nationalblume große Wertschätzung. Im Volksmund nennt man die Chrysanthemen auch Winterastern. Sie blühen im Oktober und November und überbrücken in den Blumenbeeten der Gemeinden die Zeit bis zur Weihnachtsdekoration oder zur Winterbepflanzung mit den Pensées, die auf Schweizerdeutsch so hübsch «Tänkeli» heißen und auf Deutsch so wenig schmeichelhaft «Stiefmütterchen». Da Chrysanthemen um den 1. November im Handel sind, trifft man sie an Allerheiligen vor allem auf den Friedhöfen an. Sie halten auf den Gräbern die Stellung, bis der Frost selbst ihnen das Leben ausbläst.

GARTEN-CHRYSANTHEMEN

Einst gehörten die Wiesenmargeriten und andere einheimische Korbblütler zu den Chrysanthemen, aber das neue Klassifikationsschema (Taxonomie) hat sie alle ausquartiert. Die Garten-Chrysanthemen wurden so ihres goldstrotzenden Namens beraubt und unter der neuen Gattung Dendranthema zusammengefasst. Aber das internationale Komitee für die botanische Namensgebung fügte sich schließlich der normativen Kraft des Faktischen, und zur Freude aller Gärtner heißen sie nun wieder Chrysanthemen. Da indessen Kreuzungen nicht nur innerhalb der Gattung vorkommen, sondern ebenso mit nahe verwandten Gattungen, sind die über vierzig Arten, die als Wildformen aus Ostasien gelten, nicht allein geblieben. Die Zahl der Hybriden ist mittlerweile zu einer immensen und unübersichtlichen Größe von mehreren tausend angewachsen. Auch die Blütenformen sind enorm variantenreich. Neben den ungefüllten Blumen gibt es einwärts- und auswärts gebogene Blütenblätter. Einige kugelförmige werden pomponförmig genannt, und bei vielen schließen sich die Kronenblätter zu röhrenförmigen Zungenblüten. Vielfach entknospen die Gärtner die Pflanzen und lassen nur eine einzige Blüte pro Stängel stehen, die dann entsprechend groß werden kann. Die Farben der Chrysanthemen sind nie knallig bunt, sondern viel eher pastellfarben gedämpft: ein sanftes Gelb, warmes Braun, Rostrot oder honigfarbenes Ocker.

Chrysanthemen mag man, oder man mag sie nicht. Es gibt wenig dazwischen. Fans und Sammler können nicht genug davon bekommen, für Verächter sind sie – ähnlich den Dahlien – viel zu artifiziell und zu bunt. Die Pflanzen brauchen einen sonnigen Standort und einen feuchten, nährstoffreichen Boden. Düngen und Gießen ist angesagt. Im Winter dürfen sie trockener stehen, und an geschütztem Standort oder mit etwas Kälteschutz sind die meisten durchaus winterhart. Einige Chrysanthemen-Arten bilden Pyrethrine, die als natürliches Pflanzenschutzmittel – Insektizid – gelten. Dennoch sind viele Chrysanthemen unter Glas nicht vor roten Spinnen und Schildläusen sicher.

BLÜTENKASKADEN IN DEN STÄDTEN

In der Westschweiz und in Frankreich weiß man mit den Chrysanthemen mehr anzufangen, als sie nur auf die Gräber zu stellen. Hier werden die Innenstädte mit großen Buketts geschmückt. Sie hängen von den Laternenpfählen ebenso wie von den Kirchenfenstern herunter, in farbigen Kaskaden. Diese Formen werden speziell gezüchtet und die Pflanzen entsprechend geschnitten. Kaskaden-Chrysanthemen sind eine französische Tradition aus der Gegend der Loire und des Burgunds, die in die französischsprachige Schweiz eingewandert ist. In Deutschland hat sich die Stadt Lahr am Fuße des Schwarzwalds den Chrysanthemen verschrieben. Ende Oktober bis Anfang November geht hier die fast die ganze Stadt umfassende Ausstellung «Chrysanthema» über die Bühne.

KAPITEL 6

Winter

Die Christrosen blühen «durch» den Winter bis zum Frühling.

Wer im Winter die «tote Saison» des Gartens sieht, betrachtet diese Saison zumindest einäugig und läuft Gefahr, dass die sich selbst überlassenen Pflanzen Schaden nehmen. Denn selbst im Winter können Pflanzen vertrocknen oder von Schnee und Kälte zerstört werden. Der Garten verdient aber auch deshalb Aufmerksamkeit, weil immer irgendwo im Versteckten etwas blüht oder zu beobachten ist. Die tief stehende Wintersonne leuchtet oft wie ein Scheinwerfer Partien des Gartens aus, die sonst nie so im Rampenlicht stehen.

Wie zur Kompensation für die unwirtliche Witterung pflegen wir zurzeit der Wintersonnenwende unsere wichtigsten Familienfeste zu feiern: Der Nikolaus kommt zu den Kindern, und wir beschenken uns in den festlich dekorierten und beleuchteten Außen- und Innenräumen. Oft reihen sich die Festessen aneinander, und beim Jahreswechsel geht es gleich nochmals weiter. Kinder und im Herzen Junggebliebene fiebern der Weihnachtszeit entgegen, und es riecht überall nach Backwaren und Braten. Und natürlich geht das alles nicht ohne Pflanzen ab. Weihnachten bedeutet nicht nur Kekse, Kuchen und Kerzen, sondern auch Mistelzweige, Christrosen, Weihnachtssterne, Stechpalmen und Weihnachtsbaum.

Der gleiche Tannenbaum kann einmal innen, einmal außen stehen.

Vom Wald in die Stube

Wie die Tanne zum Weihnachtsbaum wird

Seit rund 400 Jahren ist in Europa der Brauch heimisch, zum Weihnachtsfest eine Tanne zu schmücken. Im Elsass soll man schon zu vorreformatorischen Zeiten Christbäume gekannt haben. Dennoch war der Weihnachtsbaum während langer Zeit ein protestantisches Gewächs, erst im 19. Jahrhundert hat er sich auch in den katholischen Landschaften durchgesetzt. Im Laufe dieses Jahrhunderts verbreitete sich der Christbaum dann von Deutschland aus über weite Teile der Welt. In England soll eine deut-

sche Gouvernante am Königshof den ersten Baum aufgestellt haben, in den USA wird ein deutscher Professor in Cambridge, Massachusetts, genannt, der 1832 den ersten Baum in der Neuen Welt dekoriert haben soll.

DER CHRISTBAUM IN DER GUTEN STUBE

Aber erzählen wir die Geschichte von Anfang an: Am 24. Dezember war ursprünglich der Gedenktag für Adam und Eva, und man hat in der Kirche zur Erinnerung einen Laubbaum aufgestellt, der mit Äpfeln geschmückt war, der Frucht der Versuchung. Gleichzeitig wurde so des Sündenfalls und des Erlösers gedacht. Rutschte so der Baum unbemerkt von der Seite des Unheils auf die Seite des Heils? Anfangs stand die Kirche den Weihnachtsbäumen, in denen sie – wohl zu Recht – «Heidnisches» witterte, ablehnend gegenüber, holte sie aber schließlich doch in die Gotteshäuser. Primär war der Tannenbaum ein Objekt der Gemeinschaft, dann stand er im Zentrum der höfischen Weihnachtsfeste, und erst mit dem Aufkommen der städtischen bürgerlichen Kultur und deren Wertschätzung für das Familienleben hielt der Baum Einzug in die einzelnen Bürgerstuben.

O TANNENBAUM ...

Der Tannenbaum ist ja nicht nur für Weihnachten ein Zeichen des Festes, selbst die Maibäume und die Richtfestbäumchen mit ihren bunten Bändern sind meistens Tannen. Aber was heißt da Tannen? Über weite Teile sind die Weihnachtsbäume Fichten, in einzelnen Familien hatten aber immer schon die Spitzen von Weißtannen eine Tradition. Heute ist – wie alles – auch die Wahl des Baumes der Mode unterworfen. Seit einigen Jahren sind die dichten, regelmäßig gewachsenen Nordmanntannen der Renner. Heute machen sie rund 70 Prozent von allen Weihnachtsbäumen aus. Die Nordmanntanne kommt dem Archetyp des Weihnachtsbaums am nächsten: ein breit wachsender, spitzer Baum mit langen, ausgreifenden Ästen, die sich zum Halten von Kugeln und Kerzen hervorragend eignen. Daneben haben es die Blautannen schwer, sich durchzusetzen. Sie sollen den Damen zu stachelig sein. Elegant graugrün sind die Nadeln der Edel- oder Nobilis-Tanne (*Abies procera*), eines Baums, der sich wegen

seiner rechtwinklig abstehenden, fächerförmig wachsenden Äste und der dichten, festen – nicht abfallenden – Nadeln als perfekter Weihnachtsbaum anbietet. Die blaue Sorte dieser aus dem Nordwesten der USA stammenden Unterart 'Glauca' ist als Silbertanne bekannt.

Was uns Europäer in US-amerikanischen Weihnachtsfilmen immer stört, sind die elektrischen Christbaumlichter. In einer Welt, in der die Häuser günstig aus Holz gebaut sind, haben die Versicherungen und die Feuerwehr kein Verständnis für echte Kerzen an den Bäumen. Uns sind solche allerdings noch so viel wert, dass wir uns von ein, zwei Feuerwehreinsätzen, die in den Kurzmeldungen der Zeitungen auftauchen, nicht davon abhalten lassen, stimmungsvolles Kerzenlicht an den Festtagen zu genießen.

BIG BUSINESS

Heute ist das Geschäft mit dem Anbau und dem Vertrieb von Weihnachtsbäumen Big Business. In Deutschland sollen jährlich über achtundzwanzig Millionen Bäume verkauft werden, in der Schweiz etwa eine Million. Die Anbauflächen – besonders in Norddeutschland und in Dänemark – sind entsprechend groß, auch wenn weiterhin viele regionale Baumschulen bestehen oder die Bäume direkt beim Förster im Wald geholt werden können.

Was rät der Fachmann zum Umgang mit dem Baum, wie hält er denn am längsten? Solange er noch nicht aufgestellt ist, soll man ihn begießen und feucht halten, aber nur, wenn das die Witterungsbedingungen zulassen – wir wollen ja dann keinen Eisklotz ins Wohnzimmer holen. Kommt er in die Halterung, sollte man ihn vorher noch einmal frisch anschneiden, so wie man das mit Blumen machen würde, und dann sollte er immer im Wasser stehen. Bis zu

Silvester kann man es – wenn man den Baum richtig behandelt – durchaus wagen, die Kerzen nochmals anzuzünden. Unbeobachtet sollte man den Lichterbaum sowieso nie lassen, und es lohnt sich auch, einen Kübel Wasser in der Nähe bereitzuhalten. Bis zum Dreikönigstag kann man ihn in der Wohnung behalten – die Kerzen anzuzünden wäre allerdings das Schicksal versucht. Sobald die Nadeln zu rieseln beginnen, ist von einem erneuten Anzünden der Kerzen abzuraten. Dann sollte man ihn aus dem Zimmer entfernen, da er zum Gefahrenherd wird. Ein wirklich trockener Baum setzt ätherische Öle frei und kann explosionsartig in Brand geraten. Die Nordmanntannen verlieren die Nadeln nicht, man erkennt aber, dass sie vertrocknet sind, weil die Nadeln gewissermaßen einziehen, sich krümmen.

CHRISTBÄUME AUS DEM «EIGENEN» WALD

Es gibt übrigens Gemeinden, deren Holzkorporationen Christbäume zu günstigen Preisen anbieten. Andere Gemeinwesen schenken einem wenigstens die Beseitigung: Wer die Christbäume nach dem 7. Januar auf die Straße stellt, muss für die Abfuhr nichts bezahlen. Den Christbaum portionenweise im Kamin oder im Kachelofen zu verheizen, kann eine teure Sache werden: Die trockenen Nadeln entwickeln sehr schnell eine ungeheure Brennwirkung, sodass die Hitze die Kaminklappe verbiegen oder beim Ofen die Kacheln auseinandertreiben kann. Ein Weihnachtsbaum verlangt eben vor, während und nach Weihnachten eine sorgfältige Behandlung.

Der Baum im Zentrum der Festtage

Der Weihnachtsbaum muss kein Einwegbaum sein

An Weihnachten, den «O Tannenbaum»-Tagen, dreht sich alles um den Lichterbaum. Längst sind die in speziellen Zuchten herangewachsenen Bäume gefällt und verpackt worden, und sie warten, bis das Wetter so weihnachtlich wird, dass die Leute endlich an den Christbaum denken. Frischer sind die Bäume, die man im Wald beim Förster kauft. An gewissen Orten kann man sie auswählen, absägen, bezahlen (!) und mitnehmen.

Oft stehen die «gebrauchten» Christbäume schon am Tag nach Weihnachten am Straßenrand zur Entsorgung. Andere kommen später: Wir kennen es aus der Ikea-Werbung: Am St.-Knuts-Tag, dem 13. Januar, geht die Weihnachtszeit definitiv zu Ende, und die Schweden werfen die Weihnachtsbäume achtlos aus dem Fenster. In Mitteleuropa wird mit den Weihnachtsbäumen nicht so wild um sich geworfen, aber ihr Schicksal sieht auch nicht viel anders aus. Christbäume sind Wegwerfartikel zum Einmalgebrauch.

WEGWERFMENTALITÄT

Sicher werden Christbäume heute so aufgezogen, dass sie ein Bio-Label tragen könnten, aber dennoch stimmt einen diese Wegwerfmentalität bei einem Baum irgendwie traurig. Warum soll der Baum der Abfuhr übergeben werden, wenn man ihn alljährlich wieder aus dem Garten oder von der Terrasse hereinholen kann? So darf er, wie ein guter Freund, jedes Jahr mit uns feiern, hübsch geschmückt und gut duftend. Wenn man einige Regeln befolgt, lässt sich das ohne Probleme machen: Zum einen darf der Wechsel von der Winterkälte ins angenehm geheizte Wohnzimmer nicht zu abrupt ausfallen.

PFLANZEN MÜSSEN SICH AKKLIMATISIEREN

Man sollte dem Baum beim Hereinholen und auf dem Rückweg eine Akklimatisationszeit in einem ungeheizten Treppenhaus oder einer Garage gönnen. Zudem darf er nicht wochenlang in der Wärme stehen, sondern nur einige Tage. Sonst treibt er Knospen, die dann in der Kälte erfrieren. Man kann damit sogar Geld sparen. Ein wirklich schöner, kräftiger Weihnachtsbaum kostet heute zwischen 100 und 200 Franken oder gar Euro, eine Containerpflanze gleicher Größe aber nur das Zwei- oder Dreifache. Schon im zweiten Jahr hat man den Ankauf amortisiert, gar nicht davon zu reden, dass einem der Baum im Topf auch im Sommer nützlich ist.

MUSS ES IMMER FICHTE SEIN?

Was bleibt, ist die Qual der Wahl, wenn es um die Sorte geht. Normale Weißtannen, Nordmanntannen oder Serbische Fichten wachsen ebenfalls im Topf relativ rasch. Zum Glück gibt es aber von vielen Nadelgewächsen speziell kleinwüchsige Sorten, die gedrungene Formen haben und besonders hübsche Formen bilden. Besonders die Korea-Tannen (*Abies koreana*) sind in vielen attraktiven Spielarten zu finden. Aber könnte man nicht auch eine Zeder wählen oder eine Föhre? In Schottland beispielsweise sind Föhren als Weihnachtsbäume selbstverständlich. Viele Gehölze geben bei entsprechender Wuchsform einen schönen Lichterbaum ab. Unser Nachbar schmückt sogar die kahlen Äste und Zweige einer großen Eiche mit tausend kleinen Lichtern, und das sieht sehr gut aus. Dennoch sind viele der schön illuminierten Büsche und Bäume, die man nun in Vorgärten sieht, keine richtigen Weihnachtsbäume. Nur einem spitz zuwachsenden Nadelholzbaum der Gattungen Weißtanne (*Abies*) und Fichte (*Picea*) kann man mit gutem Gefühl «O Tannenbaum» entgegenschmettern.

Erstaunt stellen wir fest, dass sich die Idee eines nachhaltigen Weihnachtsbaums in den letzten Jahren langsam durchzusetzen beginnt. Die Gartencenter landauf und landab haben inzwischen vor Weihnachten eingetopfte kleine Bäumchen im Angebot. Eine nahe gelegene Baumschule lud am ersten Adventssonntag zu einem Christbaumtag ein, an dem unter anderem größere Nordmanntannen in Töpfen angeboten wurden. Die Baumschule vermietet die Bäume auch und holt sie im Januar zum Übersommern wieder ab. Eine Tanne von einem Meter Höhe kostet im Verkauf rund 190 Franken. Das ist mehr Geld, als man für einen vergleichbaren Wegwerfbaum ausgeben würde, aber schon nach zwei Weihnachtsfesten hat sich die Tanne amortisiert. Für einen etwa drei Meter hohen Baum bezahlt man indessen bereits 1600 Franken. Da muss die Tanne gute fünf Jahre überleben, bis es sich auszahlt. Aber es stehen schon die ersten kleinen Bäumchen im Topf vor dem Baumarkt, und die Konkurrenz wird bald die Preise drücken, sodass die Tanne im Topf zum Geschenk werden könnte.

ROBUSTE TANNEN

Das Handling ist bei robusten Baumsorten unproblematisch. Man holt den Baum so spät wie möglich von seinem Platz im Garten, wo er übersommert hat, und lässt ihn dann im nicht überheizten Raum stehen. So früh wie möglich, wenn die Festivitäten vorbei sind, entkleidet man ihn von seinem Schmuck und stellt ihn nach der erwähnten Akklimatisation an einem kühlen Ort wieder ins Freie. Tannen sind robuste Bäume: In den Bergen wechseln sich eiskalte Nächte und warme Föhntage oft ab. Für Temperaturschwankungen sind sie gewappnet. Auf Wasser sind sie allerdings immer angewiesen.

Ein Problem ist, dass größere Bäume auch größere Wurzelballen haben und sich nur ungern in einen handlichen Topf verpflanzen lassen. Am besten ist deshalb, man kauft einen bereits im Topf groß gewordenen Baum. Leider sind die schönsten Arten wie Nobilis-, Korea- oder Pinsapo-Tanne etwas heikel. Meist bleibt nur die Nordmanntanne, wenn man einen Baum will, der in Etagen wächst, sodass man Kerzen und Kugeln befestigen kann.

Grelles Strahlen im Garten

Der Lichterbaum, ein neuer Neophyt?

Für Allergiker ist die Ambrosia schlimmer und für die Naturschutzgebiete die Goldraute. Für Weihnachtsmuffel ist aber definitiv ein anderes Gewächs, das in der letzten Zeit immer mehr überhandnimmt, der schlimmste unter den Neophyten: der Lichterbaum, oder in anderer Form die Lichtergebüsche und Lichterhecken.

Wir erinnern uns noch gut an die Zeiten, als am Heiligen Abend das Glöckchen läutete und sich die Türflügel zum Wohnzimmer weit auftaten, um den Blick freizugeben auf das strahlende Kerzenlicht des Weihnachtsbaums. Und dieser war im Normalfall die Spitze einer Weißtanne, die im Wald gefällt worden war. Daneben gab es die Rottannen-Familien, für die der Weihnachtsbaum eine Fichte zu sein hatte, weil in ihrer Gefühlswelt dieser Baum der Urform des Christbaums am nächsten kam. Dann folgten auch Nordmanntannen und noch weit edlere Nadelhölzer, immer aber waren die Christbaumkerzen die Quelle des Strahlens beim Lichterbaum.

Der Brauch, einen Baum zu schmücken, ist wohl uralt. Alte Bräuche der Wintersonnenwende beschworen die Wiederkehr des Lichts nach den dunklen Wintertagen. Und dazu brauchte man Bäume. In früheren Jahrhunderten waren Tannenbäume im Flachland rar. Als die ersten Christbäume aufkamen, waren die Kirchen, die über großen Waldbesitz verfügten, gegen den

Brauch, den sie als «heidnisch» brandmarken. Als dann aber im 19. Jahrhundert große Tannenbestände angepflanzt wurden, gab der Klerus den Widerstand auf. Der Weihnachtsbaum begann seinen Siegeszug um die Welt.

ES LEUCHTET UM DIE WETTE

Zum ersten Mal sahen wir in US-amerikanischen Filmen die elektrischen Lämpchen am Lichterbaum, doch dann zogen auch bei uns die Elektrolichter ein, allerdings im Garten. Von Ende November an strahlt es nun überall im Freien um die Wette. In einem Grundstück vor uns bekommt eine Serbische Fichte ein strahlendes Gewand, unser Nachbar lässt seine riesige Eiche erstrahlen, vom Stamm über die Äste bis in die filigransten Zweige. Andernorts sieht man die ins Wasser hängenden Zweige der Trauerweiden sich in Lichterketten verwandeln, oder über den Buchsbaumkugeln hängen weiß glitzernde Netze. Kurz: Der Garten wird zur Bühne für weihnachtliche Inszenierungen aller Arten: Engel, von Rentieren gezogene Schlitten und immer wieder Sterne und Kometen.

Und während langer Jahre waren in der Deutschschweiz die Bäume mit weißem Licht geschmückt, und die Zugfahrt über die Saane hinweg war in der Weihnachtszeit so etwas wie ein Kulturschock, weil im Welschland die Bäume in allen Farben strahlten, so festlich-kitschig, wie das offenbar nur die romanischen Völker fertigbringen. Bäume in allen Farben waren in der Deutschschweiz tabu, ein Balkon mit allen Lichterfarben des Spektrums verriet die Immigrantenfamilie. Aber nun sind wir schon wieder einen Entwicklungsschritt vorangekommen. Die Leuchtdioden (LED) lösen auch bei den Lichterbäumen die alten Glühbirnen ab. Ihr Glitzern ist fast schon kristallin und erreicht neue Grade der Helligkeit. Da lassen sich allerhand neue Lichterbäume entdecken. Etwa ein mit sternklarem weißem Licht eingehüllter kleiner Japanischer Ahornbaum – längst muss es kein Tannenbaum mehr sein, kein Nadelbaum mehr, die botanische Vielfalt ist grenzenlos geworden. An kahlen Zweigen von Laubbäumen ranken sich die Lichter empor und zeichnen eigenartige Baumskelette in die Nacht. Und durch einen Dreh am Schalter kann man den Baum in jeder erdenklichen Farbschattierung leuchten lassen.

Nun ranken sie wieder

Von Misteln, Mispeln und Stechpalmen

«Die Große Halle war herrlich geschmückt. Da waren die ... dicht geflochtenen Bänder aus Stechpalmenzweigen und Misteln.» So präsentiert sich das weihnachtliche Hogwarts für Harry Potter und seine Freunde und Feinde, so sieht jedoch die ganze angelsächsische Welt und auch bald ganz Europa in der Adventszeit aus: Die Stachelige und die Parasitäre gehen ein Bündnis ein, um mit ihren roten und weißen Beeren unsere Festtagszeit zu verschönern. Auf Karten, um Schaufenster, um Eingangstüren und Kamine, aber selbst auf weihnachtlichem Porzellan sind die rot-grünen Girlanden zu finden. Die Stechpalme (*Ilex aquifolium*) begegnet uns in unseren Wäldern und Gärten. Sie ist eine der Pflanzen, die im Laufe der Zeit in verschiedensten Formen gezüchtet wurde. In der Natur

macht sie – ähnlich wie Efeu – unterschiedliche Blätter. Im unteren Bereich, wo man sich noch verteidigen muss, sind sie stachelig. Zum Baum herangewachsen, braucht die Stechpalme diesen Schutz nicht mehr und trägt in der Höhe deshalb nicht stachelige, lorbeerartige Blätter. Klar, dass die Züchter nun die Spielformen nutzten und uns total stachelige oder gar nicht stechende glattblättrige Stechpalmen bescherten. Allen gemeinsam ist, dass nur die weiblichen Pflanzen Beeren tragen.

Symbolpflanzen für Weihnachten: Mistelzweig und Amaryllis.

Männlich, weiblich, beides

Die Spielarten der stacheligen Stechpalme

Natürlich ist Weihnachten nicht die Zeit für Wortspiele und Kalauer. Dennoch glaubt man erst einen Zusammenhang zu sehen zwischen der angelsächsischen Begeisterung für das dunkelgrüne Laub und die roten Beeren der Stechpalme, englisch «*holly*», als Dekoration für Weihnachten und der «*holy night*». Aber «*holly*» ist wohl das Pendent zu deren auch auf Deutsch vorkommenden Namen «Hülse» oder «Stechhülse» – und damit vom gleichen Wortstamm, von dem die französische Bezeichnung «*houx*» abstammt. Und wenn wir schon beim Namen sind, die lateinische Bezeichnung, Ilex, geht zurück auf eine Verwechslung mit der Steineiche, *Quercus ilex*, die ähnlich stachelige Blätter trägt. Woher das «Stechen» im Namen kommt, ist jedem klar, der einmal in ihr trockenes Laub gegriffen hat. Mit einer Palme hat sie indessen gar nichts zu tun: Diesen Namen trägt die Pflanze vielleicht, weil ihre Zweige in nordischen Ländern am Palmsonntag als Substitut für Palmzweige aus der Kirche getragen werden.

PRÄCHTIG ROTE BEEREN

Wie auch immer: Vor den weihnachtlichen Festtagen wird die Stechpalme als wichtigstes Ingrediens angelsächsischer Weihnachtsseligkeit in den Mittelpunkt gerückt. Nun soll die Vielfalt der Arten gewürdigt werden, von denen im Winter viele in unseren Gärten mit ihren immergrünen Blättern Furore machen. Rund 400 Arten sind bekannt, die meisten davon wachsen in tropischen oder subtropischen Gebieten, einige sind bei uns heimisch. Ilex ist zum Inbegriff der Weihnachtsdekoration geworden, weil die Beeren in dieser Jahreszeit am schönsten und am rötesten sind – und Dunkelgrün und Rot sind nun einmal die klassischen Weihnachtsfarben. Sonst ist das stachelige Laub nicht sehr einladend, und die Beeren sind zudem erheblich giftig. Schon einige Beeren können ein Kleinkind töten. Das schmucke Laub wird einem wieder etwas sympathischer, wenn man weiß, dass es in der Heraldik für Treue steht. Zudem ist das Holz der Stechpalme sehr nützlich. Traditionell werden daraus die weißen Figuren des Schachspiels geschnitzt – die schwarzen aus Ebenholz. Dank seiner Härte fand das Holz auch Verwendung beim Bau von Spinnrädern und anderen Geräten der frühen Technik. Die Blätter von einigen südamerikanischen Ilex-Arten werden für Tee verwendet; der bekannteste, Yerba Mate, stammt vom stark koffeinhaltigen *Ilex paraguariensis*.

DAS LGBT-PROBLEM DER STECHPALME

Menschen wären längst reif für Beratung, wenn sie für die Suche nach geschlechtlicher Identität die Probleme der Stechpalme hätten. Diese ist nämlich in den meisten Fällen diözisch: Eines der Geschlechter verkümmert im Laufe der Entwicklung der Pflanze. Die Zweihäusigkeit der Stechpalmen ist für den Gärtner ein Problem, weil neben den dunkelgrünen Blättern vor allem die dazu kontrastierenden leuchtend roten Beeren als sehr attraktiv empfunden werden. Und

Früchte tragen nur die weiblichen Exemplare, bei den männlichen wartet man vergeblich darauf.

Inzwischen sind eine Vielzahl von Hybriden und Sorten gezüchtet worden. Unter anderem gibt es solche, die nur in männlicher Form vorkommen, also keine Beeren tragen, aber dank ihren schönen Blättern beliebt geworden sind. Dazu gehört etwa die wunderbare *Ilex-aquifolium*-Sorte 'Myrtifolia' mit kleinen stacheligen Blättern und einer Pflanzenspitze wie ein grüner Schneestern. Die Sorten 'Silver Queen' und 'Ferrox Argentea' sind beide steril und nur männlich. Inzwischen existieren aber Kreuzungen mit weiß-goldenem Laub, die zwei Geschlechter auf sich vereinigen und viele Beeren machen. Eine verbreitete Sorte ist 'Alaska', sie hat stark gezackte Blätter und trägt reichlich Beeren.

Besonders attraktiv sind auch die aus *Ilex aquifolium* und *Ilex rugosa* gezüchteten *Ilex meserveae*. Die Sorte 'Blue Angel' hat bläulich-violette Austriebe und dunkles Laub, 'Blue Prince' dagegen ist sehr frostresistent und eignet sich für undurchdringliche Hecken. Deren Schwester 'Blue Princess' ist ebenfalls frosthart und macht reichlich Beeren. Inzwischen wurde in Deutschland aus 'Alaska' und 'Blue Prince' die (weibliche) Sorte 'Winterglanz' gezüchtet.

EIN ILEX ALS ALTERNATIVE

Speziell sind auch die klein- und rundblättrigen japanischen Stechpalmen *Ilex crenata*. Sie werden als Alternative zu den von Pilzkrankheit und Zünsler bedrohten Buchspflanzen empfohlen. Großer Beliebtheit im Blumenhandel erfreut sich die Rote Winterbeere (*Ilex verticillata*) aus Nordamerika mit vielen Beeren an weit abgespreizten, im Winter blattlosen Zweigen. Last, but not least wird auch die Stechpalme zur Herstellung einer Spirituose verwendet, die im Elsass unter dem Namen «*Baie de Houx*» verkauft wird.

Hierzulande ist natürlich die Verwendung als Zierpflanze im Garten am wichtigsten. In unseren Wäldern findet sich die Stechpalme (*Ilex aquifolium*) häufig, selten aber kann sie sich zu großen Bäumen entwickeln; es bleibt meist bei Sträuchern und niederem Buschwerk im Unterholz. An Waldrändern oder frei stehend auf Wiesen wachsen die Ilex jedoch zu wunderschönen regelmäßigen Bäumen heran.

Die passenden Pflanzen zum Weihnachtsfest

Girlanden und Kränze

Unzählige Tannen werden in den Dezembertagen wieder als Weihnachtsbäume verkauft. In Wohnungen, Geschäften und Vorgärten stehen sie dann, bunt geschmückt und oft sogar in Gruppen. Andere Tannenbäume geben ihre Äste zur Fabrikation von Girlanden ab, die, mit farbigem Band umwickelt, Hauseingänge, Schaufenster, Treppengeländer und Kamineinfassungen verzieren. Schon für die Nikolausfeier verschönerten einige Fichtenzweiglein den Tisch mit den Erdnüssen und Mandarinen.

Neben dem klassischen Adventskranz aus Nadelholzzweigen und vier Kerzen setzen sich mehr und mehr auch Kränze aus anderen Laubsorten durch. Die oben dunkelgrün glänzenden und unten mattbraunen Blätter der *Magnolia grandiflora* (Immergrüne Magnolie) ergeben, abwechslungsweise auf einer Kranzunterlage befestigt, eine elegante, an Lederobjekte erinnernde Dekoration für Haustür und Wohnzimmer. Aber andere immergrüne Blätter eignen sich ebenso gut: Olivenlaub, die Blätter der Steineiche oder der Korkeiche und viele mehr. Attraktiv ist das Spiel der Blätter, die auf der Oberseite grün sind und auf der Unterseite silbern schimmern. Aber nicht nur die Blätter sind dekorativ, auch Eicheln im Laub oder Zapfen machen Kränze speziell. Mit einem biegsamen Eisendraht oder mit der Heißklebepistole lassen sich aus den Zapfen diverser Koniferen hübsche Kränze formen, die im Innern mit Blumen ausgefüllt oder mit Schleifen festlich dekoriert werden können.

WEIHNACHTSSTERNE DRÄNGEN SICH IN SCHAREN IN DIE LÄDEN

Ob wir die Weihnachtssterne mögen oder nicht, wegdenken aus der festlichen Zeit lassen sie sich nicht so leicht. *Euphorbia pulcherrima*, die ursprünglich aus Mittel- und Südamerika stammenden Art der Wolfsmilch, hat als knallroter Weihnachtsstern weltweit Karriere gemacht. Hunderttausende werden jedes Jahr in der Adventszeit auf den Markt gebracht, was den Gärt-

nereien die Möglichkeit bietet, in einer sonst eher flauen Saison Umsatz zu machen. Allein in Deutschland werden in der Weihnachtszeit rund vierzig Millionen von ihnen verkauft.

Gerade wegen ihrer Omnipräsenz haben wir sie bisher verabscheut: In Geschäften und Hotelhallen, in Wohnungen und Büros finden sie sich, ja selbst in minimalisierter Form, in Töpfchen, so groß wie Fünf-Franken-Stücke, stehen sie auf den Tischen von Restaurants und Cafés. Mit ihrem knalligen Rot sind sie ein wahrer Gräuel. Und es fällt kaum mehr auf, dass sie manchmal sowieso schon aus Plastik sind, so leblos und immer gleich wirken sie. Knallige Farben nutzen sich schnell ab, wenn man sie zu häufig sieht. Offenbar haben die Gärtner die Gefahr erkannt, dass man der «schönsten» («*pulcherrima*») der Euphorbien überdrüssig werden könnte, und deshalb haben sie nun eine Vielzahl neuer Züchtungen auf den Markt gebracht. Weiß gibt es sie schon länger, aber so verblichen wirken sie verlebt oder gar abgelebt. Lockerer wirken die panaschierten. Viel spannender aber sind die neuen Zyklam- oder Rosatöne. Die Gärtner nennen sie 'Princettia'. Sie sind dezent, und, ja, sie gefallen einem – solange sie noch nicht überall zu sehen sind.

Weihnachtssterne wollen nicht zu viel und nicht zu wenig Wasser, sind sonst aber anspruchslos und pflegeleicht. Wenn man gut zum Weihnachtsstern schaut, riskiert man allerdings, dass er noch an Ostern schön aussieht und man ihn gar nicht mehr loswird.

STATT KNALLIGEM ROT STRAHLENDES WEISS

Weihnachtsstern, Mistelzweig und Stechpalmen werden aber in den Schatten gestellt von den Christrosen (*Helleborus niger*), die mit ihren

reinweißen großen Blüten und den gelben Staubgefäßen im Dezember schon den Frühling vorwegzunehmen scheinen. Es werden immer neue
Sorten mit immer mehr und größeren Blüten
gezüchtet. Die auf die Festtage hin mit einem
gewaltigen Doping versehenen Pflanzen neigen
aber leider dazu, im Innern zu faulen. Man muss
vorsichtig sein mit Gießen und sie dann in einer
milden Winterwoche in den Garten pflanzen. So
kann man sich im nächsten Jahr wieder an Blüten freuen, wenn auch nicht an einer derartigen
Explosion, wie sie die Produktionsgärtnereien
zu erzeugen verstehen.

RITTERSTERNE? AMARYLLIS!

Natürlich gehören mehr und mehr die Amaryllis zu den weihnächtlichen Pflanzen. Die moderne Botanik hat sie eigentlich längst als eine
andere Gattung eingereiht, und sie heißen nun
Rittersterne (*Hippeastrum*). Aber um derartige
botanische Spitzfindigkeiten kann sich das Marketing nicht kümmern. Vor allem nicht, seit die
Amaryllis/Rittersterne ebenfalls eine kometen-
hafte Entwicklung durchmachen, was die Zucht
ständig neuer Formen und Farben anbelangt.
Es gibt sie riesig in leuchtendem Rot oder Weiß

und allen Varianten, oder aber auch klein und
zierlich, kaum größer als Osterglocken.

Traditionellerweise hat man früher «Weih-
nachts-Tazetten» in der Adventszeit angetrieben,
sodass sie pünktlich zu den Festtagen zur Blüte
kamen. Diese Narzissen mit mehreren Blüten an
einem Stil gedeihen – ähnlich wie die Rittersterne – nahezu ohne Substrat auf feuchtem Kies
oder Sand und blühen reichhaltig aus den im
Sommer in den Zwiebeln eingelagerten Reserven. Im alten China trieb man diese Narzissen
auf den Neujahrstag hin, die «einhundertköpfige
Wasserfee» verhieß Glück für das neue Jahr. Es
gibt verschiedene Sorten, fast alle in strahlendem Weiß, und sie verströmen einen hinreißenden Geruch.

Auch sie kann man nach der Blüte in den
Garten setzen oder in eine Balkonkiste. Sie entwickeln dann viele Blätter und sammeln Kraft
fürs nächste Jahr. Das reicht aber nicht für ein
weiteres Antreiben im Zimmer, man überlässt
sie besser ihrem natürlichen Zyklus und freut
sich erst im übernächsten Frühling an ihren
Blüten. Geeignete Sorten sind *Narcissus tazetta*
'Ziva' oder 'Paperwhite'.

Die Blume der Weihnacht

Christrosen zum Sammeln

Selbst die Pflanzen haben in der Konsumgesellschaft Bedingungen zu erfüllen: Immer neue
Sorten sollen auf dem Markt die Käufer locken.

In den großen Gartencentern ist die Adventszeit zu einem letzten größeren Hype im Jahr
geworden, und dies nicht nur dank einem gro-

ßen Angebot an Dekorationsartikeln, sondern ebenso wegen der für die Vorweihnachtszeit typischen Blumen. Es geht dabei um die Christrosen, die mit ihren glänzenden dunkelgrünen Blättern und ihren zarten, großen weißen Blüten von Weihnachten bis in den Frühling hinein zu begeistern vermögen: *Helleborus niger*, auf Deutsch auch Weihnachtsrose oder Schneerose. Das lateinische *niger* (schwarz) des Artnamens, das bei einer derart strahlend weißen Blume erstaunt, kommt von der schwarzen Wurzel der Pflanze. Die Blüte in der Adventszeit führen die Gärtner natürlich künstlich herbei; draußen im Garten blühen die meisten Helleborus-Arten im Spätwinter. In der Natur – bei uns vor allem in der Südschweiz – finden sich zwei Unterarten, *subsp. niger* mit dunkelgrünen Blättern und *subsp. macranthus* mit blaugrünen Blättern. Die aparten naturnahen Sorten wie 'Verboom Beauty' blühen, noch bevor ihre Blätter treiben, die andern zusammen mit ihrem Grün.

GOLD COLLECTION

Die meisten Hellebori werden heute vegetativ vermehrt – etwa von der Gärtnerei Heuger in Westfalen – und sind sortenrein im Handel. Die «Gold Collection» wird in Europa, Nordamerika und Japan angeboten. Da sich die Arten der Gattung untereinander kreuzen lassen, umfasst die «Collection» auch Hybriden mit der im frühen Frühling blühenden Lenzrose (*Helleborus orientalis*), der stacheligen Korsischen Nieswurz (*Helleborus argutifolius*), der Kroatischen Nieswurz (*Helleborus croaticus*) oder der Balearen-Nieswurz (*Helleborus lividus*) und vielen anderen, sodass die Farbpalette von ganz reinem Weiß, 'Jacob', 'Jonas', 'Joel', 'Jessy', 'Wintergold', 'Joshua' oder 'Goldmarie' – mit kräftig gelben Staubbeuteln –, über die gefüllten weißen wie 'Snow Frills' und die etwas grün angehauchten 'Ice Breaker' bis zu den rosa getönten 'Shooting Star', 'Pink Forest', 'Merlin' und 'Maestro' reicht. Die Letzteren sind meist auch etwas höher im Wuchs und haben gräuliche, stachelbewehrte Blätter.

Die «Gold Collection» umfasst übrigens ebenso die Sektion «Spring Promise», die jedes Sammlerherz höherschlagen lässt. Sie umfasst hinreißende Lenzrosen-Hybriden mit verschiedenfarbigen, gepunkteten, geränderten und gefüllten Blüten.

Schmückende Früchte

Die Japanische Skimmie

Oft gelingt dem Frühling der Durchbruch nicht, Schnee, Wind und Regen halten die Temperaturen tief, und Schneeglöckchen, Krokus und weitere Frühlingsboten sehen so jämmerlich aus, als ob sie sich am liebsten wieder in den Boden zurückziehen wollten. Zum Glück verbreiten die roten Beeren der Skimmie, die wir als Winterschmuck auf die Terrasse stellen, noch immer etwas Farbe im häufigen Grau der ersten Monate.

ROTE BEEREN …

Die Skimmie ist ein attraktives Rautengewächs mit weißen Blütenständen und knallroten beerenartigen Früchten. Die klassische *Skimmia japonica* (die Pflanze stammt aus China, Japan und Korea) ist immergrün und hält ausgepflanzt dem Frost stand. Im Topf muss man darauf achten, dass die Tongefäße nicht unter dem Frost leiden. Was der Tontopf aushält, hält in der Regel auch die Skimmie aus. Sie wächst relativ langsam, hat spitz-ovale, ledrige, dunkelgrüne Blätter, rote Stängel und rote Knospen, die sich dann zu vielen kleinen weißen Blüten öffnen. Skimmien sind meist zweihäusig, und wer die roten Früchte will, muss zudem eine unfruchtbare männliche Pflanze kaufen. Sie entschädigt uns mit ihrem Duft etwas dafür, dass sie keine Früchte bilden kann. Die Sorten, die schon seit Langem bei uns in den Gärten stehen, machen Blüten und später Früchte.

Die neueren Sorten tragen die Früchte des Vorjahrs noch, wenn schon die neuen Blüten blühen. Das steigert natürlich ihre Attraktivität. Von der Vielzahl der Sorten, die im Handel sind, ist 'Rubella' gewissermaßen die klassische, mit kompaktem Wuchs und mit rot umrandeten Blättern. Sie ist allerdings männlich und trägt keine Früchte. 'Red Diamond' ist eine der schönsten Sorten, da sie zugleich Beeren und Blüten hat.

… UND WEISSE BEEREN

Sehr attraktiv ist auch die Sorte 'Fructo Alba' oder 'Fructu Albo' – zum Glück muss Cäsar das Latein der Gärtner nicht lesen – mit weißen Früchten. Sie erinnert mit ihren kleinen dunkelgrünen Blättern und den weißen Beeren an eine Mistel, allerdings im Boden verankert.

Skimmien sind dekorativ, ob mit weißen oder roten Beeren.

Der Mistelzweig gehört zur Weihnachtszeit, wenn er auch eine heidnische Vergangenheit hat.

Au gui l'an neuf!

Die Mistel, «magischer» Parasit

Wie erwähnt ist für Angelsachsen der weihnächtliche Mistelzweig gewissermaßen ein Freibrief dafür, darunter stehende Frauen zu küssen. Für die Franzosen ist dieser Brauch weniger erotisch aufgeladen, man küsst sich am Neujahrstag unter dem Mistelzweig, um sich ein gutes Jahr zu wünschen: «Au gui l'an neuf.» Die Formel lehnt sich an das keltische «o ghel an heu» an – «auf dass der Weizen keime».

IMMER DIESE VERWECHSLUNGEN!

Unachtsame Menschen verwechseln gerne die Mistel mit der Mispel. Das ist halt so ein Gelispel. Die Mispel (*Mespilus germanica*) ist ein

großer Baum, der kleine braune Früchte trägt, um derentwillen er kultiviert wird. Überdies gibt es noch die Wollmispel (*Eriobotrya japonica*, Nespolo, Néflier, Loquat), die von Ostasien in den Mittelmeerbereich gekommen ist. Ihre orangefarbenen Früchte werden fast so sehr geschätzt wie Zitrusfrüchte. Ein Hinweis auf die Etymologie des Namens lässt einen jedoch nie mehr vom T aufs P stolpern: Die Samen der Misteln werden von Vögeln verbreitet, indem sie mit dem Vogelmist auf den Wirtspflanzen landen. Ja, die Mistel ist ein Parasit, sie lebt von den Säften der Bäume, in die sie hineinwächst. Sie ist aber selbst zur Fotosynthese imstande und damit nur ein Halbschmarotzer. Botanisch gesehen gehört die Mistel in die Familie der Sandelholzgewächse. In unseren Regionen gibt es die immergrüne, weißbeerige Mistel (*Viscum alba*), die in verschiedenen Unterarten vorkommt, je nach den bevorzugten Gastbäumen, etwa die Laubholz-Mistel, die Tannen-Mistel oder die Föhren-Mistel. Platanen, Birnen oder Kirschen sind mistelfrei, Apfelbäume dagegen stark befallen, ebenso wie die Birken, Robinien und Linden. *Viscum*, der lateinische Name der Mistel, bedeutet «Leim», denn die Beeren der Pflanzen sind klebrig, damit sie an den Ästen haften. Aus ihrem klebrigen Saft hat man früher Vogelleim hergestellt. Weniger bekannt ist bei uns die Eichen-Mistel (*Loranthus europaeus*), die gelben Beeren bildet und im Winter das Laub verliert.

HAUPTZUTAT FÜR DEN ZAUBERTRANK

Die Mistel ist zweihäusig wie die Stechpalmen: Unsere Weihnachtsgirlanden sind eine echt weibliche Angelegenheit, da ja nur die weibli-chen Pflanzen Früchte tragen. Die schmarotzerischen Misteln galten früher als heidnisches Gewächs. Den Kelten waren die Misteln heilig und ein universales Heilmittel, was jeder weiß, der Obelix auf den Bäumen herumklettern sah, um die wichtigste Zutat für den Zaubertrank des Druiden Miraculix zu suchen. Aber noch heute werden den Misteln wundersame Heilkräfte zugeschrieben. In der anthroposophischen Medizin nimmt man an, dass sie sogar gegen Krebs helfen, aber es wurde nie wissenschaftlich bewiesen. Im Mittelalter glaubte man, dass sie ein Zaubermittel gegen das Verhexen seien. Vielleicht hat man sie ins Weihnachtsfest integriert, um sie unter Kontrolle zu bringen, vielleicht aber auch nur, weil sie wirklich sehr dekorativ sind mit ihren schlanken Blätterpaaren und den weißen, fast transparenten Früchten. Im Sommer sieht man kaum etwas von ihnen, fällt aber das Laub, zeichnen sich die Zweige als meist fast runde olivfarbene Kugeln in den kahlen Baumkronen ab.

Frost

Kontrollblick auf Leitungen und Pflanzen

Nähert sich nächtlicher Frost mit Temperaturen unter null Grad, sollte man im Garten kontrollieren ob man alle Leitungen abgestellt und entleert hat. Wenn das nicht der Fall war, darf man auf eine leichte Erwärmung über den Tag hoffen. Und wenn man den Wasserhahn etwas tropfen lässt, sollte das bei Temperaturen um den Gefrierpunkt vor Schäden schützen, dann aber müssen die Installationen seriös entleert werden. Kontrollieren sollte man auch immer wieder die Situation der in ihren Winterquartieren ausharrenden Kübelpflanzen. Trotz regelmäßigem Lüften ist vielleicht die Feuchtigkeit, die der andauernde Regen im November gebracht hat, kaum wegzubringen, sodass Fäulnis und Schimmel sich breitmachen können. Da hilft nur ausdauerndes Lüften und sorgfältiges Wegschneiden und Wegputzen abgestorbener Blätter. Je sauberer und hygienischer das Winterquartier unserer Kübelpflanzen ist, umso weniger können sich Krankheitskeime und Schädlinge ausbreiten.

Bei kälteempfindlichen Pflanzen, die im Freien bleiben, kann man jetzt noch Schutzmaßnahmen treffen. Dabei ist zu bedenken, dass bis zum Frühjahr mehrmals Kälteperioden mit lauen Wintertagen wechseln. Schutzhüllen um Pflanzen dürfen deshalb nicht so konstruiert werden, dass Feuchtigkeit und Kondenswasser sich ansammeln, denn Pflanzen verfaulen weit eher, als dass sie erfrieren. Bei Palmen reicht es beispielsweise, allenfalls den Wurzelbereich mit Rindenmulch zu bedecken und die Blätter der Krone zusammenzubinden, damit der Schnee sie nicht abdrückt und die jungen Sprossen etwas geschützt sind. Für empfindlichere Gewächse – Olivenbäume und andere mediterrane Gehölze – kann man den Stamm und die Äste mit Emballage umwickeln, mit Kokosmatten und luftdurchlässigen Vliesen – es gibt auch solche aus Kunststoff –, die vor raschem Abkühlen, aber ebenso vor zu schnellem Auftauen an sonnigen Tagen schützen.

Bei großer Kälte und großer Hitze lassen die Rhododendren die Blätter hängen und rollen sie ein, um die Verdunstung zu minimieren.

Nach einem harten Winter

Mit Geduld zum Frühling

Wenn Föhn und Sturmtief den Schnee in den Niederungen wegfegen, kann man den Garten erstmals in Augenschein nehmen, um zu sehen, was im harten Winter Schaden genommen hat. Im Gegensatz zu den Hanfpalmen, denen es unter ihrem Dach von Schnee offensichtlich wohl war, haben die empfindlicheren Palmen arg gelitten. Noch ist nicht abzusehen, ob sie aus der Mitte heraus wieder neue Blätter treiben. Von den verschiedenen Säckelblumen-Arten (*Ceanothus*) haben wohl nicht alle überlebt: Alle Blätter haben ihr glänzendes Tannengrün gegen ein stumpfes Rostbraun eingetauscht.

Bei den Oliven sind die obersten Zweige braun geworden und sterben ab, aber weiter unten kann man mit neuen Austrieben rechnen. Selbst ein großer Rosmarinbusch, der seit 15 Jahren in geometrisch klarem Kubus die Küchentür säumt, macht jetzt einen schlechten Eindruck. Auch wenn es kein Totalschaden ist, muss er wohl ersetzt werden, weil am alten Holz keine neuen Austriebe zu erwarten sind. Mit den verbliebenen Partien stellte er nichts mehr dar, da ist es besser, einen neuen zu pflanzen. Das gilt ebenso für einige große Thymianstöcke. Diese säen sich selbst aus, und die alten sterben mit der Zeit ab. Ähnliches gilt für die alten Lavendel. Viele haben überlebt, nicht aber die Schopflavendel (*Lavandula stoechas*). Zwei, drei empfindlichere Wolfsmilch-Sorten lassen ihre Rosetten schlaff gegen den Boden hängen, und die durchgefrorenen Stängel sind unter ihrem Gewicht gebrochen. Die müssen, wenn überhaupt, wieder ganz von unten ausschlagen. Erstaunlich problemlos durch den Winter gekommen sind dagegen die *Clematis armandii* und der Sternjasmin (*Trachelospermum jasminoides*), die wir lange nicht ins Freie zu setzen wagten.

GEFÄSSE LEIDEN MEHR ALS PFLANZEN

Ob wirklich etwas eingegangen ist, kann man erst im Juni mit Sicherheit sagen. Viele Pflanzen lassen sich Zeit mit einem allfälligen Neuaustrieb, und man sollte immer genug Geduld aufbringen. Überhaupt nicht zimperlich ist der Frost allerdings mit den billigeren Terrakottagefäßen umgegangen, nur die wirklich guten – zum Beispiel die aus dem toskanischen Städtchen Impruneta – zeigen keine Absplitterungen.

GEFÄHRLICHE SONNENSTRAHLEN

2016 beispielsweise endete das Jahr mit dem trockensten Dezember seit Messbeginn. Zudem fielen die Temperaturen fast jede Nacht unter null. Und der Januar 2017 bestand aus einer fast ununterbrochenen Reihe von Eistagen, Tagen also, an denen das Thermometer unter dem Hochnebel auch tagsüber fast nie auf positive Werte stieg. Harte Zeiten für empfindliche Pflanzen. Zum Glück wurden sie kaum je von Sonnenstrahlen getroffen, sodass die Schäden wohl nicht das gleiche Ausmaß annehmen konnten wie im Februar 2012. Die Farne hängen allerdings schlapp über die Mauern, und die Blätter der Rhododendren baumeln senkrecht herab, eingerollt, damit die Verdunstung durch die Spaltöffnungen (Stomata) der Blätter so gering wie möglich gehalten werden kann.

Die meisten Pflanzen, die den Winter nicht überleben, dörren aus. Die Erde ist wie gefriergetrocknet, die kalte Luft ist da, wo kein Nebel ist, so trocken, dass jede Feuchtigkeit verdunstet. Sogar die kleine Schneedecke, die den Pflanzen Schutz vor der Kälte bot, wurde allmählich immer dünner. Sie schmilzt nicht, aber Schnee und Eis evaporieren direkt in den gasförmigen Zustand, ohne sich zu verflüssigen. Da bleibt kein Tropfen für die durstigen Pflanzen. Zwischen der eingetrockneten Erde und den Wurzeln bilden sich Hohlräume, die Pflanze vermag das durch die Blätter verdunstende Wasser nicht mehr zu ersetzen.

Wer seinen Pflanzen etwas Gutes tun will, sollte bei erster Gelegenheit, wenn die Temperaturen positive Werte aufweisen, mit Kanne oder Schlauch den Garten bewässern. Selbst wenn es etwas regnen sollte, muss unter den Bäumen gewässert werden und vor allem in Moorbeeten mit Rhododendren. Egal, ob die Nachbarn Sie für verrückt halten, Sie handeln klug, vor allem, wenn Sie daran denken, die Wasserleitungen dann vor dem nächsten Kälteeinbruch wieder sorgfältig zu entleeren!

Sonnenbrand – eine heikle Angelegenheit

Kälteschäden an Pflanzen

Vieles in den Gärten ist braun geworden, das bis Ende Januar noch von üppigem Grün war. Die braunen Blätter werden bis in den Sommer hinein wohl in den meisten Fällen durch grüne ersetzt; bei einzelnen Pflanzen muss aber mit einem Totalverlust gerechnet werden.

Grund für die Schädigung der «immergrünen» Blätter war das Zusammenspiel von Kälte und Sonne. Die in der Nacht tiefgefrorenen Blätter wurden am Tag intensiv von der Sonne bestrahlt, was ihre Zellen zerstörte. Wie weit das auch für die Zweige, Äste und Stämme gilt, wird erst dann klar, wenn sie wieder austreiben – oder eben nicht. Das Bild indessen ist eindeutig: Hecken von Kirschlorbeer sind an sonniger Lage total braun, im Schatten eines Baums oder eines Hauses aber noch kräftig grün. Die Chinesischen Hanfpalmen litten stark an der Sonne. Eine schon recht große Palme in der Stadt Zürich, die an der Nordwand eines Hauses wächst, wurde dagegen kaum beeinträchtigt.

Die Bambuspflanzen wurden da, wo sie in der Sonne stehen, fast weiß, im Schatten sind die Blätter noch grün. Pech hatten ebenso die Pflanzen mit panaschierten Blättern, etwa bei den Stechpalmen, dem Japanischen Spindelstrauch (*Euonymus*) oder bei den Rhododendren. Sie waren der UV-Strahlung mehr ausgesetzt als das dunkle Laub – ganz ähnlich wie die hellhäutigen Menschen. Auch die hellgrün-gelbe Monterey-

Zypresse (*Cupressus macrocarpa* 'Goldcrest') erlitt das gleiche Schicksal: Auf der Sonnenseite wurde sie verbrannt, auf der Schattenseite ist sie noch perfekt. Will man sie aber im hellsten Goldton, muss man sie nach dem Rat der Gärtner an die pralle Sonne setzen. Wir glauben, es gut zu meinen mit den südländischen Pflanzen, wenn wir sie an einem möglichst sonnigen Platz pflanzen – und erweisen ihnen damit in kalten Wintern einen Bärendienst.

«SONNENBRAND» DROHT AUCH IM SOMMER

Die Gefahr eines Sonnenbrands droht den Pflanzen übrigens nicht nur im Winter. Nach einer wochenlangen Schlechtwetterperiode im Frühsommer – der Dauerregen führte an vielen Orten zu Überschwemmungen und auf den Feldern und im Gartenbeet verfaulte das Gemüse – brannte die Sonne zwei volle Tage gnadenlos, und zwar ausgerechnet an den längsten Tagen des Jahres, und die Temperatur war auf einmal sommerlich hoch. Schon wenig später konnte man da und dort Pflanzen mit braunen, verbrannten Blättern beobachten. Viele hatten in diesem Frühling kaum Zeit, sich an die Sonne zu gewöhnen, und

plötzlich sengte sie so lange vom Himmel, wie sie nur konnte. Ausgerechnet die grünen Lebewesen, die auf die UV-Strahlung wegen der Fotosynthese angewiesen sind, sind empfindlich auf Sonnenbrand. Während längerer Zeit war es nur das durch die Wolkenschichten dezimierte Ultraviolettlicht, das bis zu den Pflanzen drang, und dann kam plötzlich die Sonne. Teilweise hat es die Rhododendren erwischt, aber auch Rosen und Hortensien. Darüber hinaus konnte man Schäden beobachten bei Pflanzen, die sich eigentlich im Süden wohlfühlen: Beim Crinodendron welkten die jungen Blätter, beim Mammutblatt waren es die kleinsten neu austreibenden Blätter, die sich im falschen Moment an die Sonne wagten. Die großen Blätter hatten sich schon ihren rauen Panzer zugelegt. Das gleiche Schicksal erlitten die Blätter des Reispapierbaums (*Tetrapanax*) und erstaunlicherweise die dunkelroten Rosetten des *Aeonium arboreum* 'Schwarzkopf', obwohl sie schon seit Ostern im Freien standen und sich sehr wohl an die Sonne hätten gewöhnen können. Jedoch haben sich fast überall neue Blattknospen geöffnet, und bald wird man vom Fehlstart in den Sommer nichts mehr merken.

Hecken und Schattengänge

Die Eibe – genügsam und formbar

Wenn im Winter der Raureif die Konturen der Pflanzen nachzeichnet und sie noch deutlicher macht, wirken Hecken und in Form geschnittene

Bäume besonders prägnant. Ganz besonders das dunkle Schwarzgrün der Eiben ergibt dann sehr effektvolle Kontraste. Die roten Samenmäntel der weiblichen Bäume machen diese zusätzlich attraktiv.

RÜCKZUG IN STEILE SCHLUCHTEN

Die Eibe (*Taxus baccata*) ist eine einheimische Baumart. Nach der Eiszeit soll sie weit verbreitet gewesen sein. Heute wächst sie in unwegsamen steilen Tobeln, überall da, wo größere Bäume weniger Chancen haben. Und an solchen Lagen findet man sie immer noch häufig. Sie liebt feuchte, kalkhaltige Erde und kann eine Höhe von 15 Metern erreichen, wozu sie aber viele Jahre braucht. Eigentlich ist die Eibe ein sehr anspruchsloser Baum, der auch in der Stadt allen negativen Einflüssen wie Luftverschmutzung, Hitze und Trockenheit trotzen kann, weshalb sie häufig in Gärten angepflanzt wird.

Eiben werden sehr alt. Die Fortingall Yew in Perthshire (Schottland) wird auf über 6000 Jahre geschätzt. Anderen Schätzungen kommen nur auf 3000 Jahre, was aber immer noch ausreicht, um diese Eibe als ältesten Baum Europas gelten zu lassen. Die Kelten haben die Eiben als heilige Bäume verehrt.

LANGBOGEN UND GIFT

Früh haben die Menschen sich die Eibe auch nützlich gemacht. Ihr langsam wachsendes, zähes und flexibles Holz hat sie unter anderem zum Lieferanten für das Material gemacht, aus dem die Langbogen stammten, eine der erfolgreichsten Waffen der Engländer im Mittelalter. Die roten Samenhüllen sind das Einzige an der Eibe, das nicht giftig ist. Die Vögel lieben diese Früchte und tragen damit sehr zur Verbreitung der Bäume bei. Wenn man die giftigen Kerne ausspuckt und nur den roten Mantel isst, sollte man ungeschoren davonkommen. 50 bis 100 Gramm der Nadeln gelten als tödliche Dosis. Pferde verenden sehr schnell schon an geringen Dosen, weshalb sich Taxushecken nicht für pferdesportliche Anlagen eignen. Zur Ehrenrettung der Gattung muss festgehalten werden, dass die Rinde der Pazifischen Eibe (*Taxus brevifolia*) zur Gewinnung des in der Krebsbehandlung verwendeten Taxols verarbeitet wird.

FORMSCHNITT FÜR DIE EIBEN

Die Gärtner haben sehr früh die Qualitäten der Eibe für die Gartengestaltung erkannt. Das Gehölz lässt sich sehr gut in Formen schneiden und ist – da es auch im Winter grün ist – eine ideale Grundlage für eine Hecke. Die Gärtner haben diverse Wachstumsformen herangezüchtet. 'Fastigiata' bildet dichte, flammenartige Büsche, die an Wacholder erinnern. Für die Formgebung besonders geeignet sind die etwas schneller wachsenden Japanischen Eiben (*Taxus cuspidata*) oder eine Hybridform der beiden (*Taxus × media*). Man kann aus Taxus allerdings nicht nur allerlei Kugeln, Pyramiden oder Kegel schneiden, schon sehr früh hat man erkannt, dass sich die dunkelgrünen Bäume dazu eignen, Schattengänge anzulegen: Die Äste einer Allee von Eiben werden so gebogen, dass ein tunnelartiges grünes Gewölbe entsteht. Irische Mönche haben dies vor Hunderten von Jahren getan: Bei der Kathedrale von Clonfert, der Saint Brendan's Church, gibt es einen «*Yew Walk*» aus über tausendjährigen Eiben, dessen Wege sich kreuzen, wie die Vierung einer Kirche. Auch am Nordrand des Botanischen Gartens Zürich gibt es eine Art Schattengang oder mindestens eine Allee mit Eiben, die noch auf die früheren Besitzer der Liegenschaft zurückgeht. In dieser Gegend sind Eiben sehr häufig an den Rändern der großen Parks zu sehen. Vielleicht hat man sie einst gepflanzt, um sie zu Hecken zu schneiden, was dann vergessen ging.

Mahonien blühen mitten im Winter, und sie behalten auch ihre stacheligen Fiederblätter.

Mahonia - eine Winterblüherin

Die stachelig-elegante Staude

Mitten in der kältesten Zeit des Winters blüht nicht viel. Zwischen den Christrosen und den Winterlingen gibt es einige rosa Blüten von *Prunus subhirtella*, dem im Winter blühenden Kirschbaum, und einige rosarote oder weiße Blüten der Schneeballsträucher (*Viburnum × bodnantense* oder *Viburnum farreri*). Erstaunlicherweise trifft man jedoch hin und wieder in den Gärten auf die kräftig gelben Blüten der Mahonien (*Mahonia × media*). Mahonien stammen aus der Familie der Berberidaceae, und so sehen sie auch aus: unwirtlich und stachelig, wie die einheimischen Berberitzen, welche die Leute in die Vorgärten pflanzen, wenn sie Katzen, Hunde und Kinder davon abhalten wollen,

das Terrain zu betreten. Dafür wird häufig die *Mahonia aquifolium* verwendet, die Gewöhnliche Mahonie. Alle Pflanzen der Gattung haben stacheliges Laub, das an Stechpalmen erinnert, aber mit seinem Dunkelgrün durchaus dekorativ ist. Auch die in Trauben oder Rispen angeordneten Blumen sind schmuck, und sogar die Beeren, die danach heranwachsen, bilden eine hübsche Dekoration.

GRAZILE SOLITÄRPFLANZEN

Vor allem die hochwachsenden Arten, deren gefiederte Blätter wie Farnwedel vom kleinen Stamm abstehen und eine Art Rosette bilden, sind sehr attraktiv im Garten. Sie sind elegante

Solitärpflanzen, die sich abheben von den stacheligen Gebüschen der anderen Arten der Gattung. Da sie in den Gärtnereien wie die meisten Pflanzen in Töpfen angeboten werden, glaubt man, sie seien nicht winterhart. Das stimmt aber nicht. Die *Mahonia lomariifolia* (Lomariablättrige Mahonia) und mehr noch die von Gärtnern aus ihr und der *Mahonia japonica* (Japanische Mahonia) gezüchtete Hybride *Mahonia × media* – die schönsten Sorten heißen 'Buckland', 'Winter Sun' oder 'Charity' – sind frostbeständig. In strengen Bisenlagen können die Blüten zwar etwas leiden, sie liegen fast flach auf der obersten Blattrosette, aber sobald eine mildere Wintersonne sie wieder aus dem eisigen Schlaf erweckt, blühen sie weiter, als wenn nichts gewesen wäre.

DER GÄRTNER BERNARD MCMAHON

Über siebzig Mahonien-Arten sind bekannt. Sie stammen aus Asien und Amerika, und ihren Namen verdanken sie nicht etwa dem Marschall Patrice de Mac-Mahon des Zweiten Kaiserreichs und späteren französischen Staatspräsidenten, sondern einem amerikanischen Gärtner mit dem gleichen Namen, Bernard McMahon (1775 – 1816), der einige Jahrzehnte früher gelebt hat. Ökologisch sind sie nicht ohne Bedeutung: Ihr Honigertrag liegt bei 44 Kilogramm pro Hektar, und aus ihren Beeren lässt sich ein Wein herstellen – die Pflanze wird auch «Vigne de l'Oregon» genannt – oder eine Konfitüre, von der zu kosten wir noch nie das Vergnügen hatten, die in botanischen Büchern aber gelobt wird. Ferner stellt man aus ihr hautpflegende Essenzen her und hofft, mit ihr eine wirksame Waffe gegen Psoriasis gefunden zu haben. Die stattlichste Art der Gattung ist übrigens die *Mahonia bealei*, die Schmuck- oder Lederblatt-Mahonie aus dem Himalaja, die zwei Meter hoch werden kann, in wintermilden Gebieten sogar vier Meter!

Beeren am Waldrand und im Wald: Schlehen, Solanum, Hagebutte, Stechpalme.

Farbtupfer im Winterwald

Beeren gibt's nicht nur im Sommer

Wenn wir im winterlichen Wald spazieren gehen, sind wir von etwas Tannengrün und vielen Brauntönen umgeben. Das Laub am Boden ist zusammengedrückt und raschelt kaum mehr, und keine Blume zieht unsere Aufmerksamkeit an. Noch blüht auch die Duft-Heckenkirsche (*Lonicera purpusii*) nicht, aber wenn der Februar mild wird, müssen wir nicht mehr lange auf den frisch-süßen Duft ihrer wenig auffallenden Blüten warten.

SCHLEHEN AM WALDRAND

Vorerst sind es die Beeren, die Früchte der Blüten vom vergangenen Jahr, die vereinzelte Farbtupfer setzen im Winterwald. Am Waldrand finden sich viele. Etwa der Schwarzdorn (*Prunus spinosa*), an dem noch vereinzelte Schlehen hängen, kleine Miniaturzwetschgen. Ein Zeichen, dass der Winter bisher nicht allzu hart war, sonst hätten die Vögel sie geholt. Sie sind nun fast überreif, aber noch immer sind sie so ätzend adstringierend, dass sie uns im Mund keine Freude machen. Im spanischen Navarra gewinnt man aus ihnen den Schnaps Pacharán – und in flüssiger Form sind sie durchaus genießbar. Hie und da finden sich auch noch rote Weißdorn-Beeren. Da sich der Schwarzdorn ganz in eine weiße Blütenpracht hüllt, bevor er Blätter macht, ist er natürlich attraktiver als der Weißdorn (*Crataegus oxyacantha*), der blüht, wenn schon die Blätter geöffnet sind. Zudem sind Weißdorn-Bäume häufig Opfer des gefährlichen Feuerbrands, einer bakteriellen Infektion, der

gewisse Rosengewächse bevorzugt befällt. Gut, dass Marcel Proust das nicht mehr erleben muss. Er war von den «*aubépines*» von Combray so hingerissen, dass er sie nur mit dem Vokabular der Kirche zu beschreiben vermochte, entdeckte in ihnen jedoch einen Duft, der ihn an junge Mädchen denken ließ. Die Vögel sind da unkomplizierter, sie sind nur an den Beeren interessiert, womit sie zur Vermehrung der Bäume und Sträucher beitragen.

VÖGEL, BEEREN UND VOGELBEEREN

Mit diversen Früchten haben die Vögel aber ihre Mühe. Die Hagebutten, die an den Waldrändern von den kahlen Zweigen der wilden Hunds-Rosen (*Rosa canina*) hängen, und auch die kräftig roten – für den Menschen giftigen – Beeren der Stechpalmen bleiben bis weit in den Februar unangetastet. Nur wenn es wirklich extrem kalt ist und der Boden schneebedeckt, werden diese Reserven angebraucht. Es kann sein, dass zum Frühjahr hin ein Schwarm einer Drosselart über die Ilex und die Hagebutten herfällt und sie in wenigen Minuten leer frisst. Welche Drosseln das genau sind, haben wir noch nie herausgefunden. Es gibt 175 verschiedene Arten, und viele unterscheiden sich nur in Nuancen. Weit früher schon geht es den Beeren der Ebereschen an den Kragen. Die kleinen apfelartigen Früchte behagen den Vögeln – weshalb der Volksmund von Vogelbeeren spricht. Auch für den Menschen sind sie ungiftig und eignen sich für Konfitüren und Chutneys. Eine besonders hübsche Beere liefert der Bittersüße Nachtschatten (*Solanum dulcamara*). Die Pflanze klettert im Sommer über die anderen Sträucher und macht kleine violette Blüten. Nun, im Winter, sind die Beeren von einer fast transparenten Konsistenz und leuchtend rot. Stängel und Blätter sind tot, aber die im einfallenden Sonnenlicht strahlend leuchtenden Beeren sind eine Zierde des Waldrands – nur leider eine hochgiftige.

Gärtnern im Kopf

Ein Eldorado auf Papier

Was macht eigentlich ein Gartenkolumnist im strengsten Hochwinter? Irgendwann verleidet es einem, jeden Tag draußen nachzusehen, ob denn schon die ersten Schneeglöckchen aufblühen, oder sich von Hamamelis oder Winterblüte zu Begeisterungsstürmen bewegen zu lassen. Das Winterprogramm des leidenschaftlichen Gärtners kann ja so schön sein: Eingegraben in einem Sessel vor dem Kaminfeuer und eingemauert in Bergen von Büchern, die fast alle einen grünen Rücken zeigen, genießen wir den Wald und den Garten in prächtigen Bildbänden, die so anregend sein können wie erotische Gemälde, so aufregend wie Kriminalromane und so lustvoll-sinnlich wie Kochbücher.

PFLANZENLISTEN

Daneben Notizblock und Bleistift, denn all die Ideen, die man in weiträumigen Parkanlagen umgesetzt sieht, möchte man auf dem halben Quadratmeter, der im Garten noch zur Verfügung steht, im Frühling ja ebenfalls verwirklichen. Und auf einem weiteren Zettel stapeln sich die lateinischen Gattungs-, Art- und Sortennamen von all den selte-

nen und spannenden Pflanzen, die man unbedingt auch haben will.

Und schon muss eine neue Liste her: Für all die Parks und Landschaften, die man sich vornimmt, in der Blütezeit der Pflanzen zu besuchen. Etwa die Felder von Lilien in den Pyrenäen oder die Orchideenwiesen in den Cevennen. Die Primelrasen an den feuchten Berghängen von Zentralchina vergessen wir wohl eher. Gute Chancen, auf die Liste zu kommen, haben dagegen die Wollgrassümpfe auf der Greina-Ebene in den Bündner Bergen oder die Paradieslilien aus dem Val d'Hérens im Wallis. Dick unterstrichen wird Tregothnan, ein botanischer Garten in Südengland, die Palmfarnhaine von Treidden oder Pentillie Castle über dem Fluss Tamar. Ja, auch Cornwall muss auf die Liste.

Im Winter, wenn sich Kältewellen des Winters aus dem Norden und Regentiefs aus dem Westen abwechseln, hat der Garten seine große Pause. Aber gerade im Winter, wenn sie kahl sind, fällt einem der Wuchs der Bäume besonders auf, und man hat Zeit sich zu überlegen, wie sie geschnitten werden sollen, um eine optimale Wirkung zu erzielen.

DEN INDIVIDUELLEN CHARAKTER DER BÄUME ERKENNEN

Bäume sind nicht nur Schattenspender; sie sind große Pflanzen mit unverwechselbarem, eigenständigem Charakter. Da sie unter Umständen mehrere Jahrhunderte, ja Jahrtausende lang leben, lohnt es sich, sie persönlich in der Baumschule auszusuchen, denn kein Baum ist gleich wie der andere. Jeder hat seine ganz eigene Art des Wachstums, wie man leicht bei einem Waldspaziergang beobachten kann. Die japanischen Gärtner sind absolute Spezialisten darin, diese individuellen Eigenschaften zu beobachten und sie dann zu verstärken durch das Schneiden und Binden der Bäume, so wie es einem guten Regisseur gelingt, die in einem Schauspieler angelegten Charakterzüge herauszuarbeiten. Nicht immer will man eine Baumkrone gleichmäßig im Raum verteilt sehen, oft ist es reizvoller, einzelne knorrige Äste herausragen zu lassen. Auch die Einwirkungen von Wind und Wetter können im Garten verstärkt werden: Drei Bäume, die sich in gleicher Richtung beugen, erwecken den Eindruck von Wind und Sturm, selbst wenn kaum ein Lüftchen weht. Bücher über japanische Gärten lassen sich wie Drehbücher lesen, wobei Rotkiefern, Mädchenkiefern, Sichel-, Spieß- und Schirmtannen sowie Azaleen, Ahorn, Kirschen, Enkianthus und Magnolien die Protagonisten abgeben. Mit all den Plänen und Listen wähnt man sich so gut auf die Gartensaison vorbereitet, dass man diese nun doch mit Ungeduld erwartet.

Von Weihnachten bis Ostern

Die Kretische Schwertlilie blüht im Winter

Die klassischen Frühblüher Krokus, Schneeglöckchen und sogar die Christrose bekommen Konkurrenz: die blaue Kretische Schwertlilie (*Iris unguicularis*) blüht, wenn ihr der Standort zusagt, über den ganzen Winter. Natürlich ertragen die zarten – und sehr wohlriechenden – Blüten Frost und Schnee nicht, wohl aber die Knospen. Wird das Klima etwas besser, macht die Schwertlilie neue Blüten. Sie stammt ursprünglich von den griechischen Inseln, aus der Türkei, Syrien und Nordafrika. In den angelsächsischen Ländern ist sie unter dem Namen «Algerische Iris» bekannt.

Man darf die *Iris unguicularis* aber nicht mit der im zeitigen Frühjahr blühenden Zwerggiris der Reticulata-Gruppe verwechseln oder mit der hübschen vielfarbigen Hybride 'Katharine Hodgkin'. Sie haben alle eine ähnliche Zeichnung wie die Kretische Schwertlilie, aber sie wachsen aus Zwiebeln und haben feine, fast grasförmige Blätter, während die *Unguicularis* mit Rhizomen wächst und die breiteren Blätter einer Schwertlilie hat. Mit ihrer hübschen gelben Zeichnung in der Tiefe der dreizählig angeordneten inneren Kronblätter ist die *Iris unguicularis* nahezu das Urbild der berühmten Fleur-de-Lys, der Lilie der Heraldik, die wir von den Wappen der französischen Könige kennen oder vom Stadtwappen von Florenz, das Anatol Frances Liebesroman *Le lys rouge* (*Die rote Lilie*) den Namen gegeben hat.

Die welken Blätter bleiben an der Pflanze und schützen die Blüten. Schon in der Natur findet sich die *Iris unguicularis* in verschiedenen Farben, die Züchter haben indessen noch viele neue Hybriden geschaffen, sodass es schwierig ist, die authentische Naturform in einer Gärt-nerei auszumachen. Nahe verwandt mit ihr ist die *Iris lasica* aus dem Norden der Türkei und Georgien, die ein eher schattig-feuchtes Umfeld bevorzugt. Aber wie pflege ich sie richtig? Die berühmte englische Schriftstellerin und Gartenkolumnistin Vita Sackville-West hat pointiert dazu das Richtige geschrieben: «Die Freundlichkeit, soweit es die *Iris unguicularis* betrifft, besteht darin, sie hungern zu lassen.» Sie braucht viel Sonne und einen sehr kargen, lehmig-kalkigen Boden. In zu nährstoffreichem Boden macht die Iris nur viele Blätter, aber wenig Blüten.

Die Kretische oder Algerische Schwertlilie blüht im Winter.

Von den Christrosen zu den Lenzrosen

Die Pflanzengattung der Helleborus

Lange vor Weihnachten sieht man die regelmäßigen weißen Blüten der Christrosen, der Schwarzen Nieswurz, wieder in allen Blumenläden. Tatsächlich beginnen sie in milden Wintern mit der Blüte, die Gärtner haben keine Probleme, sie so zu treiben, dass sie um die Weihnachtszeit blühen. Im Tessin und in der Region der oberitalienischen Seen sind dann im Februar die Wälder voll von blühenden Christrosen, meist begleitet vom Blau der Leberblümchen und von den roten Beeren des Mäusedorns.

Die Schönheit der Christrose begründet sich sicher im reinen Weiß ihrer Blüten – das im Äußern von einem rosa Hauch begleitet sein kann –, aber auch in der gleichmäßigen Anordnung der Staubblätter, die mit ihren Pollenbehältern einen inneren gelben Tuff bilden. Die Blume erinnert mit ihren sechs Kronblättern an die im Frühling blühenden großen Anemonen, die ja wie die Nieswurz zur Familie der Hahnenfußgewächse gehören. Immer neue Knospen wachsen zwischen die bereits offenen Blumen hinauf, und dieses Bukett ist umgeben von ledrigen, dunkelgrünen, regelmäßig geteilten Blättern.

STINKENDE, KORSISCHE UND GRÜNE NIESWURZ

Aber die Christrose ist nicht die einzige ihrer Gattung, die im Winter schon zu blühen beginnt. Auch die Stinkende Nieswurz (*Helleborus foetidus*), trotz des nicht schmeichelnden Namens eine attraktive Pflanze mit einem rosettenartigen Wachstum der tief eingeschnittenen dunkelgrünen Blätter, beginnt bereits im Winter mit der Blüte. Die sich nie ganz öffnenden Blütenblätter – eigentlich die Kelchblätter – sind hellgrün mit einem feinen roten Saum; etwas unscheinbar, weshalb man kaum auf die Pflanze achtet. Sie wächst an trockenen Hängen in lichtem Wald, aber ebenso am Rande der Autobahn. Der Jura ist ihre Lieblingsregion, von Genf bis zur Lägern und zum Randen und weit nach Süddeutschland hinein. Noch eine dritte Art, die Korsische Nieswurz (*Helleborus argutifolius*), macht im Winter schon Knospen und Blüten. Es handelt sich um eine kräftige Staude mit gezahnten stacheligen Blättern und großen hellgrünen Blüten, die bei uns nur in den Gärten zu finden ist. Frei wachsend ist aber auch die Grüne Nieswurz (*Helleborus viridis*) noch zu finden. Sie gleicht im Aufbau der Blüte und dem einblütigen Stängel der Christrose, hat aber immer lindengrüne Blüten. Ihre Standorte sind feuchte Wiesen und lichte Hecken.

ORIENTALISCHE NIESWURZ

Nur aus den Gärten verwildert sind bei uns die Pflanzen der Orientalischen Nieswurz (*Helleborus orientalis*) in der freien Natur zu finden. Das geschieht nicht selten, denn diese Art sät sich sehr leicht selbst aus. Beheimatet ist sie in der Region vom Balkan über die Türkei bis zum Kaukasus, und sie ist sehr winterhart. Sie ist in guter, humoser Gartenerde einfach zu kultivieren. Ihre höher als bei den anderen Arten aufragenden Blüten sind rot, grünlichrot, oder aber braunrot bis dunkelrot. Vor dem dunkeln Blütenhintergrund zeichnen sich die hellen Staubgefäße sehr schön ab. Kein Wunder also, dass sie zu einem Lieblingsobjekt der Züchter geworden ist. In England findet sich eine Vielzahl wunderschöner Hybriden, etwa die sehr dunkelroten 'Queen of the Night' oder 'Atrorubens'. Bezaubernd ist 'Guttatus', deren weiße Blütenblätter nur in der Mitte mit einem Feuerwerk aus roten Pünktchen dekoriert sind. Man kennt auch gefüllte Blüten. Die englische Züchterin und Sammlerin Elizabeth Strangman hat in Montenegro diese Varietäten gefunden, sie vermehrt und ihnen die Namen 'Aeneas' und 'Dido' gegeben. Die Farbpalette der Lenzrosen reicht vom reinen Weiß der Christrosen über Gelb, Hellgrün, Rosa bis zu violetten, weinroten, ja metallisch dunklen Tönen, die man bei Blumen «schwarz» nennen kann. Neben den «normalen» fünf Blütenblättern gibt es Kreuzungen mit vielen kleinen Petalen, solchen, die innen «gefüllt» sind, das heißt, dass ein Teil der Staubblätter sich zu röhrenförmigen Blütenblättern umwandelt.

EIN MITTEL FÜR «VERRÜCKTE FRAUEN»
Jedes Jahr denkt man, dass in Sachen Christrosen – in Deutschland oft als Schneerosen bezeichnet – schon alles auf dem Markt ist, was man sich vorstellen kann. Und als ob das nicht schon genug wäre, sind nun auch Lenzrosen (*Helleborus orientalis*) erhältlich, die schon im November zu blühen beginnen. Es gibt die zart-rosa 'Penny's Pink' als Kreuzung beider Arten. Noch viele andere Arten wurden eingekreuzt, etwa *Helleborus × ericsmithii* oder *Helleborus × ballardiae*. An den Laubblättern erkennt man sie. Die Blätter der Christrosen sind fleischigledrig, dunkelgrün, und sie sind in sieben bis neun meist ganzrandige Abschnitte gegliedert. Die Blätter der Lenzrosen sind heller, dünner, feinnervig und oft mit einem gezähnten Rand versehen. Da man die Lenzrosen immer früher blühend züchtet und die Christrose immer länger blühend, gibt es eigentlich keine Zwischenzeit mehr, in der keine Nieswurz im Garten blüht. Darf man sich da noch wundern, dass der Winter immer häufiger indigniert verschwindet, wenn man die Blüten des Herbstes und die des Frühlings mehr und mehr zusammenbringt?

Die Helleborus-Arten sind alle giftig und gerade deshalb pharmakologisch interessant. Wie ihr Name sagt, wurde die Wurzel genutzt, um Niesreiz zu provozieren. Die unterirdischen Teile enthalten Hellebrin, ein Glykosid, aber auch die Samen können Vergiftungen auslösen. Man erhoffte sich eine heilsame Wirkung auf Zustände geistiger Verwirrung. «Ein Häppchen Nieswurz säubert Hirn und Nas – das beste Mittel für verrückte Frauen» lässt Molière in *Amphitryon* sagen. Im 19. Jahrhundert gab es Todesfälle wegen der Verwendung von Helleborus als Wurmmittel. Keine Angst in wilden Silvesternächten: Die deutsche Spielwaren- und Scherzartikelverordnung verbietet die Nieswurz im Niespulver heute ausdrücklich.

Sich anschleichender Frühling

Ausbleiben des Winters – zu frühe Blüte

Dass der Winter in seiner strengen, kalten Form manchmal weitgehend ausbleibt, beunruhigt viele Garten- und Pflanzenfreunde. Spüren wir die Folgen des Klimawandels nun schon im Garten? Tatsächlich sind warme, sonnige Wintertage, an denen sich der Frühling anschleicht, lang bevor der Kalender es vorsieht, für die Pflanzen weniger ideal als für uns. Sie treiben zu früh aus, und das Risiko ist groß, dass sie bei einem starken Frost ihre allzu früh ausgetriebenen Knospen oder Blätter verlieren. Das bringt in der Regel keinen Totalschaden für die Pflanzen, aber bei einigen könnten die Blüten für das laufende Jahr und damit auch die Früchte zerstört werden, wenn sich doch noch ein später Winter manifestiert. Ende Februar ist es ja fast normal, dass schon etwas blüht im Garten. Auf den ersten Rosenblättchen, welche die sonnigen Tage hervorgetrieben haben, krabbeln schon die gierigen Blattläuse herum, die ebenfalls vom milden Winter profitiert haben.

Darf man als Verfasser einer Gartenkolumne in jedem Frühling verbal in Verzücken ausbrechen über die Pracht der ersten Blüten? Man muss! Wer die Pflanzen liebt, wird das Ende des Winters feiern, auch dann, wenn dieser kaum stattgefunden hat – oder noch nicht, denn reiche Schneefälle oder Kälteeinbrüche im März oder April sind keine Seltenheit. Gerade aber die Verletzlichkeit der ersten Blüten und deren Gefährdung machen sie für uns so wertvoll. Traurig, wenn die Blüten der weißen Kamelien im Nassschnee verfaulen oder wenn die Magnolien im Schneetreiben die Blütenblätter fallen lassen. Deshalb freut man sich umso mehr, wenn, wie in den vergangenen Februarwochen, die Krokusse und die Winterlinge, die Iris und die Zyklamen um die Wette blühen.

PFLANZLICHE KONSTANTEN IN EINER SICH WANDELNDEN WELT

Vor bald hundert Jahren schrieb Vita Sackville-West in ihrer Gartenkolumne im Januar von den gleichen Blüten, die selbst uns noch als Frühblüher bekannt sind. Zum Glück gibt es bei aller Veränderung in der Welt noch einige Konstanten in der Natur! *Prunus subhirtella* 'Autumnalis', die zart-weißen Kirschblüten, *Chimonanthus fragrans*, die wohlriechende Winterblüte, Hamamelis, die Zaubernuss und natürlich den Gelben Jasmin hat sie in ihrem Garten zur Winterzeit angetroffen. Und im Februar findet sie schon Schneeglöckchen, Winterlinge, Frühlingsalpenveilchen und jede Menge Krokusse ums Haus. In einigen Gärten an sonnigen Stellen blühen zur gleichen Zeit in unserem Garten die Winterlinge und die Krokusse um die Wette.

Vita Sackville-West, die unbestrittene Meisterin ihres Fachs, ist übrigens in einer ihrer euphorischen Frühlingskolumnen der Frage nachgegangen, weshalb die ersten Frühlingsboten so klein sind: Wie winzig, so stellt sie fest, seien die Winterlinge, der Schneeglanz, die Scilla, die *Cyclamen coum*, die Zwergiris und die Miniatur-Narzissen! Und sie handelt an diesem Beispiel den Sinn für Proportionen ab, als wichtiges gärtnerisches Problem. Zu große Osterglocken, zusammen mit kleinen Pflanzen, stören nur, wohingegen kleine, etwa die heutzutage sehr verbreitete Sorte 'Tête-à-Tête', bestens zu den anderen kleinen Frühlingsblühern oder zu alpinen Pflanzen passen.

DIE APARTEN KLEINEN IRISARTEN

Zu den Frühjahrsblühern, die sich klein machen und dem Boden nahe blühen, gehören die Sorten von *Iris reticulata*, die ihren Namen dem feinen Netz, das ihre Zwiebeln zu umspannen scheint, verdanken. Das einzelne Quadrat eines Netzes gibt aber auch ihren röhrenförmigen Blüten die Gestalt. Bevor sich ihre drei lang gezogenen Lippen entfalten, sind sie zu einer quadratischen Röhre zusammengefasst. Weniger wissenschaftlich betrachtet, sind sie in kleinen Gruppen in Weiß, Hellblau, Dunkelblau bis Violett von hinreißender Farbenpracht. Die Sorte 'Cantab' ist hellblau, 'J. S. Dijt', 'Harmony', 'Joyce' und *Iris histrioides* 'Major' sind dunkelblau, 'Purple Gem' blüht dunkelviolett, 'Katharine Hodgkin' ist weiß-blau-gelb getigert, und *Iris danfordiae* (Danford-Schwertlilie) bringt die gelbe Farbe ins Spiel. Gut zu den *Iris reticulata* passen ebenso die weiß-gelbe Usbekistan Schwertlilie (*Iris bucharica*) und die schon zu den bartlosen, Rhizom bildenden Iris gehörende Kretische Schwertlilie in der Unterart *cretensis*, die zwergwüchsig ist und bei uns schon im Februar blüht. Sie brauchen einen trockenen, gut wasserdurchlässigen Boden.

Als erste Blume, noch vor den Schneeglöckchen, aber nach den Christrosen – die permanent vom Dezember bis zum März blühen –, ist eine sehr schöne, blassblaue und «getigerte» Form von *Iris reticulata* aufgeblüht. Bereits verbreitet die Fleischbeere (*Sarcococca confusa*), ein mit dem Buchs verwandter Busch, sein betörendes Aroma.

Auch der blass lilafarbene Rhododendron hat seine fragilen Blütenblätter im Schutz des dunklen Laubs entfaltet. Auf den Tufffelsen blühen schon die ersten weißen Steinbreche und in den Spalten die blauen Leberblümchen. Links und rechts hängen die Blätter der Hirschzungen-Farne vom vergangenen Jahr noch so kräftig hellgrün, als wenn es schon die neuen wären.

DIE ALPENVEILCHEN UND DIE AMEISEN

Der Winter 2018 war ebenfalls rekordverdächtig, in gegensätzlichster Weise: viel Schnee in den Bergen, aber moderate Temperaturen im Flachland. Es handelte sich um den wärmsten Januar seit Menschengedenken. Nun, auch die früh blühenden Pflanzen wollten da nicht zurückstehen, und schon im Januar waren nicht nur die obligaten Schneeglöckchen, sondern ebenso die Frühlings-Zyklamen sichtbar. Bereits strahlten weiterhin die ersten Krokusse in der Wiese. In anderen Jahren blühen die Zwergiris vor den Krokussen, heuer lassen die Iris noch etwas Vorsicht walten. Die Krokusse entwickeln oft mehrere Blüten, und bei Regen und Schnee schließen sie ihre Blütenkelche einfach zu. Für die Iris dagegen gibt es kein Zurück: Einmal aufgeblüht, müssen sie Wind und Wetter trotzen. Die Frühlings-Alpenveilchen haben in diesem Winter schon an Weihnachten erste Blüten gemacht, gleichzeitig mit den letzten Blüten der im Herbst blühenden Alpenveilchen (*Cyclamen hederifolium*). Zyklamen sind Knollenpflanzen, und ihre Samen werden von den Ameisen weit herumgeschleppt. Diese verzehren ein leckeres Anhängsel an den Samen, nicht aber die Samen selbst (Myrmekochorie). In diesem milden Winter blühten aber noch viele andere Blumen: rote und gelbe Zaubernuss, die Winterblüte, der Wohlriechende Winterschneeball und in den Beeten die Winterlinge und die Lenzrosen.

Gewürze und Gemüse

Die einen schön anzusehen, die anderen gut zum Essen: diverse Lauchsorten.

Die Begeisterung für schöne, seltene und interessante Pflanzen soll uns nicht darüber hinwegtäuschen, dass der Bezug des Menschen zur Pflanze generell ein weit weniger schöngeistig-idealistischer war und ist: Die Pflanzen sind primär unsere Nahrung und die Nahrung unserer Beutetiere. Das schließt natürlich nicht aus, dass mit der Kultiviertheit der Menschen auch die Wertschätzung der Pflanzen um deren dekorativen Wert, um ihrer Schönheit willen wuchs. Der Garten wurde vom Kräuter-, Gemüse- und Obstgarten zum Blumengarten. Dennoch haben wir die Gewohnheit behalten, einen Teil unseres Außenraums den Gewürzen und dem Gemüse zu reservieren. Frische Kräuter vom Balkon oder vom Garten bringen Geschmack ins Essen und machen es zum Genuss. Die meisten von uns benutzten Gewürzpflanzen sind tropisch oder mindestens mediterran. Sie brauchen einen guten Wasserabzug.

Noch etwas anforderungsreicher ist der Anbau von Gemüse. Es braucht Nährstoffe, aber auch ein Abwehrdispositiv gegen Schädlinge und Krankheiten. Und man muss vorausdenken, damit nicht alle Salatköpfe gleichzeitig oder gar in den Ferien zum Verzehr bereit sind. Der durch nichts zu egalisierende Vorteil des eigenen Gemüses ist, dass man weiß, dass keine Chemie – mindestens keine schädliche – zum Einsatz kam. Nicht zu vergessen die garantierte Frische. Auch Früchte und Beeren aus dem Garten bereichern nicht nur unseren Speisezettel, sondern wir können uns freuen, zuzusehen, wie sie heranreifen. Da viele Gemüse und Beeren sehr dekorativ aussehen, entfällt der Gegensatz von schön und nützlich: Beides kann zusammen eine prächtige Wirkung entfalten.

Das i-Tüpfelchen für feine Gerichte

Der Kräutergarten vor der Küchentür

Sind eigentlich die Blumen die wichtigsten Pflanzen in und um die Behausungen des Menschen? Sind es nicht eher die Gewürzpflanzen, die alle brauchen und die man im Garten, auf dem Balkon, vor dem Küchenfenster oder gar auf dem Küchenregal hält? Ein Topf voller Kräuter ist unverzichtbar, um gewappnet zu sein, wenn den Gerichten das besondere Etwas fehlt, das i-Tüpfelchen, um einen Hauch Frische, eine asiatische Note oder ein mediterranes Aroma hineinzubringen. Ohne Kräuter wäre das Essen vielleicht gut, aber nicht perfekt.

Wenn im Frühling die Gärtnereien und Pflanzencenter wieder palettenweise Küchenkräuter zum Kauf anbieten, finden sich in so manchem Einkaufswagen ein paar dieser Aromapflanzen, die – schon wenn man mit der Hand darüberstreicht – Düfte von Sommer, Sonne und Ferien verbreiten. Vielleicht will man sie haben, aus dem Gefühl heraus, als Angehörige einer Konsumgesellschaft wenigstens in einem winzigen Bereich der Ernährung noch Selbstversorger zu sein. Das Angebot an Frischkräutern in den Lebensmittelabteilungen ist hervorragend – aber das ist und bleibt für begeisterte Köchinnen und Köche ein Notbehelf.

KRÄUTER IN TÖPFEN

Doch wie pflege ich die Kräuter so, dass sie mindestens eine Saison halten – wenn möglich sogar länger? Tatsächlich sind Tontöpfe die beste Lösung. Denn viele Kräuter gehören eingesperrt, da sie fürchterlich wuchern.

Minzen, die duftende Zitronenmelisse oder der für die Suppe köstliche Ampfer überwachsen rücksichtslos ihr Umland. Im Topf ist zudem die Drainage perfekt: Das Abflussloch wird mit einer Scherbe überdeckt, dann wird ein Viertel des Topfs mit Blähton gefüllt und darüber ein Vlies ausgebreitet, das verhindert, dass die Erde zwischen die Tonkugeln gespült wird. Noch etwas Hornspäne als organischen Langzeitdünger und Erde: Die Kräuter können gepflanzt werden.

Braucht man auch alle, die man haben will? Welche benötigt man nun wirklich und welche sind nur schön oder «nice to have»? Wer etwa Estragon, den bitteren Wermut oder Liebstöckel («Maggikraut») nicht mag, oder wer mit Zitronenmelisse nichts anzufangen weiß, soll ruhig darauf verzichten. Schnittlauch, krause und glattblättrige Petersilie, Thymian, Rosmarin und Bohnenkraut werden dagegen die meisten verwenden. Sie sind billig und recht einfach zu halten, wenn man daran denkt, dass die Macchia-Kräuter des Südens wenig, der Schnittlauch aber viel Wasser will. Basilikum ist heikler. Es erträgt keine Kälte, will viel Wasser und Nährstoffe, fault aber gern an den Stängeln, wenn sie nicht im Trockenen stehen. Da wir in der Küche an seinen Blättern sehr interessiert sind, müssen wir jeden Blütenansatz sofort wegschneiden. Basilikum darf man nicht kochen oder wärmen, damit würde man ihm seinen ganzen Charme rauben!

SCHÖN UND NÜTZLICH

Die mediterranen Kräuter gibt es in unendlichen Farbvarianten und Aromen (Ananassalbei oder Orangen- und Zitronenthymian usw.). Meist aber sind die «natürlichen» Kräuter die besten und auch die, die am besten gedeihen. Zu den (nur) sehr dekorativen zählen Borretsch, Ysop und Weinraute. Der Wermuth gehört ebenfalls dazu: die bittere *Artemisia absinthium* – aber wer braut sich denn seine grüne Fee schon selbst? Nützlich und sehr attraktiv ist dagegen der Zimmerknoblauch (*Tulbaghia violacea*) aus Südafrika. Er macht wunderschöne rosa Blüten, ist aber leider nicht sicher winterhart. Zudem müssen Basilikum ebenso wie das fein duftende Bohnenkraut jährlich erneuert werden. Der Koriander ist noch mühsamer, da er nach kurzer Vegetationsperiode blüht und dann aus dem Samen wieder neu gezogen werden muss. Für die asiatische Küche sind frische Gewürze aus dem Detailhandel wohl grundsätzlich die bessere Lösung. Ingwer, Kurkuma und Galgant kann man im Wintergarten halten, aber die Pflanzen sind so dekorativ, dass man sich nicht an ihren Rhizomen vergreifen mag.

Allgemein sind Kräuter aus dem Topf die besten Küchenberater: Sie stehen immer zur Verfügung und sind von perfekter Frische – es gibt keinen dumpfen Geschmack wie bei denen, die zu lange im Kühlschrank warten mussten. Man schnippelt vielleicht etwas an den dekorativen Gewürzpflanzen herum, doch verwendet sie eher spärlich. Wem sträuben sich nicht die Haare, wenn etwa Jamie Oliver einen riesigen in seiner Küche stehenden Strauß von Estragon, Koriander oder Minze packt und zur Gänze mit ein paar hastigen Hackbewegungen zerkleinert und damit ein eigentlich prächtig gelungenes Gericht ruiniert?

Unverzichtbar ist ein Kräutergarten; im Vordergrund blüht der Zimmerknoblauch.

Manche mögen's heiß

Eine Spirale mit Kräutern

Gärten sind ja nicht vor Moden gefeit, aber manchmal gibt es lustige Ideen, die man sich gegenseitig abkupfert und zu optimieren versucht. Einer dieser Trends ist die Kräuterspirale, ein kleiner, sinnvoll angelegter Kräutergarten, der, wenn er einem nicht mehr gefällt, einfach wieder umgebaut werden kann.

DRAINAGE IST WICHTIG

Man kann die Spirale als horizontal geschichtete Trockenmauer errichten oder aber als Folge aneinandergestellter mehr oder weniger rechteckiger Blöcke. Granit eignet sich ebenso wie Kalkstein, praktisch alle Gewürzkräuter kommen mit basischer Erde gut zurecht. Im Baumarkt kann man auch Elementsteine für eine Kräuterspirale kaufen. Wichtig ist, dass die Drainage gut funktioniert, denn abgesehen von einigen großen Kräutern lieben die meisten Gewürzpflanzen eher die Trockenheit. Humus, mit Sand und etwas Kies vermischt, ergibt ein optimales Substrat. Wuchernde Kräuter, die in den Schatten hinter die Spirale gehören – am besten in Kübeln oder Töpfen gehalten, aus denen sie nicht ausbrechen können –, sind Liebstöckel, Sauerampfer, Engelwurz, Kerbel und vor allem Meerrettich. Meerrettich ist eines der wunderbarsten Gewürze, das aber, einmal im Garten heimisch, kaum wieder auszurotten ist, weil jede kleine Wurzel Ableger macht. Das Gleiche gilt für alle Pfefferminzpflanzen und die Zitronenmelisse. Einen klar definierten knappen Raum sollte ebenso dem Bärlauch zugeteilt werden,

weil er sonst langsam, aber sicher den ganzen Garten in Besitz nimmt.

Wenden wir uns nun aber den Pflanzen zu, die für unsere Spirale besonders dekorativ sind, den Gewürzpflanzen aus dem Süden oder aus den Bergen, die an sonnigen, trockenen Standorten ihre ätherischen Öle besonders gut entwickeln. Da gehören die verschiedenen Salbeiarten dazu. Salbei entwickelt sich aber immer zu recht großen Büschen, sodass er Platz braucht in einer der mittleren Drehungen der Spirale. Dahin pflanzen wir auch den Majoran und den Rosmarin, voll in die Sonne, am besten in die senkrechten Spalten zwischen die einzelnen Steinbrocken. Eine Drehung höher kommen der Estragon, das einjährige Bohnenkraut und der Dill.

MEDITERRANE IN DIE «FELSSPALTEN»

Ins schon trockenere Gebiet setzen wir ebenfalls den Wermut und die Weinraute mit ihrem hellen Kraut, dazu passt weiterhin das Currykraut. In der Fläche zwischen der Spirale können wir den Koriander, die krause Petersilie und deren italienische Variante säen. Der Oregano ist schon viel kleiner als sein Verwandter, der Majoran, und auch das Bergbohnenkraut kommt in die höheren Etagen. Die verschiedenen Thymiane sind sehr hübsch, wenn sie aus den Felsspalten wachsen – hier also aus den Fugen zwischen den Steinen, die die Spirale bilden. Gleiches gilt für den Ysop, der hübsch blau blüht, aber in der Küche nur noch selten Verwendung findet. Oben, auf die leicht ansteigende Fläche der Spirale, setzen wir die Polsterthymiane. Zwischen sie, an sonnigster Lage, kommen die Zwiebeln des Safrans, und am obersten Ende sind es kleine Artemisia, feinste Thymiansorten und allenfalls noch ein paar Hauswurzen, die den Gipfel unseres «Gebirges» bilden. Es gäbe noch viele Gewürzpflanzen, aber wir wollen all diejenigen nicht, die sich durch Samen zu schnell vermehren und alles überwuchern. Setzen Sie für Kinder einige Walderdbeeren in die Spirale – Ausläufer regelmäßig kappen! –,

damit der Nachwuchs die Kräuter kennen und schätzen lernt.

Mitte Mai ist die beste Zeit, um Kräuter anzupflanzen. Wenn keine Nachtfröste mehr zu erwarten sind, kann man Basilikum ins Freie pflanzen.

Es gibt immer eine Möglichkeit, frische Kräuter in Töpfen zu halten oder in sinnvoll angelegten Beeten. Wichtig ist, dass sie nahe bei der Küche wachsen, sodass man auch wirklich Gebrauch von ihnen macht.

Für Blini und Pizzoccheri

Buchweizen – Mehl vom Knöterich

Im Puschlav oder im Veltlin sind wir es gewohnt, auf Buchweizenfelder zu treffen. Man braucht ihn dort für die regionalen Spezialitäten. Nun sind wir aber ebenso in der Region Zürich auf Buchweizenfelder gestoßen: Zeichen dafür, das im Zeitalter der gesunden Ernährung auch diese Pflanze ihr Comeback feiern kann.

«BUCHECKERN» ALS ARCHITEKTENTROST

Buchweizen ist – seinem Namen zum Trotz – kein Getreide, sondern eine Pflanze aus der Familie der Knöterichgewächse (*Polygonaceae*), also verwandt mit Berg-, Wiesen- und Schlangenknöterich – den roten Blütenähren, die im Sommer vor dem Mähen die Wiesen um die Engadiner Seen prägen –, aber auch mit dem

Schlingknöterich, der schnellwüchsigen Kletterpflanze, der man den Namen «Architektentrost» verpasst hat, weil er hässliche Gebäudeteile oder Schallschutzmauern an Autobahnen gnädig mit seinem Grün verbirgt und uns damit genaugenommen über die Schrecknisse der Architektur hinwegtrösten soll. Zur gleichen Familie gehören Ampfer oder Rhabarber und viele andere Gattungen.

Der Echte Buchweizen (*Fagopyrum esculentum*) ist im 14. Jahrhundert aus Asien zu uns gekommen, vermutlich dank arabischer Vermittlung: Die Italiener nennen ihn *grano saraceno*, die Franzosen *sarrasin*, und auf Deutsch sprach man wesentlich unverblümter von Heiden oder Heidenkorn. Die Vorsilbe «Buch» im Namen verdankt der Buchweizen der Form seiner Samenkörner, die an Bucheckern erinnern. Weltweit werden heute nur noch rund 2,5 Millionen Tonnen Buchweizen geerntet.

GLUTENFREIES MEHL

Dieser ist ein typisches Nischenprodukt mit medizinischem Effekt: Buchweizen ist ein glutenfreier Getreideersatz, der helfen kann, den Blutzuckerspiegel zu senken und Venenleiden zu lindern. Insgesamt überwiegt aber die kulinarische Bedeutung: Aus Buchweizen sind mehrheitlich die Blini, die russischen Pfannkuchen, und Gretschnewaja Kascha, ein in Polen und Russland bekannter Brei. Die Amerikaner verwenden das Mehl für ihre Pancakes und die Japaner für

die Soba-Nudeln. In der Bretagne wird wieder Buchweizen angebaut für die Herstellung der Galettes. Im Puschlav und im Veltlin werden daraus die Pizzoccheri zubereitet, Bandnudeln aus einer Mischung von Weizen- und Buchweizenmehl. Diese werden vermengt mit gekochten Kartoffeln, Wirsing oder Mangold, mit heißer Butter (mit Salbei, Knoblauch und allenfalls Zwiebeln) übergossen und mit schmelzendem Käse gebunden. Im Veltlin werden die – nahrhaften – Chisciöl im Öl ausgebacken: Zwei Drittel Buchweizen, ein Drittel Weißmehl, halbfetter Casera-Käse und ein Glas Grappa werden zum Teig gerührt.

Kraut der Unsterblichkeit

Gesundheit und Süße aus dem Garten?

Im Gartencenter haben wir ein kleines Pflänzchen gefunden, das nicht weniger verspricht als die Unsterblichkeit. Einmal abgesehen von der philosophischen Frage, ob denn die Unsterblichkeit eigentlich ein anzustrebendes Ziel der Menschheit sein kann, ist die Sicherung der Lebensqualität bis ins hohe Alter fraglos ein Wunsch unserer Gesellschaft – und die Ursache einer der namhaftesten Aufwendungen unserer Volkswirtschaft. Sicher möchten wir nicht mit unseren Krankenkassenprämien Homöopathie nach Samuel Hahnemann bezahlen – alles verdünnt mit dem Wasser des halben Bodensees – oder irgendwelche anderen Quacksalbereien. Die

Wirkstoffe der Pflanzen indessen sind nicht dem Bereich der Alternativmedizin zuzurechnen, sondern der Schulmedizin: Noch heute schickt die pharmazeutische Forschung ihre Scouts in die Berge des Himalaja und den Urwald Südamerikas, um neue pflanzliche Wirkstoffe zu finden, die sich zu Medikamenten entwickeln lassen.

WER MÖCHTE NICHT EWIG LEBEN?

Die Pflanze *Gynostemma pentaphyllum* – auch unter dem Namen Jiaogulan bekannt – wird etwa in der chinesischen Provinz Guizhou angewendet, und der dortige überdurchschnittliche Anteil an Hundertjährigen wird auf den regelmäßigen Genuss des Tees aus dieser Pflanze zurückgeführt. Jiaogulan ist eine unscheinbare Kletterpflanze aus der Familie der Kürbisgewächse, die in den Dickichten Asiens vorkommt. Die Inhaltsstoffe des «Krauts der Unsterblichkeit» gleichen denen des Ginsengs, eines renommierten Gewächses in Sachen Gesundheitserhaltung. Antioxidantien und Stoffe zur Stärkung der Herzleistung und zur Senkung von Blutdruck und des Cholesterinspiegels hat man überdies in Jiaogulan entdeckt. Ein Grund, die vom Arzt verordneten Medikamente wegzuwerfen, ist das kletternde Kraut sicher nicht, aber hie und da werden wir uns ein Tässchen Tee brauen, sobald die Pflanze in unserem Garten ausreichend Blätter hervorgebracht hat.

SÜSSER ALS SÜSS

Um den Tee zu süßen, empfiehlt sich ein anderes Kraut: die *Stevia rebaudiana* aus den Wäldern Südamerikas. Die Pflanze hat eine hohe Süßkraft und könnte unserer übergewichtigen Gesellschaft tonnenweise Zucker ersparen. Die EU ließ Stevia-Produkte aber lange nicht zu mit der Begründung, die Unbedenklichkeit sei noch zu wenig bewiesen. Die Protagonisten des Krauts witterten hinter dem Entscheid den Einfluss der potenten Zuckerlobby. Verboten ist die Pflanze nun nicht mehr – es fehlt ihr deshalb jetzt der Charme des Cannabis-Pflänzchens auf dem Fenstersims. Wir haben selbstverständlich ein solches Kraut erworben und in den Garten gesetzt. Ja, Stevia ist süß, aber so entsetzlich süß, dass man die Süße kaum aushalten kann! Zucker hat neben der Süße so etwas wie Geschmack und verleiht dem Espresso eine schöne Viskosität. Stevia aber ist dreihundertmal so süß wie Zucker. Zudem werfen Ökologen der Industrie – Stevia süßt unter anderem Coca-Cola Life – vor, dass die Guaraní, ein indigenes Volk, das im Grenzgebiet von Brasilien und Paraguay lebt und die Stevia seit Jahrhunderten nutzt, am Erfolg des Produkts in keiner Weise partizipiert.

Kartoffeln vor dem Fenster?

Dekorativer Nachtschatten

Natürlich ist diese Idee nicht von uns, sondern nur gestohlen: Als wir vor einem Jahr im nahen Süddeutschland waren, beobachteten wir Kistchen mit Geranien vor den Fenstern eines Hauses, die durch herabhängende Solanum-Zweige ergänzt wurden. Das sieht hübsch aus und macht die Blüte vor den Fenstern weniger streng. Weiße Geranien und weißer Jasminblütiger Nachtschatten wachsen wild durcheinander, nur dass die Solanum sowohl hängen als auch klettern, wenn man nicht hie und da nach dem Rechten sieht. Solanum – zu Deutsch: Nachtschatten – stammt aus der gleichen Familie wie die Kartoffeln (*Solanum tuberosum*) und hat zum Verwechseln ähnliche Blüten. Der Jasminähnliche Nachtschatten ist von einem strahlenden Weiß, aber es gibt ihn ebenso in violett-blauer Abstufung, womit er noch mehr der Blüte der Kartoffel oder der Aubergine gleicht, die ebenfalls aus der Familie der Nachtschattengewächse stammen.

Aber bereits vor der Entdeckung Amerikas hat Europa Nachtschattenpflanzen gekannt, etwa den Bittersüßen Nachtschatten, dem man die Verwandtschaft mit den amerikanischen ansieht, der aber unscheinbar und giftig ist, oder den Schwarzen Nachtschatten (*Solanum dulcamara*) der bei uns an den Waldrändern wächst.

Beide wurden nach Amerika eingeschleppt – ohne dass sie der dortigen Bevölkerung einen Nutzen gebracht hätten. Die beiden erwähnten Pflanzen sollen aber schon zur Zeit der Römer in der Pharmakologie genutzt worden sein, als Schlafmittel. Da sie gegen nächtliche Albträume, «Nachtmare oder Nachtschaden», helfen sollten, dienen sie uns nun dazu, den Namen der Gattung zu erklären. Im Gegensatz zu den Chilis – deren Name *Capsicum annuum* schon auf ihre Einjährigkeit hinweist – sind die Solanum oft mehrjährig.

Gartensalat

Wie Hiob im Hagelwetter

Ein gutes Gartenjahr war 2012 auf keinen Fall. Im Februar erfroren viele Pflanzen. Einige haben inzwischen wieder ausgetrieben und erholen sich. Viele derer, die zaghaft etwas Grün produzierten, sind dann aber in den ersten warmen Sommertagen ein zweites Mal – nun definitiv – gestorben, weil die vom Frost geschädigten Wurzeln nicht ausreichend Wasser und Nährstoffe liefern konnten.

In der Mitte des Jahres sind verheerende Hagelzüge übers Land gekommen. Ausgerechnet an einem Sonntagmorgen kurz vor acht wurde es dunkel wie in der Nacht, ein merkwürdiges Rauschen vom See her kündigte Unheil an, und dann prasselten auf einen Schlag Hagelkörner so groß wie Wachteleier über

Haus und Garten. Dieser war danach übersät mit Fetzen von Blättern, als hätte es Spinat geregnet. Die Blüten der Rosen waren weg, nur noch einzelne Knospen hingen geknickt an den Zweigen. Kaum war der Garten aufgeräumt, fegte am Abend ein zweites Hagelwetter übers Land, und wieder mischten sich großkalibrige Körner unter die Geschosse aus den Wolken und zermanschten die Reste des Blattsalats, die noch geblieben waren. Die jungen Äpfel wurden vom Spalier geschossen, von Tontöpfen die Ränder, und die großblättrigen Pflanzen wie *Hosta* oder Gunnera, vor allem aber alles, was im Teich wächst, wie Seerosen, Froschbiss, Wasserähre, Sumpf- und Scheincalla sowie viele weitere Pflanzen, wurden zerhackt, sodass diesmal nicht nur Wege und Sitzplätze gereinigt werden mussten, sondern ebenso der Teich.

Gärtnern macht viel Freude, es ist ein wunderbares Hobby, und meist belohnt einem die Natur die Arbeit reichlich. Aber es kann auch über den Gärtner kommen wie einst über Hiob. Man hadert mit den Wettergöttern, verflucht das Klima des Landes – und macht dann einfach wieder weiter, vielleicht mit etwas mehr Mitgefühl für diejenigen, die das letzte Mal der Hagelzug traf, für die, die das nächste Mal der Verheerung ausgesetzt sind, vor allem aber für die, welche von den Früchten des Landes leben müssen, die Gemüsebauern, die Obstgärtner oder Weinbauern.

Borretsch: das Raublatt mit den zarten himmelblauen Blumen.

Essbare blaue Himmelssterne

Der Beauty-Star unter den Kräutern

Der Borretsch (*Borago officinalis*) ist – obwohl nur eine einjährige Pflanze – klar der Star unter den Gewächsen des Kräutergartens. Seine Blätter können gegessen werden und haben einen Geschmack, der den Gurken ähnelt, weshalb er oft auch Gurkenkraut genannt wird. Über den Ursprung seines Namens und damit den seiner Familie, der *Boraginaceae*, wird gewerweißt, ob er aus dem Arabischen, dem Lateinischen oder gar aus dem Keltischen stammt. Aber das ist uns so lang wie breit. Seinen passendsten Namen hat der Volksmund geprägt: der Blauhimmelsstern. Trefflicher kann man seine prächtige Blüte nicht beschreiben. Sie ist wahrhaftig himmelblau, ein Stern mit fünf Zacken oder ein Windrad. Und zwischen jedem der fünf Blütenblätter reiht sich ein schmales Kelchblatt ein. Ein kurzer behaarter Stängel hält die Blüte der Sonne und den Bienen entgegen. Die von einem Eiweißmantel umgebenen Früchte werden von den Ameisen geschätzt, was ihre Verbreitung sicherstellt. Hat man den Borretsch erst einmal im Garten, taucht er jedes Jahr auf, aber immer wieder an einem anderen Ort.

Die Blumen sind genießbar und sehr dekorativ. Sie werden oft als Schmuckstück auf den Salat gelegt, oder sie zieren eine Bowle oder einen Pimm's. Da die Blütenblätter aber einige Alkaloide enthalten, sollte man sie nicht regelmäßig essen und auch nicht häufig als Arznei benutzen. In der Volksheilkunde wurde Borretsch früher oft zusammen mit Ochsenzungen (*Anchusa officinalis*) angewendet. Beide haben ein wunderbares, einzigartiges Blau, und beide leben an denselben ruderalen Standorten, also entlang von Straßen und Bahngeleisen, auf Kieshügeln und auf Trümmerschutt. Der Dritte im Bunde ist der Natternkopf (*Echium vulgare*) – alle drei gehören zur Familie der Raublattgewächse, also der *Boraginaceae*. Wir finden sie alle auf Spaziergängen, aber es gibt keinen Grund, ihnen nicht im Garten einen Platz – zum Beispiel am Rande eines gekiesten Weges – anzubieten. Ihr faszinierendes Blau holt für uns ein Stück Himmel auf die Erde.

Die Familie des Borretschs

Eine Publikation zu den Raublattgewächsen

Das Winterhalbjahr ist für Gärtner eine Zeit des Innendienstes. Pflanzenlisten werden nachgetragen und Projekte fürs nächste Jahr entwickelt. Vor allem aber ist die Zeit gekommen, um die einschlägigen Seiten der Gärtnereien zu googeln. Rechtzeitig zu Beginn der kühleren Tage erreicht uns das Jahrbuch der Gesellschaft der Schweizer Staudenfreunde, das in diesem Jahr den Raublattgewächsen gewidmet ist. Wer die Farbe Blau liebt, liegt mit den Verwandten des Borretschs richtig. Nicht bei allen Gattungen der Familie ist man auf Anhieb begeistert. Es gibt einige weniger Auffallende in der Familie wie Lungenkraut und Beinwell – die den Apotheker fast mehr freuen als den Gärtner. Auch die Wachsblume gehört dazu und das Mönchskraut; die Brunnera indessen trumpfen wenigstens mit ihren prächtig gezeichneten panaschierten Blättern auf.

VERGISSMEINNICHT, HIMMELSHEROLD, OCHSENZUNGE UND NATTERNKOPF

Spektakulär sind dagegen die Vergissmeinnicht-Arten und vor allem der hochalpine Himmels-herold, für die Engländer der *King of the Alps*. Hinreißend sind aber ebenso die Ochsenzungen – etwa *Anchusa azurea*, die in der Sorte 'Loddon Royalist' eine Fülle von wunderschönen blauen Blüten hervorbringt. So richtig Furore macht der Natternkopf (*Echium*). Der auf Schutt und kiesigen Wegrändern verbreitete *Echium vulgare* Mitteleuropas gefällt dank seiner langen Rispen mit kräftig blauen Blüten und roten Staubgefä-ßen. Immerhin im Wintergarten oder in Töpfen können wir auch die sensationellen blauen und roten Blütenkerzen der Natternzungen von den Kanarischen Inseln (*Echium wildpretii, Echium pininana, Echium simplex, Echium giganteum*) und Madeira (*Echium candicans*) halten. Bis jetzt haben wir den Versuch noch nie gewagt, sie uneingepackt im Freien zu lassen – aber das kommt noch.

Zusammenfassend kann man sagen, dass die Familie der Raublattgewächse vorwiegend Blumen in wunderbarem Blau hervorbringt, einer Farbe, die sonst in der Flora nicht allzu häufig in Erscheinung tritt.

«Hundsärsch»

Die Deutsche Mispel

Die Deutsche Mispel (*Mespilus germanica*) ist ein Baum aus der Familie der *Rosaceae* – wie so viele unserer Obstbäume – und wird heute in die Gat-tung der Weißdorne (*Crataegus*) eingeordnet. Der Baum bringt im Frühling attraktive weiße Blüten hervor und trägt im Herbst kleine braune Früchte mit weit abstehenden Kelchblättern. Diese Ei-genheit hat den Mispeln im Saarland den nicht eben schmeichelhaften Namen «Hundsärsch» eingetragen. Die Früchte sind essbar – aber erst, wenn sie einmal dem Frost ausgesetzt waren. Sie werden heute hauptsächlich für die Herstellung von Konfitüren und Gelees verwendet. Im Mittel-alter war die Mispel in Europa verbreitet – heute ist sie mehr als Kuriosum im Garten zu finden.

Von wirtschaftlicher Bedeutung ist ihr Anbau offenbar nur noch in Aserbaidschan.

Ihr natürliches Verbreitungsgebiet war Wes-tasien, vom Kaukasus bis zur Türkei, aber auch Griechenland und Italien. In England wurde die Mispel angebaut, und es gibt hier angeblich 300 Jahre alte Bäume. Das Klima am Vierwaldstät-tersee soll den Mispeln speziell behagen. Nicht zu verwechseln ist die Deutsche Mispel mit der Japanischen Wollmispel (*Eriobotrya japonica*). Die Wollmispel produziert im mediterranen Raum orangefarbene Früchte, die unter den Na-men Loquats, Nespole oder Néflier (Letzteres ist auch die Bezeichnung für die Deutsche Mispel in Frankreich) angeboten werden.

Erbsen und Zuckerschoten machen wunderbare Blüten und zarte Früchte.

Fein und gesund

Hülsenfrüchte gefallen als Blumen und auf dem Teller

Die Familie der «Hülsenfrüchtler» gehört zur großen Ordnung der Schmetterlingsblütenartigen (*Fabales*), und man spricht synonym von Leguminosen und *Fabaceae*. Sie bilden große Bäume, eine Menge Gemüsepflanzen und viele Stauden. Ihre unteren Blütenblätter bilden ein «Schiffchen», das von zwei seitlichen «Flügeln» und einer darüber aufragenden «Fahne» umgeben ist. Die Blätter sind meist gefiedert, und die Samen bilden Hülsen mit Bohnen. Ihre wirtschaftliche Bedeutung liegt in der Produktion sehr eiweißhaltiger Früchte wie Bohnen, Erbsen, Linsen, Kichererbsen, Lupinen, Sojabohnen oder Erdnüsse. Wertvoll sind sie aber auch deshalb, weil sie die Fähigkeit besitzen, in ihren Wurzelknöllchen in Symbiose mit Bakterien Stickstoff zu bilden und damit den Boden fruchtbar zu machen.

Derzeit sollen rund 730 Gattungen und 20 000 Arten dieser Pflanzenfamilie bekannt sein. Darunter fallen Bäume wie die Mimosen, die Akazien, die Robinien oder die Johannisbrotbäume. Als Bäume können sich ebenso die Glyzinien entwickeln, deren getrocknete Hülsen an warmen Herbsttagen mit einem Knall aufbrechen und die darin enthaltenen Samen wegschleudern. Eher buschartig wachsen Ginster, Indigofera, Färberhülse, Lupinen und Glycyrrhiza, die Süßholzwurzel, aus der Lakritze hergestellt wird.

Im Frühling erfreuen uns die Frühlings-Platterbsen (*Lathyrus vernus*) mit prächtigen Blüten, oft in kräftigen Rot-Violett-Tönen. Im Sommer folgen ihnen die gelben Wiesen-Platterbsen (*Lathyrus pratensis*), die Breitblättrige Platterbse und viele weitere. Zu ihnen gehören die zarten, duftenden Zaunwicken, die sich an Rankgestellen im Garten sehr gut machen.

Als kleinere Blütenpflanzen sind die Kleearten zu nennen und die nicht nur wegen ihrer zierlichen Blüten, sondern auch wegen ihres Duftes beliebten Wicken. Deren Blüten gleichen stark den von Kefen (Zuckerschoten) und Erbsen, beides Gemüsearten, die frisch genossen besonders fein schmecken. Mit den grünen Bohnen, den Borlottibohnen und den verschiedenen Linsen kommt den Leguminosen zudem eine gewisse wirtschaftliche Bedeutung zu. So schön, fein und nützlich sie sind, es gibt unter ihnen den Kudzu (*Pueraria montana* var. *lobata*) aus Asien, im Tessin und in Norditalien ein gefährlich wuchernder Neophyt, vor dessen weiterer Verbreitung man sich hüten soll.

Zu schön zum Reinbeißen

Gemüse als Zierpflanze

Schönheit und kulinarischer Nutzen vereinigen sich oft im Gartenbeet, denn man trifft heute in vielen Gärten auf Salat oder Gemüse als dekorative Elemente. Da Hochbeete nicht nur den müden Rücken, sondern auch die Augen erfreuen, errichten sich viele ein Beet gewissermaßen auf Augenhöhe – für Sitzende. Wer trendy sein will, verwendet dafür Eisenbahnpaletten, die schon im Güterverkehr Wind und Wetter getrotzt haben und nun die Patina der Vielgereisten tragen.

ARTISCHOCKEN UND STIELMANGOLD
Aber uns interessiert weniger das Gefäß als der Inhalt. Die Schönheitskönigin des Gemüsebeets ist sicher die Artischocke, die mit ihren silbergrauen, prächtigen Distelblättern fast mehr an ein korinthisches Kapitell erinnert als der Akanthus, dem die Rolle des Vorbilds allgemein zugeschrieben wird. Im Laufe eines wasser- und nährstoffreichen Sommers wächst eine stattliche Pflanze heran, die ihre Blütenknospen bildet, die man dann essen kann – oder nicht. Denn auch die stahlblau-violetten Blumen, die sich schließlich öffnen, sind sehr hübsch. Soll man ernten oder die Schönheit der Blüten bewundern?

Das Gleiche gilt für die Krautstiele, vielfach Stielmangold genannt. Wie hübsch sind die weißen, gelben oder korallenroten Stiele im Beet! Sie sind nahe verwandt mit den Randen, deshalb bringen sie ein so großartiges Rot hervor. Natürlich sind sie auch wunderbar als Gratin oder Gemüsebeilage. Deshalb tut man gut daran, mehrere zu pflanzen, damit man immer nur die äußersten Blätter abschneiden kann und die Pflanze lange erhalten bleibt. Mangold ist reich an Vitaminen, aber ebenso an Oxalsäure, weshalb er unbedingt blanchiert werden muss – die Oxalsäure wird mit dem Kochwasser weggeschüttet. Ob man nur die Blattrispen oder einzig die grüne Blattspreite isst, bestimmt die familiäre Tradition oder der persönliche Geschmack. Für das Bündner Traditionsgericht Capuns muss das ganze Blatt verwendet werden, um die Füllung einzuwickeln. Capuns sind, salopp gesagt, inverse Ravioli: Der Teig ist innen, das Gemüse außen. Mangold ist ursprünglich ein mediterranes Gemüse, das heute in vielen Ländern der Welt angebaut wird.

DER FEDERKOHL UND SEIN ITALIENISCHER VERWANDTER

Einen weiteren Schönheitspreis im Gemüse- oder Blumenbeet erhält der Federkohl, allgemein in Grün und Violett, insbesondere aber der toskanische Palmkohl, der Cavaolo nero. Diesen kann man häufig in Blumenbeeten in der Stadt bewundern. Wie die bereits erwähnten Pflanzen wachsen auch diese Kohlpflanzen in der Form der Zentralsymmetrie: Sie alle bilden eine Art Rosette, aus deren Mitte die neuen Blätter kommen.

Schließlich gehört der Blattsalat in seinen vielen Varianten zu den dekorativen Gemüsen. Man kann mit ihm ein hübsches Ballett in Hellgrün und verschiedenen Rottönen durch die Beete tanzen lassen. Aber hier ist die Gefahr ebenfalls groß, dass man es nicht übers Herz bringt, das helle Grün, das Farbe und Licht in den Garten bringt, rechtzeitig zu essen. Dann schießt der Salat auf und bildet eine Blattpyramide, an deren Spitze kleine gelbe Blüten stehen.

Fast zu hübsch, um gegessen zu werden: dreierlei Krautstiel oder Stielmangold.

Dekorativer Lauch

Mundet in der Suppe und erfreut das Auge im Garten

Die Gattung Lauch (*Allium*) ist breit, und viele ihrer Vertreter lieben wir wegen des Aromas, das sie unserem Essen verleihen. Aber wie so oft im Leben ist die Liebe nicht ungeteilt. Während die einen Zwiebeln (*Allium cepa*) als Ingredienzien für Suppen und Kuchen mögen, geben sich andere indigniert und antizipieren böse Blähungen. Noch gegensätzlicher sind die Auffassungen beim Knoblauch (*Allium sativum*), bei dem sich oft die Nasen rümpfen. Wem der Knoblauch zu plebejisch riecht, der kann auf den milderen Schnittknoblauch (*Allium tuberosum*) aus Asien ausweichen. Oder auf den Zimmerknoblauch (*Tulbaghia violacea*) mit seinen sehr dekorativen rosafarbenen oder weißen Blüten. Tulbaghia gehört auch zur Familie der *Allioideae*, aber die Pflanze aus dem südlichen Afrika ist bei uns nicht zuverlässig winterhart.

Weniger kontrovers ist der Gebrauch von Schnittlauch (*Allium schoenoprasum*) oder Suppenlauch (*Allium ampeloprasum*), in Deutschland als Porree bekannt. Man isst im Sommer gern ganze blanchierte Lauchstangen mit Vinaigrette oder eine kalte Vichyssoise. Im Winter isst man gekochtes Lauchgemüse – in der Westschweiz das berühmte Eintopfgericht «Papet vaudois» (Lauch und Kartoffeln an einer cremigen Béchamelsauce, das Saucissons, die typischen Würste der Region, begleitet).

UNGIFTIGE KÜCHENZWIEBEL

Die Küchenzwiebel bildet eine Ausnahme: Sie ist für den Menschen genießbar. Die meisten anderen Pflanzenzwiebeln sind unbekömmlich bis giftig. Die Gemeine Zwiebel ist seit dem Alten Ägypten als Nahrungsmittel bekannt. Die kulinarisch wertvollsten sind die mild-süßen großen roten Zwiebeln aus dem kalabrischen Tropea (aus der Cipolla rossa kann man auch eine Konfitüre herstellen, die Fleisch oder Käse begleitet) und die wunderbaren rosa Zwiebeln aus Roscoff im Finistère (Bretagne). Als Geschmacksvariante kann man die Schalotte (*Allium ascalonicum*) oder Edelzwiebel nutzen, die Tochterzwiebeln bildet, die sich abtrennen lassen. In der freien Natur wachsen wild oder ausgewildert rund zwei Dutzend Arten der Gattung Allium, darunter so bekannte Arten wie Bärlauch oder Schnittlauch.

EXPLODIERENDER ZIERLAUCH

Viele Laucharten werden indessen als Zierpflanzen angebaut. Die meisten bilden kugelige Blütenstände mit sternförmigen weißen, violetten oder bläulichen Einzelblumen. Sie ragen an langen Stielen aus den Blumenbeeten und erinnern mit ihren oft metallisch glänzenden Blütensternen an die Kugeln von explodierendem Feuerwerk. Am höchsten schafft es *Allium giganteum* aus dem Himalaja, die größten Kugel-Dolden liefert 'Globemaster', und die blauesten Blüten bringt *Allium caeruleum* hervor. Tief im Beet, mit breiten Blättern stehen die Lauchpflanzen aus Turkestan, *Allium akaka* und *Allium karataviense*. *Allium oreophilum* aus dem Kaukasus blüht leuchtend rot und wird

Rosenlauch genannt. Aber auch Gelb findet sich auf der Palette mit *Allium flavum* oder *Allium moly* (Goldlauch).

Als Gärtner wird man immer wieder gefragt, welche Art oder Sorte man denn selbst bevorzuge. Die Antwort ist klar: der sizilianische Honiglauch (*Allium siculum* syn. *Nectaroscor-* *dum siculum*), dessen kleine elegante Blütenglocken rot und weiß gestreift sind und an eine miniaturisierte Amaryllis denken lassen. So wird einem auch vor Augen geführt, dass die Gattung Allium zur Familie der Amaryllisgewächse gehört. Diese wird heute in die Ordnung der Spargelartigen eingereiht.

Der bildschöne Sizilianische Honiglauch (*Nectaroscordum siculum*).

Aus der Neuen Welt

Essen, Trinken und Rauchen wie die Indianer

Der Botanische Garten, die Sukkulenten-Sammlung und das Nordamerika Native Museum (NONAM) in Zürich haben sich zusammengetan, um gemeinsam unter dem Titel «Botanica Indiana» die Nutzpflanzen der Urbevölkerung auf dem amerikanischen Kontinent vorzustellen. Wenn man sieht, wie viele Pflanzen, wie viele Nahrungs- und Genussmittel erst durch die

Entdeckung Amerikas zu uns gekommen sind, begreift man, dass der Korb der Nahrungsmittel in Europa vor Kolumbus ein recht bescheidener gewesen sein muss. Tatsächlich machen die Tomaten und der Chili, die Peperoni und der Mais die Tafel erst so richtig farbig und scharf. Die Kartoffeln andererseits haben vielfach geholfen, die Hungersnöte der Kornesser zu lindern, bis der Kartoffelkäfer seinerseits im 19. Jahrhundert eine Hungerkatastrophe auslöste.

DER UMSTRITTENE BLAUE DUNST

Einst kamen der Tabak und damit das Rauchen aus der Neuen Welt. Man kann das kaum mehr glauben angesichts der rigiden «Verfolgung» der Raucher, die die USA nun auch zu uns nach Europa exportiert haben. Selbst Freunde der Pflanze *Nicotiana tabacum* und ihrer Produkte können die Schädlichkeit des Tabakkonsums nicht aus der Welt reden. Man mag sie aber immerhin dahingehend relativieren, dass – wie schon der Schweizer Arzt Paracelsus gesagt hat – die Dosis das Gift ausmacht und dass es nichts auf der Welt gibt, was im Übermaß nicht Schaden anrichtet. Und es gehört nun mal ganz entschieden zu unserer Kultur und Lebensart, dass wir nicht immer nur das Gesunde tun.

Diese tiefe Verneigung vor der politischen Korrektheit möge genügen, um sich kurz die Freiheit zu nehmen, über die Tabakpflanze zu schreiben, die weltweit auf über vier Millionen Hektar angebaut wird. Obwohl sie für uns seit Kindertagen mit der Friedenspfeife der nordamerikanischen Indianer einhergeht, sind heute die Karibischen Inseln ihre «Stammlande». Kuba und die Dominikanische Republik sind wichtige Produzentenländer und natürlich Nicaragua, Mexiko und Brasilien. Der Tabak für Zigaretten kommt zu einem guten Teil aus Virginia und anderen US-Staaten. Nicht zuletzt wird aber immer noch in der Schweiz etwas Tabak angebaut. Ursprünglich wurde er im 16. Jahrhundert – als Heilpflanze – in Baselland angebaut. Allerlei Verbote der Obrigkeit wurden ignoriert, im 19. Jahrhundert aufgehoben und durch eine Steuer, aber auch durch Anbauförderungsgelder ersetzt. Auf rund 650 Hektar wird in neun Kantonen Tabak angebaut. Tabak ist wie die Tomate und die Kartoffel ein Nachtschattengewächs, wie so viele Pflanzen, die aus Amerika zu uns gekommen sind.

Varianten eines Gemüses

Grünkohl, Rosenkohl, Sauerkohl

Wenn im Winter im Gemüsegarten nicht viel los ist, ragen aber noch immer die Kohlgewächse, denen der Winter bisher nicht viel anhaben konnte, aus dem Schnee. Zierlich und dekorativ sind die krausen grünen Blätter des toskanischen Palmkohls und dessen Varianten in Violett. Solange er nicht so durchgefroren ist, dass die Blätter schlaff herabhängen, kann man ihn verwenden. Blanchiert man ihn, verströmt er sein feines Aroma. Gehackt und in etwas Olivenöl gewendet, behält er mehr von seiner Farbe, bekommt einen ganz anderen Geschmack und verliert weniger Vitamine. Da bei uns der vor allem in Norddeutschland omnipräsente Grünkohl selten zu kaufen ist, kann man sich mit dem Palmkohl einen guten Ersatz in den Garten pflanzen.

DEKORATIV UND GUT: ROSENKOHL

Auch der Rosenkohl sieht noch aus wie vor dem Wintereinbruch. Die unteren Blätter haben wir ihm abgenommen, damit man die in den Blattachseln heranwachsenden Röschen besser sieht. Rosenkohl ist nicht nur ein kulinarisch sehr beliebtes Gericht, er ist zudem eine sehr dekorative Pflanze. Der «Choux de Bruxelles» ist ein noch junges Gemüse, das im 16. Jahrhundert in Belgien gezüchtet worden sein soll. Einzeln in Töpfen gepflanzt – muss recht großzügig gedüngt werden –, gibt er ein sehr apartes Bild. Nur wie jede andere Kohlpflanze ist er meist das Opfer von Läusen und den Raupen des Kohlweißlings.

Der ständige Kampf gegen die Schädlinge ist aufreibend, und alle schonenden und umweltfreundlichen Hausmittelchen helfen wenig, sodass man dann doch wieder zur Chemie greift. Deshalb lohnen sich größere Kohlsorten nicht zum Anbau im Garten. Blumenkohl, Romanesco und Broccoli sind im Handel so günstig zu finden, dass man als Hobbygärtner bald resigniert und sie von den Fachleuten aus dem industriellen oder biologischen Anbau bezieht. Zudem wissen die Gemüsebauern genau, wie man die diversen Kohlarten mit allerlei Hilfsmitteln so manipuliert, dass große, schöne «Köpfe» entstehen. Auch den Wirz (oder Wirsing), den krausen Kohl, kaufen wir beim Lebensmittelhändler, wenn uns die Lust nach Krautwickel oder nach Siedfleisch überkommt.

ROH UND GEKOCHT EINE DELIKATESSE: SAUERKRAUT

Der Winter ist aber nicht minder die Zeit des Sauerkohls in all seinen Varianten. Etwa 200 000 Tonnen Weißkohl (Chabis), was rund vierzig Millionen Kohlköpfen entspricht, bauen allein die «Krauts» nördlich des Rheins an. Große Sauerkrautesser mit kulinarisch sehr reizvollen – wenn auch nicht immer nur gesunden – Gerichten (Choucroute garnie) sind die Elsässer. Aber im Kanton Zürich wird ebenfalls kräftig Weißkohl angebaut, im Unter- wie im Oberland, der dann gehobelt und mit etwas Salz unter Ausschluss der Luft von Milchsäurebakterien vergärt wird.

Unter dem Begriff «Powerkraut» haben die Produzenten erfolgreich das Image des Krauts aufgemöbelt. Von seiner traditionellen Rolle als Begleitung von geräucherten Rippen, Schinken, Würsten, Haxen und anderen «Schweinereien» soll es sich emanzipieren. Etwa als Unterlage zu im Dampf gegarten Fischen oder als Salat. Tatsächlich ist das gäraktive, nicht pasteurisierte Sauerkraut, das nun in einem Beutel mit Ventil angeboten wird und sehr viel Milchsäure und Mikroorganismen enthält, roh gegessen eine milde Alternative zu sauren Gurken oder Silberzwiebeln. Und es soll sehr gesund sein.

Das roh genossene Sauerkraut kommt jedoch nie an den verführerischen Duft eines mit Wacholderbeeren aromatisierten und mit Champagner oder Weißwein verfeinerten Sauerkrauts heran. Und da die Fettstoffe die besten Aromaträger sind, ist klar, dass auch das Kraut davon profitiert, wenn man kräftig Speckseiten, geräuchertes Fleisch und Würste im großen Topf mitkocht. Ein-, zwei-, dreimal im Winter soll und darf es sein, aber nicht zu häufig. Wir wollen hier nicht die Witwe Bolte zitieren, sondern zur Abschreckung die Frage aufwerfen, weshalb

die Sauerkrautliebhaberin denn eigentlich zur Witwe geworden ist … Am besten, man isst sich mit unpasteurisiertem rohem Sauerkraut so gesund, dass man sich hie und da eine prächtige Platte «Sauerkraut mit» schmecken lassen kann.

Superfood

Gesund und schön im Garten

Neue Trends brauchen auch neue Namen, zum Beispiel «Superfood». Damit wird die Vermarktung von Naturprodukten gefördert, die sich – möglichst unverändert konsumiert – durch besonders viele gesundheitsfördernde Inhaltsstoffe auszeichnen. In diese ernährungstechnische Hitparade gehören Salate und Kräuter – vor allem Oregano –, aber genauso Algen, Shiitake-Pilze, Mandeln, Kürbis- und Traubenkerne, Papayas, Avocados, Granatäpfel, Ingwer, Kurkuma, Quinoa, Kakao oder die Acerola-Kirsche, eine Vitamin-C-Bombe.

BLAUBEEREN IN ALLEN VARIANTEN

Wer weder aufs Körnchenpicken noch auf Smoothies steht, kann doch denjenigen Superfood-Pflanzen etwas abgewinnen, die im Garten dekorativ wirken und im Gaumen Vergnügen bereiten. Picken wir also die hübschesten und schmackhaftesten Pflanzen heraus, die die Superfood-Listen zieren: Im Vordergrund stehen für uns die Blaubeeren. Heute werden vielerorts riesige Blaubeeren in diversen Sorten angebaut.

Sie sind pflegeleicht und liefern regelmäßig viele Früchte. Sie können über einen Meter hoch sein, und sie haben eine wunderbare karmesinrote Herbstfärbung. Als Ericaceen verlangen sie saure Erde, also Torf, den man heute durch günstigeres verrottetes Sägemehl ersetzt, um die Hochmoore zu schonen. Die Blaubeeren sind letztlich nicht viel anderes als Varianten und Zuchtformen der Heidelbeeren unserer Wälder und Heiden. Aber Apfelbeeren (*Aronia arbutifolia*) und Goji-Beeren sollen unsere Gesundheit ebenso fördern; sie sind einfach anzubauen und bereiten zudem gärtnerisch Freude.

POWER-PFLANZE

Die zweite große und für den Garten sehr bereichernde Gruppe von Power-Pflanzen sind die Kreuzblütler: Sowohl Broccoli als auch Rosenkohl oder Radieschen wird eine positive Wirkung auf unsere Gesundheit zugeschrieben. Wenn wir den kulinarischen Wert und die gute Wirkung im Garten beachten, sollten wir uns unbedingt für den Grünkohl, besser noch für den toskanischen Palmkohl entscheiden. Besonders in Töpfen sieht der Cavolo nero wunderschön aus. Im Topf kann man ihn vor dem Frost retten und weiterhin unten die Blätter abschneiden und nutzen, während er oben neue hervorbringt. Kohl ist nicht nur in Form von rohem Sauerkraut eine wichtige Power-Pflanze. Popeye würde, nach dem Rechenfehler, was den Eisengehalt des Spinats betraf, heute wohl Kohl verschlingen.

Federkohl – im Bild der toskanische Palmkohl – ist auch ein Wintergemüse.

Der Federkohl im Stadtbild

Dekoratives Gemüse

Die Franzosen waren uns um viele Nasenlängen voraus. Sie haben schon seit Langem entdeckt, dass das Gemüse es in dekorativer Hinsicht mit den Blumen durchaus aufnehmen kann. Pionierarbeit leistete dabei sicherlich das Château de Villandry an der Loire, dessen strahlende Salatköpfe und prächtige Mangoldstauden sich aufs Beste mit den Begonien und Dahlien arrangieren. Bald waren Kohlköpfe in Schlossparks so selbstverständlich anzutreffen wie Cosmea, Cleome oder Zinnien. Und was den aristokratischen Behausungen recht war, war den bürgerlichen Stadtverwaltungen und Gartenbauämtern Galliens nur billig: Bald waren die üppigen Blumenrabatten vor Frankreichs Rathäusern reich mit Krautstiel und Federkohl befrachtet. Dazwischen durften die Klassiker der Blumenbeete durchaus weiter blühen, und das aufragende Gemüse wurde noch durch hochstrebende Gräser ergänzt.

VILLANDRY IST ÜBERALL

Diese Mode machte natürlich auch vor der Stadt Paris nicht halt, und bald war zudem der Osten Frankreichs involviert: Der Kohl breitete sich auf der königlichen Place Stanislas in Nancy aus und ebenso unter dem roten Sandstein Straßburgs. Dass die welsche Schweiz diesem frankophilen Trend nicht widerstehen konnte, war klar, und

seit einiger Zeit ist weiterhin die Deutschschweiz mit von der Partie: In Zürich prangen die Fiedern des roten Federkohls am See, beim Bellevue und an der Quaibrücke.

Wir halten uns den Federkohl (Grünkohl) und den toskanischen Palmkohl seit Langem in Töpfen. Er ist nicht nur sehr dekorativ und gut zu essen, sondern auch gesund. Das soll nun aber nicht als klandestine Aufforderung gelesen werden, in den städtischen Gartenbeeten zu wildern! Grünkohl ist derzeit auf dem Markt günstig zu kaufen, und so richtig gut und gesund ist er ohnehin erst, wenn eine winterliche Kältewelle über ihn hinweggezogen ist.

Pflanzen – Heilmittel und Mordinstrumente

Die Dosis allein macht das Gift

Schauergeschichten sind *en vogue*. Wir alle kennen Fälle, wo Kinder oder Erwachsene Pflanzen aßen oder auch nur berührten, die sie krank machten oder die ihnen gar das Leben kosteten. Oft sind sie jedoch nicht Opfer eines Irrtums, sondern eines bewussten Mordes. Welch schönen Klang hat die Tollkirsche auf Latein: *Atropa belladonna*. Wie märchenhaft tönen Schierling, Mandragora (Alraune), Bilsenkraut oder Datura (Stechapfel). Der Schierling, der dem Denken des Sokrates ein Ende setzte, bringt in einem Kriminalroman von Elizabeth George einen Pfar-

rer zur Strecke – vorgeblich, weil er mit wilden Pastinaken verwechselt wurde. Inspector Lynley fällt dabei sofort auf, dass der Wasserschierling zwar zur Familie der Doldenblütler gehört, aber doch anders aussieht: Es war kein Zufall, dass der Pfarrer qualvoll ums Leben kam!

GIFTPFLANZE DES JAHRES

Das Lexikon der Giftpflanzen und der Pflanzengifte wirkt auf den ersten Blick wie ein normales Pflanzenlexikon – denn fast alle Pflanzen haben eine spezielle Pharmakologie. Und fast alle Pflanzen sind Heilpflanzen, denn die Dosis allein macht das Gift. Bekannte Arzneimittel wie Tollkirsche (Atropin), Fingerhut (Digitalis) oder Schlafmohn (Opium) können den Kranken helfen oder Gesunde umbringen, je nach eingenommener Menge.

Und in einer Welt, in der das Hotel des Jahres, das Getränk des Jahres und noch so vieles gefeiert wird, erstaunt es nicht, dass in einem edlen Wettstreit auch die Giftpflanze des Jahres gekürt wird. Das begann 2005 mit dem Blauen Eisenhut (*Aconitum napellus*). Er ist mit seinen wunderbaren blau-violetten Blüten eine Augenweide in den Alpen und gleichzeitig eine sehr starke Giftpflanze. Da alle Eisenhut-Arten geschützt sind, sollte man auf ihren Verzehr ohnehin verzichten! Im Garten ist er indessen sehr dekorativ. Es gibt keinen Grund, auf ihn zu verzichten. Als Starkzehrer mag er Kompost und allenfalls organische Dünger. In der Nähe von Kindergärten oder Spielplätzen haben diese Pflanzen natürlich nichts zu suchen.

FINGERHUT, RIESEN-BÄRENKLAU UND HERBSTZEITLOSE

Der Rote Fingerhut (*Digitalis purpurea*) wurde 2007 zur Giftpflanze des Jahres ernannt. Der Verzehr von zwei seiner Blätter kann tödlich sein! Der Fingerhut hat aber nicht nur Leben vernichtet, sondern oft auch verlängert, denn seine Glykoside stärken geschwächte Herzmuskeln. In Londoner Parks finden sich prächtige Partien mit den Kultivaren des Roten Fingerhuts. Offenbar wissen die Nannys, dass es besser ist, den Kindern am Kiosk einige Naschereien zu kaufen, damit sie den Fingerhut in Ruhe lassen.

Ein Jahr später gelangte der Riesen-Bärenklau (*Heracleum mantegazzianum*) zur Ehre.

Ihm wird nachgestellt, weil er als Neophyt gilt und als Giftzwerg, obwohl er ja riesig ist und höchst dekorativ in geräumigen Gärten. Da bei ihm schon die bloße Berührung zusammen mit dem Sonnenlicht zu Verbrennungserscheinungen auf der Haut führen kann, sollte er nur dort stehen, wo keine Kinder hinkommen. 2010 hat die Herbstzeitlose (*Colchicum autumnale*) das Rennen gemacht. Auch sie wird sowohl als Mittel für Giftmorde als auch als Heilmittel beschrieben. Vor allem aber kommen im Frühjahr immer wieder Fälle vor, bei denen ihre Blätter für Bärlauch gehalten werden. Bisher wurden zudem noch der Tabak, die Eibe, das Pfaffenhütchen, der Goldregen, der Kirschlorbeer, das Maiglöckchen, der Rittersporn, der Kalifornische Mohn (*Escholzia*), das Tränende Herz und der Wunderbaum (*Rizinus communis*) zu Giftpflanzen des Jahres bestimmt, was zeigt, wie sehr wir in unserer alltäglichen Umwelt von Gift umgeben sind. 2019 wurde der Aronstab gekürt und 2020 ging die Tollkirsche (*Atropa belladonna*) als Siegerin hervor. Für ihren Gattungsnamen hat die griechische Schicksalsgöttin Atropos Patin gestanden. Als hochwachsende Staude ist die Tollkirsche eine prächtige Pflanze, die wir gern in unserem Garten hätten – mindestens solange keine Enkel auf Besuch kommen.

Viele unserer Gemüsesorten und Früchte schützen sich durch sogenannte Fraßhemmer-Gifte vor dem vorzeitigen Verzehr durch Tiere. Bekannt sind dafür die Kartoffeln. Sind sie grün, enthalten sie Solanin und andere Alkaloide. Durch die Lagerung im Dunkeln und vor allem durch das Schälen lässt sich der Konsum von Giftstoffen vermeiden. Auch die grünen Bohnen sind roh giftig, erst abgekocht werden sie genießbar.

Gruseln, Suppen und Feen

Kürbis für Halloween und für die Küche

Jedes Jahr kommt wieder der Tag des Gruselns, Halloween, der Vorabend von Allerheiligen oder eben im alten Englisch «*All Hallows' Eve*». Der Ursprung des Brauchs mit dem ganzen Geister-, Toten- und Zauberspuk ist bei den keltischen Völkern zu suchen. Sie pflegten am Sommerende ihr Samhain-Fest zu feiern, der Toten zu gedenken und ein neues Jahr anzufangen. Im Jahr 837 verfügte Papst Gregor IV., dass an diesem Tag ebenfalls die Christen der Toten gedenken sollen, und versuchte damit, das heidnische Fest durch ein christliches zu ersetzen, was auch ganz gut gelang. Einzig die keltischen Iren, Waliser und Schotten ließen nicht ganz ab vom alten Brauchtum. In die USA ausgewandert, ließen sie es am Vorabend von Allerheiligen weiterhin spuken und gruseln.

BOTANISCH BEERENFRÜCHTE

Längst ist Halloween wieder in die Alte Welt zurückgekehrt. Auch bei uns brennen die Kerzen in den ausgehöhlten Kürbissen. Und als gar nicht so schlechte Nebenwirkung haben sie bei uns an Terrain gewonnen. Kürbisse reichern nun unsere Speisekarte an mit Suppen, Gratins, Kuchen und Konfitüren, sie dekorieren aber zudem mit ihren teilweise grotesken Formen und Farben unsere herbstlichen Tische und Hauseingänge.

Botanisch sind Kürbisse Beerenfrüchte – wie die Tomaten oder die Orangen –, und sie kommen ursprünglich ausnahmslos aus der Neuen Welt. Vor deren Entdeckung kannte man in Europa nur die Flaschenkürbisse (*Lagenaria siceraria*) aus Afrika. Die als Kalebassen bezeichneten Früchte dienen dort als universale Haushaltgeräte, als Krüge, Töpfe, ja als Musikinstrumente. Sie gehören botanisch gesehen zu einer anderen Familie als die Kürbisse. Letztere teilen sich botanisch in vier Cucurbita-Arten auf (*Cucurbita pepo*, *Cucurbita maxima*, *Cucurbita moschata* und *Cucurbita ficifolia*), im alltäglichen Leben hat man sich indessen auf eine ganz andere Unterteilung geeinigt. Es gibt die Sommer- und die Winterkürbisse. Die Sommerkürbisse sind nichts anderes als unsere Zucchini und Patissons, weichschalige Kürbisarten, die «unreif» im Sommer gegessen werden. Unsere liebsten Zucchini sind die ganz jungen Früchte, die sich leider zu riesigen geschmacklosen Dingen entwickeln, wenn wir sie nicht rechtzeitig in die Pfanne bringen. Sie gehören zur Familie der Gartenkürbisse (*Cucurbita pepo*), die auch einige der warzigen, farbig gemusterten Zierkürbisse umfasst, von denen einige Cucurbitacin enthalten, einen Bitterstoff, der Übelkeit und Durchfall erzeugen kann. Da der Bienenflug alle Kürbisse in weitem Umfeld miteinander verbandelt, sollte man nie die Kerne der eigenen Kürbisse im folgenden Jahr aussähen, da Sorten mit Cucurbitacin eingekreuzt sein können.

KÜRBISSUPPE – GESUND UND GUT SCHMECKEND

Sonst sind Kürbisse sehr gesund. Sie sind Schlankmacher, da sie fast 90 Prozent Wasser, viele Vitamine, Mineralien und Ballaststoffe enthalten. Man kann sie bis tief in den Winter lagern, und einige Sorten sind kulinarisch äußerst attraktiv. Bekannt ist bei uns vor allem der außen grüne, innen orangefarbene Muskatkürbis oder der Hokkaido-Kürbis Uchiki Kuri. Die typischen orangefarbenen Halloween-Pumpkins sind aber durchaus auch in der Küche zu verarbeiten. Für eine Kürbissuppe lassen wir das aus der Schale geholte, entkernte Fruchtfleisch in Stücken mit gehackten Zwiebeln und Knoblauch in etwas Butter oder Olivenöl anziehen, löschen es dann allenfalls mit trockenem Sherry, sicher mit genügend Bouillon ab, lassen es köcheln und pürieren es dann mit dem Stabmixer (empfehlenswert ist es, einige mehlig kochende Kartoffeln dazuzugeben). Und nun kann man die Suppe würzen, womit immer man will –

aber nicht mit allem auf einmal: mit Lorbeer, mit Thymian, Muskat und Pfeffer, mit etwas Curry, Petersilie, Schnittlauch oder mit Ingwer oder Zitronengras. Man kann sie zum Schluss mit einem Spritzer steirischen Kürbiskernöls, einigen gerösteten Kürbiskernen oder einigen Croûtons dekorieren.

Melonen gehören übrigens nicht zu den Kürbissen, sie bilden zusammen mit den Gurken die Gattung *Cucumis*. Die Wassermelone gehört ihrerseits zur Gattung *Citrullus*. Aber auch in Frankreich ist die Kutsche Cinderellas deshalb nicht aus einer *pastèque* (Wassermelone) entstanden. Denn der vom US-Amerikaner Walt Disney beziehungsweise von der guten Fee Cinderellas verwendete Kürbis nennt sich auf Französisch «*citrouille*».

Scharfes gegen die Kälte

Meerrettich, Wasabi und Ingwer

Schärfe wärmt: Im Winter essen wir gerne stark gewürzte asiatische Gerichte oder Scharfes aus dem eigenen Garten wie Meerrettich. Wer es wirklich prickelnd will, sollte wieder einmal zum Meerrettich greifen, einem Gewächs, das nicht nur kulinarisch viel hergibt, sondern ebenso der Gesundheit sehr zuträglich sein soll. Und frischen Meerrettich hält man am besten im eigenen Garten bereit.

Aus vielen Gerichten macht erst der Meerrettich etwas Pikantes: Ein Tafelspitz oder nur

ein Wiener oder ein Frankfurter Würstchen mag an sich schon eine gute Sache sein, mit Meerrettich aber wird es zu einer Delikatesse. Es gibt viele Arten im Umgang mit dem scharfen Gewürz, man kann es mit Essig oder Rahm zu einer Sauce mischen, man kann es fertig in der Dose kaufen, aber wirklich prickelnd ist der Meerrettich nur, wenn man sich die Mühe macht, ihn frisch zu raffeln, am besten direkt auf dem Tisch. Hauptsache ist aber: Mit einer Meerrettichwurzel im Hause hat man immer ein Festessen zur Hand, sei das nun, um eine Rinderlende mit Apfelkren zum Tafelspitz zu machen, um kaltem Roastbeef mehr Rasse zu geben oder einfach nur ein Dosenwürstchen zu einem Leckerbissen aufzupeppen.

UNKRAUT IN «KÄFIGHALTUNG»

Die Pflanze *Armoracia rusticana* gehört zu den pflegeleichtesten überhaupt, mit anderen Worten: Sie ist ein ausgewachsenes Unkraut. Wer keinen immensen Garten besitzt, sollte sie deshalb von allem Anfang an nur in «Käfighaltung» ziehen, am besten in einem großen eingegrabenen Fass oder Topf. Meerrettich bildet eine Pfahlwurzel, die verzweigt sein kann, von der aber auch kleinste in der Erde verbleibende Teile wieder austreiben können, weshalb sich die Frage, wie man die Pflanze vermehrt, eigentlich gar nicht stellt. Die Pflanze macht aber nicht nur lange Pfahlwurzeln, sie kann zwei Meter in die Höhe wachsen. Bei Bedarf holt man sich einfach mit der Schaufel eine Wurzel, wenn man sie braucht, oder man gräbt einige aus und lagert sie im feuchten Sand, wobei sie ihre Frische problemlos behalten.

ARMORACIA HAT NICHTS MIT DER BRETAGNE ZU TUN

Aufgrund einer Fehletymologie wurde die Pflanze mit der Bretagne (Armorica) in Verbindung gebracht und als «Cran de Bretagne» bezeichnet, obwohl sie klar osteuropäischer Herkunft ist. Ein Zentrum des Meerrettichanbaus ist das Regniztal in Franken, wo in Baiersdorf sogar ein Museum für die Pflanze eingerichtet wurde. Man sah im Meerrettich früher den Senf der Deutschen. Er vermag die Schärfe des Senfs wohl zu ersetzen, ist aber selbst mit Dijon-Senf als «Bindemittel», um die frischen Rettichfasern

ans Fleisch zu heften, noch besser zu genießen. Die ätherischen Öle bewirken, wenn sie in die Nase hochgezogen werden, eine Art «Flush» im Siebbein und in den Nebenhöhlen, was einem Tränen in die Augen steigen lässt. Das löst verstockte Erkältungen, und ganz allgemein wird dem Meerrettich desinfizierende Wirkung zuerkannt.

WASABI AUS JAPAN

Natürlich haben wir auch versucht, den Japanischen Meerrettich (Wasabi) zu kultivieren. Obwohl der ebenfalls aus der Familie der Kreuzblütengewächse stammt, wie unserer, ist es uns nie für längere Zeit gelungen. Als Wasserpflanze gedeiht er in einem langsam fließenden Bach mit kiesigem Substrat. Über den Winter sollte er aber einen trockeneren Platz haben, sonst verfault er. Wir werden es im kommenden Sommer nochmals versuchen. Dem gekauften Wasabi im Glas oder in der Tube wird meist noch europäischer Meerrettich beigefügt. Erst der macht die grüne Paste so richtig kräftig.

Besser für die Kultur geeignet sind Ingwergewächse. Eine Sprosse von einem im Laden gekauften Rhizom von Ingwer (*Zingiber officinale*) ist bei uns erfreulich gut angewachsen, sie ist aber nicht einfach durch den Winter zu bringen. Im Wintergarten war es ihr wohl zu feucht. In gut durchlässigem Substrat kann man sich in Töpfen auch Kurkuma und Galgant halten. Nur blühen diese sehr hübsch und man hat dann gar keine Lust mehr, die Rhizome zu «ernten», die ja so billig in Supermärkten zu haben sind. Auf jeden Fall ist ein Tee aus einigen leicht zerstoßenen Stücken Ingwer oder ein damit angereicherter Schwarztee ein ideales Mittel, um nach einem Spaziergang im verschneiten – oder verregneten – Wald schnell wieder warm zu werden.

Ingwer (rot) umgeben von Kurkuma (violett), Hedychium in Gelb und Orange
sowie von hellgelben Ingwerorchideen (*Roscoea*).

INGWER AUS DEM EIGENEN GARTEN

Die Gewürzpflanze Ingwer und die nahe verwandte Kurkumawurzel lassen sich in der Sommersaison gut im Beet oder im Topf ziehen. Fürs Überwintern ist ein Pflanzgefäß klar die sicherere Lösung. Man kauft dafür eine frische, kräftige, druckfeste Ingwerknolle und schneidet die Stücke ab, die deutliche «Augen» zeigen, also Stellen, an denen die Pflanze wieder aus dem Rhizom austreiben möchte. Die Schnittstellen werden wie bei den Schwertlilien mit dem Staub von Holzkohle vor Fäulnis geschützt. Diese Stücke werden in ein lockeres Substrat gesetzt, das vor stagnierender Feuchtigkeit geschützt ist. Das Rhizom treibt aus, macht Wurzeln und bildet einen Trieb mit schmalen, lanzettlichen Blättern. Mit der Zeit treiben – wie bei der Schwertlilie – immer neue Rhizome in fast gerader Linie aus.

Die Verwandtschaft unseres Gewürzingwers ist kaum überschaubar. Die Familie der Ingwergewächse (*Zingiberaceae*) umfasst rund fünfzig Gattungen und 1300 Arten, und wir wollen gar nicht auf die komplizierten Familienverhältnisse eingehen. Viele werden zu den

Gewürz- oder Heilpflanzen gezählt, sie sind aber auch als Zierpflanzen – in unseren Regionen meist im Kübel – sehr attraktiv. Es sind einkeimblättrige Pflanzen, und ihre Blüten erinnern von fern an Orchideen.

KURKUMA UND HEDYCHIUM

Kurkuma (*Curcuma longa*) ist in vielen Farbvarianten als Zierpflanze im Handel. Ihre Blätter sind breit und ausladend, die Blume ist ein ähriger Schaft mit rundherum anliegenden Blüten. Man erkennt die Pflanze am intensiv gelben Rhizom, das für das Gelb im Curry und in vielen anderen Gerichten zuständig ist. Besonders hübsch sind die hoch aufragenden Blätter und Blüten des interessanten Schmetterlingsingwers (*Hedychium*). Seine Blüten verströmen einen hervorragenden Duft. Es gibt in der Gattung Hedychium fast hundert Arten mit diversen Blütenformen und -farben. *Hedychium gardnerianum* blüht gelb, *Hedychium coronarium* weiß und *Hedychium coccineum* orange. Im Kübel gedeihen sie hervorragend, noch besser aber ausgepflanzt an nährstoffreichen Stellen im Garten. Natürlich darf es keine exponierte Lage

sein, und etwas Winterschutz ist immer eine gute Idee. Oft reichen schon das abgeschnittene und eingetrocknete Laub oder zusammengekehrte Blätter.

Relativ problemlos überwintern bei uns die *Roscoea*, die aussehen wie Orchideen, aber nahe Verwandte des Gewürzingwers sind. *Roscoea* oder Ingwerorchideen finden sich in Kaschmir, in der Himalaja-Region und in China und Vietnam. Spezialisierte Gärtnereien bieten diverse Arten und Sorten an. Tatsächlich gleichen ihre Blüten den Orchideen, obwohl sie keine sind. Wie bei den Orchideen ist die Lippe – gewissermaßen die Landebahn für die Bestäuber – gut ausgebaut. Vielleicht imitiert die Ingwerblüte die Orchidee dort, wo diese verbreitet sind und die Insekten nach ihnen suchen. Rund zwei Dutzend Arten sind bekannt, gegliedert in zwei Stämme: den aus dem Himalaja und den aus China. Bei uns trifft man in Gärten oft auf die *Roscoea cautleoides* (gelb/weiß) oder die *Roscoea purpurea* und *Roscoea humeana* (beide violett/rot). Wenn die Pflanzen tief genug gesetzt werden, sollen sie bis minus 20 Grad frosthart sein. Eine echte Bereicherung für unsere Gärten.

Zeit der Wurzeln

Klassische Wintergemüse aus dem Boden

Im Spätherbst wird im Garten abgeräumt. Die Topfpflanzen sind im Winterquartier, die Blumenzwiebeln im Boden, und endlich denken die Blätter langsam daran zu fallen. Viele mehrjäh-

rige Stauden sind unsichtbar im Boden, wenn man ihr welkes Laub entfernt hat. Sie haben ihre Kraft in die Wurzeln zurückgezogen und warten, bis im Frühjahr die Lebensbedingungen wieder ideal sind, um auszutreiben. Die Menschen haben vermutlich ursprünglich den Tieren abgeschaut, dass man mit Graben im Boden auch im Winter wertvolle Nahrungsmittel finden kann.

RÜBEN, KNOLLEN UND WURZELN IN DER ERDE

Jetzt sind Schwarzwurzeln, Karotten, Pfälzer, Petersilienwurzeln und Pastinaken auf dem Markt. Viele dieser Gemüse hatten ihre große Zeit vor der Entdeckung Amerikas. Sie wurden seit den Kelten und Germanen in Europa geschätzt, aber die Kartoffeln haben sie zum Teil von unserem Speiseplan gekippt. Die Schwarzwurzel ist eine der Gemüsesorten aus der Familie der Korbblütengewächse, die uns auch die Artischocken – da allerdings die Blüte –, den Topinambur und vor allem die Zichorien liefern, also Chicorée, Radicchio und Endivien.

Die Schwarzwurzeln (*Scorzonera hispanica*) stammten wohl ursprünglich von der Iberischen Halbinsel und breiteten sich im 17. Jahrhundert bei uns aus. Heute baut man vor allem in Belgien, den Niederlanden und Frankreich noch das Wurzelgemüse an, das einst als «Spargel des armen Mannes» galt, aktuell aber wieder als Spezialität geschätzt wird: Sie schmecke nach Austern, Spargel und Artischocke, wird gelobt. Man hat sie früher gehasst, weil sie beim Schälen schwarze Hände macht, da sie eine klebrige Milch ausscheidet. Wenn man sie unter fließendem Wasser bürstet, dann schält und sofort in mit einigen Tropfen Zitronensaft oder Essig präpariertes Wasser gibt, geht das bestens, ohne dass die Hände schwarz werden oder die Schwarzwurzel sich verfärbt.

Man kann sie im Steamer garen oder in Wasser kochen und mit etwas Butter und ge-

hacktem Schnittlauch servieren. Oder wie Spargel mit Butter und Parmesan kurz überbacken oder mit einem Spiegelei garnieren. Was immer aber man damit macht – Spargel ist trotzdem besser! Wurzelgemüse ist immer eine etwas raue Struktur eigen, und es ist oft auch etwas mehlig. Deshalb verwendet man Petersilienwurzel und Topinambur meist als Püree oder sogar nur als kleine Zugabe zu Kartoffelstock, um diesem ein etwas anderes Aroma zu geben.

DIE NÜTZLICHE SEITE DER SCHÖNEN WEGWARTE

Die im Gemüseanbau genutzte Zichorie ist nichts anderes als die Gartenform unserer Gemeinen Wegwarte (*Cichorium intybus*), dieser wunderschönen blauen Blume, die so gern in der kargen kiesigen Erde am Rande unserer Spazierwege wächst. Große Bedeutung hatte sie früher – vor allem in Kriegszeiten – als Kaffeeersatz oder -zusatz. Mit geröstetem Malz und der gerösteten Rübenwurzel der Zichorie fertigte man ein Kaffeepulver. Noch heute nutzen es diejenigen, die den Bohnenkaffee nicht vertragen. Neben der Varietät *sativum*, die man für den «Kaffee» braucht, gibt es die Varietät *foliosum*, die uns Chicorée, Radicchio und Zuckerhut liefert. Für die Produktion der Chicorée-Sprossen werden die Wurzelstöcke ausgegraben und im Dunkeln getrieben, sodass die bleichen langen Blattknospen entstehen. Durch genetische Auswahl hat man ihnen in den letzten Jahrzehnten immer mehr ihre Bitterkeit ausgetrieben, sodass nun selbst die Kinder sie als Salat lieben und man sie im Dampfgarer wunderbar zubereiten kann, ohne sie zuerst im Wasser zu blanchieren.

Die Distelesser

Cardon, die Genfer Weihnachtsspezialität

Wie auch immer man sie nennt, Kardy, Kardone, Spanische Artischocke, Cardon oder *Cynara cardunculus*, es ist eine schöne, dekorative Pflanze, aber man lasse die ungeschützten Hände davon! Wenn man Cardon in ein Staudenbeet setzt, sind ihre Akanthus-artig geformten, weißlichen Blätter äußerst hübsch. Aber nur ein einziges Blatt abzureißen, ist nicht empfehlenswert – so viele Stacheln hat dieses Gewächs aus der Großfamilie der Disteln. Sie hat etwas weniger große Blumen als die Artischocke, aber die blau-violette Farbe ist strahlend. Als Verwandte der Artischocke hat sie die gleichen Wirkungen auf unseren Körper, man sagt dem Kardy verdauungsfördernde Eigenschaften nach, der Bitterstoff Cynarin soll die Gallentätigkeit anregen und sogar das Cholesterin senken.

GEMÜSE DER HUGENOTTEN

In der Schweiz wird Cardon vor allem in der Region Genf gegessen – und auch da angebaut. Im Westzipfel der Schweiz ist es eine Familientradition, dieses Gemüse um die Weihnacht herum zuzubereiten. Das ursprünglich aus der Mittelmeerregion, etwa aus Mallorca, stammende Gewächs soll von den einwandernden Hugenotten nach Genf gebracht worden sein. Die französischen Calvinisten haben bei ihrer Flucht nach der Aufhebung des Edikts von Nantes um 1685 viele Gemüsesorten und Früchte mit sich

gebracht. Der Genuss von Lauch, Spargel, Krautstiel, Chicorée und Schwarzwurzeln wird auf ihr gärtnerisches Know-how zurückgeführt. Die im Kanton Genf angebaute Sorte nennt sich Cardon épineux argenté de Plainpalais, und seit einigen Jahren ist das Produkt mit der Ursprungsbezeichnung (AOC) geschützt. Jedes Jahr werden rund sieben Hektar mit Cardon bepflanzt und 100 bis 130 Tonnen geerntet.

Im Oktober ist das Gemüse erntereif, wird dann aber noch gebleicht – entweder indem man die Stauden einfach einpackt, oder indem man sie unter dem Dach oder in einem Keller im Dunkeln hält. So kommen sie rechtzeitig zu Weihnachten gebleicht in den Markt. Das Bleichen macht die Pflanzen zarter und weniger bitter. Den Wurzelstock kann man sogar roh essen. Die restlichen Blätter befreit man vom Grün und von den Stacheln, zieht allfällige grobe Fasern ab und legt sie in Zitronen oder Essigwasser, damit sie sich nicht verfärben, und schneidet sie zum Blanchieren in Stücke. Die verbreitetste Art, Cardon zu genießen, ist gratiniert mit Mark. Am historischen Stadtfest «Escalade» Mitte Dezember isst man in Genf Schweinsbraten mit Cardon-Gratin an Béchamelsauce. In Genf gibt es Cardon im Supermarkt, in Zürich verkaufen ihn gute Gemüseläden oder Marktfahrer. Cardon ist zudem auch schon zubereitet als Konserve im Glas erhältlich.

KAPITEL 8

Kübelpflanzen und Exoten

Die Strelitzie ist eine prächtige Kübelpflanze und eignet sich auch als Schnittblume.

Seit der Zeit der großen Entdeckungsreisen haben Mengen von Pflanzen aus anderen Kontinenten Europa erreicht. Nach der ersten Sichtung beider Teile des amerikanischen Kontinents hat uns das eine Fülle von neuen Zier- und Nutzpflanzen gebracht. Später waren Pflanzensammler in Asien unterwegs, und sie lieferten nach Hause, was immer ihnen gefiel. Kapitän James Cook hat auf seinen drei Reisen in die Südsee im 18. Jahrhundert nicht nur Australien für die britische Krone in Besitz genommen, sondern auch viele Pflanzen. Der Naturforscher Joseph Banks, Landsmann von Cook, beteiligte sich auf eigene Kosten schon an der ersten Expedition, um botanische Sammlungen anzulegen. Banks hat Eukalyptus, Akazie, Mimosen und die Bougainvillea nach England gebracht, aber auch die *Sophora tetraptera*, die *Banksia integrifolia*, den *Callistemon citrinus* und andere. Banks konnte den britischen König George III. überreden, in Kew eine Pflanzensammlung anzulegen.

1772 reiste der Schotte Francis Masson bis nach Kapstadt und brache die *Strelitzia reginae* nach Europa, die Königsprotea, die *Zantedeschia aethiopica* und die ersten Amaryllen. Aber das war nur ein Anfang. Während des 19. Jahrhunderts waren unzählige Entdecker und Pflanzensammler unterwegs. Zu den berühmtesten Exkursionen wurden die von Alexander von Humboldt auf den amerikanischen Kontinent gezählt. Beeindruckend ist nicht nur dessen Mut zum Abenteuer, sondern auch seine wissenschaftliche Aufarbeitung der Resultate, die sich in vielen Buchbänden niederschlug.

David Douglas, ebenfalls ein schottischer Pflanzenjäger, führte vom Westen der USA die Douglasie und andere Nadelbäume ein. Joseph Dalton Hooker, britischer Botaniker, nahm den Himalaja ins Visier und exportierte viele neue Pflanzen – darunter viele Rhododendren-Arten und Primeln – aus Sikkim nach Europa. Sein Landsmann Robert Fortune bereiste China und brachte unter anderem Sicheltannen, den gelben *Jasminum nudiflorum*, die Forsythien und die Herbstanemonen mit. Frank Kingdon Ward hatte 1924 ausreichend Samen des Blauen Scheinmohns (Meconopsis) aus Asien mitgenommen, dass dieser in England erfolgreich eingeführt werden konnte.

Spezialisierte Gärtnereien kommerzialisierten die exotischen Pflanzen, sodass mit ihnen oft ein Vermögen verdient werden konnte. Viele dieser Neuankömmlinge aus asiatischen Hochländern erwiesen sich in Europa als winterhart. Für diejenigen, die an tropisches oder subtropisches Klima gewöhnt waren, baute man Glashäuser oder pflanzte sie im milden Klima Südenglands oder am Mittelmeer an. In der Region nördlich der Alpen begann die Zeit der Kübelpflanzen. Schon seit der Renaissance hat man in Italien Zitruspflanzen in Töpfen gezüchtet, nun kamen weitere Sorten aus Asien hinzu – und sie wurden in den bestehenden oder neu erstellten Orangerien überwintert.

Mediterran – oder etwa doch nicht?

Vieles, das ums Mittelmeer wächst, kommt von anderen Kontinenten

In der Ferienzeit tummeln sich die Leute wieder an den Stränden, und sie bewundern die Flora des Südens. Wir bezeichnen die Pflanzen, die aus dem Süden kommen, oft mit dem Sammelbegriff «Mediterrane», und wir haben dann eine mehr oder weniger klare Vorstellung, worum es sich handelt.

Viele dieser vermeintlich mediterranen Pflanzen stammen indessen nicht aus dem Bereich des Mittelmeers, sie sind dort nur gepflanzt worden. Die bekanntesten darunter sind wohl die Agaven und die Opuntien (Feigenkaktus),

die allesamt vom amerikanischen Kontinent stammen. Für das mediterrane Land Italien, in dem die Zitronen blühen, sind die Zitrusfrüchte prägend. In Wirklichkeit stammt indessen keine der vielen Zitrusarten aus der Region des Mittelmeers. Ihre ursprüngliche Heimat ist Asien. Lange Zeit hatte man auch angenommen, dass der Ölbaum von Menschen in das mediterrane Bassin eingeführt worden sei. Fossile Blätter in 54 000-jähriger Vulkanasche aus Santorin beweisen nun aber, dass *Olea europaea* seinen Namen zu Recht trägt.

Hübsche Wasserspeicher

Sukkulenten als Stein getarnt

Die Sukkulenten-Sammlung der Stadt Zürich ist ein verkappter Botanischer Garten mit klarer Spezialisierung auf die sukkulenten Pflanzen. Sie ist mit 25 000 Pflanzen und 6500 verschiedenen Arten weltweit die größte ihrer Art. Sukkulenten sind Pflanzen, die Perioden großer Trockenheit überleben können, weil ihr Gewebe darauf ausgerichtet ist, Wasser zu speichern. So können sie große Durstperioden überdauern. Den Verantwortlichen der Sammlung gelingt es immer wieder, neue Gesichtspunkte herauszu-

zuarbeiten und damit das Scheinwerferlicht auf besondere Pflanzen zu fokussieren.

Von den bekannten über 12 000 Sukkulenten-Arten kommt fast ein Drittel im südlichen Afrika vor. Sukkulenten verfügen über sehr große Wurzelsysteme. Je nachdem, ob man sich auf sehr schnelles Wachsen nach Regengüssen oder einen längeren Profit vom raren Wasser einrichtet, wurzeln die Pflanzen bodennah oder tiefer, nie aber versuchen sie wirklich, in der Tiefe ihr Wasser zu suchen. Das überlassen sie einigen nicht-sukkulenten Pflanzen wie Tamarisken oder Prosopis, die bis 50 Meter in die Tiefe wurzeln, um dauerhaft feuchte Stellen zu finden.

MAUERPFEFFER UND HAUSWURZ

Sukkulente Pflanzen speichern ihr Wasser in den Blättern – wie etwa in unseren Breitengraden die Hauswurz und das Sedum, der Mauerpfeffer. Diese wachsen auf Felsen, Dächern und Mauern und nehmen das Wasser dann auf, wenn es fällt. Anschließend üben sie sich als Hungerkünstler und trotzen der Hitze. In Südafrika sind es vor allem Aloearten – in der Neuen Welt die Agaven –, die so funktionieren, sowie Wolfsmilch- (Euphorbien) und Mittagsblumengewächse. Andere Pflanzen nutzen ihren Stamm, um Feuchtigkeit zu speichern. Auch hier sind Euphorbien zu erwähnen, die mit ihren grünen stacheligen Stämmen auf den ersten Blick kaum von den neuweltlichen Kakteen zu unterscheiden sind. Der Afrikanische Affenbrotbaum (Baobab) ist gar die größte bekannte Sukkulente uberhaupt. Sein Stamm kann einen Durchmesser von zehn Metern erreichen. Besonders attraktiv sind natürlich die sogenannten Lebenden Steine, die Zwergsukkulenten, die erst, wenn sie blühen, zwischen den Quarzkieseln zu erkennen sind. Und unter diesen sind es die Fensterpflanzen (Lithops), die uns vor allem faszinieren. Sie beschränken sich auf ein einziges Blattpaar, das sehr verdickt und oben abgeplattet ist. Die dunkeln Stellen auf der Blattoberfläche der vermeintlichen Kiesel lassen das Licht einfallen, der als Wasserspeicher dienende Blattkörper streut das Sonnenlicht optimal und kann dem am unteren Rand befindlichen Blattgrün die Fotosynthese ermöglichen. Nur wenn sie blühen, verzichten die Zwergsukkulenten auf

ihre perfekte Mimikry: Die Blüte drängt sich dann aus der Spalte zwischen den zwei Blättern hinaus und ist groß und strahlend.

Natürlich denken wir bei Sukkulenten alle in erster Linie an Kakteen, die ja als Wüstenbewohner exzellente Überlebenskünstler sind. Und wir sind hier großzügig und subsumieren unter den Kakteen alles, was an stacheligen Wasserspeichern wächst, egal ob das nun wirklich Vertreter der Kakteen-Familie sind, die es ursprünglich nur in der Neuen Welt gibt, oder gut angepasste Wolfsmilcharten, die in den Wüsten Afrikas Form und Funktion der Kakteen übernehmen.

BEGRÜNTE DÄCHER

In unserer Region gibt es sukkulent lebende Pflanzen vor allem in den kargen, aber sonnenreichen Gebieten der Alpen. Die bekannteste unter ihnen ist zweifellos die Hauswurz, jene Miniatur-Agave, deren Rosetten auf Mauern, Felsen und sogar auf Hausdächern gedeihen. *Sempervivum tectorum* heißt sie auf Latein, übersetzt etwa: «das Ewiglebende der Dächer». Ihnen reicht das bisschen Laub und Staub, das sich auf Ziegeldächern ansammelt, um zu überleben. Im Mittelalter war man überzeugt, dass die Hauswurz auf dem Dach das Haus vor Blitzschlag bewahre.

Tatsächlich sind unsere Dachlandschaften klimatisch eine Art Wüste: Die Sonne brennt auf die Blech- oder Ziegeldächer und heizt die Luft immer mehr auf. Die Luftfeuchtigkeit ist im Sommer minimal. Dem kann man abhelfen, indem man auf Flachdächern Sedum pflanzt, eine andere einheimische Sukkulente. Damit verbessert sich das Klima, die Luftfeuchtigkeit steigt, und es gibt eine zusätzliche Isolationsschicht gegen Wärme und Kälte. Der deutsche Name von Sedum ist Fetthenne oder Mauerpfeffer. Der eine Name spielt auf die prall gefüllten Blätter an, der andere wohl auf die medizinische oder kulinarische Verwendung von Sedum, wobei die Mauer einen Hinweis gibt auf den bevorzugten Standort der Pflanze: Sie wächst auf Mauerkronen, in Spalten und auch auf Felsen in den Bergen.

AGAVEN UND OPUNTIEN

Die für uns spektakulärsten Sukkulenten sind jedoch von Seefahrern vom amerikanischen Kontinent zu uns nach Europa gebracht worden: Aloe, Agave und Opuntie. Diese waren überaus nützlich, sodass sie sich schnell rund ums Mittelmeer verbreiteten. *Aloe vera* soll so ziemlich gegen jedes Zipperlein helfen, und die Pflanze hat die Kosmetik revolutioniert. Die großen Agaven mit ihren bajonettscharfen Blattspitzen dagegen sind nicht nur dekorativ, sondern sie können ein Grundstück effizient gegen Eindringlinge schützen. Das Gleiche gilt für den Feigenkaktus, die Opuntie, die überdies die saftigen süßen Kaktusfeigen hervorbringt – mit denen umzugehen man allerdings erst einmal lernen muss.

Für uns sind das Pflanzen des Südens, Ferienerinnerungen, die bei uns nur in Töpfen gedeihen und im Winter eingeräumt werden müssen. Aber es gibt auch hier Ausnahmen: Pflanzen aus der Wüste haben ja ein raues Klima auszuhalten, mit heißen Tagen und kalten Nächten. Und da haben sich Spezialisten herausgebildet, die sogar kalten Wintern trotzen können. Man kann sie in unserer Region im Freien überwintern, allerdings müssen sie eine möglichst gute Drainage haben, denn sie erfrieren nicht, sie verfaulen, wenn sie zu feucht stehen. Im Winter legen sie ihre kleinen «Ohren» fast flach auf den Boden, im Frühjahr richten sich diese wieder auf und blühen mit großen Blüten und kräftigen Farben. Das Angebot für den Sammler ist groß.

FREILEBENDE OPUNTIEN IN ALPENTÄLERN

Die stacheligen Opuntien (*Opuntia ficus-indica*) sorgen rund ums Mittelmeer, auf Mauern und Steinhaufen gepflanzt, für undurchdringliche Barrieren. Sie haben zudem den Vorteil, essbare Früchte zu produzieren. Zwei kleinere Arten, *Opuntia humifusa* und *Opuntia imbricata*, sind in der Schweiz verbreitet, wo sie auf Felsen in südlichen Tälern wachsen, meist nahe bei Siedlungen. Ihr Herkunftsgebiet sind die westlichen und mittleren Gliedstaaten der USA.

Die kleine, gelb blühende *Opuntia humifusa* findet sich auf Felsen in den südlichen Alpentälern, etwa im Wallis – auf dem Hügel von Schloss Tourbillon und der Basilika von Valeria oberhalb von Sitten, wo sich noch zwei andere verwilderte Opuntien-Arten finden lassen. Aber ebenso im Veltlin oberhalb des Comer Sees kann man der *Opuntia humifusa* begegnen. Oberhalb von Sondrio, dem größten Ort des Veltlins, lagen verschiedene vom Fels herabgefallene «Ohren» auf der Straße, die nun in unserem Garten wachsen. In den Westalpen findet sich die magentarot blühende *Opuntia imbricata* ausgewildert.

Die *Agave americana* schießt oft nach vielen Jahren mit ihrer Knospe in die Höhe und öffnet dann ihre Blüte. Sie sieht dabei aus wie ein riesiger Spargel, und tatsächlich gehört sie zur Familie der Spargelgewächse. Die Agave wirkt sehr dekorativ in Vasen auf Torpfosten. Da man sie im Winter einräumen muss, ist es besser, sie in einem einfachen Plastiktopf in die Stein- oder Metallvasen zu stellen. Die gelb-weiß gestreifte *Agave americana* 'Marginata' ist besonders attraktiv, aber auch etwas frostempfindlicher. Ihr Blütenstand kann zwölf Meter hoch werden. Die Drachenbaum- oder Schwanenhalsagave (*Agave attenuata*) – sie neigt ihre Blütenkrone wieder der Erde zu – stammt ursprünglich aus Mexiko. In den dortigen Föhrenwäldern in felsigen Lagen gedeiht sie auf Höhen von 1900 bis 2500 Metern. Sie entwickelt einen Blütenstand, der eine Höhe von gut drei Metern erreichen kann, dann blühen die kleinen sternförmigen Lilienblüten. Sie sind eher unscheinbar, grüngelb, und sie bieten Blütenstaub und Nektar für die Tiere, die sie befruchten sollten. Dabei handelt es sich vermutlich um auf Nektar spezialisierte Fledermäuse. Die Anzahl der Arten der Gattung Agave wuchs seit ihrer Erstbeschreibung durch Linné – der sie von der Gattung Aloe unterschied – von vier (1753) auf mehr als 400 Arten an.

AGAVEN ALS NUTZPFLANZEN

Man kann über Agaven nicht schreiben ohne den Hinweis, dass aus den Herzen der *Agave tequilana azul* – der blauen, wie der Name sagt – das alkoholische Getränk Mezcal und der Tequila gebrannt werden. Guten Tequila trinkt man am besten pur. Ob es dazu der folkloristischen Zutaten wie Salz und Limette bedarf, ist Geschmackssache. Der im Fass gereifte Reposado wird im Sherryglas serviert. Darüber hinaus hat sich der Schnaps heute als Grundlage vieler Mixgetränke etabliert. Das bekannteste ist sicher die Margarita, bestehend aus Limettensaft, Cointreau oder Grand Marnier und reichlich Tequila. Wo die Margarita erfunden wurde, ist nicht klar, um verschiedene Barkeeper der Vierzigerjahre ranken sich Erfinderlegenden. Der Tequila Sunrise erhält seine Morgenröte durch Orangensaft und einen Spritzer Grenadinesirup, und in den Low Rider kommen neben Tequila etwas Triple sec und ein Schuss Cranberrysaft.

Jung und alt

Der Etrog im Topf

Wir haben in unserer Sammlung von Zitrusbäumchen seit Jahren eine Zitronatzitrone, die auf den Namen Etrog lautet. Wir wussten gar nicht, welche Spezialität wir uns da zugelegt hatten, bis wir zufällig auf die Rolle der gelbgrünen Frucht im Rahmen des Sukkotfests gestoßen sind. Beim Laubhüttenfest, das Juden in aller Welt feiern, erinnern sie sich an die bescheidenen Unterkünfte während des Auszugs aus Ägypten, und gleichzeitig wird eine Art herbstliches Erntedankfest damit verbunden. Dazu gehört ein Feststrauß mit folgenden Ingredienzien: ein Palmzweig, drei Myrtenzweige, zwei Bachweidenzweige und dazu eine Etrog-Zitrone.

Alle diese vier wichtigen Dinge finden sich in unserem agnostischen Garten, uns fehlt allein der Glaube.

Etrog (*Citrus medica* 'Etrog'), gehört zu den Zitronatzitronen, die wegen des Zitronats in ihrer dicken Schale für die Herstellung von Eau de Cologne benutzt werden. Verwandte Varietäten oder Sorten von *Citrus medica* sind *Citrus medica* 'Diamante', *Citrus maxima* mit sehr großen, gefurchten Früchten, *Citrus rugoso* mit noch tiefer gefurchten Früchten sowie *Citrus medica* 'Digitata', die Hand Buddhas. *Citrus medica* 'Etrog' wurde früher auch Judenapfel oder Paradiesapfel genannt, da er mit dem Apfel des Paradieses identifiziert wird. Aber es ist natürlich nicht die Fatalität dieses Apfels, sondern wohl die Tatsache, dass am Etrog-Baum immer gleichzeitig neue und alte Generationen von Früchten reifen, die ihn zum Sinnbild macht. Es gibt abenteuerliche Etymologien, nach denen aus «Etrog» hebräisch «Ertrag» und persisch «etransch» wurde – und daraus «orange». Weniger «étrange» dünkt uns die Erklärung, dass das spanische «naranja» aus arabisch «narandsch» zur Orange führte. Unsere Etrog-Zitrone dürfte aber die Qualitätskontrolle der Gläubigen nicht passieren, denn sie darf beispielsweise nicht auf eine andere Unterlage gepfropft sein, wenn sie religiösen Zwecken dienen soll.

Ihren Namen verdankt die Zitronatzitrone oder Cedratzitrone dem starken Duft der Zitrusfrüchte, der so kräftig ist wie der der Zeder. *Citrus medica* heißt die Pflanze wegen ihrer Herkunft aus Asien – dem Land der Meder im Osten. Sie ist eine der drei bekannten Arten der Zitrone, die beiden anderen sind die Pampelmuse (*Citrus maxima*) und die Mandarine (*Citrus reticulata*). Man geht davon aus, dass alle anderen Zitruspflanzen Kreuzungen oder Mutationen dieser drei Arten sind.

Klassische Topfpflanzen

Zitrusbäumchen schaffen eine mediterrane Atmosphäre

Für uns ist Italien das klassische Land, wo die Zitronen blühen. Die große Produktion von Zitrusfrüchten findet allerdings eher anderswo statt, in Ländern, die ganzjährig ein viel wärmeres Klima haben. Valencia in Spanien ist uns bekannt, aber ebenso die Maghreb-Länder. Im ganz großen Stil aber produzieren Mexiko, Indien, China, die Vereinigten Staaten und am meisten Brasilien. Die dazu angebauten Bäume werden in Monokulturen gehalten und sind entsprechend leider anfällig für Krankheiten.

ALTE ZITRUS-SAMMLUNGEN
In Italien hält man seit Längerem, schon seit der Renaissance, diverse Zitrus-Spezialitäten – wie den Chinotto zur Gewinnung von Bitterstoffen für Digestifs. An Europas Fürstenhöfen hat dies Schule gemacht, und überall wurden Orange-

rien gebaut, um den Zitronen- und Orangen-bäumchen in ihren tönernen Gefäßen im Winter Schutz zu bieten. Sowohl in den «Pots de Versailles» am französischen Königshof als auch in den – oft reich verzierten – gebrannten Tontöpfen aus Imprugneta bei Florenz durften die Zitruspflanzen nicht zu hoch wachsen, wenn man sie jährlich im Frühjahr ins Freie transportieren und im Herbst wieder hinein bringen musste.

Zur toskanischen Villa gehören deshalb immer viele Töpfe, die in den Gartenanlagen nach einem möglichst regelmäßigen System verteilt werden. Sehr gut beobachten kann man das in der Villa Medici in Castello außerhalb von Florenz, da, wo nahe beim Flughafen das Gelände anzusteigen beginnt. Die Sammlung der Medici umfasst teilweise schon sehr alte Zitrusbäume, und hier wurde auch die Bitterorange *Citrus aurantium* 'Bizzaria' wiederentdeckt, eine recht verbeulte, eigenwillig seltsam geformte, bizarre Frucht, die schon vor Jahrhunderten die Menschen zum Staunen brachte.

Zitrusbäume in Gefäßen finden sich aber nicht nur in der Toskana und in Versailles, sondern in vielen Schlossgärten in ganz Europa.

Eine wachsende Sammlung gibt es beispielsweise im Schlosshof auf der Insel Mainau im Bodensee.

SPEZIALISIERTE GÄRTNEREIEN

Zitruspflanzen sind in Gartencentern und in spezialisierten Gärtnereien zu finden, etwa bei Flora Toskana in Deutschland, bei Michael Ceron in Kärnten oder bei der Gärtnerei Oscar Tintori in Pescia zwischen Pistoia und Lucca in der Toskana, die im großen Maßstab Zitruspflanzen produziert.

Wer seine Zitruspflanzen in Töpfen hält, muss für das Überwintern eine Lösung haben. In vielen Gärten werden die Gefäße heute nicht mehr mit der Kraft der Gärtner, sondern mit Gabelstaplern in ihr Winterdomizil verfrachtet. Wer über keinen Wintergarten verfügt, kann sich mit einem um die Töpfe errichteten Zelt aus Noppenfolie behelfen. Die Pflanzen müssen regelmäßig mit Nahrung und mit Wasser versorgt werden. Vor allem brauchen sie Eisen und Magnesium, um dem Vergilben der Blätter vorzubeugen.

Loquats in Zürich

Eine Wollmispel trägt das erste Mal Früchte

Im Mittelmeerraum sind die Wollmispeln weit verbreitet. Kaum ein Garten in Italien, in dem nicht ein hübscher Mispelbaum steht mit seinen attraktiven, großen und immergrünen Blät-

tern. Die Früchte werden im angelsächsischen Sprachraum als Loquats bezeichnet. Sie sind süß-säuerlich und orangefarben.

Seit einigen Jahren haben wir einen Wollmispelbaum im Garten und – wie immer, wenn man etwas näher kennt – entdecken nun mehr und mehr auch in anderen Gärten Wollmispeln, die im Freien wachsen und meist mit den tiefen Temperaturen unserer Winter klarkommen. Eine Arbeitskollegin hat uns sogar zwei Mispelbäume gezeigt, die in ihrem Garten einen Steinwurf vom Bellevueplatz in Zürich voller reifer Früchte sind. Mitarbeiter des Botanischen Gartens haben dieses Phänomen als außergewöhnlich bezeichnet, ihnen sei kein gleicher Fall bekannt. Die eine Pflanze ist schon rund dreißig Jahre alt. Sie wurde seinerzeit aus einem von Italien mitgebrachten Samen gezogen. Die zu einem stattlichen Baum herangewachsene Wollmispel hat indessen keine Früchte getragen. Ihre Blütezeit ist im Winter, und dann fehlt vermutlich das nötige Insekt für die Befruchtung. Vielleicht war es der Rekordsommer vom vergangenen Jahr, der die Mispel blühen ließ, und an einem milden Wintersonnentag waren vielleicht einige Bienen unterwegs. Wie auch

immer, die Früchte schmecken köstlich, frisch vom Baum gepflückt!

Die Wollmispel, *Eriobotrya japonica*, stammt – ihrem Namen zum Trotz – aus China und wurde vor rund tausend Jahren in Japan eingeführt. 1784 wurde ein erster Wollmispelbaum in Paris gepflanzt und verbreitete sich dann an der französischen Mittelmeerküste, auf Malta, in Nordafrika und Italien. Auch in den Südstaaten der USA und in Kalifornien wird die Wollmispel heute angebaut. Aber ebenso in Indien sowie in Süd- und Mittelamerika ist der Baum heimisch geworden – Brasilien hat allein im Staat São Paulo rund 150 000 Mispelbäume. Der wichtigste Lieferant ist aber Japan mit 17 000 Tonnen Jahresproduktion. Heute ist eine Vielfalt von Sorten auf dem Markt. Die meisten werden auf Quitten aufgepfropft. Für unsere Regionen ist für die Kultur im Freien der aus Samen gezogene Baum vorteilhafter: friert er zurück, treibt er wieder neu aus, wogegen bei den Gepfropften die Quitte ausschlägt!

Ferien auf dem Balkon

Südliche Inspirationen statt Infektionen

Wenn man sich in den Sommerferien im Süden an sonnige Tage und laue Nächte gewöhnt hat, erlebt man bei der Rückkehr in die Region nördlich der Alpen einen kleinen Schock, wenn die Temperatur unter zehn Grad Celsius sinkt. Dennoch möchte man die Stimmung aus den Regionen der mediterranen Düfte, der

herrlichen Aromen und der lauen Lüfte noch etwas weiter genießen. Denn eines ist sicher, der nächste Winter kommt bestimmt.

SYMBOLE FÜR SÜDLICHE LEBENSART
Viele Gärten, Terrassen und Balkone sind deshalb auch nördlich der Alpen mit den Insignien

des Urlaubsdomizils ausgestattet: Ein kleiner Olivenbaum dient als Surrogat für die durchstreiften Haine, ein Rosmarinstrauch im Topf soll der Küche das Flair des Südens verleihen und ein blühender Lavendel zaubert bei geschlossenen Augen den inspirierenden Hauch von Ferien zurück. Natürlich fehlen der 30 Grad warme Swimmingpool, der eiskalte Rosé oder der erfrischende Wind mit der Luft vom Meer und dem harzigen Aroma der Pinien. Träumen bleibt aber erlaubt.

Wer sich eine Oase des Südens auf seinem Balkon holen will, kann die dafür nötigen Gefäße als Ferienerinnerung mit nach Hause nehmen. Etwa ein eleganter Terracotta-Topf aus dem toskanischen Impruneta oder eine große Keramikvase aus dem provenzalischen Anduze. Aber die Pflanzen kauft man besser hierzulande. Ein guter Freund und Pflanzenliebhaber hat uns bei der Rückkehr aus den Ferien darauf aufmerksam gemacht, dass aus Südeuropa das gefährliche Feuerbakterium (*Xylella fastidiosa*) eingeschleppt werden könnte. Nach Südeuropa wurde es vom amerikanischen Kontinent eingeführt. Das ist die Kehrseite der viel gelobten grenzenlosen Mobilität: Wer reist, kann immer unwillentlich irgendwelche Erreger oder Schädlinge als «Souvenir» nach Hause bringen. Dann wird der Traum vom Süden auf der Terrasse schnell zum Albtraum. Besser also, man kauft den Rosmarin auf dem hiesigen Markt und den Lavendel in der Gärtnerei. Es gibt jedoch unglaublich viele Sorten von Lavendel. Man sollte eine sicher winterharte und nicht allzu groß werdende Sorte kaufen. Natürlich eine, die einem farblich gut gefällt. Und unter diesen *Lavandula angustifolia* ist die nach einem wunderschönen englischen Garten benannte Sorte ‘Hidcote Blue’ ein sicherer Wert.

Der Balkon mit mediterranen Pflanzen holt südliche Ferienstimmung in den Norden.

Heikle Schöne

Gardenien sind pflegeintensiv

Bei sommerlich warmen Temperaturen fühlen sich die Gardenien wohl. Sie machen üppige, wie lackiert glänzende grüne Blätter und wunderschöne cremeweiße Blüten. Während langer Monate haben sie sich bei uns im Wintergarten durch ein Klima gequält, das ihnen nicht besonders zuträglich ist. Und dennoch kann man auf sie nicht verzichten! Sie sind die Königinnen der Topfpflanzen. Ihr prächtiges Weiß variiert von Schneeweiß bis Elfenbein, ihre gefüllten Blüten öffnen sich wie kleine Windräder, ihr Duft ist betörend und süß.

JETZT AUCH IM SUPERMARKT

Man kann sie billig im Supermarkt oder im Gartencenter kaufen, im feuchtwarmen Glashaus produziert und hochgezogen mit viel Wasser und viel Dünger. Der Niedergang lässt in der Regel nicht lange auf sich warten: Die Blütenknospen fallen ab, die Blüten faulen, die Blätter werden matt, und schließlich welken ganze Zweige. Die heikle Gardenie braucht nach unserer Erfahrung immer das richtige Verhältnis von Temperatur und Wasser. Im Winter ist die Minimaltemperatur zehn Grad Celsius, im Sommer 24 Grad. Zu viel Wasser oder gar Staunässe sind der Gardenie Tod, zu wenig Wasser aber lässt sie ebenfalls absterben. Man muss beim Wässern genau mit der Jahreszeit und der Temperatur mithalten. Zudem neigen die Blätter zum Vergilben. Hier hilft Dünger allein nicht, es benötigt hie und da eine Zugabe von Eisen und Magnesium wie sie in «Sequestrene» oder «Pflanzen-Tonic» enthalten sind. Wichtig ist ein saures Substrat, dem aber etwas Quarzsand, Tongranulat sowie Perlit oder Vermiculit (Schichtsilikat) zu guter Durchlässigkeit verhilft. Der einzige – und nicht rein altruistische – Tipp, den der Produzent gibt, ist, die Pflanze häufig zu erneuern, da die Jungen am meisten Blüten machten. Die Gattung umfasst rund 250 Sorten, *Gardenia jasminoides*, ursprünglich aus China, ist die bekannteste. Man findet sie selten ungefüllt – so erinnert sie am meisten an den Jasmin, der dieser Art den Namen gab –, dagegen fast ausschließlich gefüllt.

Da die Gardenie am Gardasee prächtig gedeiht, denkt man vielleicht, dieser Alpenrandsee habe ihr den Namen gegeben. Sie wurde jedoch nach einem Arzt aus Aberdeen aus dem 18. Jahrhundert benannt, der passenderweise Alexander Garden hieß.

Ein exotischer Vogel

Strelitzie – zu Ehren einer Königin

Im Winter freut man sich doppelt, wenn sich die «Indoor»-Blumen in der Wohnung von der besten Seite präsentieren. Die Strelitzien zeigen nun Knospen im Winterquartier. Sie eignen sich recht gut als Kübelpflanzen, die man im Sommer im Freien hält, im Winter aber an einem kühlen, hellen und frostgeschützten Ort. Sie können aber auch das ganze Jahr über in hellen, warmen Räumen gezogen werden. Voraussetzung ist ein großes Behältnis, denn Strelitzien sind große Pflanzen – sie können bis zwei Meter hoch werden –, die einen ausreichend dimensionierten Topf brauchen, einerseits als Substrat für die Wurzeln, andererseits um der physikalischen und optischen Stabilität willen: Große Pflanzen in zu kleinen Gefäßen sehen lächerlich aus.

BLÜTENBLÄTTER IN RESERVE

Die Strelitzie ist nahe verwandt mit den Bananen, was die eleganten langen und schmalen Blätter ahnen lassen. Mit genügend Sonne und Düngergaben blühen Strelitzien gern. Und in ihrem Hochblatt, aus dem die farbigen Blütenblätter kommen, hat es immer noch zwei «Reserveblüten», was sie als Schnittblume interessant macht. Sie werden je nach Literatur den *Musaceae* – also den Bananengewächsen – zugeteilt oder aber, was sicher richtig ist, einer eigenen Familie, den *Strelitziaceae* oder Paradiesvogelgewächsen.

Der Vergleich mit dem Paradiesvogel liegt, wenn man die Blüte betrachtet, nahe. An ihrem natürlichen Standort in Südafrika wird sie auch nach dem Kranich benannt, dem die Blüte in der Form gleicht. Der Botanische Garten Kirstenbosch bei Kapstadt ist heute der größte Hort für die verschiedenen Arten der Strelitzie, und 1996 benannte er die gelb blühende Variante «Kirstenbosch Gold» in «Mandela's Gold» um. Die Gattung umfasst etwa fünf Arten.

Die Strelitzie hat sich inzwischen über die ganze Welt verbreitet. Sie ist heute die Stadtblume von Los Angeles, ist ein beliebtes Mitbringsel der Touristen von den Kanarischen Inseln oder den Balearen, und sie gilt als Wahrzeichen der Insel Madeira. In Europa wird sie in Glashäusern gezüchtet, natürlich in Holland. Vor allem aber an der ligurischen Riviera zwischen San Remo und Ventimiglia bringt man sie in riesigen, mit Glas überdeckten Feldern zur Blüte.

SÜDAFRIKA – LONDON – MECKLENBURG

Der Kieler Journalist Karl-Ernst Jipp hat ein kleines Buch geschrieben, *Die Strelitzie und ihre abenteuerliche Geschichte*, es zeigt die historischen Beziehungen auf, die Südafrika, London und das Mecklenburgische verbinden. Im 18. Jahrhundert schickten europäische Fürsten und deren Botaniker Pflanzenjäger um die Welt mit dem Auftrag, Neuigkeiten aufzuspüren, die das Ansehen des Hauses, aber auch die aufkommende botanische Systematik weiter stärken könnten. Der Engländer Sir Joseph Banks segelte von 1768 bis 1771 mit dem legendären Captain James Cook rund um die Welt. Er wurde darauf von König Georg III. zum Direktor der Royal

Botanic Gardens in Kew ernannt, und in dieser Funktion schickte er den Schotten Francis Masson auf Expedition nach Südafrika. Dieser sandte im Jahr 1773 eine merkwürdige Pflanze mit paradiesvogelartigen orangefarbenen, roten und blauen Blütenteilen nach Kew, die Banks zu Ehren der Königin Sophie Charlotte von Mecklenburg-Strelitz «Strelitzia reginae» nannte. Deren Herkunftsort Neustrelitz, Residenzstadt des Großherzogtums Mecklenburg-Strelitz (bis 1918), wurde natürlich zu einem Ort, an dem die Pflanze gleichen Namens intensiv gepflegt

wurde. 1815 schenkte die Königin ihrer Familie eine Strelitzie, die 1822 erstmals in Deutschland blühte. Zu DDR-Zeiten wurde die Repräsentationsblume der Stadt in vielen Glashäusern gezüchtet. Nach der «Wende» konnte man keine Interessenten für die Betriebe finden, und sie zerfielen. Die Glashäuser wurden schließlich abgebrochen, so wie schon 1945 die Mauern des im Krieg abgebrannten Residenzschlosses abgetragen wurden. 1995 wurde die Strelitzie aber wieder von den Behörden zur offiziellen Stadtblume bestimmt.

Orchideen für jedermann

Blume der Exzentriker als Allgemeingut

Das waren noch Zeiten, als sich der exzentrische Baron Jean Floressas Des Esseintes in Joris-Karl Huysmans' Roman *Gegen den Strich* Wagenladungen von tropischen Pflanzen, darunter Orchideen, für seine Glashäuser bestellte, die ihn an Hautkrankheiten und allerhand merkwürdige Organe denken ließen und die er mit einer Mischung von Abscheu und Faszination betrachtete, aber unbedingt besitzen wollte. Heute stehen Orchideen in jedem Supermarkt, ja, sie werden gar in unserer Gegend in großen Mengen in Glashäusern gezüchtet und eignen sich wegen ihrer langen Blütezeit sehr gut als Geschenk für Tante und Großmutter. Die wenigen renommierten Orchideengärtnereien, die es vor 50 Jahren noch gab, sind größtenteils verschwunden, und große Pflanzenfabriken liefern

nun die aus pflegeleichten Klonen gezüchteten Blumen in einer nicht enden wollenden Vielfalt von Formen und Farben.

PRACHTEXEMPLARE MIT SEX-APPEAL

Nur für arge Snobs sind die problemlose Erhältlichkeit und die Verbreitung von Cypripedien (Frauenschuh) oder Phalaenopsis-Hybriden ein Grund, sich von diesen wunderschönen Pflanzen abzuwenden. Die Frauenschühlein sind auch einheimische Pflanzen, und es gibt Gartenformen mit rosaroten Blüten, die leichter kultivierbar sind als etwa die Knabenkräuter unserer benachbarten Trockenwiesen oder Sümpfe – die Vielfalt einheimischer Orchideen ist trotz der Gefährdung nicht weniger Arten noch immer groß. Die exotischen Formen indessen verlangen ein Treibhausklima mit relativ hoher Luftfeuchtigkeit. Umso angenehmer sind die Malaienblumen (*Phalaenopsis*), die recht tolerant sind gegenüber der Trockenheit unserer geheizten Wohnräume. Man hat ihnen in den letzten Jahren so viele spezielle Eigenarten angezüchtet, dass sie sich zum Sammeln geradezu aufdrängen. Und bei einer einigermaßen konstanten Pflege danken sie mit immer neuen Blüten. Sie lieben keine Staunässe und keinen Durchzug – da werfen sie die Knospen ab. Aber einmal wöchentlich in weiches Wasser mit etwas Orchideendünger getaucht und hie und da mit etwas neuem Substrat angereichert, gefällt es ihnen bei uns auch in relativ trockenen, geheizten Räumen gut. Abgeblühte Blütenrispen werden nur wenig zurückgeschnitten, sodass sie nochmals Blüten tragen können. Wunderschön und ebenfalls pflegeleicht sind Cymbidium-Hybriden, deren große Horste im Sommer an einem schattigen Platz im Garten neue Kräfte sammeln, um im Winter reiche Blüten zu treiben.

Wer über ein Glashaus verfügt, kann sich an seltenere Prachtexemplare wagen wie Dendrobium, Odontoglossum, Vanda oder Cattleya. Letztgenannte sind nicht nur für Kenner Prousts die Blumen mit dem meisten Sex-Appeal: Ihre großformatigen, oft rüschenbesetzten Blumen sind von barocker Schönheit. Rund 10 000 Arten dieser Unterfamilie sind bekannt, und da sie sich gern mit fremden Gattungen kreuzen, sind unzählige, teilweise sehr attraktive Hybriden entstanden. Die epiphytischen Arten, die in der Natur auf Bäumen wachsen, wie etwa die Vanda, können bei uns in aufgehängten, mit Wasser gefüllten Tonvasen gezüchtet werden.

Bignonia

Familie mit prächtigen Kübelpflanzen

Immer wieder erstaunt es uns Laien, dass Pflanzen aus völlig unterschiedlichen klimatischen Regionen zur gleichen Familie gehören oder dass große Bäume und kleine Stauden eng verwandt sein können, wie etwa die Rosen und die Apfelbäume. Ein gutes Beispiel für solche Vielfalt liefern die Bignoniaceae, eine Pflanzenfamilie, die sich in vier Familienstämme gliedert und Bäume, aber ebenso kleine Stauden umfasst. Fast allen Mitgliedern der Großfamilie ist gemeinsam, dass sie wunderbare große, glockenförmige Blüten machen. Einige Bäume sind bei uns winterhart, wie der Trompetenbaum (*Catalpa bignoides*), der auf Deutsch der Familie der Trompetenbaumgewächse auch den Namen gab. Die *Catalpa* blüht im Frühsommer – wenn man beim Kauf Glück gehabt hat – mit großen weißen Blütentrompeten mit zart-gelben Flecken im Innern. Der Baum aus dem Südosten der USA ist besonders wegen der großen herzförmigen Blätter in europäischen Parkanlagen beliebt. Seine Früchte sind bis zu

35 Zentimeter lange «Bohnen». Er treibt spät aus und lässt seine Blätter früh fallen. In einem deutschen Buch wird darauf hingewiesen, dass der Baum als «Beamtenbaum» bezeichnet wird: «Kommt spät – geht früh.»

TROMPETENBLÜTEN UND LEBERWÜRSTE

Ein relativ später Austrieb kennzeichnet ebenso eine andere bei uns zunehmend verbreitete Gattung von Kletterpflanzen aus der großen Familie der Bignoniaceae, die *Campsis*, die früher als Bignonia bezeichnet wurden und daher für den lateinischen Familiennamen verantwortlich sind. Die klassische *Campsis grandiflora* aus China und die *Campsis radicans* aus den USA bilden beide zinnoberrote bis dunkelrote Blütentrompeten. Von der Radicans gibt es auch eine gelb blühende. Am häufigsten wird in den Gärtnereien heute die aus den beiden Arten 1850 in der Baumschule Tagliabue bei Mailand gezüchtete Hybride *Campsis × Tagliabuana* mit dem Sortennamen 'Madame Galen' angeboten. Alle Arten der Gattung sind nicht leicht auseinanderzuhalten, gemeinsam ist ihnen aber, dass sie in unserer Region einige Jahre brauchen, bis sie fest verwurzelt sind und reich blühen. Zudem sollte man sie so schneiden, dass sich ein langer Stamm bildet, der wenig verzweigt in die Höhe klettert. Ein starker Rückschnitt ist angebracht, da die *Campsis* am neuen Holz blüht. Den Namen «Bignonia» trägt heute nur noch die giftige Kreuzrebe (*Bignonia capriolata*) mit einzelnen roten Trompetenblüten, die bei uns in Weinlagen gedeiht.

Aus der gleichen Familie stammt aber auch eine Reihe von wunderschönen Kletterern, die man nur als Kübelpflanzen halten kann, weil sie bei uns nicht winterhart sind. Etwa die prächtige *Podranea ricasoliana* mit ihren rosaroten, rüschenhaft gewölbten Trompetenblumen – sie wurde bereits 1887 aus Südafrika nach Europa gebracht – oder die *Pandorea jasminoides* mit weit geöffneten rosa Blüten mit rotem Schlund. Sie kommt aus Australien wie die *Pandorea pandorana*, die in Australien als «Wonga-Wonga» bekannt ist. Sehr hübsch sind die wie ein Rüschenrock ausgebildeten hellrosa Blüten von *Chitalpa tashkentensis*, einer im Botanischen Garten von Taschkent gezüchteten Hybride aus *Catalpa* und *Chilopsis linearis*, der mexikanischen Wüstenweide. *Chitalpa* soll bis minus 20 Grad Celsius aushalten. Wie eine Miniaturausgabe der *Campsis* sieht die *Tecomaria capensis* aus, ein aus Ostafrika stammender Kletterer mit kräftig roten Blüten, den man als kleines Bäumchen gut im Kübel halten kann. Ähnliches gilt für die verwandten Gattungen *Tecoma* und *Tecomanthe*, die tropische *Macfadyena*, die *Clystostoma* oder *Distictis buccinatoria* mit großen purpurroten Blüten. Ein Beispiel für eine staudige Bignoniaceae ist die *Incarvillea delavayi*, die wir hier als «Freilandgloxinie» im Garten halten. Die Schönste der Schönen, die himmelblau blühende *Jacaranda mimosifolia*, ist leider in unseren Breitengraden nicht gut als Kübelpflanze zu halten, da sie nicht nur schön ist, sondern auch riesig wird. Mit *Kigelia pinnata* wollen wir es gar nicht erst versuchen, ist ihr deutscher Name doch «Leberwurstbaum», wegen des Aussehens ihrer hängenden Früchte.

NICHT GETANZTE, SONDERN KÖNIGLICHE BLUMEN

Nicht zur Familie der Bignoniaceae gehört, trotz der großen blauen Glocken ihrer Blüte, der Blauglockenbaum (*Paulownia tomentosa*). Die Paulownia-Arten sind hervorragende Parkbäume, die ihre eigene Familie bilden. Sie bilden sehr schöne verholzende Fruchtkapseln. Der Gattungsname ist nicht – wie romantische Seelen denken – benannt nach der russischen Tänzerin Anna Pawlowna Pawlowa, die um die vorletzte Jahrhundertwende in Sergei Djagilews

Ballets Russes Furore machte, sondern zu Ehren der Zarentochter Anna Pawlowna, einer russischen Großfürstin, die 1840 bis 1849 als Gattin von Wilhelm II. von Oranien-Nassau Königin der Niederlande war.

Stechapfel – Engelstrompete

Schöne Blüten, problematische Namen

Dem Stechapfel geht kein guter Ruf voraus: «Alle Pflanzenteile sind giftig und wirken narkotisierend», hält die *Pflanzen-Enzyklopädie* fest. Und neben dem Furcht einflößenden deutschen Namen ist auch die lateinische Kategorisierung für den Pflanzenfreund keine angenehme Sache. Lange Zeit gingen sie alle unter dem Namen «Datura», nun haben die meisten von ihnen unter dem Zwang der Systematik den leicht zungenbrecherischen Namen «Brugmansia» erhalten, den sie früher schon einmal trugen. In unserem Lexikon der Giftpflanzen findet man sie noch immer nur unter dem Namen «Datura».

JÜNGSTES GERICHT

Daturas sind heute eigentlich nur noch etwa acht einjährige oder kurzlebige Arten, darunter der Gemeine Stechapfel (*Datura stramonium*), ein Unkraut mit weißen oder lilafarbenen Trompetenblüten und eben einer stacheligen Frucht. Aber schon bei der attraktiven weißen *Datura innoxia* kommen Zweifel auf, ob man sie nicht doch zur Gattung der Brugmansien zählen soll. Und die Brugmansien haben den hübscheren

Namen «Engelstrompeten» an sich gerissen, obwohl angesichts ihrer Giftigkeit ja nur die Trompeten der Engel am Jüngsten Gericht gemeint sein können. Um im biblischen Bereich zu bleiben: An ihren Früchten kann man die Brugmansien erkennen: Sie sind länglich, leicht gekrümmt und unstachelig.

VIEL DÜNGER, VIEL WASSER

So schwer es uns die botanische Systematik macht, die Engelstrompeten erfreuen sich zunehmender Beliebtheit. Ihre weißen, rosafarbenen, gelben oder violetten trichterförmigen Blumen sind optimale Begleiter durch den Sommer. Sie sind relativ einfache Kübelpflanzen, etwa so anspruchsvoll wie wir Menschen: Man muss ihnen ständig viel Nahrung und zu saufen geben, dann gedeihen sie prächtig und erfreuen uns mit ihrer unablässigen Blütenpracht bis tief in den Herbst hinein, wenn man sie wegen allfälligen Frosts längst in den Keller stellen sollte. Sie sind ausgesprochene Starkzehrer, die viel Dünger und viel Wasser brauchen. Wer es sich mit den notorischen

Trinkern, die bei ersten Anzeichen von Trockenheit im Topf sofort die Blätter hängen lassen, etwas einfacher machen will, der setzt sie im Sommer mit ihren Töpfen direkt in die Erde. Da geht ihnen nicht so schnell die Wasserzufuhr aus. Im Herbst kann man dann die Wurzeln zurückschneiden. Vielfach rät man zu kräftigem Rückschnitt, uns gefallen sie aber besser als «Bäume» denn als Büsche. Die hohen verholzenden Äste tragen eine Fülle frei herabhängender Blüten. Es gibt gefüllte Blüten wie *Brugmansia × candida* 'Plena' oder offene wie die Sorten 'Aurea', 'Frosty Pink' oder 'Charles Grimaldi'. Sehr hübsch sind auch die langzipfligen Blüten von 'Habanera'. Natürlich mögen die aus den Anden stammenden Pflanzen – trotz ihres legendären Dursts – den Regen nicht. Die Blüten faulen, kaum sind sie nass geworden, was bei den gefüllten Sorten noch schneller

geht. Vor allem aber gefährdet der Wind die in Kübel stehenden Bäume.

Der moderne US-amerikanische Schamane Carlos Castaneda hat die Alkaloide des Stechapfels aus der Familie der Nachtschattengewächse für seine Versuche zur Erweiterung unseres Wahrnehmungsvermögens verwendet. Von solchen Experimenten ist abzuraten. Die hochgiftigen Alkaloide – unter anderem Scopolamin und Atropin – der Stechäpfel haben beispielsweise 1998 in der Schweiz zu einem Todesfall und fünfzehn Vergiftungsfällen geführt. 1995 haben Kleinkinder auf einem Spielplatz schwere Vergiftungen erlitten, weil sie von den Blüten der Pflanze aßen. Erwähnt sei jedoch, dass die Brugmansia in der Nacht einen wunderbaren süßen und exotischen Duft verbreiten, der romantische Gemüter ausreichend zum Träumen animieren sollte.

Seltener Gast

Flanellstrauch in Winterblüte

Der Winter ist eigentlich kaum eine Zeit fürs Gärtnern. Bei mildem Wetter kann man Verdorrtes wegschneiden und Blätter wegräumen. Dennoch beobachtet man im Garten hie und da schon erste Blüten. Schneeglöckchen sind keine Überraschung, wohl aber, dass an einer Mauer im Wintergarten ein Flanellstrauch (*Fremontodendron californicum*) drei seiner wunderschönen gelben Blumen geöffnet hat. Was kann wohl in diese ursprünglich in Süd-

kalifornien beheimatete Pflanze gefahren sein, dass sie nun plötzlich im Januar blüht? Nun, sie blüht normalerweise sehr lange und andauernd im Sommerhalbjahr. Da es aber im Jahr davor ziemlich feucht und kalt war, hat sie nur spärlich Blumen angesetzt und einige so spät, dass die Kälte im Dezember das Blühen verhindert hat. Nun bietet der Wärmeeinbruch eine Chance, Verpasstes nachzuholen.

Im Winter hat man als Gärtner Zeit, in

Büchern und im Internet zu stöbern. Und so findet man schnell heraus, dass der Strauch, der eigentlich ein Baum ist – ein sehr schönes Spalier –, nach dem US-amerikanischen Amateurbotaniker Generalmajor John Charles Frémont (1813 – 1890) benannt wurde. Der Name «Flanellstrauch» erklärt sich mit den filzigen Haaren an den gelappten Blättern. Die wunderschönen goldgelben Blütenblätter sind übrigens Kelchblätter. Fremontodendron gehört zur Familie der Malvengewächse – ist deshalb verwandt mit den Malven und den Hibisken – und innerhalb dieser Familie zur Unterfamilie der *Sterculioideae*, was, recht unfreundlich, mit Stinkbaumgewächs übersetzt wird. Fremontodendron wächst gern im Schutze einer Mauer und erträgt keine Staunässe. Die Pflanze ist in Weinbauregionen winterhart (bis minus zehn Grad Celsius), aber noch ein viel zu seltener Gast in unseren Gärten.

Wir haben seinerzeit unsere Pflanze von einem französischen Spezialitätenmarkt heimgebracht, aber heute findet sie sich auch hie und da im Gartencenter. Eine gute Sorte ist die 'California Glory', die aus der Kreuzung der kalifornischen Art mit einer mexikanischen entstanden ist, großblumig ist und widerstandsfähig sein soll.

Die großen goldenen Blüten des kalifornischen Flanellstrauchs.

Rund dreißig Millionen Teile einer identischen Pflanze

Bambus: Ein Lebewesen rund um den Erdball

Eltern von Neugeborenen sprechen mit Tränen in den Augen vom Wunder des Lebens, von einem Mysterium. Aber mysteriös und wundersam ist die geschlechtliche Fortpflanzung in unserer «aufgeklärten» Zeit nicht mehr. Sex ist allgegenwärtig und längst auch zu einem enormen Geschäft geworden.

Leben und sexuelle Fortpflanzung kennen ja auch Pflanzen und Tiere – das Mysterium ist eher, dass wir Menschen uns wohl als einziges Lebewesen darüber im Klaren sind, woher wir kommen und wohin wir gehen. Das Mysterium ist – wenn es denn eines geben soll – wohl weit mehr unser Bewusstsein, unser Wissen von Leben und Sterben.

INDIVIDUEN UND KLONE

Jedes aus geschlechtlicher Fortpflanzung entstandene Lebewesen ist ein unteilbares einzigartiges Individuum und steht damit im Gegensatz zu den aus vegetabiler Vermehrung hervorgegangen Lebewesen: Durch Teilen oder Klonen geschaffene Lebewesen sind identisch, Teil eines einzigen Lebewesens. Die Massen von Phalaenopsis-Orchideen, die heute den Markt überschwemmen, werden aus winzigen Pflanzenpartikeln, die sich in Nährflüssigkeit zu neuen Pflanzen entwickeln, herangezogen. Das machen einige Spezialgärtnereien, die dann die kleinen Pflanzen in alle Welt schicken, wo sie in Glashäusern großgezogen werden. Da sie

«Kindel» bilden, kleine Pflanzen an den Blütenstängeln, kann auch jeder Amateur sie vegetabil vermehren. Mit geschlechtlicher Vermehrung werden dagegen die neuen Sorten gezüchtet, für die man besondere Eigenschaften sucht: Zwergformen, extrem große Exemplare oder aber Großblütige sowie neue Blütenfarben und -muster. Rechnet man mit einem wirtschaftlichen Erfolg, werden diese dann wieder klonal in Massen produziert.

Noch einfacher ist es beim Bambus. Die meisten Bambuspflanzen werden nicht aus Samen gezogen, sondern es werden Rhizome abgetrennt, die dann neue Stöcke bilden. Fast alle Exemplare des Gartenbambus (*Fargesia murielae*) beispielsweise stammen rund um die Welt vom gleichen Stock. In vier Kontinenten finden sich rund dreißig Millionen identische Pflanzen, und einmal in hundert Jahren zeigt ihnen eine innere Uhr, dass es Zeit ist zu blühen und anschließend zu sterben. Und sie tun das dann in Zürich, in Hongkong oder in San Francisco praktisch gleichzeitig, wie dies 1996 beobachtet werden konnte. Die einen lebten komfortabel im Schatten, andere kämpften gedrungen in der prallen Sonne, wieder andere waren in Bambussperren eingezwängt, und andere konnten sich zu Wäldern ausbreiten. Entsprechend entwickelten sie sich unterschiedlich, aber ihre Chromosomen waren die gleichen: die gleiche Pflanze überall! Die Geschichte von *Fargesia murielae* ist bekannt. Sie war einst 1907 von einem Pflanzensammler in China ausgegraben worden und wurde schließlich in London erstmals geteilt.

KEIN ALTERSLIMIT

Nicht alle rhizombildenden Pflanzen sind indessen zum Sterben verurteilt. Der kleine Schlangenbart (*Ophiopogon japonicus* 'Minor') beispielsweise, ein Verwandter unserer Maiglöckchen, lässt sich problemlos durch Rhizome, also ungeschlechtlich vermehren. Man kann flächendeckende Rasen mit einer einzigen Pflanze bilden. Solange man abgestorbene Stellen wieder mit der gleichen Pflanze ersetzt, ist für sie kein Alterslimit erkennbar. In den Bergen Utahs lebt gar eine Pappel-Kolonie «Pando», die sich vegetativ-klonal seit erstaunlichen 80 000 Jahren erhalten haben soll. Ein Bewusstsein von ihrem beschränkten zeitlichen Dasein braucht «Pando» gar nicht, um ein Wunder oder mindestens ein Rekord zu sein.

Gartengestaltung

Durchblicke und Perspektiven, vertikale und horizontale Pflanzen als Gestaltungselemente.

Lässt sich ein Garten überhaupt konzeptionieren, planen, entwerfen? Im Gegensatz zu einem Haus besteht der Garten – immerhin in den meisten Fällen – aus Lebewesen, aus Pflanzen. In unserer geregelten Welt machen die Baubehörden der Gemeinden die Erteilung einer Baubewilligung auch davon abhängig, dass man einen Gartenplan einreicht. Sind Planen und Wachsen nicht Dinge, die sich ausschließen? Nun, natürlich lässt sich auch einem Garten eine Grundstruktur verpassen: ein Netz von Wegen, ein Sitzplatz, ein Wasserbecken und ein paar Bäume als Sichtschutz gegen das Haus des Nachbars. Aber die Ideen, die man für den Garten entwickelt, sind selten in Stein gehauen. Mit kleinen Kindern wollen wir einen Sandkasten, eine Rutschbahn, eine Schaukel und vielleicht sogar ein Trampolin. Sind die Kinder älter, braucht man nichts mehr davon – und bis die Enkel zu erwarten sind, ist ohnehin alles verrostet. Also baut man den Garten in jeder Lebensphase um. Vielleicht will man ja im Alter nicht mehr im dritten Stock die Aussicht genießen, sondern in der Parterrewohnung ebenerdig in den Garten gelangen können. Und den Sitzplatz an der Sonne tauscht man gern gegen einen Sitzplatz im Schatten ein, wenn die makellose Bräune nicht mehr so entscheidend ist. Dennoch gibt es beim Anlegen oder Umbauen eines Gartens vieles, das berücksichtigt werden muss. «Es ist ganz gleich, ob ein Garten klein oder groß ist. Was die Möglichkeit seiner Schönheit betrifft, so ist seine Ausdehnung so gleichgültig, wie es gleichgültig ist, ob ein Bild groß oder klein, ob ein Gedicht zehn oder hundert Zeilen lang ist. Die Möglichkeiten der Schönheit, die sich in einem Raum von fünfzehn Schritt im Quadrat, umgeben von vier Mauern, entfalten können, sind einfach unmessbar.» Was Hugo von Hofmannsthal in seinem Aufsatz zum Thema Gärten festhält, müssen wir uns immer vor Augen halten. Wenn etwa der englische Gärtner und Fernsehjournalist Alan Titchmarsh aus dem verkommenen Backyard (Hinterhof) eines Reihenhäuschens für deren sozial oder körperlich benachteiligte Bewohner ein kleines Paradies zaubert, liefert er immer wieder den Beweis, dass Gartengestaltung keine Frage des verfügbaren Raums ist, sondern einzig von den guten Einfällen des Gestalters abhängt.

Planen, Denken, Setzen

Nur einen erlebten Garten kann man richtig planen

Kein Garten gleicht dem anderen, und kaum jemand stellt an den Garten die gleichen Anforderungen wie andere. Vor dem Planieren, Setzen und Sähen sollte man deshalb in Ruhe überlegen, was man überhaupt von seinem Garten erwartet.

Es gibt kaum etwas Spannenderes als eine chaotische Baustelle rund ums Haus, die nach und nach einem Garten weicht. Das Grundstück, dass das Haus umgibt, ist ein weißes Blatt, das auf die Gestaltung wartet. Daher ist es am klügsten, auch ein weißes Blatt zur Hand zu nehmen – am besten einen ganzen Block, denn man plant ja immer in Varianten.

ERLEBTE ERFAHRUNG IN DIE PLANUNG EINBEZIEHEN

Viele Leute klagen, sie müssten in eine Wohnung oder ein Haus einziehen, dessen Umgebung noch eine reine Wüstenei sei, dreckig und hässlich. Es ist jedoch das Beste, was einem passieren kann, wenn man den Garten erst gestaltet, wenn man schon darin lebt. So kann man täglich beobachten, wo wann die Sonne scheint. Wenn kurz nach Sonnenaufgang ein Platz vor der Küche in schönstem Sonnenlicht liegt, ist das der Ort, wo ein kleiner Tisch fürs sommerliche Frühstück hingehört. Und dort, wo spät die letzten Strahlen der Sonne noch auf die warmen Steine scheinen, will man abends den Aperitif oder das Nachtessen genießen. Und der große Baum des Nachbarn, der uns wegen seines Schattenwurfs stört, kann genau das lauschige Blätterdach bieten, das wir an heißen Sommertagen brauchen, um uns darunter zurückzuziehen.

WO GEDEIHEN WELCHE PFLANZEN?

Was für die Anlage von Sitzplätzen gilt, ist ebenso bedeutsam für die Wahl der Pflanzengesellschaften, mit denen man den Garten beleben will. Wo könnte das Gemüse gedeihen, wo die Beeren reifen, wo ein Spalier von der Wärme der Hauswand profitieren, wo eine Landschaft von Farnen eine schattige, feuchte und intensiv grüne Partie bilden, und wo schließlich könnten Trockenheit und Wärme liebende Sträucher einen Hauch von Süden in den Garten bringen?

Aber noch immer sollten wir nicht pflanzen. Denn neben dem Eruieren der klimatisch unterschiedlichen Zonen, das außerhalb unseres Einflussbereichs liegt, wollen wir ja auch unsere Gestaltungsideen einbringen. Wie kann man im Siedlungsgebiet zwischen benachbarten Häusern Schneisen offenhalten für die Weitsicht und ein gutes Raumgefühl? Wo müssen dagegen mit lockeren Gehölzen unschöne Objekte kaschiert, wo mit dichten Hecken Einsichten abgeschirmt werden, sodass uns eine gewisse Intimität bleibt, wenn im Sommer das Familienleben vorwiegend im Freien stattfindet. Nach all diesen Überlegungen kann man die persönlichen Wünsche mit dem Vorgegebenen in Übereinstimmung zu bringen versuchen: ein Kinderspielplatz, ein Rosengarten mit Buchshecken, ein Stein-garten, ein Rhododendrenbeet, ein Biotop mit Teich, eine streng geometrische Gestaltung mit

Taxushecken, eine große Terrasse mit vielen Topfpflanzen – oder gar ein Hühnerhof?

Natur und Kultur im Streit um den Garten

Ein Stück Naturbelassenheit oder ein Stück gestaltete Welt?

Früher waren die Gärten oft eine recht zufällig entstandene Begrünung des Grundstücks, das notgedrungen dem Haus als Basis dient. Da wuchsen einige Kirschlorbeersträucher, einige Vogelbeerbäume, eine Hainbuchenhecke gegen den Nachbarn hin, und irgendwo erinnerte ein verlorener Zwetschgenbaum daran, dass Gärten auch Nutzpflanzen beherbergen können. Am Haus verdeckte eine schüttere Fichte eine fens-terlose Wand, und eine Kletterrose versuchte während seit Jahren vergeblich, eine Pergola aus Tessiner Granit und Kastanienholz zu erobern.

FREIE BAHN FÜRS UNKRAUT?

So einfach und unbeschwert geht das heute nicht mehr. Wie in allen Lebenslagen scheiden sich die Geister an Grundsätzlichem: Darf man in einen Garten Pflanzen setzen, die in der Natur in unserer Region nicht vorkommen? Puristen ver-treten rigoros die Ansicht, in den Garten gehöre nur das, was in der angrenzenden Landschaft in der Hecke, im nächsten Wald oder auf den Wie-sen wachse. Und dann wieder, ausnahmsweise, sind es nicht die Anhänger der einwanderungs-skeptischen Parteien, sondern eher die, die mit den Grünen liebäugeln, die hier unverhohlen

den Vorzug für alles Einheimische predigen. Und so, wie es neben den Vegetariern die Ve-ganer gibt, so gibt es auch in diesem Bereich die ganz Orthodoxen, die eigentlich am liebsten dem Unkraut, das die Baustelle ihres Niedrig-energiehauses umgibt, die Rückeroberung ihrer Parzelle überlassen würden. Sie wollen einen Naturgarten, in dem nicht gepflanzt und nicht gegossen und – sicher einmal für die erste Zeit – weder gemäht noch geschnitten wird.

DAMIT ES NICHT ÖDE AUSSCHAUT – GARTENBAUKUNST

Am gegenüberliegenden Pol finden sich diejeni-gen, die den Garten als einen willkommenen Übungsplatz für die Gestaltung eines Stücks Welt betrachten. Sie träumen von griechischen Hainen mit Steineichen und eleganten Alleen aus zurecht-gestutzten Platanen, von exotischen Raritäten und einer Sammlung duftender Rosen. Für sie darf der Garten alles sein, nur nicht langweilig, nur keine blasse Kopie der umgebenden Land-schaft. Garten, das ist Pflege und Hege, das ist Kultur und Gartenbaukunst. Unordnung wird nicht geduldet, denn schließlich ist der Mensch dazu da, das ihm anvertraute Stück Land in Ordnung zu halten, es optimal zu nutzen und zu gestalten und es mit allen Mitteln zur strahlenden Blüte zu bringen.

Der Kampf zwischen den Exponenten der beiden sich widersprechenden Haltungen wird da mit groben Bandagen geführt, wo es ums Waffenarsenal geht. Während die einen ihre Kürbisse mit Dünger bis zum Eintrag ins *Guinness-Buch der Rekorde* blähen, mit der Giftspritze das Ungeziefer jagen und ihre Salatköpfe und botanischen Raritäten mit Schneckenkörnern gegen Raubfraß schützen, setzen die anderen auf biologischen Kompost, Brennnesselsud und Laufenten gegen die Schnecken. Natürlich ist es im Garten wie im richtigen Leben: Die Extremen auf beiden Seiten argumentieren laut und kämpferisch, während die breite Mitte versucht, sich still und heimlich mit einem Kompromiss an den Glaubensbekenntnissen vorbeizumogeln: Mit elaborierter Technologie werden Nützlinge gegen Schädlinge eingesetzt, und mit Pheromonfallen halten lustfeindliche Naturschützer vermehrungsbereite geflügelte Bösewichte von ihrem einzigen Lebenszweck ab. Längst hat man auch für den rar gewordenen Torf ein Ersatzprodukt aus Sägemehl geschaffen, und die auf sauren Boden angewiesenen Rhododendren, die vom Himalaja über die Britischen Inseln zu uns gekommen sind, werden heute auf geklonte kalktolerante «Träger» gepfropft. In der breiten Mitte breiten sich Political Correctness und gutes Gewissen aus.

DER NATUR DEN WEG WEISEN

Dass Gärten gestaltet werden und der Aufzucht von Zier- und Nutzpflanzen dienen, ist eine der Grundlagen der Zivilisation. Man braucht sich nicht zu scheuen, der Natur gewissermaßen den Weg zu weisen. Selbst ein wilder, völlig sich selbst überlassener Naturgarten ist ja letztlich das Produkt einer gestalterischen Idee und persönlicher Überzeugung. Man kann den Garten ja auch – wie in Japan häufig der Fall – als eine Art mikrokosmische oder symbolische Imitation der «großen» Natur anlegen.

Die Vielfalt der Gestaltungsmöglichkeiten ist enorm. Reizvoll ist immer die Kammerung des Gartens in Partien mit Pflanzen der gleichen Blütenfarbe. Sehr überzeugend ist ferner stets die Gruppierung von Pflanzen, die identische Eigenschaften mitbringen: Man kann eine Ecke im Garten nur mit Frühblühern wie Winterblüte, verschiedenen Hamamelis, Prunus und Schneeball bepflanzen und davor noch einige frühblühende Zwiebelpflanzen setzen. So hat man schon im Februar einen blühenden Garten. Als Gegenstück kann man Pflanzen mit prächtiger Herbstfärbung zu einer Gruppe zusammenstellen. Attraktiv ist ebenso eine kleine Kollektion von Duftpflanzen möglichst nahe an einem Sitzplatz.

Die Auswahl von Pflanzen ist eine persönliche Aufgabe

Die Wichtige Wahl der «Mitbewohner»

Wer ein Haus hat, muss sich auch um dessen Umgebung kümmern. Das gilt ebenso für eine Wohnung mit Terrasse. Vielleicht sieht man darin am Anfang nur ein Muss, bald aber wird man sich bewusst, dass diese Arbeit viel Freude und Befriedigung mit sich bringt. Aber Vorsicht: Pflanzen sind Individuen wie wir, mit ganz speziellen Eigenarten.

KEIN KAUF NACH LISTE

Wir haben, als wir vor Jahren unseren Garten gestalten konnten, ein paar Bäume nach einer selbst gebastelten Liste beim Gärtner bestellt. Viele davon sind heute nicht mehr in unserem Garten, da wir uns nicht mit ihnen anfreunden konnten. Wir wollten einen Trompetenbaum (*Catalpa*) mit großen Blumen, wie sie uns im Park beim See begegnen. Nach sechs Jahren hat der in unseren Garten gelieferte Baum die ersten Blüten gemacht: kleine, total unscheinbare. Geblieben sind uns die großen Blätter und die langen, vertrockneten Bohnen, die man ständig zusammensammeln muss, und so beschlossen wir, den Traum von einer Catalpa zu beenden. Jetzt wachsen dort eine prächtige Magnolie und eine Scheinkamelie (*Stewartia*), die uns beide mit prächtigen Blüten erfreuen.

Zedern sind unsere Lieblingsbäume, die weit ausgebreiteten fächerförmigen Äste sind prächtig, auch wenn sie nicht immer ausreichend sturmerprobt sind. Aber die uns gelieferte

Zeder hat sich zu einer Art vertikalem Busch entwickelt. Unerfahren, wie wir waren, haben wir uns statt der Libanonzeder eine blaue Atlaszeder setzen lassen. Inzwischen sind wir mit ihr ins Reine gekommen; ersetzen lässt sie sich jetzt ohnehin nicht mehr. Beim Ginkgobaum wusste man damals noch nichts über sein Geschlecht; die reine Lotterie, denn die Früchte des (weiblichen) Baums verbreiten einen nahezu unerträglichen Geruch, wenn sie vom Baum fallen. Da hatten wir Glück. Unser Ginkgo ist maskulin, und wir konnten die Axt im Kasten lassen. «Der Gärtner hat mir einen falschen Baum geliefert» ist ein Satz, den man nicht hören sollte. Die Auswahl von Pflanzen, insbesondere von Bäumen, ist eine Aufgabe, die sich nicht delegieren lässt. Bäume sind eine Art Lebenspartner. Wir werden voraussichtlich bis an unser Lebensende mit ihnen zusammenleben. Und Lebenspartner lässt man sich – zumindest in unserem Kulturkreis – nicht von anderen auswählen, die sucht man selbst.

JEDE PFLANZE HAT IHREN SPEZIELLEN CHARAKTER

Man darf den Weg in die Gärtnerei oder die Baumschule nicht scheuen, denn Pflanzen sind Individuen, keine ist wie die andere – einmal abgesehen von den «geklonten» Pflanzen, die Alleen oder Hecken bilden sollen. Aber selbst da suchen wir die einzelnen Exemplare selbst aus, wegen ihrer Stärke und Größe. Es gibt heute spezialisierte Gärtnereien, die «ausgewachsene» Bäume verkaufen und verpflanzen. Ältere Gartenbesitzer sagen oft, sie hätten keine zwanzig Jahre mehr Zeit, bis die Bäume die richtige Größe hätten. Ein unschlagbares, aber teures Argument. Und je teurer eine Pflanze ist, umso mehr lohnt es sich, sie selbst auszuwählen. Bäume bestimmen maßgebend das Ambiente eines Gartens: Große Solitärbäume und Borde von Rhododendren bringen einen Hauch von Park mit sich. Magnolien und Kamelien lassen an Asien denken, und ein Platz mit regelmäßig zurückgeschnittenen Rosskastanien oder Plata-

nen verrät vielleicht den geheimen Wunsch nach einem schattigen Biergarten. Wer in der Stadt oder nahe einem See lebt, kann das Wagnis eingehen, einen Olivenbaum oder eine mediterrane Schirm-Pinie zu pflanzen und sich damit den Süden in den Garten zu holen.

PROTAGONISTEN ODER STATISTEN?

Bäume können Protagonisten, aber auch Statisten sein im Theater des Gartens: Eine schief wachsende Föhre wirkt wie vom Wind gepeitscht. Selbst wenn es diesen Wind vielleicht gar nicht gibt, glaubt man sich erfrischt, wenn man nur den Baum ansieht.

Grüne Mauern

Efeu verbirgt Putz und Beton

Im Winter fehlt es uns vielerorts an Grün. Dafür fällt der immergrüne Efeu viel mehr auf als im Sommer. Und seine wichtigste Qualität ist denn auch der Umstand, dass er grün ist und freudig an allem hochklettert, das man lieber nicht sehen will. Efeu ist ein Araliengewächs, was man an seinen Blüten sieht. Aber die Blüten befinden sich meist hoch oben auf einer Mauer, einer Baumkrone oder aber auf dem Dach eines Hauses, und das Summen einer Menge Bienen fällt eher auf als die Blüten. Dabei könnte man oft meinen, es seien zwei verschiedene Pflanzen am Werk (Heterophyllie): Die jungen Kletterer mit ihren typischen fünflappigen Blättern und den zum dunkelgrünen Blattgrund kontrastie-

renden hellen Adern einerseits und die als ausladende Krone ausgebildeten, ovalen, größeren Blätter, aus denen die Blüten oder die beerenartigen Früchte ragen, andererseits. Es dauert rund zwanzig Jahre, bis ein Efeu «erwachsen» ist und die neue Blattform und die Blüten entwickelt. Aber die Pflanze kann sich Zeit lassen, wird sie doch bis zu 450 Jahre alt und bis zu 30 Meter hoch. Dazu aber braucht sie eine Felswand, einen hohen Baum oder ein Gebäude als Stütze. Wunderbar, dass die Natur mit dem Efeu ein Mittel gefunden hat, langweilig graue Fassaden oder grobschlächtigen Beton mit grünem Laub zu überziehen!

MIT EFEU LEBEN

Den Bäumen schadet Efeu nur dann, wenn die zu Trägern auserwählten Gehölze völlig überwuchert werden und wegen Lichtmangels absterben. Goethe täuschte sich zwar, als er im Gedicht «Amyntas» angesichts des Umschlingens eines Apfelbaums der Efeupflanze unterstellte: «Und so saugt sie das Mark, sauget die Seele mir aus», aber es wurde ein großartiges Liebesgedicht aus dem Bild dieser engen Umarmung. In der Antike war das Efeulaub ein Attribut von Dionysos. Auch für Gebäude ist der Bewuchs mit Efeu nützlich. Die Mauern bleiben trocken, und der Efeu isoliert gegen Kälte und Hitze, aber man muss regelmäßig die Fenster freischneiden. Was gar nicht geht, ist die Nutzung des Efeus als Bodendecke. Dazu ist die Pflanze nicht gedacht, sie dient so nur der Bequemlichkeit des Gärtners, der den Platz nicht für geeignetere Pflanzen zu nutzen weiß.

Efeublätter sind dreizipflig, bis sie ausreichend Höhe erreichen und blühen.

In der Ivy League

Diverse Efeu-Sorten zur Auswahl

Nackte Betonmauern gefallen wohl den Anhängern moderner Architektur, die Natur und ihre Freunde hingegen ziehen grüne Mauern vor. Eine Jungfernrebe am Haus umgibt die Mauer im Sommer wie eine zweite Haut mit einem Blätterschirm und lässt sie nicht zu heiß werden. Im Herbst verfärben sich die Blätter teilweise in prächtigem Rot, dann aber ist die Pracht bald vorbei, das Laub rauscht von der Wand, und nur die Zweige bleiben mit ihrem merkwürdigen, vom Zufall des Wachsens geprägten ornamentalen Netzwerk. Dort, wo Efeu eine Mauer bewächst, ist sie das ganze Jahr grün. Im Sommer kühlt das Efeu mit seinem Schatten die Hauswand, im Winter wärmt die zusätzliche Isolation der Luftschicht zwischen Blättern und Haus – eine natürliche Klimaanlage. Der Regen netzt die Wand nicht mehr, sie ist besser geschützt. Zudem bietet das Efeu vielen Tieren einen Lebensraum. Insekten sind darin aktiv, Bienen summen selbst an schönen Wintertagen um die Blüten des Efeus, und in den dickeren Ästen kann ein Vogel sein Nest bauen, ohne von Mardern bedroht zu sein.

DIE EROBERUNG DER MAUERN BRAUCHT ZEIT

Efeu ist eine Pflanze, der man Zeit lassen muss. Erst nach zehn Jahren wird der Kletterer erwachsen, auf der Mauerkrone beginnen die ersten Blüten aus dem Laub zu ragen. Die sternförmigen Blumen leuchten aus dem dunklen Laub und verströmen einen starken Honiggeruch. Efeu ist eine Bienenweide. Es gibt von *Hedera helix* diverse Blattvariationen: schmale spitzzipflige «Vogelfüße», herzförmige, fächerförmige oder gar «gelockte» Blätter, und bei 'Congesta' stapeln sich die Blätter übereinander wie beigefarbene Ziegel. Es sind alte Mauern, etwas verwunschene oder verzauberte Häuser, die vom alten Efeu bewachsen werden. Kein übereifriger Hauswart hat die Pflanzen von den Wänden reißen können. Mauern mit Efeu werden nicht versprayt, sie strömen eine gewisse Würde, ja Eleganz aus, sind oft das Zeichen soliden Wohlstands, nicht schnelllebiger Börsengewinne, die in Mengen von Beton und Glas umgesetzt werden.

Die alten, efeubewachsenen Mauern sind aber ebenso ein Garant für gute Ausbildung: In Amerika sind die Eliteuniversitäten, deren Geschichte in die Zeit der Gründung der USA zurückreicht, nicht zuletzt über den Sport, vor allem den Fußball, als Ivy League bekannt. Brown, Columbia, Cornell, Dartmouth, Harvard, Pennsylvania, Princeton und Yale verleihen dem Efeu akademisch eine gewisse Würde und wohl auch eine Portion Snobismus. Handkehrum unterstützt der Bewuchs mit altem Efeu die Würde der damit bewachsenen Institution: Es ist ein Zeichen für Stabilität und Kontinuität. Oft sind es mit den Jahren dick gewordene Baumstämme, die sich an die Architektur des Hauses schmiegen: Zeichen der Solidität.

Die Großen unter sich: Gunnera, Rodgersien und Funkien drängen sich am Ufer.

Größe dank Großblättrigen

Pflanzen, die auch ohne Blüten wirken

Es gibt viele Möglichkeiten, einen Garten großzügig anzulegen. Man kann Durchblicke schaffen, man kann ganze Beete mit den gleichen Blumen bepflanzen, sodass der Eindruck einer Hecke, einer bewussten Anlage entsteht.

Großzügig wirken selbst kleine Gärten, wenn man Pflanzen mit großen Blättern setzt. Bei großblättrigen Stauden oder bei großen Gräsern wie Chinaschilf oder Pfahlrohr (*Arundo donax*) wird oft in Artikeln in Gartenbüchern angemerkt, dass sie sich nicht für kleine Gärten eignen. Das scheint vordergründig evident zu sein. Aber man kann ebenso die These aufstellen, dass gerade große und großblättrige Pflanzen kleine Gärten größer erscheinen lassen. In einem Garten mit großen Stauden lassen sich weniger unterschiedliche Pflanzen setzen, und das wirkt größer als ein Sammelsurium von allem und jedem.

GROSSBLÄTTRIGE GUNNERA VERLEIHT DEM GARTEN GRÖSSE

Die größten Blätter unter den Gartenpflanzen bildet zweifellos die Gunnera – auf Deutsch: Mammutblatt –, die bei guten Bedingungen Blätter macht, die bald einmal über einen Meter Durchmesser haben. Sie ist allerdings in unseren Breitengraden etwas anspruchsvoll und braucht einen gewissen Winterschutz. In den vom Golfstrom verwöhnten Regionen Englands können Gunneras zu kleinen Wäldern heranwachsen, unter deren Blätterdach man aufrecht hindurchgehen kann. Im Winter sterben die Blätter ab und geben selbst das ideale Abdeckungsmaterial, um die Rhizome vor zu viel Nässe zu schützen: Man schneidet sie ab und legt sie wie einen Teller umgekehrt über die mit trockenem Laub abgedeckte Pflanze, welche auf diese Weise gegen Wind und Wetter geschützt ist. Die *Gunnera manicata* aus Brasilien macht die größten Blätter – bis 2,5 Meter breit. Die *Gunnera tinctoria* aus Chile macht etwas kleinere, die aber mit 1,5 Metern immer noch so manches Kraut im wahrsten Sinne des Wortes in den Schatten stellen. Aber ihre Blätter sind nicht nur groß, sie sind auch stark, getragen durch feste Stiele und eine solide Armierung durch starke Blattadern. Zudem sind die Riesenblätter bewehrt mit harten Stacheln. Wie die meisten anderen Großblättrigen braucht das Mammutblatt eine feuchte, humose, nahrhafte Erde.

PERFEKTE BLATT-SHOW

Aber es gibt andere großblättrige Pflanzen, die ebenfalls – vor allem, wenn mehrere Sorten angepflanzt werden – sehr dekorativ aussehen. *Astilboides tabularis*, eine Saxifragaceae, die einst der Gattung der Rodgersien zugeordnet war, macht beispielsweise, nachdem sie nun zehn Jahre in unserem Garten gewachsen ist, bereits Blätter mit 50 Zentimeter Durchmesser. *Astilboides tabularis* gehört ebenfalls zur Familie der Steinbrechgewächse, zu denen wir sonst eher die kleinen Rosetten und Polster aus den Hochalpen assoziieren. Zur gleichen Familie zählt das Schildblatt (*Darmera peltata*, früher *Peltiphyllum peltatum*), das gern an feuchten Ufern von Bächen und Teichen wächst und im Frühjahr während weniger Tage große rosafarbene Blütendolden auf hohen schlanken Stielen trägt. Die großen Blätter verabschieden sich im Herbst mit einer weinroten Färbung. Große – wenn auch geteilte – Blätter haben ebenfalls die Rodgersien. Auch sie sind aus der Familie der *Saxifragaceae*, und alle dekorativ. Die verschiedenen Arten von Rodgersia bringen ansprechende weiße Blüten hervor. Wie der deutsche Name «Schaublatt» zeigt, zieht hier nicht die Blüte, sondern das Blatt die Show ab. Die tiefgelappten Blätter des Kastanienblättrigen Schaublatts (*Rodgersia aesculifolia*) können 60 Zentimeter hoch werden.

RHEUM UND LIGULARIEN ...

Ebenfalls wunderschöne große Blätter macht *Rheum palmatum*, ein Verwandter unserer Rhabarberstaude mit Blütenständen, die uns an Sauerampfer erinnern oder gar an das «Sauchrut» (*Rumex alpina*) unserer Alpen. Auch der gewöhnliche Rhabarber kann sehr große Blätter entwickeln, aber wir ernten ihn natürlich lieber, solange die Blätter klein und die Stängel zart sind. Und weiterhin bringt der Meerrettich lange, dicke Blätter hervor. Da er aber stark wuchert, sollte man ihn nur im Kübel pflanzen! Große, runde Blätter und arnikaähnliche gelbe Blüten machen die Ligularien, die früher zur Gattung Senecio gezählt wurden. Da sie im Garten etwas dramatisch wirken, tragen die *Ligularia dentata* in dunkler Form den Namen 'Othello', die hellen sind 'Desdemona' getauft worden. Wie alle Großblättrigen werden sie gerne von Schnecken befallen, die auf kurzem Weg viel fressen können. Ohne Schneckenkörner werden sie kaum lange überleben. Nahe verwandt und recht gigantisch sind die Japanischen Pestwurzen (*Petasites japonicus* 'Giganteus'). Sie können mannshoch werden und bilden hübsche Einfassungen um Teiche. Aber das sind nun wirklich keine Pflanzen mehr für kleine

Gärten. Pestwurz und Huflattich müssen mit Bambussperren in Grenzen gehalten werden. In Sumpfzonen und im Wasser können Scheincalla (*Lysichition*) und Stinkkohl (*Symplocarpus*) mit der Zeit ebenfalls beachtliche Blätter und damit viel Wirkung entwickeln.

... UND SCHLIESSLICH AUCH FUNKIEN

Viel unproblematischer sind die Funkien (*Hosta*). Wer einen schattigen Garten mit frischer Erde hat, kann aus der unendlichen Vielfalt von Sorten – viele mit weiß- oder gelb-panaschierten Blättern – auswählen und sie in Gruppen zusammenpflanzen. Besonders große Blätter haben etwa die Blaublatt-Funkie (*Hosta sieboldiana* 'Blue Angel' und 'Elegans') oder die Hybriden 'Color Glory', 'Green Acres' oder 'Dr. Ullrich Fischer', und vor allem aber 'Sum and Substance'. Irgendwann aber kommt unweigerlich der Moment, wo das Sammeln von Funkien im kleinen Garten an Grenzen stößt.

· Der Korb als Baum

Dekorative Kopfweiden

Wir haben immer den Eindruck, dass Weidenbäume zum Wasser gehören. Das ist primär einmal richtig, aber sie sind auch in Gärten gut haltbar und erreichen ein großes Volumen. Die Trauerweiden sind oft so hoch, dass sie im Alter zum Risiko werden und plötzlich umstürzen können. Besser zu kontrollieren sind da die Kopf- oder Korb-Weiden (*Salix viminalis*), die

regelmäßig wieder auf den «Kopf» zurückgeschnitten werden, auf die Verdickung am oberen Ende des Stamms, aus der alljährlich die neuen meterlangen Zweige austreiben. Das Schneiden der Ruten heißt im Fachjargon «schneiteln».

Kopfweiden finden sich häufig entlang von Wiesenbächen. Sie markieren gewissermaßen den Bachverlauf und machen diesen sichtbar, auch wenn der Bach selbst in der flachen Landschaft kaum zu erkennen ist. Das kann man sich gestalterisch im Garten zunutze machen, indem man einen Bachverlauf andeutet, wo gar keiner ist. Einige Steine, gerundete Kiesel in diversen Größen und dazwischen Gräser spielen erfolgreich einen Bach. Natürlich wäre es noch hübscher, wenn tatsächlich ein Bächlein flöße, aber manchmal reicht die «Trockenübung», um die Sinne des Betrachters zu täuschen. Die Zweige sind hellgelb und streben alle in die Höhe, als wenn sie einen Korb bilden möchten. Und das ist schließlich oft ihr Zweck.

Im Garten lassen sie sich aber auch als Raumteiler verwenden. Weidenruten eignen sich zur Verschönerung von Hochbeeten. In die Erde gesteckt und gebogen, treiben sie meist wieder aus und bilden dann einen grünen Hag, einen Lebendverbau. Sie werden alt und knorrig und bieten dann in diversen Höhlen im Holz Wohnraum für diverse Tiere. Kopfweiden sind – obwohl sie immer gestutzt werden – Bäume von ausgeprägtem Charakter! Obwohl im Plastikzeitalter weniger Körbe geflochten werden, erlebt die Kopfweide wegen ihrer ökologischen Bedeutung eine Renaissance.

Botanik im Zoo

Die Bepflanzung wird immer mehr auf die Tiere abgestimmt

Der Zürcher Zoo ist in ständigem Wandel begriffen. Für die meisten dort lebenden Tiere werden permanent bessere Bedingungen geschaffen und entsprechend neue Häuser und Gehege erstellt. Auffallend ist aber auch, dass durch diesen Wandel die Pflanzen im Tiergarten mehr und mehr Bedeutung erhalten. War der Zoo früher einfach irgendwie begrünt mit Bäumen, Sträuchern und Stauden, die man ebenso zwischen den Mehrfamilienhäusern der Stadt finden konnte, legt man heute Wert darauf, dass die Botanik die Besucher einstimmt auf die Weltregion, aus der die da lebenden Tiere kommen. So wird den Tieren aus den asiatischen Bergregionen ein Umfeld geschaffen mit Birken aus dem Himalaja, Rhododendren und natürlich – etwa für die Pandas – mit viel Bambus.

Beim Kaeng-Krachan-Park für die Elefanten wurde nicht nur auf das Wohlbefinden der Dickhäuter geachtet – es wird ebenfalls gezeigt, welche Probleme das Zusammenleben zwischen Mensch und Wildtieren mit sich bringt, vor allem die komplizierten Einrichtungen, um die großen Tiere von den menschlichen Pflanzungen und Siedlungen abzuhalten. Und auch da hat man häufig Pflanzen eingesetzt. Natürlich ist die exponierte Lage des Zoos, hoch auf dem Hügel zwischen Adlisberg und Zürichberg, kein Ort für tropische Gewächse, sodass – außerhalb der Häuser – auf winterharte Pflanzen ausgewichen werden musste. Aber Magnolien, Kamelien, Glanzmispel (*Photinia*), Hartriegel

(*Cornus*) und Rodgersien eignen sich dafür gut. Wald und Savanne gehen ineinander über, und mit Chinaschilf und vor allem mit Pfahlrohr (*Arundo donax*), das wir auch aus den mediterranen Nachbarländern kennen, hat man eine sehr gute Lösung gefunden, um die massiven Verbauungen, die einen Ausbruch der Dickhäuter verhindern, zu kaschieren. Bei uns ist dieses enorme Süßgras, neu gepflanzt, auf Winterschutz angewiesen. Ist es einmal groß, ist es selbst sein bester Schutz und wird erst im Frühjahr geschnitten.

Die Tiere fühlen sich wohl, wenn sie von passenden Pflanzen umgeben sind.

Jeder Jahreszeit ihre Ecke

Den Garten saisonal planen

Natürlich ist es hübsch, wenn im Garten immer irgendwo etwas aufblüht und einen Farbtupfer setzt im Bild der Anlage. Man kann aber auch nicht auf solche Zufälligkeiten setzen, sondern bewusst andere Prinzipien der Gestaltung anwenden. Berühmt ist der Garten in Sissinghurst, den Vita Sackville-West in nur einer Farbe hielt: in Weiß. Zürcher Lokalpatrioten oder in der Wolle gefärbte Bajuwaren versuchen sich vielleicht in Weiß/Blau. Da Blau für Rosenliebhaber eine schwierige Farbe ist, werden diese eher einen gelben oder dunkelroten Garten gestalten. Für jede Kammer des Gartens kann zudem eine andere Farbe prägend sein – außer dem beschränkten Platz setzt diesem Treiben gar nichts Grenzen.

FRÜHLING, SOMMER UND HERBST

Nicht weniger raffiniert ist die Idee, den Garten gemäß den Jahreszeiten in diverse Partien aufzuteilen. Der Frühling und der Sommer sind da einfach: Es stehen unzählige Zwiebelpflanzen, Sträucher und Stauden zur Verfügung. Im Herbst wird man neben den prächtigen blauen Eisenhut-Varianten und den Herbstastern die sich bunt verfärbenden Blätter der Ahornbäumchen und anderer Gehölze einplanen.

SPANNENDER WINTER

Aber was ist mit dem Winter? Da ist man im ersten Moment ratlos. Bald schon jedoch merkt man, dass auch die «Winterecke» gut bestückt werden kann. Ein stattlicher *Prunus subhirtella* wird seine rosa Blüten vom Herbst bis zum Frühling öffnen. Das Gleiche gilt für die hübsche *Camellia sasanqua* aus Japan und für die Schneeballsträucher (*Viburnum bodnantense* und *viburnum farreri*), vor allem aber für die prächtigen *Mahonia × media*, die mitten im Winter ihre leuchtend gelben Blüten öffnen.

Allen erwähnten Sorten ist gemeinsam, dass sie mit gutem Duft ihre Bestäuber darauf aufmerksam machen (müssen), dass mitten im Winter ausreichend Nektar angeboten wird. Die Mahonien sind perfektes Bienenfutter, und manchmal hängen noch einige verbliebene blaue Beeren unter den Blüten, sodass auch die Vögel nicht leer ausgehen. Die eleganten, wintergrünen, gefiederten und stacheligen Blätter der *Mahonia × media* 'Charity' können bis zu 60 Zentimeter lang werden. Schon im Dezember voller Blüten – im fast gleichen Gelb wie die Mahonia – ist weiterhin der Winterjasmin (*Jasminum nudiflorum*), dessen Zweige idealerweise über eine Mauer herunterhängen.

Aber in unsere «Winterecke» im Garten gehören ebenso kleinere Stauden. Sicher blühen dort die Christrosen, und genau in der Nacht auf Neujahr hat die Kretische Schwertlilie (*Iris unguicularis*) ihre erste elegante Blüte geöffnet. Bis im März werden viele folgen, stets dann, wenn das Wetter etwas mild ist. Und die *Erica carnea*, weiß oder rosa, bieten für dieses Theater die perfekte Kulisse.

VORFRÜHLING

Man kann eine weitere Gruppe von Pflanzen der «Winterecke» beifügen oder für sie eine spezielle «Vorfrühlingsecke» anlegen, mit der Winter-Duft-Heckenkirsche (*Lonicera × purpusii*), der Winterblüte (*Chimonanthus praecox*), mit Scheinhasel oder anderen Zaubernussarten (*Hamamelis*), mit Schneeforsythie (*Abeliophyllum*) und *Edgeworthia* sowie *Iris histrioides*. Aber da sind wir schon mitten im Februar und wollen vom Winter am liebsten gar nichts mehr wissen.

Innenräume - Außenräume

Leben zwischen Haus und Garten

Die Lebensgewohnheiten wandeln sich, und mit ihnen wandeln sich auch die Gestaltungsideen für unsere engste Umwelt in Haus und Garten. In vielen älteren Häusern in unseren Breitengraden sind die wichtigsten Wohnräume der Straße zugewandt oder aber der Nordseite des Hauses. Der Lärm der Straße hatte vor 150 Jahren noch nichts Abschreckendes – im Gegenteil, die Straße bot Attraktionen, man konnte seine Neugierde befriedigen. Die Positionierung der Wohnräume in die der Sonne abgewandte Seite zeigt, dass man im 19. Jahrhundert nicht so sehr das Licht und die Sonne schätzte, man hasste primär die Hitze. Denn damals war man selbst in den eigenen vier Wänden selbst zuzeiten der Hundstage niemals ohne Stehkragen und Jackett anzutreffen. Sich im Badekleid in die Sonne zu setzen, wäre wohl niemandem in den Sinn gekommen. Die hübschen Balkone der Gründerjahre mit ihren gusseisernen Gittern oder steinernen Balustraden dienten eher der Repräsentation als dazu, sich vor den Augen der Außenwelt zu entblößen oder gar sein Essen einzunehmen. Um draußen zu sitzen, hatte man schattige Lauben angelegt, wo man geborgen bei Wein oder Bier zusammensitzen konnte.

LEBEN AUF BALKONIEN

Heute werden der kleinste Balkon, die nur mit Schwierigkeiten zu erklimmende Dachterrasse und jedes Fenster, das sich weit öffnen lässt, als Chance erkannt, sich, sobald die warmen Tage kommen, den prickelnden Strahlen der Sonne auszusetzen. Und irgendwie bringt man auf jedem Balkon – und sei er auch noch so schmal – einen Tisch, einen Grill und eine Menge von Kübelpflanzen unter, die *en miniature* einen Garten suggerieren. Die Architektur hat längst auf die gewandelten Bedürfnisse reagiert. Weit herum wurden alte Wohnsiedlungen mit angefügten Terrassen und Wintergärten ergänzt und erweitert, die Bewohner sind herausgetreten aus ihren eigenen Wänden und suchen die frische Luft.

JEDERZEIT FREIER ZUGANG ZUM GARTEN

Ältere Einfamilienhäuser waren häufig so angelegt, dass sich die Wohnräume im Hochparterre befanden, das zum Garten hin liegende Untergeschoss diente allenfalls der Behandlung der Wäsche, dem Einmachen von Gemüse und anderen Dienstleistungen für Haus und Küche. Ein direkter Kontakt zwischen Wohnung und Garten war so gar nicht möglich, man betrat den Garten solide gekleidet über eine Treppe. Viele dieser Häuser werden nun umgebaut. Das Untergeschoss wird geöffnet und ausgebaut, überall kann man nun direkt in den Garten schauen, und ein ständiges Hin und Her zwischen Innen und Außen prägt den Lebensstil in der wärmeren Jahreszeit. Selbst im Winter will man dem Garten, der Natur nahe sein. Große Fensterfronten lassen das Licht hineinströmen, und in der Nacht wird mit einer guten Lichtregie eine romantische Schneelandschaft an die bequem geheizten Zimmer herangeholt.

KEIN HINTERHOF MEHR

Der Balkon dient auch längst nicht mehr als Ort, wo man den Kehricht aufbewahrt, und in vielen Gärten wurden die alten Teppichklopfstangen und die fixen Vorrichtungen für das Trocknen der Wäsche längst mit der Fräse gekappt. Staubsauger und Trockner haben diese so praktischen Turngeräte ihres ursprünglichen Sinns beraubt. Kein Hof will mehr Hinterhof sein, mit geschickter Gestaltung gelingt es, aus tristen Plätzen hübsche Außenräume zu gestalten, die den Lebensbereich optisch, aber ebenso faktisch erweitern: Wann immer es das Klima zulässt, wird ein Stuhl herausgerückt und ein kleiner Tisch, auf dem ein Glas oder ein Aschenbecher Platz findet. Oder es wird eine Liege ins Freie gerollt, auf der sich lesen oder dösen lässt, und die Kinder schleppen ihre Spielsachen heraus, sie richten sich ein temporäres Spielzimmer ein.

Innen und Außen gehen ineinander über, die Wände sind transparenter geworden. Man muss nicht mehr die Haustür benutzen, um in den Garten zu kommen, die bis zum Boden reichenden Fenster lassen sich öffnen, und der Sitzplatz erweitert das Wohnzimmer. Jedes Einfamilienhaus erhält damit ein klein wenig von den Qualitäten barocker Schlösser, denn bei deren Bau hatte man immer die Gartenanlagen mit der Architektur des Gebäudes kombiniert. Denn damals – bevor die etwas verstaubten bürgerlichen Lebensgewohnheiten des 19. Jahrhunderts Wohnen und Außenwelt säuberlich trennten – wollte man immer und überall die Fenster aufreißen und in die Frische der Gärten hinausgehen können.

WOHNRÄUME UND GARTEN VERSCHMELZEN

Wer baut oder umbaut, sucht heute diese Verschmelzung von Außen- und Innenraum.

Kleine Zimmer werden gleich viel großzügiger, wenn sie auf einen Außenraum bezogen sind, der Weite und Perspektiven bietet. Die Außenhaut der Gebäude wird daher von klugen Architekten möglichst transparent gestaltet, trennende Mauern gegen die Außenwelt und den Garten bringen nichts. Mit dem Wintergarten holt man sich den Garten ins Haus oder erweitert die Wohnung ins Grüne, mit Kübelpflanzen bringt man den Süden näher und gestaltet sich einen mobilen Garten im Kleinen. Im Fernen Osten hat man sich schon seit Langem auf Formen der Gartengestaltung konzentriert, die die große Landschaft im Mikrokosmos des gestalteten Gartens widerspiegeln, und mit der japanischen Kunst der Gestaltung von Blumengestecken wird die Natur im Haus in kleinster, aber attraktiver Form symbolisiert. Den Wechselwirkungen von Außen und Innen wird heute nachgespürt, den Möglichkeiten der Lichtführung, der Gestaltung von Höfen, Gärten und Terrassen und deren nächtliche Illumination. Und natürlich kommen dazu auch Überlegungen zum Leben im Garten, wozu ja ganz zentral geselliges Tafeln im Freien gehört. Terrassen und Gartenplätze sind Plattformen, auf denen sich das sommerliche Leben im Freien abspielt.

ATRIUM, PATIO, HORTUS CONCLUSUS

Kein Wunder sehen wir uns nach den Patios des Südens, den nach innen geöffneten Gärten Arabiens. Das Atrium, den Garten, zu dem sich das Haus nach innen öffnet, kennen wir aus dem Altertum. Bei dieser architektonischen Form spielen die weiten Perspektiven keine Rolle, die optischen und gefühlsmäßigen Linien führen ins Zentrum, dahin, wo ein kleines Wasserbecken und ein Springbrunnen den

Quell des häuslichen Lebens symbolisieren. Es ist die Kultur des Orients, die zu diesem Grundmuster immer neue Varianten erfand. Diese reichen von den prächtigen Wohnhöfen der Alhambra bis zu den Gärten von Marrakesch. Und selbst in den kargen Gegenden von Usbekistan haben die meisten Häuser einen ummauerten Garten mit schatten- und früchtespendenden Bäumen, mit dem Gemüse für den täglichen Gebrauch, und oft befindet sich auch die Küche im Freien. Kein Wunder, dass sich das Wohnen um einen geschlossenen Innenhof zu einer Traumvorstellung vieler Mitteleuropäer entwickelt. Und wenn man sich diesen Wunsch nicht erfüllen kann, dann will man doch ein bisschen orientalisches Dekor, das uns etwas entrückt von der abendländischen Hektik des Alltags.

Die Aussicht mit einplanen

Wie verbindet man Außen und Innen optimal?

Da rackert man sich an jedem schönen Tag mit Gartenarbeit ab, und vom erreichten Resultat hat man an mehr als der Hälfte aller Tage des Jahres nichts, weil man an Regentagen und im Winter vom Garten nichts sicht und nichts hat. Man überlegt sich daher besser von Anfang an, wie man Haus und Garten optimal aufeinander beziehen kann.

Viele Wohnungen wurden bis ins letzte Jahrhundert leider so angelegt, dass man vom Garten nicht viel sah und nicht viel von ihm hatte. In der zweiten Hälfte des Jahrhunderts hat man dann wenigstens ein Fenster der Erdgeschosswohnung bis zum Boden verlängert, sodass man auf einen Gartensitzplatz mit einigen wild verlegten Granitplatten gelangen konnte. Immerhin schon ein Anfang! Heute konstruiert man gegen den Garten oder jede Form einer Terrasse großzügige rahmenlose Fenster, die von der Decke bis zum Boden reichen. Bei offenen oder geschlossenen Fenstern hat man das Gefühl, dass der Wohnraum direkt in den Garten übergehe, stufenlos und frei von jedem Hindernis.

HINDERNISFREI FÜR FUSS UND AUGE

Die gute Sicht von innen nach außen ist das eine. Der Garten muss aber so gestaltet sein, dass man von dieser neu erreichten Transparenz auch optimal profitieren kann. Was nützen teure große Fenster, wenn man durch sie direkt auf eine Hecke blickt oder auf ein Gebüsch, das nur die Sicht behindert? Die Aussicht muss als Durchsicht gestaltet werden und mit möglichst großzügigen Perspektiven auf die Öffnungen im Haus reagieren. Das ist gar nicht so schwierig. Man muss nur den Mut haben, Freiräume zu schaffen und sich allenfalls von lieb gewordenen Büschen und Bäumen zu trennen. Bei einer Neugestaltung sollte man bewusst auf Perspektiven achten, sodass der Blick auf Zwischenräume und Durchblicke zwischen Nachbarhäusern ausgerichtet wird oder mindestens bis gegen die Grundstücksgrenze unbehindert einer Sichtachse folgen kann. Viele Büsche und Bäume gewinnen sogar, wenn man sie um der Transparenz willen unterhalb ihrer Krone auslichtet.

BEZUGSPUNKTE UND SPIEGELUNGEN

Die Gartengestalter in der Barockzeit sorgten dafür, dass jenseits der bis zum Boden reichenden «french windows» Alleen oder weite Wasserflächen die Sicht in die Ferne leiteten, wo ein Bogen, eine Säule, eine Statue oder eine Vase den Blick des Betrachters einfing. Nun, das lassen unsere Bodenpreise nicht mehr zu. Aber man kann doch etwas übernehmen: Man kann Bezugspunkte schaffen. Kunstobjekte, Brunnen, Wasserspiele oder nur ein spezieller Strauch

oder Baum fesseln die Augen. In der Nacht wird dieser Blickfang durch das Licht eines Scheinwerfers noch speziell herausgehoben.

Genauso wie man keinen Schrank oder sonst ein Möbel vor ein Fenster stellt, soll man auch auf der Gartenseite das Panorama nicht verbauen, sondern den Garten, so gut es geht, vom Wohnbereich her sichtbar machen. Vor dem Setzen eines neuen Baums oder einer neuen Staude sollte man deshalb immer die Wirkung auf die Sicht von innen einbeziehen: Man holt sich den Baum oder den Strauch an den vorgesehenen Platz und stellt sich dann mitten in das betreffende – oder betroffene – Zimmer, um zu beurteilen, ob der Ort richtig gewählt wurde. Es lohnt sich, denn an mehr als 200 Tagen pro Jahr wird man den neuen Freund, den man sich für den Garten angeschafft hat, nur von hier drinnen betrachten.

Der Garten vergrößert die Wohnung – die Wohnung vergrößert den Garten.

Im Freien und doch ein Dach über dem Kopf

Pergola, rustikal oder elegant

Alles ist der Mode unterworfen! Gehörte einst die Pergola zu den häufigen und fast unabdingbaren Elementen der Gartengestaltung, ist sie heute zur Rarität geworden. Wir versuchen herauszufinden, warum. Aber da müssen wir erst einmal zurückblenden: Wozu braucht es eine Pergola, die zwar eine Art Dach anbietet, aber einen doch im Regen sitzen lässt, sollte das Wetter wechseln?

Von den diversen Formen, die Weinreben zu «erziehen», hat auf der Alpensüdseite und in weiten Teilen der Mittelmeerländer und Portugals die Pergola eine der ältesten Traditionen. Ein Gerüst aus Holzstecken oder Latten bildet ein niedriges Dach, über das die Reben wachsen. Die Pergola sollte so hoch sein, dass man erhobenen Hauptes darunter hindurchgehen kann, aber nicht höher, als dass man die Reben ohne Leiter pflegen und die Trauben ernten kann. Bei der Pergola hat der Fuchs, der Trauben stehlen will, das Nachsehen, und die naschhaften Vögel können mit einem Netz oder Gitter abgehalten werden. Zudem kann der Bauer in der Mittagshitze im Schatten der Pergola seine Siesta machen. Der luftige Abstand von der Erde hilft auch, den Befall der Reben mit Pilzkrankheiten zu reduzieren. Den Vinho verde in Portugal ließ man einfach auf Büsche und Bäume klettern. Für die modernere, rationellere Bewirtschaftung hat man hohe Gerüste entwickelt, wo die Weine auf Holzpfosten wachsen.

MODE HIN ODER HER

Große Spezialisten im Bau der verschiedensten «Pergl» sind die Südtiroler, die Holzpfosten oder Trockenmauern benutzen, um die Latten zu befestigen, über die die Reben wachsen. Und für die Schweizer ist das Tessin das Land der Pergola: Da wird sie mit hohen Granitpfosten erstellt, die oben eingekerbt sind, damit schwere Rundbalken eingelegt werden können.

Aus der Mode gekommen ist diese Form der Pergola nördlich der Alpen wohl, weil sie bis in die Sechzigerjahre das südländische Lebensgefühl in jeden Garten hätte bringen sollen. Wild verlegte schwarze Gneisplatten und Mäuerchen und Pergolen aus dem gleichen Material gehörten in fast jeden Landhausgarten und zwischen die Wohnblöcke. Und nun kann man sie nicht mehr sehen! Meist sind die runden, dicken Aufleger längst verschwunden, aber die unverwüstlichen Granitpfosten sind noch immer da, sie werden wohl noch Jahrtausende überdauern!

EINLADUNG ZUM PERIPATETISCHEN LEBEN

Die Pergola hat aber nicht nur diese rustikalen Wurzeln, sie war als *Pergula* schon im alten Rom bekannt, als schattenspendender Anbau an die Villa oder als Säulen- oder Pfeilergang. Als solcher wurde die Pergola in der Renaissance wiederentdeckt, und manch alter Villa verleiht sie noch heute das Flair von Großzügigkeit und Weite. In englischen Gärten gibt es lange Säulengänge mit prächtigen Sammlungen von Kletterpflanzen, die sich um die Säulen ranken, die darüber liegenden Balken erobern und dann ihre Blüten über den Weg hängen lassen, der unter diesem lichten Dach zum Wandeln und Denken einlädt, wie einst der Peripatos, die Wandelhalle der Griechen.

Als Architekturform ist die Pergola horizontal gedeckt. Für den Gärtner kann es aber ebenso gut ein Bogengang sein, von dem Blumen und Früchte reich herabhängen. Bogengänge mit Apfelspalier beispielsweise sind ein Traum, oder mit üppigen Glyzinien. Diese wachsen lieber aufwärts als horizontal – sicher aber nicht abwärts, wie man an Santiago Calatravas schönem Bahnhof Zürich-Stadelhofen gut beobachten kann. Wunderbar sind derartige Gänge auch mit Goldregen, dessen Trauben überreich herabhängen.

ZWECKFREIES KUNSTOBJEKT

Im mondänen Süden, an der Côte d'Azur beispielsweise, kann man Pergolen entdecken, die schneeweiß gestrichen auf weißen Säulen ruhen und die gar keinen Pflanzen Halt geben wollen, sondern sich nur einfach schön und üppig vor dem blauen Himmel oder dem blauen Meer abheben wollen. Die Balkenköpfe sind dabei reich herausgearbeitet – man wähnt sich wieder in der Antike. Natürlich gibt es unzählige neue Pergola-Formen. Man kann Metallkonstruktionen direkt «von der Stange» kaufen, und vielfach werden diese als Autounterstand genutzt oder als Schattendach über einer Terrasse aufgestellt. Und das Beste: Zumindest in einigen Schweizer Kantonen ist das Aufstellen einer Pergola sogar ohne Baugenehmigung möglich.

Gekonnt gefügte Steine

Richtig gebaute Natursteinmauern sind kleine Kunstwerke

Kaum ein Garten kommt ohne Mauern aus. Die Mauern dienen dazu, etwas einzufrieden, sie schützen vor dem Wind oder dem Eindringen von Wild- oder Haustieren, die Nutzpflanzen fressen wollen, oder aber sie sind dazu angelegt, um Böschungen zu stützen und im steilen Gebiet Wege anzulegen. Damit unterscheiden sie sich im Zweck wenig von den Mauern, die sich überall in der freien Landschaft finden.

Dort gibt es zusätzlich noch die Mauern, die das Vieh zusammenhalten, oder Mauern, die nicht um der Mauer willen gebaut wurden, sondern um die Steine sinnvoll und sicher aufzuschichten, die man während Generationen aus dem fruchtbaren Land entfernt hat, um ungehindert anbauen und ernten zu können. Seit einigen Jahren hat man den Wert schöner Mauern – vor allem der alpinen und mediterranen

Trockenmauern – wiedererkannt und investiert in deren Unterhalt und Wiederherstellung. Jede Mauer zeigt die «Handschrift ihres Erbauers».

BOLLENSTEINMAUERN, ZYKLOPENMAUERWERK, GESCHICHTETE MAUERN

Und es gibt eine Typologie der Mauern. Eine der einfachsten Mauern ist die aus Bollensteinen, mehr oder weniger gerundeten Steinen unterschiedlicher Größe, die man mit Kalk oder Zement zusammenfügt. So wurden früher Fundamente, Mauern und Burgen gebaut, da es billiger kam, als viereckig zugehauene Blöcke zu verwenden. Oft hat man die Steine so wie sie sich präsentierten, mit vielen Flächen und Ecken, zu einer Mauer zusammengestellt. Ein solches Zyklopenmauerwerk ist – wenn die einzelnen Steine nur genügend groß und schwer sind – sehr stabil. Aber es ergibt keine sichtbare, saubere Schichtung, keine horizontalen Linien.

Weit besser gefallen uns normalerweise die regelmäßige oder unregelmäßige Schichtung ungefähr glich dicker Steine. Welche Mauern die Landschaft prägen, hängt vom Vorkommen der Bausteine ab. Für den Garten können wir allerdings die Steine dort beziehen, wo sie uns am besten gefallen. Bei der klassischen Trockenmauer wechseln sich die längs liegenden Läufer ab mit Steinen, die mit der Längsrichtung in der Tiefe der Erde verankert sind – und so der Mauer zu Stabilität verhelfen. Man nennt diese Steine die Binder, weil sie die Mauer mit dem Bord, das diese halten soll, verbinden. Natürlich wird aus Stabilitätsgründen im Verbund gemauert, die vertikalen Fugen verlaufen also nie gradlinig, sondern versetzt. Der talentierte Maurer bearbeitet die Steine meist noch mit dem Hammer, um ihnen die optimale Form zu verleihen. Heutzutage wird oft hinter die Trockenmauer noch eine Stabilitätssicherung mit Magerbeton eingebaut. Das geht allerdings nur dann, wenn man mit der Bepflanzung der Mauerfugen auf einfachste Arten wie Sedum oder Hauswurz zurückgreift. Wer eine wunderschön bepflanzte Mauer will, sollte auf eine Sicherung mit Beton verzichten, weil diese die für die Pflanzen wichtige Feuchtigkeit abhält, sodass sie vertrocknen.

Natürlich kann man heute viele Natursteine in exakter Bearbeitung kaufen. Aber je mehr Maschinen eingesetzt wurden, desto unnatürlicher wirken die Mauern. Ein absolutes No-Go sind gesägte Mauersteine, die es ermöglichen, die Steine wie Lego aufeinanderzulegen. Die klassische Technik, immer wieder eine ebene Fläche zu konstruieren, besteht darin, kleine Splitter zu unterlegen, um die leichten Höhenunterschiede auszugleichen. Wer dieses Handwerk noch vollendet beherrscht, verdient Bewunderung.

VERBLENDEN VON BETONMAUERN

Orte mit mehr oder weniger rechtwinklig spaltenden Steinen zeichnen sich auch aus durch besonders ansprechende und solide Mauern. So ergeben beispielsweise die honig- und ockerfarbenen schiefrig brechenden Steine von Cadaqués an der spanischen Mittelmeerküste prächtige Mauern, welche die Landschaft, in der Dalí lebte, prägen. Ähnliche Mauern kann man heute in quadratmetergroßen Stücken kaufen und zusammensetzen. Diese eignen sich aber wegen ihrer geringen Tiefe nur zum Verblenden von Betonmauern.

Klug und mit einem Sinn für Ästhetik aufgeschichtete Mauern sind Kunstwerke.

Mauern als Front oder als belebte Gartenteile

Flechten und Pflanzen gehören in die Fugen und auf die Mauern

Die Welt hat die Mauern neu entdeckt! Während Jahrzehnten hat man sich damit begnügt, mit Beton die Partien des Gartens zu stützen, die zu steil waren für eine Böschung, das einzige Mittel, das noch billiger war als die Betonmauer. In der Mitte des 20. Jahrhunderts war das Wissen fast verloren gegangen, wie eine wirklich gute Steinmauer zu bauen ist. Was mussten wir für grässliche Mauern ansehen: liegende und aufgestellte Steine bunt gemischt und aller Gattung Steine in den verschiedensten Farben durcheinander aufgemauert, so wie man in einer Baumusterzentrale die Vielfalt des angebotenen Materials zur Schau stellt. Der Sinn für die horizontale Linie war abhandengekommen – oder er galt als nicht mehr modern. Und die Fugen wurden auch im Garten dick und solide mit Zement verschmiert, damit ja nicht etwa eine freche Pflanze auf die Idee kommen konnte, hier Wurzeln zu schlagen. Inzwischen hat ein Gesinnungswandel eingesetzt. Gärten werden mit Drahtkörben, die mit Steinen gefüllt sind, gestaltet. Das sieht auf jeden Fall gut aus. Man hat aber die Wahl, die Gitter mit runden Kieseln, mit säuberlich aufgeschichtetem Schiefer oder mit roh gebrochenem Granit zu füllen. Das sieht immer wieder anders aus und lässt der Imagination der Gestalter viel Raum.

REVIVAL DER TROCKENMAUER

Neben dieser praktischen Erfindung mit den Gitterkörben hat aber auch die Trockenmauer ein Revival erlebt. Plötzlich sind sie wieder da, die begabten Muratori mit dem sicheren Auge für ein ästhetisches Mauerwerk. Und gewissermaßen als Krönung hat man nun wieder gelernt, dass schöne Bruchsteinmauern mit kleinen Stücken, die man in die Fugen legt, exakte horizontale Linien bilden. Ja, der gekonnte Umgang mit den kleinen Bruchstücken trennt die Spreu vom Weizen, den Künstler vom unsensiblen Handwerker. Natürlich ist mit solchen Mauern ein ebenso solides Bauwerk möglich wie mit anderem Baumaterial. Vielfach wird mit Zement oder Beton die Rückseite der Mauer stabilisiert. Aber die unausgefugten Zwischenräume zeichnen ein wunderschönes Muster – und im Freien können

hier schon nach wenigen Jahren Mauerfarne und Polsterpflanzen ihr Auskommen finden.

LEBENSRAUM FÜR EIDECHSEN UND BIENEN

Die echten Gartenfans wollen aber ihre echte Trockenmauer. In ihr lebt der Garten. Hier können sich die Eidechsen verstecken, die Wildbienen ihr Nest anlegen und Moos, Flechten, Farne und Blumen ihren Lebensraum finden. Ohne großes Dazutun wächst hier die Mauerraute (*Asplenium ruta-muraria*) auf Sandstein oder Granit, der Schriftfarn (*Ceterarch officinarum*) auf Basalt oder Kalk und die Hirschzunge (*Asplenium scolopendrium*) auf fast jeder Art von Stein. Der kräftigere Streifenfarn (*Asplenium trichomanes*) oder der Nordische Streifenfarn (*Asplenium septentrionale*), der fast schon wie ein feines Gras aussieht, können sich ebenfalls von selbst ansiedeln. Man kann aber auch entsprechend nachhelfen und die Pflanzen setzen. Das gibt wunderschöne Mauern voller Leben. An sonnigen Standorten wird sich das Zimbelkraut (*Cymbalaria muralis*) einfinden, das bald in blühenden Kaskaden über die Mauer hängt. Wer je in englischen Gärten war, wird dafür sorgen, dass ebenso Karwinskis Berufkraut (*Erigeron karvinskianus* – blüht wie Gänseblümchen) die Mauer verschönert, und auch der Gelbe Lerchensporn (*Corydalis lutea*) gehört einfach in oder gar auf eine anständige Gartenmauer.

Ein besonderer Spezialist für die Besiedelung der Mauern ist an den Felswänden der Riviera omnipräsent: die Rote Spornblume (*Centranthus ruber*) aus der Familie der Baldriangewächse. Da sie das Bild der Corniches, der Uferstraßen entlang der gebirgigen Zonen am Mittelmeer, prägt, hieß sie in unserer Familie einfach die Riviera-Blume. Und natürlich holten wir sie in unseren Garten, da sie sich nördlich der Alpen fast so wohl fühlt wie in Sichtweite des Meeres. Spornblumen sind häufig in verschiedenen Farben anzutreffen. Dies ist meist ein Hinweis, dass sie vermutlich aus Gärten verwildert sind, denn Farbtöne wie Reinweiß oder ein kräftiges Rot wurden von Gärtnern herangezüchtet. Spornblumen blühen von April bis Oktober. Ihren Namen verdanken sie dem «Sporn» als Aufsatz an den Blattachseln. Als wären sie nicht selbst schon genügend attraktiv, werden sie häufig von Schmetterlingen besucht, die das Bild der blühenden Mauern noch bunter und attraktiver machen.

NICHTS FÜR SAUBERMÄNNER

Man muss allerdings aufpassen, wen man als Gärtner verpflichtet. Gärtner vom Typus «hauswartiger Saubermann» darf man nicht in den Garten lassen, da diese mit dem Hochdruckreiniger die Flechten von den Steinen spritzen und die Pflanzen aus den Fugen kratzen nach dem Motto «Ordnung muss sein». Mit einem subtilen, verständigen Gärtner kann man sich vorgängig darauf einigen, was als sauber gilt und was als Vandalismus im Pflanzenreich besser unterlassen werden soll. Das Angebot an Steinen hat sich dem neuen Verständnis für eine kunstvoll errichtete Mauer angepasst. Es sind neben den Dauerbrennern wie Sandstein, Granit oder Jurakalk ebenso sehr schöne Quarzite im Angebot, schiefrige Steine mit einem prächtigen Glimmerglanz in warmen mediterranen Farbtönen – Braun, Golden oder Honigfarben. Das Geheimnis dieser eleganten Steine liegt auch darin, dass ihre Bruchstellen immer schon so wirken, wie wenn sie seit Jahren der Luft und der Oxidation ausgesetzt gewesen wären. Das sieht einfach besser aus als frische Bruchstücke, die überall noch Spuren von Meißel und Hammer verraten.

BEGRÜNTE SENKRECHTE WÄNDE

Überall in den größeren Städten findet man heute begrünte (Haus-)Mauern. Sie tun dem Klima in den urbanen «Wüsten» gut und erfreuen das Auge mehr als harter Verputz oder roher Beton. Die technischen Installationen für die senkrechte Bepflanzung sind weit entwickelt und heute praktisch Standard. Es braucht eine vor die Fassade gehängte Konstruktion, die mit – meist anorganischen – Vliesstoffen als Substrat für die Pflanzen versehen ist, und natürlich eine Bewässerung. Und gepflanzt wird dann von Farnen über diverse Kräuter und Mauerpfeffer eine Vielfalt von verschiedenen Pflanzen, von denen einige auch mit Blüten aufwarten. Diese hängenden Gärten in den Städten sind sogar recht pflegeleicht und wenn man nicht den Ehrgeiz hat, eine Vielzahl von Blütenpflanzen einzubauen, sind sie praktisch rund ums Jahr grün, da das städtische Klima sie begünstigt.

Gut assortierte Blütenfarben

Wer pflanzt, gestaltet

In der freien Natur erleben wir immer wieder, dass – aus welchen Gründen auch immer – die Farben einer blühenden Wiese oder einer Serie von Büschen am Waldrand sehr gut zueinander passen; das Gesamtbild, das sich ergibt, wirkt gelungen. Ganz anders in den Gärten, da prallen oft Farben aufeinander, die ein wenig harmonisches Bild abgeben. Aber gerade im Garten hat man es in der Hand, die Pflanzen so auszuwählen, dass ihre Blütenfarben gut zusammenspielen. Man mag es leicht arrogant finden, wenn man der – auf ihre Art ja unfehlbaren – Natur ins Handwerk pfuscht, aber Gärten sind eben letztlich Kunstwerke, die der Mensch zu seinem Vergnügen und nach seinen individuellen Kriterien anlegt.

SISSINGHURST: VIEL KOPIERT – NIE ERREICHT

Das berühmteste Beispiel für rigorose Eingriffe bei der farblichen Gartengestaltung ist der erwähnte «Weiße Garten» von Vita Sackville-West in Sissinghurst Castle, das sie mit ihrem Mann Harold Nicolson bewohnte. Die mit viel Sachverstand und künstlerischem Gestaltungswillen angelegten Gärten rund um das Anwesen des berühmten Paares werden viel bewundert und jährlich von unzähligen Gartenliebhabern und Touristen besucht. Sie haben zwar nicht gerade eine Vielzahl von Nachahmern gefunden – die Kombination von Blumen gleicher Farbe ist recht anspruchsvoll –, aber auch die tonangebenden Gartengestalter unserer Zeit greifen häufig auf die Idee zurück, vor allem weiße Blumen zu verwenden. Wenn sie ehrlich wären, würden viele von ihnen wohl am liebsten ganz auf Blüten verzichten.

Die Verwendung von ausschließlich einer Farbe sieht oft sehr gut aus, vor allem in Jahren ohne Dauerregen im Frühjahr. Aber weiße Kamelien oder weiße Magnolien beispielsweise sind bald einmal beige oder braun, wenn anhaltender Regen oder später Schnee sie innert Stunden welken lässt. Rote Kamelien leiden genauso unter dem Dauerregen, aber die Differenz zwischen Rot und Braun ist kleiner, man achtet die verfaulenden Blüten weniger.

QUALITÄTEN DER FARBE WEISS

Dennoch ist ein Garten mit weißen Blüten elegant und harmonisch. Weiße große Annabelle-Hortensien passen, Weiße Hartriegel machen sich gut darin, aber ebenso Zwiebelpflanzen: Krokus, Schneeglöckchen, die weiße Version der Traubenhyazinthen, Tulpen, Iris, Narzissen, Hyazinthen, hoher Zierlauch (*Allium*), weiße Schachbrettblumen. Die Auswahl ist riesengroß. Auch schattenliebende Pflanzen wie die Maiglöckchen, die weiße Version der Bluebells und Buschwindröschen (*Anemone blanda* oder *nemorosa*), etwas später die *Anemone sylvestris* und im Herbst dann die Japanischen Anemonen sind unproblematisch. Zudem gibt es weiße Lilien in Hülle und Fülle, angefangen mit der Madonnenlilie bis hin zur großen *Lilium regale*. Unter den weißen Sträuchern sind viele wohlriechend, wie die verschiedenen Schneeball- und Osmanthus-Arten. Sehr dekorativ sind ebenso die Schwarzdornbüsche, die wolkig-duftigen Felsenbirnen und natürlich die berauschenden japanischen Prunus-Bäume. Später im Frühjahr kommt dann die Zeit, wo der sprichwörtliche weiße Flieder wieder blüht.

Nicht vergessen seien die weißen Rosen, die vom niedrigen Bodendecker bis zu Ramblern, die hoch in die Bäume klettern, im Angebot der Gärtnereien zu finden sind. In jeden weißen Garten gehören natürlich die eleganten *Zantedeschia aethiopica*, die weißen «Cornets», die der Gärtner als «Calla» verkauft. Das Ganze kann man nun auch in anderen Farben durchspielen, etwa in Blau oder in Blauviolett-Tönen, die sehr schön mit silber-grauen Blättern zu kombinieren sind, wie Lavendel oder die hübsche Perovskia.

VORSICHT MIT GELB UND ORANGE

Schwieriger wird es mit den roten Blumen. Da sind die verschiedenen Farbtöne oft schwer kombinierbar – etwa im Rosenbeet. Mit Gelb fangen wir schon gar nicht erst an. Außer den Sumpfdotterblumen und den Schwertlilien entlang der Gewässer ist Gelb für uns ein No-Go: Forsythien kommen bei uns ebenso wenig in den Garten wie die herbstlichen Goldruten, diese Neophyten der Bahnborde. Zur Ehrenrettung der Forsythien muss man erwähnen, dass es sie ebenso in Zitronengelb gibt. Aber leider sind gerade diese Zuchtformen nicht so dicht mit Blüten behangen wie die allgegenwärtigen eidotterfarbigen.

Halt, Struktur und Kraft für den Garten

Nadelhölzer als Gestaltungselemente

Es gibt Menschen, die lieben die Nadelhölzer nicht, sie sind ganz auf Laubbäume programmiert. Auch damit lassen sich schöne Gärten anlegen. Aber eigentlich braucht ein Garten die Nadelhölzer, denn sie geben ihm Halt und Struktur. Die Nadelhölzer sind das Gerippe, das den Garten und alle anderen Bäume zusammenhält. Man merkt das vor allem im Winter, wenn die Laubbäume zu durchsichtigen Gebilden abgemagert sind, einige zu nichtssagenden «Besen» aus Ästen und Zweigen, andere zu prächtigen Federzeichnungen wie die Eichen und die Schwarzerlen, oder sie werden zu Ornamenten, die den spezifischen Aufbau der Bäume erst deutlich werden lassen.

RAUMGREIFENDE NADELHÖLZER

Grad im Winter wird einem die Bedeutung der immergrünen Nadelhölzer klar: Sie halten die Festung, sie sind das Massive in der filigranen Struktur der Pflanzen. Weißtannen und Fichten sind eigentlich Bäume der montanen und subalpinen Stufe. Sie wurden im Flachland – der Zone der Laubbäume – angebaut, weil sie schnell günstiges Holz heranwachsen lassen. Dennoch haben sie sich auch in vielen Gärten einen Platz erobert. Wenn Fichten frei stehen und nicht im Verbund des Waldes, entwickeln sie sich ganz anders und wachsen zu prächtigen Bäumen heran. Oft aber übernehmen «Exoten» wie serbische Fichten, Sequoien sowie Thuja oder die blaugrüne Oregon-Zeder ihre Funktion. Sie alle können in einem Vierteljahrhundert zu weit über die Dächer der Häuser hinausragenden dunkelgrünen Pyramiden heranwachsen.

Weniger Platz benötigen die Föhren, die meist ein anderes Wachstum aufweisen. Die Waldföhren ragen im Wald auf langen Stämmen mit ihren Kronen über die anderen Bäume hinaus. Pflanzt man sie aber im Garten, so entwickeln sie sich sehr individuell und bilden einen Habitus, der an Bäume in japanischen Gärten oder an Bergkiefern (*Pinus mugo*) erinnert. Einzig die langnadelige Schwarzkiefer macht in der Regel hohe, regelmäßig gewachsene Bäume, die dann auch entsprechend uninteressant wirken.

In den alpinen Regionen ersetzen die Arven die Föhren. Sie eignen sich ebenfalls für den Garten, sind aber auf ein saures Substrat angewiesen, genauso wie ihre Verwandten aus Japan, die Mädchenkiefern mit ihren noch etwas grauer gestreiften Nadeln. Aus Japan ist eine Fülle interessanter Nadelhölzer zu uns gekommen. Etwa die verschiedenen Ausprägungen der Sicheltanne (*Cryptomeria*), die reizvolle Schirmtanne (*Sciadopitys verticillata*) und die Spießtanne (*Cunninghamia lanceolata*). Die ab-

soluten Stars unter den Nadelgehölzen sind aber eindeutig die Libanon-Zedern mit ihren terrassenförmigen Ästen. Sie werden alt, oft aber sind sie vom Sturm gezeichnet, und als der Orkan «Lothar» tobte, gingen viele alte Zedern gänzlich verloren.

EIBEN – DUNKLES GRÜN, GEEIGNET FÜR DEN FORMSCHNITT

Der ursprüngliche Nadelbaum der Alpenrandregion ist die Eibe, die nach der Eiszeit die von den Gletschern hinterlassenen Schuttflächen besiedelte. Nun findet man sie nur noch an Steilborten und Bachtobeln, wohin sie sich zurückgezogen hat. Als kleinere Nadelbäume und weil sie sich problemlos zurück- oder in Formen schneiden lassen, eignen sie sich auch für Hecken und Kugeln und sind im Garten ideal als dunkler Hintergrund, der die Blumen gut zur Geltung kommen lässt.

Nicht alle Nadelbäume sind immergrün. Die Lärchen verfärben sich im Herbst goldgelb und verlieren dann ihre Nadeln. Das gleiche Schicksal teilen die Sumpfzypressen (*Taxodium distichon*) und der Urweltbaum (*Metasequoia glyptostroboides*). Sie beide wachsen in normal feuchtem Boden, aber ebenfalls im Sumpf und an – oder gar in – Teichen. Für die Gartengestaltung mit Nadelbäumen steht eine große Palette zur Verfügung, die noch erweitert wird durch die Tatsache, dass viele Bäume in graublauen Farbtönen erhältlich sind, meist unter der Bezeichnung 'Glauca'.

KAPITEL 10

Biotope im Garten: Alpinum, Teich und Moorbeet

Ein Edelweiß gehörte früher in jeden alpenländischen Garten.

Pflanzen leben in der Natur in Gesellschaften. Als solche besiedeln sie die für sie geeigneten Biotope, Orte, die ihnen ideale Lebensgrundlagen bieten. Was liegt also näher, als ihnen im Garten auf ähnliche Art einen passenden Lebensraum zu bieten. Da unser beobachtendes Auge in der Natur geübt wurde, empfinden wir das Zusammenwachsen dieser Gesellschaften auch als richtig und schön. An der Vielfalt der Pflanzen wirklich interessierte Gärtner versuchen deshalb die Natur zu imitieren und die «passenden» Pflanzen zusammenzusetzen. Nur wenige Botanische Gärten pflanzen die Gewächse nach ihrer Systematik, nach Familien geordnet: ein Beet mit Rosengewächsen aus aller Welt, ein Beet mit diversen Hahnenfußgewächsen ... Das ist für den Botaniker interessant, aber keineswegs wirklich harmonisch.

Gärten sind oft als eine Landschaft in verkleinerter Form angelegt. Perfekte Naturbeobachtung und eine jahrhundertealte Symbolsprache haben die Japaner zu Meistern dieses Fachs gemacht. Die Gestalter englischer Landschaftsgärten hatten dafür ebenfalls eine gute Hand – und dank des Wohlstands ihrer Auftraggeber stand ihnen für die Anlage ausreichend Raum zur Verfügung, oft schon eine ganze Landschaft, wie immer man eine solche in Quadratmetern definieren will! Andere beschränken sich – wie man jedes Jahr an der Chelsea Flower Show sehen kann – auf eine Pingpongtisch-große Fläche oder gar auf einen kaum quadratmetergroßen Steintrog, um eine prächtige Naturlandschaft zu imitieren.

Da viele interessante Pflanzen in Sümpfen und Gewässern wachsen, gehören auch diese in einen Garten. Teiche, Kanäle und Bäche beleben ihn. Sie ermöglichen ein Spiel mit Spiegelungen und bieten Gelegenheit für ein kühles Bad im Sommer.

Symbol alpiner Sehnsüchte

Der filzig-weiße Stern des Edelweißes

Auf dem Friedhof bei der Kirche von Kilchberg am Zürichsee finden sich interessante Gräber: Hier ruhen Conrad Ferdinand Meyer, aber auch Thomas Mann und ein guter Teil seiner Sippe. Spannender aber noch ist das Grab von Walter Strauss (1910 – 1923). Der Knabe hat sein junges Leben eingebüßt, als er in den Felsen herumkletterte, um ein Edelweiß zu finden. Ein gewaltiger schneeweißer Marmorblock steht da, und der Knabe, der im steilen Gelände nach der köstlichen Blume greift, die auf der Klippe wächst: «Sein Leben für ein Edelweiß», hat der Künstler gewissermaßen als Motto in sein Werk gehauen.

Tatsächlich war oder ist das Edelweiß die perfekte Sehnsuchtspflanze der Alpenländer; Enzian und Alpenrose werden auf die Plätze verwiesen. Die weißen Sterne stehen für Heimat, Abenteuer und hochstrebende Ziele. In der Armee dienen sie den Generälen als Rangabzeichen und für den Tourismus in der Schweiz als probates Logo. Der Absturz beim Edelweißsuchen war früher gewissermaßen Normalität. Heute sind die Bestände rund um die Ferienorte so zurückgegangen und die Schutzvorschriften derart rigide, dass man sich andere exklusive Todesursachen suchen muss. Das Edelweiß (*Leontopodium alpinum*) ist wohl nach der Eiszeit aus den Steppen Asiens auf die steppenartigen Trockenwiesen kalkiger Alpenregionen eingewandert. Es gehört zur Zierde des Alpengartens im Flachland, wächst hier aber wegen zu viel Nährstoffen und zu viel Wasser zu sehr in die Höhe und verliert sein filziges Weiß.

Am besten ersetzt man die gebirgigen Marmorklippen im Garten durch einen Kalktufffelsen. Im Gartencenter gibt es die alpine Sehnsuchtspflanze im Topf zu kaufen, eine attraktive Dekoration für den Gartentisch, die sich aber kaum in den nächsten Sommer hinüberretten lässt. Für den Alpengarten empfiehlt sich die kleinwüchsigere Subspezies *nivale* aus dem Balkan und den Abruzzen. Die verschiedenen Arten kreuzen sich untereinander, sodass der Ursprung der Pflanzen im Angebot der Gärtnereien ungewiss bleibt. Auf dem Wochenmarkt in der Zürcher Innenstadt kann man für zwei Fünffrankenstücken – auf deren Rand Edelweißsterne angebracht sind – einen Stock der Sorte 'Matterhorn' kaufen. Schöner noch ist die kleinwüchsige, aber großblütige 'Rothorn' aus der Alpenpflanzen-Spezialitätengärtnerei Eschmann in Emmen.

Alpinum im Taschenformat

Tuffsteine als Fassung für kleine Juwelen

Alpenpflanzen gelten im Flachland als schwierige Patienten. Man kauft sie strahlend und blühend und freut sich über sie am neuen Platz im Garten – und plötzlich schwinden sie dahin. Sie wachsen oft in klimatischen Extremzonen, sind Wind und Wetter ausgesetzt, Hitze und Kälte. Genau das scheint sie fit zu halten. Sie wachsen nur langsam und blühen stark, wie wenn sie ahnten, dass jederzeit ein Felssturz ihrem Leben ein Ende bereiten könnte und sie sich deshalb besser noch intensiv um die Vermehrung kümmern sollten.

SCHUTZ VOR NÄSSE

Im Flachlandklima geht es ihnen schlecht, weil es ihnen zu gut geht. Sie schießen ins Kraut, werden zu groß und zu üppig, blühfaul und bequem. Irgendwann beginnt die Pflanze dann zu kranken und schwindet dahin. Ob sie zu trocken stehen oder zu feucht, ist manchmal schwer zu entscheiden, in der Regel haben sie es eher zu nass und verfaulen. Eine gute Drainage ist deshalb für fast alle Alpenpflanzen – auch für jene, die es lieber feucht haben – entscheidend. Sie sind aus diesem Grund auf einen guten Wasserabzug angewiesen, den man mit Schotter, Kies und Sand einrichten kann, sowie auf ein Pflanzsubstrat, das mit Sand, Perlit (weiße Kügelchen aus aufgeblähtem Vulkangestein), Vermiculit (in der Hitze gequollenes glimmerähnliches Mineral) und zerstoßenen Blähtonkugeln luftig und locker gemacht wird. Besonders empfindliche Alpenpflanzen müssen mit Glasscheiben vor Winternässe geschützt oder in ein Alpinenhaus gestellt werden.

Unsere Großväter wussten noch gut, wie man heikle «Kunden» durch den Winter bringt, und sie schworen beim Aufbau eines Alpinums auf löchrige Kalk- und Tufffelsen. Tatsächlich gedeihen die in die Ritzen und Löcher von Tuffsteinen gepflanzten kleinen Blühwunder meist sehr gut. Die Miniatur-Karstlandschaft sichert eine optimale Drainage, und in den von der Sonne geschützten Gängen und Poren im Innern des Steins hält sich lange eine gewisse Kühle und Feuchtigkeit. Natürlich ist ein größerer Brocken attraktiver und beständiger als ein kleiner, aber man kann einen Kompromiss suchen und Felsstücke kaufen – sie finden sich in jedem größeren Gartencenter –, die man herumtragen kann. So wird der Alpengarten mobil, man kann ihn beim Wohnungswechsel mitnehmen, und er findet auch auf jedem Balkon Platz.

KEINE PLATZHOCKER

Man kann aber ebenso im Wechsel der Jahreszeiten optimale Standorte suchen: Im Frühling, bei der Blüte, kann es nicht genug sonnig sein, im Hochsommer dann sucht man einen gegen Osten ausgerichteten Platz mit nur Morgen- oder Abendsonne. Natürlich stehen für die Bepflanzung solcher Tuffbrocken die kalkliebenden Pflanzen im Vordergrund. Mit etwas torfigem Substrat kann man aber durchaus auch weniger kalktolerante Sorten ausprobieren. Sehr gut gedeihen in diesen Felsen verschiedene Primeln, Saxifragen (Steinbrech-Arten) und Hauswurz, Edelweiß und Alpenaster, verschiedene Bergnelken und Arenaria (Sandkräuter). Eine Trockenheit liebende Segge (Gras), ein kleiner knorriger Föhrenzwerg oder der hübsche Schriftfarn, der sich in diesem Biotop von selbst vermehrt, geben dem Brocken noch etwas mehr Authentizität,

denn in den alpinen Felsregionen wachsen ja nicht nur hinreißende Blütenpflanzen. Das vorsichtige Einbringen von Substrat und das Pflanzen in den dünnen Hohlräumen ist gärtnerisches Goldschmiedehandwerk, aber die blühenden Bijoux lohnen den Aufwand. Man kann ebenso ruhig einmal mit Bohrer und Meißel nachhelfen, wenn die Pflanzlöcher zu klein sind.

Besuch beim Original

Gärten und ihre Vorbilder

Wenn botanisch interessierte Leute gärtnern, versuchen sie meist in irgendeiner Form die Natur nachzuahmen. Viele Gärten funktionieren nach diesem Muster, das die Japaner zur Vollendung gebracht haben, indem sie Gärten anlegten, welche die Natur fast übertreffen, weil sie gewissermaßen nur die optimalen Partien von Landschaften aneinanderreihen und damit eine Quintessenz anbieten. Aber auch die Moorbeete und die Alpengärten in unseren Regionen sollen immerhin eine Anspielung sein auf Landschaften, die uns besonders beeindrucken oder uns besonders lieb sind.

Die Gärtner haben es verstanden, im Laufe der Zeit die Pflanzen, die im Unterland wenig Überlebenschancen haben, durch solche zu ersetzen, die einen ähnlichen Eindruck machen. Anstelle von Alpenrosen und Arven verwendet man Föhren und Azaleen, um die Anspielung einer Parklandschaft der Waldgrenze zu schaffen. Und für den Alpengarten verwendet man

die eher etwas grobschlächtigen, problemlosen Pflanzen Alyssum (Steinkraut), Arabis (Gänsekresse), Aubrieta (Blaukissen) und Konsorten, um die feinen Polster der Hochalpen zu imitieren, die optisch verschiedene Steinbrocken zu einer Felswand zusammenwachsen lassen.

DIE GEKAMMERTEN GÄRTEN DER BERGE
Wir haben wieder einmal das «Original» besucht, die Bergpflanzen an ihrem Standort, und wir waren einmal mehr überwältigt von der Blütenpracht der alpinen Flora. Mit dem Auge des Gärtners erscheinen die Alpen «gekammert»: Man wandert von einem Garten zum anderen. Botanisch gesehen handelt es sich natürlich nicht um «Gärten», sondern um Pflanzengesellschaften. Dennoch ist der Eindruck der Blütenpracht der eines Gartens, angelegt, um das Auge des Besuchers zu erfreuen.

Während bei uns im Flachland längst nur noch die trocknenden Fruchtstände der Lilien zu sehen sind, blühen im Juli zwischen 1800 und 2500 Metern noch die Paradieslilie, die Feuerlilie und der Türkenbund. Am schönsten präsentieren sie sich um die Waldgrenze, aber der Türkenbund ist auch in tieferen Regionen in den Mähwiesen und in der Hochstaudenflur anzutreffen. Letztere ist im Hochsommer in schönster Blüte: Der Gelbe und der Blaue Eisenhut mischen sich mit dem violetten Alpendost, dem blauen Alpen-Milchlattich und den leuchtend gelben Blütenständen des Kreuzkrauts zu Staudenbeeten, die selbst die Engländer nicht schöner pflanzen könnten.

EIN MOTIVATIONSSCHUB

Und oben an den trockeneren Berghängen ist alles voller Farben. Gelb dominiert, aber Läusekraut und Klee, vor allem aber die vielen Orchideen bringen Kontrastfarben ein: das Rot des Knabenkrauts, das Rosa der Händelwurz und das Braun der Männertreu.

Da wo sich im Winter die Skipisten ausdehnen, sind die Wiesen kräftig. Vielleicht ist es ja einer der Vorteile der Beschneiungsanlagen, dass die Vegetation nicht mehr so rüde von den Skiern abgeschabt wird. Höher oben im schiefrigen Gesteinsschutt blühen Gletscher-Hahnenfuß und Alpen-Mannsschild um die Wette. In dieser Liga bleibt man als Gärtner chancenlos. Die unerreichbare Pracht der Natur in den Bergen könnte ja eigentlich frustrierend wirken: An dieses Vorbild kann man sich nur annähern, erreichen lässt es sich nie. Kaum nach Hause gekommen, beginnen wir jedoch wieder zu gärtnern – der Motivationsschub ist größer als die Zweifel.

Europäische Gärten mit fernöstlichem Touch

Symbolik und Imitation der Natur

Wie in der Küche, der Medizin und in vielen anderen Lebensbereichen nimmt auch in der Gartengestaltung der Einfluss Asiens zu. Insbesondere die japanischen Gärten finden immer mehr Freunde bei uns – nicht zuletzt, weil auf sehr kleinem Raum schon eine attraktive Gestaltung möglich ist. Auf einer Terrasse beispielsweise ist ein großer Felsbrocken mit einer Bonsai-Föhre ein elegantes, aber ebenso symbolträchtiges Objekt.

Auf dem kleinsten Balkon oder sogar auf einem breiten Fensterbett kann man in einem Pflanztrog mit einem Stück verrottendem Holz, einigen Felsbrocken, etwas Kies und den richtigen Pflanzen einen attraktiven Miniaturgarten schaffen, der viel interessanter und vielfältiger ist als einige knallrote Geranien. In Japan gestalten sich Besitzer von wenigen Quadratmeter

Boden mit einigen wenigen winzigen Elementen ein Universum, einen Mikrokosmos, der den Makrokosmos der realen und der gedanklichen Welt repräsentiert und spiegelt. Die großräumige Landschaft wird im kleinen Format dargestellt: Der Fels ist ein Berg, der Teich steht für den See, das Bonsai-mäßig zurechtgestutzte Bäumchen symbolisiert den Baum oder gar einen Wald. In dieser Hinsicht unterscheiden sich die Gärten Japans nicht so sehr von den schweizerischen Alpengärten: Im Alpinum schafft man sich einen Ausschnitt, eine Miniatur aus einer Berglandschaft, samt allem, was in ihr vorkommt.

MIT UND OHNE SYMBOLIK SPANNEND

Natürlich kann man das im Garten in beliebig vergrößertem Maßstab ebenfalls realisieren. Wer Zeit und Lust hat, sich in die japanische Philosophie zu vertiefen, kann die ganze Symbolwelt der Gartenbaukunst des Shintoismus erforschen. Die Gärten im Reich der aufgehenden Sonne sind eine Wissenschaft für sich. Sie sind voller shintoistischer und buddhistischer Symbolik, die sich uns nicht so leicht erschließt. Zudem ist ihre Gestaltung bis ins Detail durchdacht und voller Anspielungen für den Eingeweihten, sollte aber dennoch völlig absichtslos wirken.

Drei Steine können schon das ganze Universum versinnbildlichen, den Himmel, die Erde und die Menschen. Es liegt aber im System der asiatischen Gartentradition, dass man mit der genauen Beobachtung der Natur zu den gleichen Resultaten gelangt. Es gibt Gestaltungsformen, die einfach stimmen, weil sie die Natur in optimaler Form kopieren. Man muss nur einen Bergbach genau betrachten, um zu wissen, wie die Steine daliegen, wie das Wasser einen in der Mitte aufragenden Stein umspült. Oder richtig

beobachten, wie Steine in einer Felswand immer in der gleichen Schräglage liegen, um eine natürlich wirkende Anlage zu gestalten. Und die Steine müssen verwittert sein, gefurcht und mit Flechten oder Moos bewachsen, gekennzeichnet von Jahrhunderten. Wichtig ist die Kombination der richtigen Pflanzen und Steine mit Wasser. Auch kleinste Anlagen wirken nur dann gelungen, wenn man sich auf eine Art von Steinen beschränkt und einige von ihnen – halb im Wasser liegend – die Uferpartie fortsetzen. Das können Granitbrocken, stark verwitterte Kalksteine oder kristalline Basaltsäulen sein, wichtig ist nur, dass man sich für eine Art entscheidet, damit sie ideal zusammenpassen.

JAPANISCHE ODER JAPANISIERENDE GÄRTEN

Wer nicht einen japanischen Garten anlegen will, aber dennoch einzelne Elemente davon übernehmen möchte, der kann statt von japanisch von japanisierend sprechen. Sicher gehören Elemente wie Bach und Teich dazu und entsprechend geschnittene Bäume, aber auch die typischen Pflanzen dürfen nicht fehlen. Bach und Teich sollten möglichst natürlich wirken. Das Teichufer gestaltet man mit Steinen, Wassergräsern und kleinen Halbinseln. Man sollte an eine Insel denken, wenn man eine Folie auslegt. Spitzfindigkeiten wie die Unterscheidung einer Schildkröteninsel von einer Kranichinsel kann man vernachlässigen, aber der Gesamteindruck sollte stimmen. Auf die Insel gehören Föhren, und damit diese trocken stehen können, muss die Insel eben einen Abfluss haben – die Folie darf nicht durchgehen. Neben den erwähnten – möglichst knorrigen und verdreht gewachsenen – Föhren gehören natürlich Kamelien und Japanischer Ahorn dazu, weiterhin

Prachtglocken (*Enkianthus perulatus*), die im Herbst eine dunkelrote Farbe annehmen. Ein typischer Nadelbaum Japans ist die Sicheltanne (*Cryptomeria japonica*) in ihren vielfältigen Sorten. Durch sorgfältiges Aufbinden und Schneiden werden die Bäume – egal ob einheimische oder japanische – in die gewünschte knorrige Form gebracht.

Gut geeignet für japanische Gärten sind auch Azaleen, die man zu Kissen schneidet, die sich zwischen die Felsen kauern. Kleine Farnpflanzen machen sich ebenfalls gut zwischen den Steinen. Natürlich passen für diese Gartenform ebenso alle niedrig wachsenden *Ericaceae*. Vor allem die verschiedenen Beeren kann man gut verwenden: Blaubeere, Moorbeere, Preiselbeere, Moosbeere oder Bärentraube.

GEPFLEGTE FREIFLÄCHEN

Wichtig, um den gewünschten Effekt zu erreichen, sind aber vor allem die freien Flächen zwischen den Bäumen und Büschen. Hier setzen die Japaner vor allem Moospolster ein. Im Europa der ständig wühlenden Amseln ist der Bewuchs mit Moos selten von langer Dauer. Die beste Alternative ist der Schlangenbart (*Ophiopogon japonicus*), ein kleines Spargelgewächs, das mit unserem Maiglöckchen verwandt ist. Der grasartige Schlangenbart ist in diversen kleinwüchsigen Formen ('Nana') erhältlich und in fast schwarzer Variante. Er bildet perfekte Rasen, wenn er nur saure Erde und viel Feuchtigkeit und eine schattige Lage bekommt. Nahe verwandt und von ähnlichem Wuchs, aber etwas höher ist die Traubenlilie (*Liriope muscari*), die im Herbst sehr schöne lila-blaue Blütenrispen macht. Im Gegensatz zum Schlangenbart schätzt sie eher trockene Standorte, an denen sie sich langsam, aber stetig zu Horsten entwickelt. Eine der kleinsten Sorten ist 'Isabella'. Sie lässt sich zu kleinen Rasen pflanzen. Größere Traubenlilien, etwa 'Big Blue', 'Super Blue' oder 'Summer Beauty', eignen sich gut zur Einfassung von Beeten. Und 'Mystery' macht hellblaue, metallisch leuchtende Beeren.

GARANT FÜR DEN FRÜHLING – KIRSCHBÄUME

Auch die Bäume müssen richtig gewählt werden. In Japan sind Föhren und Ahorn unverzichtbar. Aber japanische Kirschbäume sind nicht minder wichtig, da sie mit ihrer üppigen Blüte den Frühling anzeigen – wichtiges Indiz dafür, dass die Vegetation wiederkommt, der Zyklus des Lebens weitergeht, so wie im Herbst die fantastischen Farben des Ahorns oder des Katsurabaums den Abschied von der Zeit des Wachstums und der Fruchtbarkeit feiern. Sowohl die immergrünen Föhren wie die Laubbäume lässt man nicht einfach wachsen, sondern man schneidet viele Zweige weg, sodass die Äste Fächer bilden oder an den Enden «Wolken», einzelne Kissen von Laub oder Nadeln, sonst aber transparent werden. Geschnitten werden auch immergrüne Sträucher wie Azaleen (etwa *Rhododendron kaempferi*), Buchs oder *Lonicera nitida*. Sie bilden die grüne «Landschaft» zwischen den Felsen.

Manche mögen es feucht

Wasserpflanzen beleben Teichflächen

Wasser sorgt für Leben im Garten. Ein Teich oder ein Bach bringen optisch und akustisch Bewegung: Der Teich reflektiert die Helligkeit des Himmels und der Bach plätschert vor sich hin. Unzählige Bücher geben Ratschläge, welche Pflanzen man auf welche Wasserhöhe – am besten in abgetreppten Plateaus – pflanzen soll, um ein der Natur entsprechendes Biotop zu erhalten, aber wenige warnen ausdrücklich vor der Gefahr des Wucherns.

KAMPFZONE TEICH

Ein sich überlassener Teich ist eine Kampfzone, in der sehr schnell die Starken die Schwachen verdrängen. Nach wenigen Jahren herrscht totale Monotonie, wenn der Mensch nicht vorbeugt und eben auch im Teich «gärtnert», das heißt pflegend und hegend eingreift. Seerosen hält man sich am besten in einem Fass oder Korb – was nicht viel Platz erfordert – oder in einem sehr großen Teich. Sie müssen immer wieder zurückgeschnitten werden, sonst bleibt keine offene Wasserfläche und die Fische haben keinen Raum mehr, um nach Mücken zu springen. Die einheimische Gelbe Teichrose (*Nuphar lutea*) macht im Wasser Rhizome, die dick wie Baumstämme werden können, wenn man nicht rechtzeitig eingreift. Auch Kanonenputzer (Rohrkolben) und Schilf gehören eingesperrt in Tröge oder Töpfe, sonst wird der Teich zum Sumpf und dann zu Riedland, einer großen Feuchtwiesenzone. Wer einem den hübschen gelben Mi-

mulus, die Gauklerblume, an den Teichrand setzt, ist sicher kein Freund; ebenso wenig, wer Wasserlinsen einschleppt. Es braucht einen langwierigen Kampf, um diese Pflanzen wieder auszurotten, da sie alles dominieren. Die Wasserlinsen können kleinere Teiche komplett mit einer hellgrünen Schicht zudecken, und sie geben ein – harmloses – Beispiel dafür, was in tropischen Gewässern die sehr attraktive Wasserhyazinthe (*Eichhornia crassipes*) anrichtet, deren Teppiche die Flussschifffahrt ernsthaft behindern können.

BLUMENBINSE, PFEIL- UND HECHTKRAUT

Die Negativliste, also die Aufzählung der Namen der Pflanzen, die man vermeiden sollte, ist lang – lang ist aber ebenso die Liste der Pflanzen, die man haben sollte. An erster Stelle steht da sicher der Wasserliesch (*Butomus umbellatus*), der auf Deutsch auch als Blumenbimse und als Schwanenblume bezeichnet wird. Eine sehr hübsche rosafarbene Blume, die leider nur blüht, wenn es ihr passt. Sehr reizvoll ist ebenfalls das Pfeilkraut mit eleganten, spitzzipfligen Blättern und schönen weißen Blumen. Ähnlich dekorativ ist der Froschlöffel, aber seine Blüten sind nicht besonders attraktiv, und er kann ein lästiges Unkraut werden, wenn man ihn seine Samen ausstreuen lässt. Da fast alle Wasserpflanzen weiß, gelb oder rosa blühen, ist *Pontederia cordata*, das Hechtkraut, mit seinen blauen Blüten und den eleganten herzförmigen Blättern besonders beliebt.

Unsere Vorfahren wussten schon, dass auch Wasserpflanzen sehr gerne nährstoffreiche Böden haben. Sie brachten deshalb Kuhmist ein in die Seerosenkörbe, was sehr schnell zu überdüngtem und völlig veraltetem Wasser führte. Da wir sauberes und klares Wasser für Schwimm- und Zierteiche schätzen, setzen wir alles daran, den Nährstoffgehalt so gering wie möglich zu halten. Das Resultat: oft kümmernde Wasserpflanzen, die nicht blühen wollen. Da lohnt sich ein kleiner Betrug: Heute können wir mit Langzeit-Düngerkegeln, die sich tief in die Wurzelballen der Wasserpflanzen einschieben lassen, sehr gezielt Nährstoffe beifügen, ohne dass das Wasser gleich «kippt».

Blühende Gewässer

Seerosen und ihre Kultur

Im Juli ist Seerosenzeit. Sie wachsen in Seen mit einigermaßen ruhigen Bereichen; zu viel bewegtes Wasser, wie in einem Bach, sagt ihnen nicht zu. Haben sie sich aber einmal in einem See oder Teich eingelebt, können sie während des ganzen Sommers immer wieder neue Blüten treiben. Seerosen wie die Gelbe Teichrose sind sehr robuste Pflanzen, die unter Wasser dicke Stämme bilden. Eine Augenweide ist die Teichrose, weil sie im Frühsommer hellgrüne Unterwasserblätter bildet, die man im klaren Wasser schimmern sieht. Im Hochsommer decken ihre Schwimmblätter die Gewässeroberfläche über viele Quadratmeter zu, was hilft, das Wasser zu kühlen und zu viel Sonneneinstrahlung abzuhalten, was der Algenbildung entgegenwirkt.

Rund fünfundzwanzig Arten der Familie der Seerosengewächse (*Nymphaeaceae*) sind auf der Nordhalbkugel der Erde bekannt. Bei uns ist es, neben der erwähnten Teichrose, vor allem die *Nymphaea alba*, die Weiße Seerose, sie ist auch bei weitem die attraktivste. Aus der Hand der Gärtner ist eine kaum zu überblickende Anzahl von Züchtungen in einer breiten Palette von Farben hervorgegangen. Gelbe, rote, lachsfarbene und rosarote Sorten dominieren. Bei einigen Seerosen sind die Blütenblätter länglich und spitz, was die Blumen wie Sterne aussehen lässt, bei den anderen sind sie eher rund und dicht geschichtet, sodass sie wirklich an Rosen erinnern. Allen gemeinsam sind die langen interessanten Staubgefäße im Innern der Blüte. Schon Monet hat in seinem Garten in Giverny eine Vielzahl von ihnen in seinem Teich angepflanzt und die Farben immer wieder mit einer erstaunlichen Besessenheit auf die Leinwand gebannt. Längst haben spezialisierte Gärtnereien auch winterharte Zwerg-Seerosen gezüchtet. Risikofreudige Gartenfreunde können versuchen, die wunderbare Blaue Ägyptische Seerose (*Nymphaea caerulea*) zu züchten. Sie spielte in pharaonischen Zeiten eine wichtige Rolle in der Schöpfungsgeschichte des Niltals und als Grabbeilage, aber das Überwintern ist nicht ganz einfach. Ähnliches gilt für die Lotusblume.

Wenn Seerosen im Sommer blühen, drängen ihre Blüten zwischen den flach auf dem Wasser schwimmenden Blättern ans Licht. Sie haben allerdings Schwierigkeiten in modernen Teichen. Sie brauchen viel Stickstoff, um sich gut zu entwickeln und stark zu blühen. Und sie lieben ein nährstoffreiches Substrat, am liebsten auch noch kalkhaltigen Lehm – lauter Dinge, die das Nährstoffgleichgewicht gefährden.

Die weiße Seerose ist schön im Teich, aber sie gedeiht auch in einem kleinen Kübel.

Venusfliegenfalle – eine lebensgefährliche Pflanze für Insekten.

Raffinierte Falle

Karnivoren auf der Teichinsel

In der Zeitung konnte man über die technologische Nutzung der Klappvorrichtung der Venusfliegenfalle (*Dionaea muscipula*) für den Flugzeugbau lesen. Tatsächlich gehört die Venusfliegenfalle zu den raffiniertesten und elegantesten Fängern unter den fleischfressenden Pflanzen. Daneben nehmen sich die Kannen- und Schlauchpflanzen (*Sarracenia*) und das Gewöhnliche Fettkraut (*Pinguicula vulgaris*) wie die klebrigen Fliegenfänger aus, die früher in billigen Restaurants von der Decke hingen. Das gewöhnliche Fettkraut macht indessen hübsche blau-violette Blumen und das Alpen-Fettkraut (*Pinguicula alpina*) erfreut mit weißen Blumen. Aber auch die verschiedenen Sarracenia-Arten vom nordamerikanischen Kontinent sind sehr dekorativ und bilden nicht weniger hübsche Blüten. Einige von ihnen können im Freien gehalten werden; *Sarracenia purpurea* ist als Neophyt im Jura seit hundert Jahren heimisch. Im Winter eingeräumt werden muss indessen die *Darlingtonia californica*, die hübsche Kobralilie. Nur der Sonnentau (*Drosera*) – ein naher Verwandter der Fliegenfalle – mit seinen klebrigen Tautropfen auf den Blättern hat eine ähnlich ausgefeilte Technik hervorgebracht wie die Fliegenfalle, aber sie reicht nie heran an die Schnelligkeit von deren fangeisenartigen Blätter, die in 100 Millisekunden zuklappen können – der schnellsten Bewegung, die wir im Pflanzenreich kennen. Die beiden Blatthälften sind im offenen Zustand dank Wasserdruck konvex gekrümmt. Trifft ein Insekt auf die feinen Auslöseborsten auf den Blattspreiten, schlägt die Wölbung in eine konkave Form um, sodass sich die Falle schließt. Die zuvor aufgebaute Energie entspannt sich schlagartig. Bevor sich die Falle nun ganz schließt, überprüft die Pflanze, ob das gefangene Objekt überhaupt brauchbar ist, bevor der Verdauungsprozess gestartet wird.

ERGÄNZUNGSNAHRUNG IM NÄHRSTOFFARMEN MOOR

Die Karnivoren unter den Pflanzen leben auf nährstoffarmem Substrat, oft in Flachmooren. Mit dem Fang von Insekten können sie ihren Bedarf an Stickstoff, Kalium, Eisen und Phosphor decken. Die Venusfliegenfalle stammt aus Moorlandschaften in den US-Gliedstaaten North und South Carolina. Die Gattung umfasst nur eine einzige Art, und diese galt lange als bedroht und wurde unter Schutz gestellt. Erst durch die Massenproduktion in spezialisierten Labors und Gärtnereien konnte das Pflanzensammeln in der Natur gestoppt werden. Heute ist die Venusfliegenfalle relativ günstig im Angebot von Gartencentern zu finden. Die einheimischen fleischfressenden Pflanzen sind praktisch alle selten und geschützt, und sie kommen als Gartenpflanzen nur aus Pflanzenzuchten infrage. Da die Pflanzen aus sumpfiger Umgebung stammen, benötigen sie nicht nur viel Wasser, sie haben ebenso gerne eine hohe Luftfeuchtigkeit, weshalb sich fast geschlossene Terrarien am besten für sie eignen.

Bei der Bepflanzung von Terrarien oder Teichinseln ist darauf zu achten, dass man keine zu groß wachsenden Pflanzen wählt, weil sonst die kleineren sofort überwuchert werden und absterben. Zudem sollte man sich für Pflanzen aus ähnlichen Klimazonen entscheiden. Mit etwas Pflege wachsen sie hervorragend. Sie lieben einen sonnigen Standort, und wenn man die Blütenstände – beispielsweise bei der Gattung Drosera – nicht wegschneidet, sondern Geduld hat, bis die Samen reifen, können sich sehr wohl neue Pflanzen daraus entwickeln. Man kann sie aber ebenso durch Teilung vermehren. Diese Methode ist fast noch besser, da die Mutterstöcke immer wieder neu gepflanzt werden sollten, weil sie die Tendenz haben, in die Höhe zu wachsen. An ihrem natürlichen Standort gedeihen sie im Torfmoos und müssen mit dessen Wachstum mithalten.

WINTERHARTE KARNIVOREN

Nahe beim Zürichsee, im früheren Weinbaugebiet, hat unsere Venusfliegenfalle in ihrem Beet aus Torfmoos nun schon seit fünf Jahren ohne jeden Winterschutz überlebt. Man muss beim Kauf von Karnivoren allerdings auf winterharte Sorten bestehen, denn beim Sonnentau sind viele tropische Arten im Verkauf. Wenn man über einen Gartenteich oder auch nur ein Fass mit Regenwasser verfügt, kann man sie auf ein Floß setzen mit etwas Torf. Sie haben dann immer ausreichend Feuchtigkeit in Luft und Boden, und die Vögel lassen sie auf ihrem schwankenden Grund in Ruhe. Früher haben wir solche schwimmenden Inseln aus Korkrinde gebastelt, heute werden sie im Gartencenter aus Kunststoff angeboten. Zusätzliches Wasser brauchen die fleischfressenden Inselbewohner nicht – wohl aber viel Sonne. Nur in sonnigen Lagen können sich die klebrigen Blätter des Sonnentaus gut entwickeln, und die Fangblätter der Venusfliegenfalle färben sich in der Sonne rötlich. Diese Fleischfarbe und die von den Blättern ausgeschiedene Flüssigkeit locken die Beute an. Und zudem macht die Fliegenfalle noch hübsche weiße Blüten, die ahnen lassen, dass sie zur Ordnung der Nelkenartigen gehört.

SONNENTAU, EINE ARTENREICHE GATTUNG

Es gibt weltweit über hundert Arten von Sonnentau, die kleinste wird kaum einen Zentimeter groß, die größte kann 1 Meter hochwachsen. Alle einheimischen Arten sind eher klein. Allen gemeinsam sind sehr hübsche kleine Blüten. Auch das Fettkraut, das bei uns in den Bergen und im Flachland vorkommt, hat bezaubernde veilchenartige Blüten und dekorative Blattrosetten. Insekten, die auf den klebrigen Blättern haften bleiben, werden eingerollt und verdaut. Im Wasser der Torfstiche findet sich die *Utricularia*, eine Schwimmpflanze, die gelbe Löwenmäulchen-Blüten übers Wasser schickt, unten aber in kleinen Blasen allerlei winzige Wassertiere einfängt. Große hängende Fallen bildet die Gattung *Nepenthes* aus. Neugierige Insekten krabbeln rein, die wächsern-glatte Innenhaut lässt ihnen aber keine Chance mehr, zu entkommen. Sie fallen in die «Verdauungssuppe» am Grund der Kanne und ertrinken. Diese Fallen sind schon kleinen Säugern zum Verhängnis geworden.

Schwimmende Raritäten

Krebsschere, Wassernuss und Wasserähre

Wir haben auf die Gefahren aufmerksam gemacht, die Biotopen und Teichen von wuchernden Pflanzen drohen, die man im guten Glauben gepflanzt hat, dem Leben im und um den Teich einen Gefallen zu tun. Am ganz anderen Ende der Vitalitäts-Skala finden sich einige Pflanzen, bei denen wir Sorge tragen müssen, dass sie alle Jahre wieder erscheinen und blühen. Es handelt sich dabei meist um schwimmende Pflanzen, die im Herbst oder schon im Spätsommer absterben und dann während der kalten Jahreszeit auf dem Teichgrund harren – bis wieder günstige Temperatur- und Lichtverhältnisse herrschen.

Wer einen neuen Teich anlegt und darin eine Krebsschere (*Stratiotes aloides*) ansiedeln will, wird keinen Erfolg haben. Der Kalkgehalt des Wassers lässt die schwimmende Pflanze verkümmern, und sie wird so so hart und zerbrechlich vom Kalk, dass man sie nicht einmal mehr rechtzeitig evakuieren kann. Nach einigen Jahren jedoch, wenn der pH-Wert gesunken ist und sich ein natürliches Gleichgewicht im Teich eingestellt hat, fangen die Krebsscheren an, sich zu vermehren und ihre Blätter und die anmutigen weißen Blumen aus dem Wasser zu recken. Bald bilden sie große Teppiche wie im Weiher des Botanischen Gartens in Zürich. Die für den Teich verantwortliche Mitarbeiterin muss im Sommer ins Wasser steigen, um die zu stark wuchernden Pflanzen zu beseitigen, damit er nicht zuwächst. Oft schreckt sie dabei zusammen, weil sie sich plötzlich Auge in Auge mit einer der (ungiftigen) Ringelnattern befindet, die den Teich zu ihrem Lebensraum gewählt haben.

Schwieriger ist bei uns die Kultur der hübschen Rosetten der Wassernuss (*Trapa natans*).

In wärmeren Ländern Asiens, aber auch in Italien werden sie angebaut und frisch gegessen oder zu Mehl verarbeitet. Die hübsch geformten Nüsse sinken im Herbst auf den Teichgrund und kommen – wenn man Glück hat – im nächsten Jahr wieder an die Oberfläche. Eine wunderschöne Spezialität ist weiterhin die Wasserähre (*Aponogeton distachyos*) mit ihren schmalen, auf dem Wasser schwimmenden Blättern und den weißen, gezahnten Blumen. Unsere klugen Pflanzenbücher bezeichnen sie als «leicht zu ziehen», dabei ist sie alles andere als pflegeleicht: Vater und Großvater haben sie noch im Wasserbecken des Gewächshauses überwintert – die wussten schon, warum! Ebenfalls nicht einfach ist der Froschbiss (*Hydrocharis morsus ranae*). Im Sommer schwimmt er wie eine Miniaturseerose auf dem Wasser, mit runden Blättern und hübschen, dreizähligen weißen Blüten. Im Winter sinkt er auf den Teichgrund und kommt dann allenfalls im nächsten Frühjahr wieder an die Oberfläche – oder auch nicht. Er ist mit seinen schwimmenden Wurzeln ein perfekter Wasserreiniger, aber er selbst ist auf sehr sauberes Wasser mit niedrigem pH-Wert angewiesen.

Schwimmen im Gartenteich

Neue Ideen – neue Technologien

Früher, als die Welt noch in Ordnung schien, hat man im Garten einen Swimmingpool gebaut mit hellblauen Kacheln und mit so viel Chlor im

Wasser, dass darin jedes Leben – außer dem der Schwimmer – chancenlos blieb. In irgendeiner Ecke des Gartens durfte dann noch ein kleiner algenbehangener Teich sein Dasein fristen mit einigen trägen Goldfischen, die nur darauf warteten, dass Nachbars Katze sie von ihrem öden Dasein erlöste.

SYSTEM OHNE JEDE TECHNIK …

Und dann kamen in den letzten Jahrzehnten die Schwimmteiche. Statt auf Chlor wurde auf die reinigende Kraft der Pflanzen gesetzt, und man schwamm nun zwischen Seerosen hindurch. Pioniere dieser umweltfreundlichen Badeteiche waren die Österreicher, die mit Folienteichen die natürlichen Tümpel der Alpen imitierten. Die Grundregel lautete, dass die Regenerationszone, wo die Pflanzen wachsen, zwei Drittel der Fläche beansprucht, ein Drittel ist den Schwimmern zugänglich. Es entstanden wunderbare Teiche mit üppigem Pflanzenwuchs.

… UND GROSSTECHNISCHE AUFRÜSTUNG

Dann aber nahmen die tüchtigen Deutschen und die erfinderischen Schweizer die Sache an die Hand, und die Technik zog ein im Schwimmteich: Mit Pumpen wurde das Wasser zum Zirkulieren gebracht, die dunklen, moorigen Teiche wurden zu hellen Schwimmbecken, in denen Roboter jedes Blatt entfernten. Jetzt begannen auch Gemeinden und Hotels ihre Schwimmbäder umzubauen, und je mehr Schwimmende das Wasser benutzten, umso mehr Technik musste beigezogen werden, um die bakterielle Belastung in Grenzen zu halten. Filter und gezüchtete Kleinstlebewesen müssen es nun richten, wenn die Entfernung der Nährstoffe über das Wurzelnetz der Pflanzen nicht mehr ausreicht.

Wir selbst sind vor über zwanzig Jahren ins Schwimmteichabenteuer eingestiegen. Damals hat man die Folie in großen Falten an den Ecken der Becken bis zur Oberfläche gezogen, den Schwimmbereich mit Lärchenbalken ausgekleidet und den Boden mit Granit abgedeckt. Das hat uns ein angenehmes Badevergnügen inmitten von Seerosen, Kanonenputzern und Binsen erlaubt. Als nun in der Nachbarparzelle eine tiefe Baugrube ausgehoben wurde, begann der Teich zu rinnen. Irgendetwas musste sich gesetzt und verschoben haben, irgendwo war das Ganze nicht mehr dicht. Aber hinter all den Einbauten war das Loch in der Plastikfolie trotz langem Suchen unauffindbar. Nichts half. Schließlich musste die ganze üppige Pflanzenpracht ausgeräumt, mussten die Fische und Muscheln evakuiert und der alte Teich abgebrochen werden.

Dann stand ein kleiner Bagger im Garten, und alles wurde nach dem modernsten Stand der Technik gebaut. Das Angebot an Systemen ist riesig. Heute wird die Folie nicht mehr in Falten hochgezogen, sondern flächig verlegt und an den Kanten verschweißt. So kann man ein allfälliges Leck besser finden. Die Reinigung des Wassers wird bei diesem System über einen Kanal erreicht, in dem Wasserpflanzen in schwimmenden Matten wurzeln. Alljährlich kann so die Biomasse, die sonst Algen bilden würde, durch das Schneiden von Wurzeln und Pflanzentrieben aus dem Teich entfernt werden. Nach wie vor wird über einen Bachlauf das Wasser mit Sauerstoff angereichert. Nach wie vor ist das Allerwichtigste, dass der Teich nicht rinnt, denn neues Wasser bringt immer auch neue Nährstoffe für die Algen!

Die optimale Jahreszeit für die Pflege des Gartenteichs

Ein Zeitfenster für das Absaugen des Teichbodens

Es gab Zeiten, da waren im Januar die Teiche in den Gärten dick zugefroren. In anderen Jahren gibt es nur kurz eine Eisschicht, die gleich wieder wegtaut. Das erlaubt es, sich um die Teichpflege zu kümmern, denn der Winter ist die beste Jahreszeit dafür. Früher, zur Zeit der betonierten Teiche, hat man im Winter das Wasser einfach abgelassen und im Frühjahr wieder mit dem Aufbau des Lebens im Teich angefangen. Das ist die einfachste Möglichkeit der Pflege: Man kehrt den Teich mit dem Besen aus – und er ist wieder sauber. Die Seerosen werden mit Laub und Tannenästen vor der Kälte geschützt. Damit bringt man allerdings das ganze Leben im Teich zum Sterben; all die nützlichen kleinen Planktonteilchen, die Krebse, Wasserflöhe, Wasserschnecken und Libellenlarven, die als Lebensgemeinschaft die Algenbildung auf ein vernünftiges Maß reduzieren, fehlen dann im kommenden Sommer. Den Betonteich kann man gut durch einige Holzbalken vor der Sprengkraft des Eises schützen. Dann ist im Frühling schon viel Leben im Wasser zu beobachten.

SICH SELBST ÜBERLASSEN

Viele Leute kümmern sich indessen jahrelang nicht um ihren Teich. Goldfische liegen träge im Wasser, und manchmal wächst die Oberfläche fast zu vor lauter Seerosenblättern. Das kann man so machen, aber wenn der Teich nicht sehr tief ist, verlandet er in einigen Jahren völlig. Die Wasserpflanzen freuen sich über das überdüngte Wasser. Die vom Wind eingetragenen Blätter und die abgestorbenen Pflanzenteile bilden am Boden eine dicke Schicht von sauerstoffarmem Faulschlamm, der sich an sonnigen Tagen an der Oberfläche meldet und mit Gestank auf sich aufmerksam macht. Und irgendwann hat das Wasser keinen Platz mehr, und man muss den Teich ausschaufeln.

SAUBER DANK SAUGER UND KAULQUAPPEN

Wer möglichst klares Wasser möchte, viel Leben im Teich oder im Schwimmteich, muss andere Pflegemaßnahmen ergreifen. Man muss regelmäßig den Bodensatz aus Phosphaten, Nitraten und Nitriten, die den Algen als Nährstoff dienen, aus dem Teich entfernen. Der Zeitpunkt dafür ist im Winter optimal: Die Pflanzen wurden abgeschnitten, die Laubblätter sind weitgehend zerfallen, die Molche sind nicht im Teich, sondern unter einem Stein in der Winterstarre, vor allem aber sind die Kröten noch nicht da. Sie legen ihren Laich im Februar/März in die Teiche, und ihre Kaulquappen sind eine nützliche Reinigungsequipe, die sämtliche Algen von den Wänden und den Steinen fressen. Den Schlamm abzusaugen ist dann nicht mehr möglich, weil wir sonst den Laich oder die Kaulquappen umbringen.

Im Handel gibt es eine Fülle von Systemen, mit denen man den Bodensatz absaugen kann, aber keines ist ohne Fehler. Früher arbeiteten wir mit einer Wasserstrahlpumpe, die neben der Führungsstange für den Saugkopf auch noch einen Schlauch fürs Frischwasser und einen fürs Dreckwasser erforderte. Mit all dem Gerät zwischen Pflanzen und Steinen zu arbeiten, war enorm kompliziert. Seit einigen Jahren haben wir nun ein System mit einer starken Pumpe und einem vorgeschalteten Steinabsonderer, der die Wasserschnecken vor der Pumpe bewahrt. Das Antriebsrad ist aus Gummi und lässt kleine Tiere heil durchkommen. Die Stange zur Führung des Saugers dient gleichzeitig als Ablauf in die Pumpe. Von dort leiten wir das nährstoffreiche Dreckwasser in das Rhododendrenbeet als Dünger.

Natürlich funktioniert das nie ganz unproblematisch. Manchmal muss man die Pumpe öffnen, weil ein Stück Holz sie blockiert, manchmal muss man die Länge der Stange verkürzen oder verlängern. Aber die Methode hilft, viel Faulschlamm oder dessen Vorstufe und damit die Nährstoffe für die Algen zu entsorgen.

Ein farbiges Meer von blühenden Rhododendren

Kalktolerante Züchtungen

Der größte Rhododendrenbestand der Schweiz findet sich ganz klar in den Alpen, in einem breiten Gürtel um die Baumgrenze. So schön aber unsere beiden einheimischen Alpenrosen – die Rostblättrige (*Rhododendron ferrugineum*) auf Urgestein und die Bewimperte (*Rhododendron hirsutum*) in den Kalkalpen und im Jura – auch sein mögen, an die üppige Pracht der Rhododendren aus dem Himalaja und aus Japan reichen sie nicht heran. An den Abhängen des gewaltigen asiatischen Gebirges finden sich zum Teil hohe Bäume, die über und über voller oft leuchtend roter Blüten sind. Und in einigen Parks in Südengland kann man ebenfalls derartige Bäume sehen. An die vielen durch Züchtungen hervorgebrachten, üppig blühenden Sorten vermögen unsere Alpenrosen nur von fern zu erinnern. Die spektakulären Zuchtformen sind in der Schweiz jeden Frühling im Seleger Moor zu finden, dieser einzigartigen Anlage eines von diesen Pflanzen begeisterten Gärtners bei Rifferswil im Knonauer Amt.

SPAZIERGANG UNTER GLAS

Nicht sehr weit davon entfernt findet sich im Schaugarten der Firma Schwitter in Herzighaus bei Inwil – unmittelbar bei einer Autobahnausfahrt gelegen – eine wohl noch größere Anzahl von Sorten.

Der Betrieb, der heute von Roman Schwitter geleitet wird, kann auf eine für die Schweiz typische Geschichte zurückblicken: Was einst in der Stadt begann, rückte, von der Bautätigkeit bedrängt, in die Luzerner Agglomeration bei Kriens und schließlich, als dort ebenfalls die Bautätigkeit überhandnahm, an die Grenze des Kantons. Dafür hat man nun neben dem direkten Anschluss an die Autobahn auch große Landreserven. Vor einigen Jahren wurden Glashallen von mehr als 5000 Quadratmetern Grundfläche für das neue Gartenzentrum erstellt. Vor sieben Jahren konnten dann nochmals 4700 Quadratmeter mit Glas geschützt werden – was sich im harten Februar dieses Jahres ausgezahlt hat. Ein Großteil der neuen Halle ist übrigens für diverse Japanische Ahornarten reserviert. Das Vergnügen, in diesen «Wäldern» mit den filigranen Blättern spazieren zu gehen, ist groß – wird aber teuer, wenn man ein begeisterter Sammler dieser Pflanzen ist.

VEREDELUNG DURCH ZUSAMMENARBEIT
Schon der Vater von Roman Schwitter hat das Potenzial der Rhododendren für die Gartengestaltung erkannt und mit dem norddeutschen Züchter Hans Hachmann eine Zusammenarbeit angestrebt. Ein großer Teil der 640 Sorten, die die Firma Hachmann in Schleswig-Holstein anbietet, kann nun auch im Luzernischen gekauft werden. Speziell Furore gemacht haben die sogenannten «Inkarho»-Rhododendren, die auf einer kalktoleranten Unterlage gedeihen. Hans Hachmann und sein Oldenburger Freund Johann Wieting konnten die Bundesforschungsanstalt für Zierpflanzenzüchtungen in Ahrensburg nordöstlich von Hamburg für die Züchtung kalktoleranter Rhododendron-Unterlagen gewinnen: Die Kreuzung von Wildarten und Sämlinge, die im Labor einen «Kalkstress» überstanden hatten, ergaben schließlich eine Selektion für eine optimale Unterlage, auf die nun die anderen Sorten aufgepfropft werden. Die Veredelung wird seit 1989 erprobt, und 1992 wurden die «Eliteklone» von der Inkarho GmbH, der Interessengemeinschaft kalktoleranter Rhododendron-Unterlagen, durch Kauf übernommen. So wurde es möglich, die Rhododendren in normaler Gartenerde dem etwas Torfsubstrat beigemengt wird, zu halten.

Die Schwitters haben mit ihrem großen Schaugarten ein Exempel dafür geliefert, wie man heutzutage am besten Rhododendren pflanzt. Viele der neu in die Erde gebrachten Sorten haben sich prächtig entwickelt. Da der Wert der Pflanzen mit zunehmender Größe steigt, ist der Schaugarten für eine Gärtnerei eine Investition. Vor allem aber ist er ein Anziehungspunkt für Kunden; man hat hier die Möglichkeit, die Wirkung neuer Sorten vor Ort zu beobachten. Nun hängen aber auch im «Park» der Familie Schwitter da und dort Zettel, die verkünden, dass einzelne Exemplare unverkäuflich sind und zur Sammlung des Hauses gehören.

Kenner und Sammler lieben natürlich vor allem die Naturformen der Rhododendren. Optimal für die Gartengestaltung geeignet sind die Hybriden der Yakushimanum-Rhododendren. Diese sind benannt nach einer japanischen Insel, an deren Berghängen die Urform wächst. Ein kupferfarbiger oder silberner filziger Belag schützt die neuen Austriebe vor der Sonnenbestrahlung, was der Pflanze nach der Blüte nochmals einen besonderen Reiz verleiht. Die Yakushimanum-Hybriden sind langsamer im Wuchs und werden deshalb auch gern zwischen die Felsen eines Alpengartens gepflanzt.

Neue Yakushimanum-Hybriden, dahinter einheimische Rhododendren: die Alpenrosen.

Viele Pflanzen mögen es, wenn man ihnen Saures gibt

Moor- und Heidelandschaften

Pflanzen und Pflanzengesellschaften unterscheiden sich in vieler Hinsicht. Die einen mögen es lieber heiß, andere lieber moderat oder gar kalt. Die einen gedeihen im schattigen Wald, die anderen an trockenen, sonnigen Standorten, in Steppen, ja Wüsten. Wieder andere lieben es feucht oder nass – oder sie wachsen ohnehin im Wasser. Wer seine Pflanzen glücklich gedeihen sehen will, muss sich zudem informieren, ob sie nun saures Substrat oder alkalischen Boden bevorzugen. Mit anderen Worten: ob sie lieber moorig-humose Erde oder lieber kalkhaltigen Boden wollen.

Die klassischen Pflanzen fürs Moorbeet, also für sauren Boden, sind die Rhododendren. Früher waren Rhododendren bei uns großen Parkanlagen oder weitläufigen Gärten um alte Villen vorbehalten. Sie gehörten gewissermaßen zur Ivy League der Gartenpflanzen. Über die Vorgärten repräsentativer Firmensitze und Villen sind sie schließlich populär geworden. Die Pflanzen sind schön, wenn sie im Frühjahr über und über von

Blüten bedeckt sind, und sie sind auch rund ums Jahr wegen ihres dunklen, immergrünen Laubs geschätzt. Einst dachte man, ein guter alter Gartenboden reiche aus, um einen Rhododendron ums Haus zu setzen. Meist haben diese tatsächlich überlebt, aber sie wurden immer unansehnlicher: Die Blätter wurden gelblich und fielen bald ab. Deshalb ist man dazu übergegangen, Moorbeete mit Moorerde oder Torfersatz anzulegen.

ERSATZ FÜR DEN TORF

Vorbei sind die Zeiten, in denen man guten Gewissens lastwagen- oder immerhin sackweise Moorerde ausbreiten konnte, um den Pflanzen aus feuchten asiatischen Bergzonen ihr gewohntes saures Substrat zu bieten. Wer heute Rhododendren pflanzen will, hält sich deshalb an ein Ersatzsubstrat, das aus Stroh und Holzfasern oder Rindenhäcksel gewonnen wird. Es muss – genau wie Torf- oder Moorerde – gut mit Wasser getränkt werden. Tut man dies am Anfang nicht, wird kaum je Wasser in die gepressten Fasern dringen, und die Pflanzen können nicht gedeihen. Der gärtnerische Erfolg ist mit dem «Torf-Ersatz» genauso gut wie mit «echtem» Torf; aber die Ausbeutung der Hochmoore wird damit gebremst. Torf ist ein organisches Produkt, das wohl «nachwächst», aber es dauert Generationen, bis die Teiche, die durch das Torfstechen entstehen, wieder verlandet sind und neuen Torf liefern. Man hat deshalb jahrhundertelang mehr Torf für die Heizung, für die Energiegewinnung oder für die Gärtnerei verbraucht, als die in ihrer Existenz bedrohten Ried- und Feuchtgebiete liefern können. Lassen wir deshalb den rar gewordenen Torf den Whisky-Mälzereien, die ohne ihn nicht die richtigen Aromen ins gebrannte Wasser bringen, und sctzen wir aufs – richtig eingesetzte – Ersatzsubstrat. Mit den speziellen Düngern kann man alle Elemente einbringen, welche Moorbeetpflanzen zum Gedeihen benötigen.

Will man die Rhododendren in ihrer natürlichen Pflanzengesellschaft zeigen, kommt man nicht um ein klassisches Moorbeet herum – das man mit Torfersatz herstellen kann –, denn alle diese Pflanzen mögen sauren Boden. An vielen Orten im Tessin und in anderen Alpentälern treten die Granitstöcke zutage, und der Boden ist praktisch frei von Kalk. In dieser Umgebung kann man Rhododendren, Magnolien oder Kamelien ohne Bedenken in den Garten pflanzen.

MOOR- UND HEIDEGÄRTEN

Nördlich der Alpen dominieren aber meist kalkhaltige Ablagerungsschichten. Die älteren Gebirgsstöcke in Europa, wie etwa Vogesen oder Schwarzwald, sind aber aus Granit. Und auch im Norden Deutschlands gibt es saure Böden, etwa die Lüneburger Heide. Aber selbst in an sich aus Kalk bestehenden Regionen, wie in den Voralpen oder im Jura, existieren dicke Humusschichten aus saurem Boden; so finden sich etwa in verlandenden Sumpfgebieten Oasen mit saurer Erde. Trockenere Gebiete mit sandigem, aber saurem Boden bilden Heidelandschaften heraus. Diese haben ihren besonderen Reiz, der auch Gärtnern aufgefallen ist. Die charakteristische Pflanze dieser Landschaft ist das Heidekraut (*Calluna vulgaris*), eine *Ericaceae*, die im Herbst blüht. Die Zahl der Variationen, die von den Züchtern auf den Markt gebracht werden, steigt ins Unermessliche. In Beeten mit niedrigen Rhododendren (Azaleen), einigen dekorativen Grasbüscheln und Farnen wirken sie sehr attraktiv. Wichtig ist, dass man alle Pflanzen regelmäßig zurückschneidet, denn sie neigen zum Verholzen und Verkahlen.

Sehr viele Moor- und Heidepflanzen gehören zu den *Ericaceae*. Man spürt ihnen – so unterschiedlich sie daherkommen – ihre Verwandtschaft an und kann sie gut zusammensetzen. Neben den Rhododendren bilden vor allem Pieris, Enkianthus sowie der Erdbeerbaum größere Büsche oder Bäume. Auch einige Arten Heidekraut können höher werden, etwa die Besenheide.

Noch eleganter ist Kalmia, der Berglorbeer. Seine kleinen, aber zu großen Trauben zusammengefassten Blüten – sie sehen aus wie kleine Windräder – strahlen in Rot und Weißtönen. Sie blühen nach den Rhododendren fast noch prächtiger. Die Zahl der Züchtungen ist groß. Mit etwas Glück ist die Japanische Weißdolde (*Raphiolepis inidca* und *Rhaphiolepis umbellata*) mit dunklen, ledrigen Blättern winterhart. Mitte Juni ist die Pflanze voll von weißen bis rosafarbenen Blumen, die an Apfelblüten erinnern. Nicht vergessen sei aber auch Andromeda, die Rosmarinheide, eine Pflanze mit nadelförmigen Blättern, die in der Natur in Hochmooren zu finden ist, von Gärtnern aber in stark blühenden – und entsprechend heikleren – Kulturformen angeboten wird.

HÜBSCHE KLEINE HEIDEPFLANZEN

Gerade die kleinen Pflanzen der Heide sind sehr attraktiv. Sie wachsen wie Miniaturbäume und haben hübsche traubige Blütenstände und oft essbare Beeren. In den Gärtnereien findet man sie oft: etwa die Schuppenheide (*Cassiope*), die Glanzheide (*Daboecia*), die Krähenbeere (*Empetrum*), die Scheinbeere (*Gaultheria*), die Traubenheide (*Leucothoe*), die Bärentraube (*Arctostaphylos uva-ursi*), die Heidelbeere (*Vaccinium myrtillus*), die Preiselbeere (*Vaccinium vitis-ideae*), die – giftige, aber hübsche – Moorbeere oder Rauschbeere (*Vaccinium uliginosum*) und die Moosbeere (*Vaccinium oxycoccos*), unsere kleine Form der Cranberries (*Vaccinium macrocarpon*). Geben wir den Pflanzen Saures, geben sie uns süß-saure Beeren zurück.

Böden, Torfersatz und mineralische Substrate

Regenerierte Erde

Abgesehen von einigen Epiphyten – Pflanzen, die auf Bäumen hängend wachsen, wie zum Beispiel Orchideen –, brauchen alle Pflanzen ein Substrat, in dem ihre Wurzeln Halt, Wasser und Nährstoffe finden. Schwimmpflanzen begnügen sich mit Wasser, sie sind gewissermaßen nautische Epiphyten. Die meisten anderen Gewächse benötigen Erde für ihre Wurzeln. Auch für sie gilt, dass sie aus Erde entstanden sind und wieder zu Erde werden. Heutige Hors-sol-Anbaumethoden oder

Zimmerpflanzen in Hydrokultur können nicht darüber hinwegtäuschen, dass die Gewächse mit Wasser und Nährstoffen versorgt werden müssen.

Viele Pflanzen benötigen fast ausschließlich kiesigen oder sandigen Untergrund und ein luftiges, leichtes Substrat. Das kann mit kleinen Styroporkugeln, dem mineralischen Perlit oder mit Vermiculit erreicht werden. Vor allem gelangen heute aber zersplitterte Blähtonteile zum Einsatz oder «Lava-Vulkangestein». Diese einen optimalen Abfluss sicherstellenden Substrate sind ideal für Föhren und andere Nadelhölzer, aber auch für Kübelpflanzen. Viele südländische Pflanzen mögen keine zu hohe permanente Feuchtigkeit, denn diese lässt ihre Wurzeln faulen. Geeignete Substratmischungen bieten die im Handel erhältlichen «Dachgartenerden».

Für eine perfekte Erdmischung – beispielsweise für die Aussaat – ist aber immer noch ein Anteil an klassischer, etwas lehmiger Erde von Vorteil. Diese hilft, die Feuchtigkeit festzuhalten. Eine nahezu ideale Lösung zur Gewinnung von Erde hat die Firma Ricoter gefunden, deren Name für *Ri*nde, *Ko*mpost und *Ter*re (Erde) steht: Die schweizerischen Zuckerrübenfabriken bekommen unfreiwillig große Mengen von Erde angeliefert, die an den geernteten Rüben klebt. Diese muss abgewaschen und dann entsorgt werden. Daraus ist seit 1983 eine hervorragende Quelle für Gartenerden geworden. Statt die Erde in die Deponie zu bringen, mischt sie nun Ricoter mit Rinden und Kompost und bietet ein großes Sortiment von Erden für diverse Einsatzmöglichkeiten. Die Tatsache, dass die Erdmischungen frei von Torf sind, wird bei der Vermarktung entsprechend hervorgehoben. An den 1,5 Millionen Tonnen Zuckerrüben, die jährlich nach Aarberg und Frauenfeld geliefert werden, bleibt ganz schön was hängen: in trockenen Jahren 50 000 Tonnen, in feuchten Jahren bis zu 100 000 Tonnen.

In größeren Gartencentern gibt es über zwei Dutzend verschiedene Substrate zu kaufen: Moorbeeterde, Torf, Torfersatz, Rasenerde, Rosenerde, Teicherde, Kakteenerde, Geranienerde, Aussaaterde, Beerenerde, Gartenhumus, kompostierter Mist, Mineraliensubstrat, Dachgartenerde, Kübelpflanzenerde, Zitruspflanzenerde usw. Klar, dass jeder Gärtner, der etwas auf sich hält, noch seine eigene Mischung aus diesen Substraten macht.

Verpflanzen statt zersägen!

Rhododendren-Rodung

Rhododendren sind, wie ihr aus dem Griechischen stammender Name sagt, Bäume (*déndron* = Baum), auch wenn wir sie vor allem als Sträucher erleben. Einige aus dem Himalaja stammende Rhododendren können bis 10 Meter hoch werden. Sie brauchen deshalb Platz, um sich vertikal ausbreiten zu können; in der Gärtnerei wächst ihr Preis direkt proportional mit ihrer Höhe. Rhododendren haben den Vorteil, selbst als mehrere Meter hohe Bäume noch immer gut verpflanzbar zu sein. Die meisten anderen Bäume muss man in der Baumschule regelmäßig umgraben, damit sie einen überschaubaren Wurzelballen bilden, die flachwurzelnden Rhododendren in Moorbeeterde sind in dieser Hinsicht unproblematisch.

Umso ärgerlicher ist es, wenn alte und große Exemplare bei Um- und Neubauten einfach gefällt und weggeworfen werden. Wir haben die größten Exemplare in unserem Garten nicht von Gärtnereien, sondern konnten sie beim Abbruch von Häusern aus alten Gärten retten, bevor Kettensäge oder Baggerschaufel zum Einsatz kamen. Ein halbes Dutzend haben wir mitten im Winter «evakuiert». Ans Pflanzen war nicht zu denken, sie standen wochenlang in der Einfahrt, nur mit etwas Substrat über den Ballen,

bis ihr neuer Platz vorbereitet werden konnte. Sie überlebten problemlos.

Einmal sind wir auf dem Nachhauseweg an einem solchen «Schlachtfeld» vorbeigekommen – leider zu spät. Die vor einem Firmensitz wachsenden Rhododendren, die jedes Jahr mit prächtigen Blüten auffielen, waren alle der Kettensäge zum Opfer gefallen. Auf einer Front von rund 40 Metern lag eine Pflanze neben der anderen, umgesägt und dem Vertrocknen preisgegeben. Wenn man bedenkt, wie oft um den Erhalt eines einzigen alten Baums gestritten wird, so mutet diese Aktion unsinnig an. Nur hat sich hier die Bauherrschaft selbst am meisten geschädigt: Auch im Verbund der Hecke gewachsene Rhododendren treiben in kurzer Zeit wieder rundum aus und bilden prächtige Pflanzen. In der hier relevanten Größenordnung müsste man im Handel für jedes derartige Exemplar zwischen 7000 und 10 000 Franken bezahlen.

Heide und Erika

Irrungen und Wirrungen beim Heidekraut

Heidi und Erika sind Mädchennamen, die heute nicht mehr so en vogue sind wie einst. Dennoch sind Alpöhis Heidi und Prinzessin Erika noch immer Protagonistinnen von Kinderfilmen. Im Bereich der Pflanzen aber ist ein heilloses Verwirrspiel entstanden mit dem Heidekraut und der Erika, und es wird Zeit, die komplizierten Verstrickungen zwischen Heide und Erika etwas

aufzudröseln.

Das Pflanzenbuch ist dabei wenig hilfreich, wenn als Übersetzung des lateinischen *Erica* die Namen «Erika» und «Heide» angegeben werden. Wir kennen in unserer Region *Erica carnea* – häufig als «Schneeheide» übersetzt – als die im frühen Frühling rosarot aufblühenden niedrigen Büsche. Im Jura, in den Alpen und den Voralpen gedeiht *Erica carnea* auf kalkhaltigen Böden in sonnigen Lagen. In den Gärten macht sie üppige Teppiche, die dann aber im Alter, wenn sie nicht regelmäßig geschnitten werden, unansehnlich werden: Die Zweige verholzen, es gibt dürre Partien und die Blühfreudigkeit nimmt ab. Man muss Erica immer zurückstutzen oder hie und da neu anpflanzen. Es gibt sie in vielen Farbvarianten von weiß über rosa bis dunkelrot.

Was aber vorzugsweise im Spätsommer und im Herbst blüht, ist *Calluna vulgaris*. Besenheide oder einfach Heidekraut ist ihr deutscher Name. Calluna wächst wirklich in der Heide, im sauren Boden. Sie kann zu hohen Gebüschen werden, wie man sie aus der Vegetation der Lüneburger Heide im Norden Deutschlands kennt. Calluna ist ebenso bei uns häufig auf sauren Waldböden und in Moorgebieten anzutreffen. Leider verholzt auch sie mit den Jahren; regelmäßiger Rückschnitt kann das zwar verzögern, aber nie ganz verhindern.

Wie der Name «Besenheide» sagt, werden aus dieser Pflanze Besen gebunden. Die extrem langsam wachsenden und verholzenden Heidepflanzen bilden in Jahrzehnten dicke, knorrige Stämme heran, die das optimale Rohprodukt für die Herstellung von Tabakpfeifen sind. Das Bruyère-Holz ist so dicht, dass darin primär der Tabak brennt oder glüht und nicht das Holz der Pfeife.

CALLUNA-MANIE

Auch Calluna sind in einer großen Vielfalt von Farben erhältlich, und es existiert eine 'Orange Queen' genannte Varietät, die goldgelbes statt grünes Laub trägt. Aber den Blumenhändlern reichen offenbar die diversen schönen Blütenfarben, die herangezüchtet wurden, nicht. Was im Spätherbst auf den Markt kommt, ist eine enorme Fülle, die in einer «Calluna-Manie» und manchmal in bodenloser Geschmacklosigkeit gipfelt. In Teilen müssen wir dieses harte Urteil etwas relativieren: Viele dieser Topfpflanzen werden auf Gräbern platziert, und das tut man mit viel Pietät und im Gedenken an geliebte Menschen. Der Vorwurf der Geschmacklosigkeit gilt vielmehr den Großverteilern, die oft nicht davor zurückschrecken, die an sich prächtigen Heidekräuter mit Farben zu besprühen, damit sie silbern, gelb oder blau leuchten. Aber es gilt noch immer das Sprichwort: «*Abusus non tollit usum*»: Der Missbrauch hebt den richtigen Gebrauch nicht auf. Man kann mit den im Herbst blühenden Erika-Gewächsen sehr elegante Bepflanzungen vornehmen. Heidegärten bleiben niedrig, decken die Sicht auf weiter entfernte Teile des Gartens nicht ab und wirken großzügig – vor allem dann, wenn man von der gleichen Sorte eine ganze Gruppe pflanzt. Ein Vorteil bleibt den «industriell» gezüchteten Heidekräutern: Sie sind günstig zu kaufen, was bei einer großflächigen Bepflanzung nicht unwesentlich ist.

Besonders große Sträucher bildet die Baumheide (*Erica arborea*), womit wir schon wieder zur anderen Gattung gewechselt haben. Und dann gibt es an Allerseelen oder Allerheiligen wieder diese hochgezüchteten lila Pflanzen für den Friedhof (*Erica gracilis*), die den Winter nicht überleben, aber auch als tote Gewächse den Toten noch ihren Ruheplatz verschönern sollen. Eine kluge Gärtnersfrau hat uns den am meisten eingängigen Unterschied zwischen Erika und Calluna in Erinnerung gerufen: Erika hat nadelähnliche Blätter, die von Calluna sind moosartig verzweigt, wie die der Thujas.

Calluna in diversen Formen und Farben.

Schlaglicht auf die Pflanzen, die im Schatten stehen

Funkien, Elfenblumen, Farne und helle Gräser

Im Frühling gehört unsere Aufmerksamkeit den Pflanzen, die in voller Blüte stehen, im Herbst fallen jene Gewächse auf, die mit einer prächtigen Blattfärbung leuchten, wenn sie von der tief stehenden Sonne wie von einem Scheinwerfer erhellt werden. Nur die, die im Schatten stehen, scheint unser gärtnerisches Interesse etwas stiefmütterlich zu behandeln. Das ist klar ein Fehler, denn gerade im Halbschatten und im Schatten fühlen sich einige Pflanzenarten sehr wohl, die unsere Aufmerksamkeit verdienen.

FOTOSYNTHESE AUCH IM SCHATTEN

Die Evolution hat dafür gesorgt, dass die Nischen im Schatten von einer Fülle interessanter Pflanzen in Anspruch genommen werden. Nicht nur die Rhododendren lieben es, von einem hohen Blätterdach vor den harten Sonnenstrahlen und der sommerlichen Hitze geschützt zu sein. Es gibt viele kleinere Pflanzen, die mit dem Schatten ausgezeichnet zurechtkommen. Natürlich gibt es den Efeu, das Immergrün, Haselwurz (*Asarum europaeum*) oder gar den wuchernden Bärlauch als typische Bodendecker im Schatten. Aber so etwas wie Bodendecker brauchen nur sehr fantasielose oder faule Gärtner. Wer ein Faible für Pflanzen hat, wird den Boden für Besseres zu nutzen wissen, als ihn mit wucherndem Grün zu bedecken, das keine Pflege beansprucht.

Da sind ja die Maiglöckchen noch besser. Diese bilden zwar auch einen dichten Teppich, aber sie blühen und duften wenigstens im Frühjahr prächtig. Gleiches gilt für die Bluebells, die in Großbritannien im Frühjahr die Wälder verzaubern. Botanisch heißen sie weit prosaischer «Atlantisches Hasenglöckchen». Auf Lateinisch wird wenigstens klar, dass es sich dabei um Zwiebelpflanzen handelt: *Hyacinthoides nonscripta*. Das Epitheton geht auf die Mythologie zurück: Die richtigen Hyazinthen tragen gemäß der Sage ein «Aiai» auf ihrer Blüte eingeschrieben, den Klagelaut des Apollo, als sein geliebter Hyakinthos durch einen Diskus erschlagen wurde und aus seinem Blut die gleichnamige Blume wuchs. Dieses Zeichen der Exklamation tragen die Bluebells nicht. Auch *Epimedium*, die Elfenblume, bildet gerne unter Bäumen einen Teppich.

Aber es gibt viele verschiedene Arten, die diesen Teppich zu einem spannenden Garten machen können. Attraktiv sind ebenso die Buschwindröschen (*Anemone nemorosa*) in Weiß und Blau, und sie haben den großen Vorteil, dass sie nach dem Frühling wieder einziehen und anderen Pflanzen den Platz überlassen.

Ähnliches könnte man von den Zyklamen sagen, die im Frühjahr (*Cyclamen coum*) oder im Herbst (*Cyclamen hederifolium*) prächtig blühen und dann als Knolle im Boden verharren. Sie gehen in lichten Waldpartien sehr gut zusammen mit den blauen Leberblümchen (*Hepatica nobilis*). Natürlich blühen auch das Tränende Herz, die Schlüsselblume, der Eisenhut und einige Geranien im Halbschatten.

FARNGÄRTEN WIRKEN WIE URZEITLANDSCHAFTEN

Im Tessin und im angrenzenden Hügelland Norditaliens gibt es lichte Wälder mit Christrosen (*Helleborus niger*), Mäusedorn (*Ruscus aculeatus*) und Aronstab (*Arum italicum*), und man kann die Natur in dieser Hinsicht ruhig imitieren. Aber wirklich hinreißend können schattige Anlagen mit Funkien (*Hosta*) und Farnpflanzungen sein. Die Sortenvielfalt der Funkien ist enorm. Ihre großen Blätter sind sehr attraktiv, und gelbe oder weiße Panaschierungen bringen helle Töne ins schattige Dunkel und rufen diese Partien erst in die Wahrnehmung der Betrachter. Das ist genauso mit panaschierten Gräsern möglich, etwa mit dem gelben Japanischen Waldgras (*Hakonechloa macra* 'Aureola').

Und die Welt der Farne ist ein Eintauchen in die Urzeiten der Erde. Zwischen *Hosta* und Farnwedel kann man mit Rodgersien, mit Astilben, mit Salomonssiegel oder mit den hohen Silberkerzen vertikale Akzente setzen. Noch höher wachsen die verschiedenen gelben Ligularien. Auch Schaumblüte (*Tiarella*) und Purpurglöckchen (*Heuchera*) kommen gut mit dem Schatten zurecht. Vergissmeinnicht und Gedenkemein (*Omphalodes verna*) können prächtige Blautöne in frühsommerlichen Schatten bringen.

Elfenblumen gibt es in vielen Formen und Farben – sie wachsen gern im Schatten.

Lieber kahl

Heidelbeerkraut als Dekorationsmaterial

In den letzten zehn Jahren haben sich winterlich-kahle Heidelbeersträucher bei Floristen als dekoratives Element durchgesetzt. Man schätzt die eleganten, grünen, sich verzweigenden und in die Höhe strebenden dünnen Zweige. Diese werden einerseits mit ihrer kargen Geometrie den Ansprüchen moderner Architektur und zeitgenössischen Designs gerecht, andererseits bringen sie einen romantischen Touch und, für jene, die es kennen, ein Gefühl von alpiner Freiheit und Wildnis ins Haus.

Sie werden gern mit allen nur denkbaren Blumen – von Tulpen über Rosen bis zu Gerbera – kombiniert, da sie mit ihrer skizzenhaften

Leichtigkeit zu fast allem passen. Natürlich werden da zum Teil sehr ungleiche Partner zusammengesteckt. Die Heidelbeeren wachsen in der Natur in Moorgebieten und die Blumen kommen, im Winterhalbjahr, aus den Gewächshäusern. Im Internet gibt es geharnischte Auseinandersetzungen zu diesem Thema, da Naturschützer befürchten, die Beerenzweige würden in Wald und Moor «geplündert». «Blödsinn», schreibt eine Kommentatorin zu diesem Online-Streit: Die Zweige werden in Plantagen angebaut. Eine ähnliche Antwort hat uns auch der Verband der Floristen gegeben.

DIE HUCKLEBERRY-FRIENDS DER GÄRTNER

Die meisten der Zweige stammen demnach aus gärtnerischem Anbau in Deutschland. Der Rest kommt aus den USA, sogenannte Sweet Hucks, die teilweise getrocknet, also braun oder gar in diversen Farben gespritzt, auf den Markt gebracht werden. «Hucks» ist die Kurzform von «Huckleberries», wie die Blaubeeren dort genannt werden. «Huckleberry» steht aber ebenso für etwas Kleines, etwas Passendes und für eine enge Freundschaft, so wie sie Tom Sawyer und sein Freund Huckleberry Finn bei Mark Twain vorlebten oder wie sie Audrey Hepburn in «Moon River» für ihren *huckleberry friend* singend zum Ausdruck brachte.

Zu den geschützten Pflanzen gehören die Heidelbeeren aber auf beiden Seiten des Atlantiks nicht, da sie große Gebiete der arktischen und alpinen Regionen bewachsen. Sie sind übrigens ausgesprochene Überlebenskünstler. Die blaue Heidelbeere (*Vaccinium deliciosum*) soll als einzige Pflanze sogar den Ausbruch des Mount St. Helens überlebt haben. Das stärkt das Prestige der Pflanze, die derzeit als absolutes Powerfood gilt. Auch abgesehen von ihrem reichen Gehalt an Vitaminen, Spurenelementen sowie Anthocyanen und anderen Antioxidantien erfreuen sich die blauen Beeren großer Beliebtheit, und sie werden häufiger angebaut. Natürlich sind sie nie so aromatisch wie die in Berg und Wald mühsam gesammelten kleinfruchtigen Heidelbeeren (*Vaccinium myrtillus*). Und sie sind nicht durchgehend blau wie die wilden Blaubeeren, mit deren blauem Farbstoff die alten Römer die Kleidung ihrer Sklaven färbten.

ZIERLICHE BIEDERMEIERLICHE GLÖCKCHEN

So vielseitig verwendbar und passend die grünen Heidelbeerzweige sein mögen, sie fügen sich dem Diktat zeitgenössischen Geschmacks nicht ewig. In der warmen Wohnung in reichlich Wasser entwickeln sie plötzlich zarte, hellgrüne Blättchen, und, wenn man viel Glück hat, auch Blüten: kleine, weiße Glöckchen, die dem botanisch Interessierten verraten, dass sie aus der großen Familie der Heidekrautgewächse stammen. So unmodern, ungestylt und etwas biedermeierlich sind sie reizend, anrührend und wunderschön!

Blattlose Heidelbeeren sind ein gesuchtes Gestaltungselement der Blumenhändler.

Es duften die Kamelien

Über die Familie des Tees

Zwischen Herbst und Winter beginnen die herbstblühenden Kamelien ihre Blüten zu öffnen. Sie sind nicht nur wunderschön, sie verströmen auch einen bezaubernden Duft – und das fast während des ganzen Winterhalbjahrs. Die Blüten öffnen sich, wenn das Wetter mild wird. Es gibt viel weniger im Spätherbst blühende Sorten (*Camellia sasanqua*) als Frühlingsblüher (*Camellia japonica*). Aber langsam holt die Herbstkamelie auf. Es kommen immer neue Sorten auf den Markt. Ihre Blüten mögen mit der Frühlingskamelie mithalten. Es gibt nicht so

regelmäßige, die wie Kokarden geformt sind; sie sind etwas wilder, aber oft größer. Am schönsten sind – nach unserer Auffassung – die einfachen (ungefüllten) Blüten, vor allem die weißen mit einem zarten roten Hauch am Rand der Kronblätter ('Hino De Gumo', 'Narumigata').

Im Herbst blüht ebenso die Teekamelie (*Camellia sinensis*). Ursprünglich stammt sie aus China, auch wenn wir sie wegen der Teezeremonie eher mit Japan in Verbindung bringen. Die Engländer haben sie weit in der Welt verbreitet, nach Darjeeling und Assam in Indien, nach Sri Lanka (damals Ceylon), nach Afrika und Australien. Obwohl der Tee generell in tropischen und subtropischen Regionen gedeiht, hat man am Lago Maggiore den Versuch unternommen, Teekamelien anzubauen. Im Tessin, auf dem Monte Verità, stehen sie, vermehrt auch auf der italienischen Seite des Langensees. Und die Compagnia del Lago Maggiore in Verbania, im Ortsteil Fondotoce, pflegt die Teeproduktion. Nördlich der Alpen ist man auf ein Winterquartier für die Teekamelie angewiesen. Wer es dennoch probieren will, muss darauf achten, dass die frischen jungen Triebe grünen Tee geben, für Schwarztee braucht es eine Fermentierung.

Die Teekamelie hat übrigens einer ganzen Pflanzenfamilie innerhalb der Ordnung der Heidekrautartigen den Namen gegeben. Die Teestrauchgewächse (*Theaceae*) umfassen, grob vereinfacht, drei Zweige: den Tribus *Theeae* mit der Kamelie als wichtigster Gattung, den Tribus *Gordonieae* mit den Gordonia-Arten und der Franklinia sowie den Tribus *Stewartieae* mit der Stewartia als Gattung. Stewartien, Gordonien und die *Franklinia alatamaha* aus Georgia sind der Stolz, aber auch die Sorgenkinder jedes enthusiastischen Pflanzenliebhabers.

Alle Teestrauchgewächse brauchen einen sauren Boden, eine gute Drainage und offenbar sehr viel Zuwendung. Die Gordonia ist zudem nicht wirklich winterhart nördlich der Alpen. Alle brillieren mit großen, offenen und schneeweißen Blüten und mit goldgelb leuchtenden Staubblättern. Die Kamelien werden genutzt, um aus den Samen ein hervorragendes Öl zu gewinnen, das sich zum Kochen, für die Kosmetik, aber auch zur Pflege von Holz und Metall eignet. Die in Japan gebräuchlichen Papierschirme werden mit Kamelienöl gegen die Feuchtigkeit imprägniert.

Die Teekamelie blüht und duftet in ihrem Winterquartier.

Hirschzungen rollen ihre Blätter elegant aus, die Blattränder sind sehr unterschiedlich.

Die Dinosaurier des Pflanzenreichs

Ein Garten ohne Farne ist wie ein Land ohne Geschichte

Der Winter ist im Garten eher von Brauntönen untermalt als von Grün, und in den Wäldern dominiert auch das Braun der den Boden bedeckenden Blätter. Im Wald und im Garten sind deshalb die Farne im Winter am auffälligsten grün. Vor allem die Hirschzungenfarne an Borden und Bachrändern sind dekorativ, weil sie immer von einem frühlingshaften frischen Grün geprägt sind. Sie lieben schattige Plätze, und sie vermögen diese aufzuhellen.

HIRSCHZUNGEN OHNE GEFIEDERTEN WEDEL

Hirschzungen (*Asplenium scolopendrium*) sind von Laien nicht unbedingt sofort als Farne einzuordnen, da ihnen das typische Farnmerkmal der gefiederten Wedel fehlt. Sie sind ganzrandig, und man kann sie leicht für die Blätter von Lilien oder anderen Monokotyledonen (einkeimblättrige Pflanzen) halten. Sie sind in den feuchten steilen Bachtobeln der kalkigen Voralpen zu

Hause, aber sie gedeihen ebenso in ausreichend feuchten Moorbeeten im Garten. Besonders lieben sie Tuffstein, ein aus Kalksinterung entstandenes Gestein. In den Poren des Tuffs verbreitet sich die Hirschzunge schnell, und bald sind so ganze Mauern grün.

Der attraktivste Farn unserer Region ist ebenfalls ein Freund von Kalk: der Lanzenfarn (*Polystichum lonchitis*). Er wächst um Kalkblöcke in Alpwiesen und in Karstlandschaften. Seine eleganten Wedel – und das ist seine Spezialität – bilden Rosetten, aus deren Mitte die neuen Triebe kommen. Und auch ein weiterer attraktiver Farn liebt Kalk, der Schriftfarn (*Ceterach officinarum*). Sein liebster Standort sind Trockenmauern, und in trockenen Sommern scheint er dann total vertrocknet zu sein und die Wedel rollen sich ein. Aber schon nach dem nächsten Regen stehen seine weiß gerandeten und gezackten Blätter wieder stramm in den Fugen.

LEBENDE FOSSILIEN

Farne lassen die Menschen als eine unglaublich junge Spezies erscheinen. Die vielfältigen Farnpflanzen in unseren Wäldern sind als Sporenpflanzen so etwas wie lebende Fossilien. Man nimmt an, dass sie sich im Erdaltertum entwickelt haben. Sie gehören zur alten Gruppe der Gefäßsporenpflanzen, die Farne und Bärlappe umfasst. Cyanobakterien, Algen, Pilze, Flechten und die große Gruppe der Gefäßsporenpflanzen werden als blütenlose Pflanzen, als Kryptogamen (griech.: «die im Verborgenen heiraten») bezeichnet. Im Gegensatz zu den Blütenpflanzen, die sich in den letzten hundert Millionen Jahren in einer wechselseitigen Evolution mit den Insekten entwickelt und die leuchtenden Farben, die vielfältigsten Formen und die ver-

lockendsten Düfte entwickelt haben, um Vögel und Insekten dazu zu bewegen, ihre Befruchtung vorzunehmen. Farnliebhaber wie etwa der 2015 verstorbene britische Neurologe und Schriftsteller Oliver Sacks bekannte sich dazu – obwohl er die Schönheit der Anpassung von Blumen und Insekten durchaus zu schätzen wusste –, die grüne und geruchlose Welt der Farne zu bevorzugen: «Eine uralte grüne Welt aus der Zeit, als es keine Blüten gab, eine Welt von sympathischer Zurückhaltung, als die Fortpflanzungsorgane – Staubgefäße und Stempel – noch nicht jedem auffällig entgegengereckt, sondern mit einem gewissen Feingefühl an der Unterseite der Farnwedel verborgen wurden.» Die meisten Farne sind noch nicht einmal Samenpflanzen, ihre Sporen entwickeln sich zu Gametophyten, die der ungeschlechtlichen Vermehrung dienlich sind, und die, wenn sie befruchtet sind, zu Sporophyten heranwachsen. Erst mit den Koniferen, die zu den Gymnospermen (Nacktsamer) gehören, beginnt die Entwicklung der Samenpflanzen, die als Angiospermen (Bedecktsamer) schließlich die Welt der Blütenpflanzen ausbilden.

Zu den Farnen werden heute auch die Schachtelhalme gezählt, und insgesamt stellte die Gruppe im Devon und im Karbon, 400 bis 300 Millionen Jahre vor unserer Zeit, die wichtigste Pflanzengruppe dar, der wir die großen Steinkohlevorkommen verdanken.

Die weltweit rund 12 000 Arten von Farnen, die wir kennen, sind uralte Überlebende dieser einst dominierenden Pflanzen. Mit ihrer manchmal an Leder erinnernden Blattstruktur sind sie in der Welt der Blütenpflanzen so etwas wie die urigen Echsen in der Welt der Säugetiere. Gerade das macht sie so attraktiv und interessant. Ein Garten ohne Farne ist wie ein Land ohne Geschichte. Es braucht diese Dinosaurier des Pflanzenreichs, um eine Gartenanlage zu vervollständigen.

Zudem sind Farne von großer Vielfältigkeit und pflegeleicht sowie – an den richtigen Ort gepflanzt – ausdauernd und anspruchslos. Die meisten der 12 000 Arten sind Bewohner der feuchten Tropengebiete, in Europa sind nur 171 Arten heimisch. Einige, wie der Adlerfarn, sind wuchernd und dominieren das Unterholz mancher Wälder. Das gilt ebenso für gewisse Schachtelhalme, die man kaum aus dem Garten bringt, wenn es ihnen da gefällt. Andere, wie die Mondraute, sind meist alpine Raritäten, die uns wie seltene Orchideen vorkommen. Es erstaunt, dass die Farne im Verlauf der Erdzeitalter ihre Dominanz eingebüßt haben, da sie anpassungsfähig sind. Sie wachsen in Felsspalten, in trockenen Mauern, sie gedeihen als Epiphyten auf Bäumen – etwa der Tüpfelfarn oder der Hirschhornfarn – oder in Wiesen, Wäldern, aber auch im Wasser, wie gewisse Schachtelhalme oder der Schwimmfarn.

Aber kehren wir zurück zur Hirschzunge. Sie ist nicht immer nur glattrandig und lanzettlich. Es gibt diverse Varianten mit krausen Blatträndern oder mit vorn geteilten Blättern wie beim Hahnenkammfarn (*Asplenium scolopendrium* 'Cristatum'). Bei gewissen tropischen Hirschzungen bilden sich perfekte Rosetten, bei anderen wiederum wild wuchernde Gruppen. Am schönsten aber sind die Hirschzungen wie alle Farne, wenn sich im Frühjahr die neuen Triebe entrollen. Das alte Laub hängt dann zunehmend braun verfärbt herab, und die Spuren des winterlichen Verschleißes sind deutlich sichtbar. Und nun rollen sich die neuen, strahlend lindengrünen Blätter aus diesem alten Bestand heraus. Ein Bild voller Kraft und ein Zeichen des Überlebens aller winterlichen Strapazen.

Auf Steinen und Bäumen

Ein Blick ins Reich der Flechten

Wenn der Frühsommer mit der geballten Üppigkeit der Blütenpflanzen über uns hereinbricht, haben wir Gelegenheit, einen spannenden Blick in die Welt der unscheinbaren Flechten zu werfen, die überall da dominieren, wo nichts anderes zu wachsen vermag, die im Hochgebirge, in Tundren und Wüsten ihre Existenz finden. Anlässlich ihrer Wahl zur Präsidentin der Vereinigung der Freunde des Botanischen Gartens Zürich hat Rosmarie Honegger, Professorin am Institut für Pflanzenbiologie, über ihre große Passion referiert, die Flechten. Diese Gesellschaft hat auch ihre jüngste Publikation herausgegeben, die sie zusammen mit André Aptroot, einem international renommierten Flechtentaxonomen, verfasst hat: *Flechten im*

Botanischen Garten Zürich. Weltweit wurden bisher rund 14 000 Arten von Flechten beschrieben, in der Schweiz kennt man deren 1660, und im «neuen», rund dreißig Jahre alten Botanischen Garten an der Zollikerstraße finden sich immerhin schon 150 Arten.

Carl von Linné hatte die Flechten als «Lichenes» bezeichnet, wusste sie aber noch nicht richtig einzuordnen in die Systematik der Lebewesen. Es war der Schweizer Simon Schwendener, der in Zürich promovierte, später Rektor der Universität Basel wurde und dann in Berlin wirkte, der realisierte, dass die Flechte eine Symbiose ist von Pilz und Alge. Die Alge, die im Gegensatz zum Pilz zur Fotosynthese fähig ist, liefert dem dazu nicht fähigen Pilz Nahrung. Da man heute den Pilzen ein eigenes «Reich» zubilligt wie den Tieren und den Pflanzen, rechnet man die Flechten nicht mehr zum Pflanzenreich. Wir kennen alle die farbigen Landkartenflechten, die in den Bergen die Granitbrocken besiedeln, und die Bartflechten, die in Regionen mit reiner Luft und hoher Feuchtigkeit von den Bäumen hängen.

Zudem ist uns das «Isländisch Moos» ein Begriff, aus dem man Hustenbonbons herstellt. Blumenhändler und Modelleisenbahner lieben die Flechten als Dekor beziehungsweise als «Bäumchen». Früher brauchte man die Flechten auch als Färbemittel und in der Parfümerie für den herben Duft von «*wilderness and adventure*», heute spielen sie in der Pharmazeutik eine zunehmende Rolle.

Die Landkartenflechten überkrusten die Steine in den Alpen im Tempo von einem Millimeter in dreißig Jahren, im Botanischen Garten schafften sie in diesem Zeitraum immerhin 15 Millimeter. Sie verschönern Dachziegel, Beton- und andere Mauern mit ihrer «Patina».

Patina für den Garten

Flechten, Moose und Farne sind der Charme des Gartens

Alte Gärten haben einen besonderen Charme, der sie immer von den neu angelegten unterscheidet: Flechten, Moose und Farne geben ihnen eine Art Patina, Zeichen, dass die Natur das Gestaltete in Besitz genommen und geprägt hat. Selbst in der Stadt und der Agglomeration werden Steine im Laufe von Jahren mit Flechten bewachsen. Schneller aber noch sind die Farne, deren Sporen vom Wind in die feinsten Fugen der Mauern getragen werden. Plötzlich sieht man sie zwischen den Sandsteinblöcken wachsen.

Immer wieder reißen leider ungeschulte Gärtnergehilfen die Farne aus den Mauern, im gleichen Atemzug wie Löwenzahn oder Gras. Oder schlimmer noch: Mit dem Hochdruckreiniger werden die Flechten von den Steinen und die Farne aus den Fugen gespritzt. Dabei sind es doch gerade die Farne, die eine Mauer auszeichnen, sie veredeln und sie interessant machen. Oft ist es erst die Maucrraute, die ihre feinen Zweiglein aus den Fugen reckt, dann plötzlich wird auch der Streifenfarn entdeckt. Im feuchten Kalkstein und im Tuffstein sind es die Hirschzungen, die aus den Mauern wachsen.

Im eher sauren Substrat zwischen Granitblöcken gefällt es dem Tüpfelfarn, der wegen seines süßen Geschmacks an der Basis des Stängels auch Engelsüß heißt. Er stößt mit seinem kriechenden Wurzelstock in alle Ritzen und lässt die eleganten, ledrigen Rippen aus den Felsen ragen.

Die Brüder der Farne

Moosfarne, Bärlappe und Mondrauten

Die erdgeschichtlich uralten Farngewächse haben eine spannende Verwandtschaft. Der Übergang von den Moosen zu den Farnen ist einigermaßen fließend, wenn man an die Moosfarne (*Selaginella*) und die – seit dem Karbon existierenden – Bärlappe denkt, die eine moosartige Struktur mit dem Erscheinungsbild einer aufrechten, in die Vertikale wachsenden Pflanze verbinden. Und auch die Schachtelhalme – die vor 400 Millionen Jahren noch baumhohe Arten kannten – sind in diesem Übergangsbereich der Sporenpflanzen eingeordnet. Sie lagern Kieselsäure anstelle von Lignin in die Zellwände ein, weshalb sie als Scheuermittel zum Polieren von Zinn angewendet werden.

Obwohl sporadisch bei uns recht verbreitet, findet die Mondraute (*Botrychium lunaria*) kaum große Beachtung. Sie besteht in der Regel aus einem gefiederten olivgrünen, ledrigen Blatt, das an Ginkgoblätter erinnert, und einem

zweiten etwas höheren Pflanzenteil, der die Sporangien trägt, die Produktionsstätten für die Sporen.

Mondrauten wachsen bis hoch in die Berge hinauf. Der Alpenrosengürtel und die felsigen Trockenwiesen sagen ihnen zu. Wie von einem Designer in eine elegantere Form gebracht, begegnet einem das gleiche Prinzip bei der Natternzunge (*Ophioglossum*), mit einem ovalen Blatt und einem keulenförmigen Sporangienstand. Und einige der schönsten Farne haben das Prinzip der Trennung von Blatt und Sporangien beibehalten, etwa der Königsfarn (*Osmunda regalis*), dem es besonders an feuchten Standorten gefällt, wo er etwa am Rande eines Teichs meterhohe Wedel machen kann. Aber auch der Straußfarn (*Matteuccia struthiopteris*) und der Rippenfarn (*Blechnum spicant*) bilden in der Mitte der Rosette spezielle fertile Teile aus.

Drachenwurz – hübsches Blatt und schöne Blüte, aber penetranter Geruch.

Biblisches und Teuflisches

Die Aronstabgewächse

Der Stab, auf den der Hohepriester Aron sich stützte, ergrünte, als er auf die Bundeslade gelegt wurde. Was in der Bibel als göttliches Zeichen erscheint, ist in der Botanik das alljährliche Frühlingserwachen einer Pflanze, die einer großen, rund um den Erdball verteilten Pflanzenfamilie angehört: den Aronstabgewächsen (*Araceae*). Aber neben dem auch bei uns heimischen Italienischen und Gefleckten Aronstab gibt es eine Fülle von Pflanzen, deren Blüten alle mehr oder weniger nach dem gleichen Prinzip aufgebaut sind: Ein zentraler Kolben (Spadix) mit den weiblichen und männlichen Blüten-ständen wird eingehüllt von einem aufragen-den Hochblatt (Spatha). Auf den Aronstab trifft man beim Spaziergang durch die Wälder, und in den Sumpfgebieten wachsen die Sumpfcal-la. In den Gärten sind viele weitere Mitglieder dieser Familien anzutreffen, und auch im Haus finden sich einige populäre Zimmerpflanzen aus der Familie der Aronstabgewächse, etwa der *Philodendron*, das *Anthurium* mit seinem knallroten flachen Blütenblatt, *Zamioculcas* mit den fleischigen farnartigen Blättern oder *Zante-deschia* mit ihren weißen «Cornets».

Die gärtnerisch wirklich spannende Unter-familie ist die der *Aroideae* und in ihr beson-ders der Tribus *Arisaemateae*. Es gibt prächtige Arisaema, die auf Deutsch wegen ihrer leuch-tend roten Fruchtstände Feuerkolben genannt werden. Sie alle – es gibt ungefähr 200 Arten –

bilden die für die Familie typische Kesselfallen-Blüte. Die vom Duft – meist ist es eher Gestank – angelockten Fliegen kommen nur mit Mühe wieder aus dem Kessel der Blüte hinaus. So bleibt reichlich Zeit, um an Pollen zu gelangen oder solche abzustreifen. Die Pflanze zieht nach der Vegetationsperiode ein und überwintert als kugelige Knolle. Neben den Blüten, die meist grün-weiß oder braun-weiß gestreift sind, sind die reptilienartig gefleckten Stängel und die ganz unterschiedlichen Blätter attraktiv. Es gibt einfache dreizählige, aber auch hufeisenförmig gefiederte Blätter (wie bei einigen Philodendren) und solche, die zentralsymmetrische Rosetten bilden. Das absolut größte und merkwürdigste Kaliber der Familie ist die Titanenwurz (*Amor-phophallus titanum*) aus Sumatra, die größte Einzelblüte der Welt (bis drei Meter hoch), die einen penetranten Aasgeruch verbreitet. Bei uns gedeiht immerhin ein Ersatz, die Gemeine Dra-chenwurz (*Dracunculus vulgaris*), die ebenfalls ein teuflisches Stinkpotenzial besitzt.

Bäume und Baumschnitt

Nutzholz bereit zum Abtransport.

Holz ist ein wichtiger Wirtschaftsfaktor. Darüber hinaus aber kommt der Wald-wirtschaft eine große Bedeutung zu im Rahmen der Klimaproblematik. Bäume akkumulieren in großem Ausmaß Kohlenstoff. Sie entziehen der Atmosphäre das Kohlendioxyd und binden es für eine sehr lange Zeit in Form von Holz. Die Forst-wirtschaft leistet dabei eine hervorragende Arbeit im Dienste der Umwelt.

Die Erhaltung von Baumbeständen und von Wäldern ist aber auch in einem weiteren Sinne eine Wohltat: Der Wald schafft Luftfeuchtigkeit und eine wun-derbare Erholungsoase für die immer enger zusammenlebende Menschheit. Die Waldeinsamkeit erbaut die Wanderer ebenso wie die Sportparcours im Wald die Sportlichen anzieht. Aber die Bäume sind auch als Pflanzen großartig. Sie schlagen alle Rekorde. Die ältesten lebenden Bäume sind über 5000 Jahre alt, die größten (Küstenmammutbäume) erreichen eine Höhe von 112 Metern, die dicksten (eine Sumpfzypresse in Mexiko, der «Baum von Tule») einen Stammdurchmesser von 14 Metern und einen Umfang von 46 Metern.

Vor 430 Millionen Jahren reckten sich die ersten Bäume in die Höhe, und nur wenig später bevölkerten Araukarien, Ginkgo, Urweltbäume und Wollemie die Erde – Baumarten, die wir bis heute kennen. Noch immer blicken wir staunend auf die hochragenden Pappeln, die selbst an unwirtlichen Orten gedeihenden Kiefern, die an die Waldgrenze vorstoßenden Arven (Zirbelkiefern) oder die alljährlich prächtig blühenden Zier- und Nutzbäume. Aber auch die ganz kleinen, die Bonsai und die Zwergformen der Alpen, wecken unsere Begeisterung. Betroffen reagieren wir auf das Abholzen der Urwälder, auf Baumriesen, die wegen Krankheiten sterben, oder auf massiven Holzfall im Gefolge eines orkanartigen Sturms.

Garten und Bäume - ein Spannungsverhältnis

Falsch gepflanzt – und es kann ein Rechtsstreit entstehen

Da die Bäume mit ihrer Fähigkeit, Kohlenstoff langfristig zu binden, ein Standbein der Klimapolitik sind, müssen wir ihnen weltweit Sorge tragen. Sowohl die Bäume im Amazonasgebiet als auch die alten Baumriesen im Bödmerenwald, einem Schweizer Urwald im Kanton Schwyz, sind von großer Bedeutung und brauchen unseren Schutz. Aber Bäume sind heute auch im Stadtraum unabdingbar. Sie sorgen für Grün innerhalb einer Umgebung von Beton, Stahl und Glas, und sie liefern Sauerstoff und Luftfeuchtigkeit für die Bewohner. Zudem entwickeln die Anwohner ein emotionales Verhältnis zu «ihren» Bäumen, und selten erwächst der Verwaltung erbitterterer Widerstand als in jenen Momenten, wenn sie einen großen alten Baum zum Fällen freigibt, sei das nun, um eine neue Tramlinie zu bauen, oder auch nur, weil der Baum bei künftigen Stürmen zum Risiko zu werden droht. Der Förster Peter Wohlleben hat sich mit seinen Bestsellern zu den Bäumen wohl ein beachtliches Vermögen zusammengeschrieben. Seinen esoterischen Thesen, welche die Bäume als soziale Wesen schildern, die unter sich kommunizieren und sich gegenseitig unterstützen, sind in einer durchrationalisierten Welt auf ein extrem begeistertes Publikum gestoßen. Hände weg von den Bäumen!

RÜCKSICHTNAHME AUF DIE NACHBARSCHAFT

Wenn man über die Bäume in den Gärten schreibt, bewegt man sich auch nicht auf viel sichererem Grund. Nachbarschaftliche Verhältnisse trüben sich oft gewaltig ein, wenn Bäume die Aussicht zu verstellen drohen oder immer mehr Schatten werfen. Die Abstandsregeln sind gesetzlich geregelt, aber das verhindert bekanntlich nicht immer den Streit. Der Nachbar hat ein Kapprecht: Er kann sich in der Schweiz zehn Jahre lang gegen neu gepflanzte Bäume wehren, wenn sie nicht gemäß den Regeln gepflanzt sind. Bäume in nachbarschaftlichen Verhältnissen produzieren nicht nur Laub, sondern auch Futter für Anwälte. Am besten bespricht man sich schon vor dem Ausheben des Pflanzlochs mit seinen Nachbarn.

NICHT VOR FENSTERFLÄCHEN PFLANZEN

Die Wahl des Standorts ist aber auch ein «Binnenproblem» auf dem eigenen Grundstück. Die niedliche kleine Tanne, die ein schmales Beet im Vorgarten ziert, ist nach zehn Jahren plötzlich ein gewaltiger Baum, der sich vor die Fenster aller Stockwerke schiebt.

Deshalb gibt es zwei klare Empfehlungen für das Pflanzen von Bäumen: Man soll sie einerseits so weit wie möglich von den Häusern entfernt setzen, ohne die nachbarschaftlichen Regeln zu ritzen, oder andererseits, man setzt sie da, wo fensterlose Flächen an den Häusern geradezu danach schreien, grün abgedeckt zu werden.

NICHT ZWINGEND FÜR DIE EWIGKEIT

Eine weitere Empfehlung ist schmerzhafter: Bäume sind nicht zwingend für Generationen an ihrem Standort zu lassen. Alte Villengärten umfassten in den Alpenländern traditionsgemäß immer einen kleinen Alpengarten. Und dazu gehörten einige kleine Tannen, Föhren oder Arven. Nach hundert Jahren ist aus dem Alpinum meist ein vermooster Kalksteinhaufen unter riesigen Tannen geworden. Aus Nachlässigkeit oder falscher Pietät versäumt man es, die Bäumchen im Alpinum zurechtzustutzen oder rechtzeitig zu ersetzen. Alle anderen hier gesetzten Alpenpflanzen gingen längst ein im Schatten der wachsenden Riesen.

Viele Bauämter verlangen heute im Baubewilligungsverfahren eine Gartenplanung, die nicht nur den Standort, sondern auch die Art der Bäume, die gepflanzt werden sollen, festschreibt. Ein so in der Retorte geplanter Garten wird misslingen. Sicher soll man das Bäumepflanzen gut planen, aber wie so vieles im Garten kann man die Auswahl der Bäume eigentlich erst dann sinnvoll treffen, wenn man schon eine Weile in diesem Garten lebt und spürt, wo denn die besten Plätze zum Verweilen sind und wo man dringend noch einen Sichtschutz bräuchte oder einen schattenspendenden Baum. Und auf jeden Fall sollte man die Bäume in der Baumschule selbst auswählen. Man will ja künftige Freunde finden, und die bestellt man nicht im Katalog! Man sieht einen bestimmten Baum – und die Sympathie fliegt ihm zu.

BÄUME SOLLEN NICHT AUS DER ROLLE FALLEN

Will man an einem Baum auf die Dauer Freude haben, muss man ihn – wie der Gärtner so schön sagt – unter der Schere halten. Mit einem regelmäßigen Rückschnitt sorgt man dafür, dass er die ihm zugedachte Rolle weiterhin erfüllt und sich nicht verselbstständigt. Er soll nicht den Weitblick verhindern, die Sonne abhalten, das Blau des Himmels rauben oder alle anderen Pflanzen zu einem Schattendasein zwingen. Hätte man die kleinen Bäumchen im Alpinum vor Jahren an einen passenden Standort versetzt und wieder mit einem kleinen Bäumchen ersetzt, könnte man sich noch immer an diesem alpinen Biotop erfreuen.

Ein Denkmal ihrer selbst: die Pappel

Schnelles Wachstum – schwache Struktur

Sie verschwinden immer mehr aus dem Bild unserer Landschaft: die Säulenpappeln oder Italienischen Pappeln. Für die Besitzer der Grundstücke sind sie ein Risiko. Man muss immer wieder kontrollieren, ob das Holz alter Pappeln noch ausreichend hält, damit die Statik des Baums den Stürmen trotzen kann. Und da ist es oft einfacher, die Bäume – und damit unsere Sorgen um sie – zu entsorgen. Das ist zwar verständlich, aber auch kurzsichtig. Pappelholz ist schnellwachsend und damit ein Verbrauchsprodukt, das die Papierindustrie in großen Mengen produziert. Die Plantagen kurzlebiger Papierholz-Pappeln, die uns etwa in den Weiten der Lombardei begegnen, deuten ja darauf hin, dass die Pappel nicht für die Ewigkeit geschaffen ist.

Pappeln sind – man muss bald schon sagen: waren – in unseren Regionen Mitteleuropas Zeichen in der Landschaft. Sie weisen etwa auf die Anlegestellen der Schiffe und Fähren hin, sie zeigten einst, wo sich ein Ausflugsrestaurant befand, und so mancher Aussichtspunkt wurde durch die grüne Flamme der hoch aufstrebenden Pappel sichtbar gemacht. Pappeln ragen über andere Bäume, Büsche und Häuser hinaus. Auf alten Fotografien der Ufer des Zürichsees sind an vielen Orten Pappeln zu sehen; sie kommen inmitten der unverbauten Reblandschaft besonders gut zur Geltung. Pappeln sind «Landmarks» wie Leucht- und Kirchtürme oder Burgruinen, die der Orientierung dienen.

BÄUME SÄUMEN STRASSEN UND KANÄLE
Seit langer Zeit werden die Pappeln gebraucht für Alleen an Flüssen, Kanälen und Straßen. Sie begleiten etwa den Damm, der zur Insel Reichenau im Untersee führt. Und vor einem halben Jahrhundert war die Landstraße vom Walensee bis nach Chur von Pappeln gesäumt; einige sind geblieben. Napoleon soll sie uns beschert haben, die Pappeln, die wie Alleen die Landstraßen säumten. Der wild entschlossene Heerführer hatte zwar keine Hemmungen, immer neue junge Soldaten in die Schlacht zu schicken. Aber er hatte immerhin Mitleid mit denen, die Europa zu Fuß von Nord nach Süd und von West nach Ost

auf staubigen Landstraßen durchqueren mussten, und wollte ihnen wenigstens bei glühender Hitze die Annehmlichkeit des Schattens zugestehen. Ob es wirklich des Kaisers bedurfte, um die Idee zu realisieren, entlang der wichtigsten Straßenzüge Alleen anzulegen, oder ob das jemand anderem, Pilger oder Wandersmann, hätte einfallen können, bleibe dahingestellt. Immerhin trägt die Spitz- oder Pyramidenpappel (*Populus nigra* 'Italica'), die seit mehr als 200 Jahren entlang der europäischen Straßen angepflanzt wird, auch den Namen «Napoleons-pappel».

Inzwischen sind die Pappelalleen, die das Landschaftsbild so sehr geprägt haben, in vielen Teilen Europas verschwunden. Beim Ausbau der Straßen kamen die Bäume in den Weg, und moderne Fahrzeuge mit Klimaanlagen sind nicht auf Schattenspender angewiesen. Immerhin haben die Alleebäume in Frankreich vielen tollkühnen Automobilisten das Leben gekostet, darunter auch Prominente. Leitplanken sind geeigneter, den Straßenrand zu markieren, als fest verwurzelte einzelne Bäume. Auf der Insel Reichenau ist noch eine wunderschöne Allee zu sehen, mit rund siebzigjährigen Bäumen. Die Schwarzpappeln entlassen im Frühsommer Tausende von kleinen, mit feinen weißen Haaren versehene Samen in die Luft, die der Wind davonträgt. Man denkt, dass es schneit. Die Pyramiden- oder Säulenpappel, welche die Straßen säumt, ist eine Zuchtvariante, die nur in männlicher Form existiert und ungeschlechtlich vermehrt wird. Als explizit männlich hat sie der Autor Günter Eich empfunden, der schrieb: «Pappeln, belaubte Phallen / am Weg Napoleons. / Gloire im Blätterschatten, / im Winde das Umsonst.»

Pappeln gehören zu den Weidengewächsen (*Salicaceae*). Sie vermehren sich gut vegetativ, und einige bilden große Klonkolonien, die unterirdisch verbunden sind. Man vermutet, dass eine genetisch identische Gruppe von Pappeln im US-Bundesstaat Utah seit 80 000 Jahren an jenem Standort lebt. Es gibt unzählige Arten und Sorten von Pappeln. Hier seien nur noch die Silberpappel mit ihren silbern schimmernden weißen Blattrückseiten erwähnt und die Zitterpappel oder Espe, deren Blätter sich im Wind ständig bewegen.

PERFEKT FÜR DIE PAPIERHERSTELLUNG

Das flexible Holz der Pappeln wird benutzt zur Herstellung von Streichhölzern, Holzschachteln für Käse, Holzwolle, Paletten, Gitarren, Schindeln und vor allem für den Zellulosebrei für die Papierherstellung. Aber einige Holztafeln wurden zur Zeit der Renaissance auch geadelt als Träger von Gemälden. Die «Mona Lisa» etwa ist auf Pappelholz gemalt. Rund vier Millionen Hektar Pappeln werden weltweit zur Holzproduktion angebaut und drei Millionen für den Umweltschutz.

Mit dem Rückgang der Alleen sind die individuell gesetzten Pappeln seltener geworden, der Baum ist nicht mehr in Mode, denn er ist kompliziert. Pappeln sollten gepflegt werden. Der optimale Rückschnitt ist rigoros; alles, was über den Stamm hinaussteht, wird zurückgeschnitten. Die Zweige treiben im Frühjahr wieder neu direkt aus dem Stamm. Dazu bedarf es langer Leitern und Sicherheitsvorkehrungen. Und ein langes Leben haben selbst gut gepflegte Pappeln nicht zu erwarten. Ihre Lebenserwartung ist eher kurz, sie müssen regelmäßig ersetzt werden, will man verhindern, dass sie ein heftiger Sturm auf des Nachbarn Dach niederkrachen lässt: ohne Zweige und stets schlank gehalten, bieten sie dem Wind wenig Angriffsfläche. Pappeln werden aber in Reihen angepflanzt, um den Wind abzuhalten und dazwischenliegenden Kulturen Schutz zu bieten. Auch die säulenförmigen Pappeln, die früher bestimmte Orte in der Landschaft ausgezeichnet haben, sind rar geworden. Die Pappel ist – oder vielmehr war – für die Landschaftsgestalter nördlich der Alpen das, was im Süden die Zypresse ist: ein Fanal in der Landschaft, ein Element, um die Vertikale zu betonen.

Bäume als Kunstwerk

Fast jeder Baum kann ein Bonsai sein

Ob man Bonsais mag oder nicht, ist Geschmackssache. Viele sehen in den klein gehaltenen Bäumchen in ihren meist asiatischen Gefäßen eine Vergewaltigung des Baums, der gerne groß werden möchte. Für Bonsai-Liebhaber aber ist ein Miniaturwald eine zauberhafte Welt für sich, die es erlaubt, auf kleinem Raum alte, vom Leben gezeichnete Bäumchen zu hegen und zu pflegen und sich an ihrer Struktur, ihren Blüten oder ihrem Herbstlaub zu erfreuen.

ÄSTHETIK IM KLEINFORMAT

Bonsais sind – diese Aussage sei dem Laien gestattet – eine Kunstform, die versucht, unter natürlichen, meist extremen Bedingungen gealterte Bäume nachzubilden. Jeder Bergwanderer hat schon «natürliche» Bonsais angetroffen, kleine Föhren auf Felsbrocken, die ihnen zu wenig Nahrung bieten, um schnell und hoch hinauszuwachsen.

Je wilder das Klima, desto spannender und attraktiver werden die Bäume: Nahe der Baumgrenze leben Arven, die vom Sturm, von Blitz- und Steinschlag gezeichnet sind und die allein mit ihrer Erscheinungsform die dramatische Geschichte ihres Überlebenskampfs erzählen.

DIE KNORRIGEN IN DEN BERGEN

Wer Bonsais heranzieht, der will nichts anderes, als den Grundcharakter derartiger Bäume aufzeigen, nicht aber ihre effektiv erreichbare Größe. Jeder kann sich seine eigenen Bonsais ziehen, es braucht nur Geduld und ebenso viel Sorgfalt, denn die in kleine Schalen oder nur auf konkave Steinplatten gepflanzten Mini-Bäume haben keine Wasserreserven – sie müssen pausenlos und aufmerksam betreut werden. Bonsais werden aus verschiedenen Gründen in Schalen gehalten. Es entspricht japanischer Tradition, sieht ästhetisch gut aus und hat seine physiologische Begründung: bleibt die Wurzelzone klein, bleibt auch das Wachstum minimal. Die Wurzeln werden ebenso regelmäßig zurückgeschnitten wie die Triebe. Es gibt einen Kanon der Stilformen mit klangvollen japanischen Namen wie etwa «streng aufrecht», «besenförmig», «doppelstämmig», «windgepeitscht», «kaskadenförmig» usw. Die Form wird erreicht durch Schnitt und durch das Umwickeln der Äste mit Draht, womit die gewünschte knorrige Form erreicht werden kann.

Wer einfach Freude hat an knorrigen Formen, der kann Pflanzen, die in einem natürlichen nährstoffarmen Erdreich wachsen, zu Bonsais entwickeln, die sehr pflegeleicht sind. Das ist zwar gegen die Tradition und vermutlich politisch unkorrekt, macht aber Spaß ohne gewaltigen Pflegeaufwand. Ohnehin ist es empfehlenswert, möglichst einheimische – oder mindestens unseren kühleren Zonen entsprechende – Arten zu wählen, da sonst auch noch das Überwintern zum logistischen Problem und zur Gefahrenquelle wird.

Investition in die Zukunft

Die Arve trotzt der Zeit und der Kälte

In manchem Jahr will es nicht Frühling werden. Schnee, Eis und Kälte dominieren noch im März.

Nach den vielen Frosttagen mit Minustemperaturen beginnen wir, uns um die Pflanzen Sorgen zu machen, die in unserer Region den Winter im Freien nur mit Mühe und Not und dank einem gut gewählten Standort überleben. Was wird Schaden nehmen oder gar dem ständigen Wechsel zwischen eiskalten Nächten und sonnigen Tagen zum Opfer fallen? Keine Sorgen brauchen wir uns um die meisten Nadelbäume zu machen. Sie sind im Winter die Protagonisten unter den Pflanzen – und das keineswegs nur als Weihnachtsbaum. Die meisten Nadelbäume grünen, wie wir es unter dem Tannenbaum zu singen pflegen, auch im Winter, wenn es schneit. Dort, wo wir sie im Garten als Sichtschutz wollen, sind wir darüber froh.

MISCHWALD ZU HAUSE

Wenn man in den Skiferien die Lärchen-Arven-Mischwälder bewundert, die sich bis zur Baumgrenze hinaufkämpfen, wünscht man sich derartige Baumriesen im eigenen Garten. Wer heute eine Arve setzt, investiert für viele künftige Generationen. Abgesehen davon, dass die Hektar Land dazu fehlen, setzt im Falle der Arven die Bodenbeschaffenheit ihre Grenzen. Die Lärchen kommen bei uns sehr gut und schmücken mit ihren goldenen Nadeln im Herbst die Landschaft. Die *Larix decidua* aus Europa ist nicht nur ein wunderschöner Baum, sie liefert auch eines der härtesten und dauerhaftesten Hölzer, die im Unterwasserbau (Schwimmteiche) verwendet werden können. Wo sie in großen Kolonien vorkommt, wird sie leider alle paar Jahre vom Lärchenwickler befallen. Gefeit gegen dieses Insekt, das die Bäume zwar

nicht umbringt, aber ihre Nadeln im Sommer schon absterben lässt, ist die *Larix kaempferi*, die japanische Schwester unserer Lärche. Der Baum ist nicht nur kerngesund, sondern auch in skurrilen Varianten zu finden, etwa als «Korkenzieher-Lärche» mit gewundenen Zweigen ('Diana'), mit hängenden Ästen ('Pendula') oder als gedrungene Miniaturpflanze, die man aus krankheitsbedingten Mutationen gezüchtet hat.

Weniger einfach ist es, die Arve, *Pinus cembra*, an unsere Verhältnisse zu gewöhnen. Sie liebt – vor allem als junge Pflanze – einen sauren Boden. Hat sie sich einmal eingewöhnt, entwickelt sie aber sogar im Unterland stattliche Bäume. Im Gegensatz zu den meisten anderen Arten ihrer Gattung bilden immer fünf Nadeln ein Büschel; bei den Föhren sind es nur deren zwei.

EINES DER ÄLTESTEN LEBEWESEN

Das Holz der Arven wird vor allem im Innenausbau und in der Möbelschreinerei verwendet. Es verleiht mit seinem anhaltenden Duft jedem Hotelzimmer in den Alpen die Ferienatmosphäre, die sonst aus der Spraydose appliziert werden muss. Arven können tausend Jahre alt werden. Sie sind damit aber immer noch die Junioren im Klub der Methusalems der Nadelhölzer. Man kennt in Europa Eiben, die doppelt so alt sind, und ein Exemplar von *Pinus longaeva*, einer Kiefer, die in den White Mountains in Kalifornien wächst, soll 4600 Jahre alt sein und damit eines der ältesten Lebewesen auf diesem Planeten.

Föhren sind oft einsame Kämpfer: Sie ragen aus Felspalten und halten Stürmen stand.

Die stacheligen Grünen

Föhren – eine Welt für sich

Im Winter, wenn die Laubbäume kahl sind, fallen die immergrünen Nadelbäume viel mehr auf. Aber an den Nadelbäumen scheiden sich die Geister. Eine Freundin von mir hasst mit emotionaler Inbrunst alles, was kein Laub abwirft. Die Laubbäume sind zweifellos die lebendigeren Lebewesen, sie tragen in Frühling, Sommer und Herbst unterschiedlich gefärbte Laubkleider, und im Winter werden sie transparent, strecken ihre Äste und Zweige wie Federzeichnungen in die Höhe und lassen uns teilhaben am Wandel der Jahreszeit. Zugegeben, demgegenüber sind die Nadelbäume uniforme Langweiler.

NADELBÄUME SETZEN AKZENTE

Dennoch ziehe ich die meisten dieser urwüchsigen Gewächse den Laubbäumen vor: Nadelbäume strukturieren die Landschaft anders als die Laubbäume, sie lassen sie plastischer, dramatischer erscheinen. Oder mit anderer Priorität: Nadelbäume, vor allem Föhren, kommen meist da vor, wo die Landschaft eher rau und theatralisch ist, die Laubbäume hingegen sind eher lieblichen, harmlosen Gegenden überlassen.

Was wären die Küsten des Mittelmeers ohne Pinien? Was die Hochalpen ohne Arven? Besonders schön sind die Föhren als Solitärbäume an exponierten Standorten, etwa auf Klippen, am Rand von Kiesgruben oder auf Felsvorsprüngen an steilen Berghängen. Und ihre Schönheit beruht gerade nicht auf einem regelmäßigen Wuchs, sondern auf den Zufälligkeiten des Schicksals, dass ihnen ein Ast abgerissen wurde oder die Krone einer zu großen Schneelast zum Opfer fiel. Kiesige Hänge wie im Inntal zwischen der Schweizer Grenze und Tirol sind voller solch prächtiger Individuen, die beim bloßen Anblick eine Geschichte erzählen. Auf japanischen Federzeichnungen sind solche Bäume die Protagonisten. Wir sind jahrelang achtlos mit der Bahn durch das Albula-Tal in Graubünden gefahren, seit uns aber die Begeisterung für die prächtigen Föhren-Individuen gepackt hat, hängen wir mit Spannung bei jeder Kurve am Fenster.

EINE GROSSE KIEFERN-PALETTE

Die Kieferngewächse sind ein nicht enden wollendes Thema: Sie haben wirtschaftliche Bedeutung als Nutzpflanzen: Die Pinien liefern ihre Nüsse, die beispielsweise ins Pesto Genovese gehören, und ihr Harz wird zu Terpentinöl verarbeitet. Das Holz der Arven wird im Alpenraum vor allem wegen seines harzigen Geruchs geschätzt. Aber uns interessieren ja die Pflanzen und nicht das, was man aus ihren Leichen macht. Und gerade die Arven sind bei uns auch schöne Gartenbäume. Ihr Wachstum ist langsam, ihre silbergrüne Farbe sehr dekorativ, sie verlangen allerdings einen sauren Boden. Ihr japanisches Pendant, die Mädchen-Kiefer, *Pinus parviflora*, ist noch mehr blaugrau, und die Nadeln sind stark gedreht. Beiden gemeinsam ist, dass sie pro Kurztrieb fünf Nadeln tragen. Damit lässt sich jede Arve von der zweinadeligen Föhre unterscheiden. Aber es gibt ein, zwei, drei, fünf oder sogar acht bis zehn Nadeln pro Kurztrieb tragende Föhren.

Häufigste Föhre in unseren Regionen ist die Waldföhre *Pinus sylvestris*, die je nach Standort einen völlig anderen Habitus annehmen kann. Im Wald trägt sie nur noch hoch oben, über den anderen Bäumen, eine grüne Krone, der Stamm darunter ist kahl. An Felswänden oder auf kiesigem Grund kann sie aber bizarre Formen annehmen und erinnert stark an die Föhren auf japanischen Zeichnungen. In Japan dient dafür *Pinus densiflora* als Vorlage. Die Japanische Rotkiefer ist besonders schön in ihrer Sorte 'Umbraculifera', die wie ein Schirm wächst, wobei die Äste die Speichen des Schirms bilden. Im Garten kann man die Waldföhre durch geschicktes Ausasten und entsprechende Formung der Äste in tolle Formen bringen. In den Gärten werden aber oft die Schwarzföhre oder die Austriaca-Föhre (*Pinus nigra*) gepflanzt, sie haben längere, dunkelgrüne Nadelbüschel.

Es gibt über hundert Arten von Föhren, und von vielen existiert nochmals eine Fülle von Sorten. Nicht wenige sind auch in Farbvariationen von Gelbgrün über Dunkelgrün bis zu Blausilbern auf dem Markt. Manche Föhren wachsen auf kargstem oder trockenstem Grund, andere lieben humose Erde und sogar den Sumpf. Sie kommen auf Meereshöhe vor und bis zur obersten Baumgrenze. Früher war die ebenfalls aus Nordamerika stammende Stro-

be oder Weymouthskiefer mit langen, silbriggrünen Nadeln sehr beliebt. Man findet sie noch in alten Parkanlagen, aber gepflanzt wird sie nur noch selten. Sie hat lange, sehr dekorative Zapfen.

So klein und doch ein Baum

Miniaturföhren aus Hexenbesen

Im Winter, wenn viele Sträucher ohne Laub sind und viele Stauden sich in den Boden zurückgezogen haben, kommen die kleinen Koniferen besser zur Geltung als im Sommer. Als immergrüne Nadelgewächse fallen sie dann auf mit ihren dunkelgrünen Tuffs oder bizarren Formen. Wir wollen hier nur die Föhren näher ansehen. Sie stellen ja in unseren Wäldern die am höchsten aufragenden Bäume dar, die auf langem, flexiblem und rötlichem Stamm ihre grüne Krone immer über die Tannen oder Buchen hinausstrecken wollen – oder müssen, um ausreichend Licht zu ergattern. Und ausgerechnet diese Gattung von Riesen umfasst auch ganz kleine, hübsche Zwergformen, die sich im Alpengarten zwischen Felsblöcken oder aber in Töpfen und Trögen auf Balkonen in ein karges Leben fügen.

Einige dieser Zwergformen – und das ist der Clou an der Geschichte – stammen ursprünglich aus den Baumkronen hoher Kiefern. Es handelt sich um handveredelte Hexenbesen. Das hat nichts mit Magie und spannenden Kulten zu tun, sondern «Hexenbesen» ist der Sammel-

begriff für merkwürdige Gebilde an Bäumen. Plötzlich beginnen im Geäst eines Baumes alle vorhandenen «schlafenden» Augen zu treiben. Die Botaniker verwenden dafür den schönen Namen «Zweigsucht». Dadurch entsteht in der Krone des Baums eine Art dichter Besen, den man bei flüchtigem Hinsehen durchaus als Vogelnest interpretieren könnte. In Birken kann ein Schlauchpilz die Zweigsucht verursachen. Es sind prinzipiell Pilze, Bakterien, Viren, oder spontane Mutationen, deren Ursache man nicht genau kennt, für diese Gebilde verantwortlich. Und aus diesen dichten, gedrungenen «Nestern» züchten die Gärtner ihre hinreißenden Zwergformen. Im Bereich der Nadelhölzer liefern die Lärchen, die Tannen und auch die Föhren schöne Zwergbäumchen.

Natürlich verwendet man dazu am besten Hexenbesen, die schon auf Zwergkiefern wachsen, etwa auf der *Pinus mugo*, der Bergföhre, Legföhre oder Latsche, oder der amerikanischen Föhre *Pinus banksiana*. *Pinus banksiana* 'Schneverdingen' beispielsweise wurde aus Sämlingen eines Hexenbesens gezogen.

TROUVAILLEN DER BERGWANDERER

Die Zwergformen tragen entweder den Namen des Orts, wo sie gezüchtet wurden, oder aber den der Fundstelle. Die *Pinus banksiana* 'Winnipeg' stammt aus dem kanadischen Manitoba, die Form 'Diamant' aus der gleichnamigen Baumschule bei Duisburg, wo ein Hexenbesen entdeckt wurde. Bekannte Zwergformen sind die *Pinus mugo* 'Humpy' oder 'Mops', oder die aus einem Hexenbesen auf der 'Mops' gezüchtete 'Mini Mops' oder 'Winzig'. Von der Unterart *Pinus mugo ssp. uncinata*, der aufrechten Bergföhre oder Hakenkiefer, gibt es die Sorten 'Ofenpass' und 'Zernez', die einen Hinweis geben, wo die entsprechenden Hexenbesen gefunden wurden, vermutlich im oder in der Nähe vom Schweizer Nationalpark im Unterengadin.

Auch bei den Bergföhren ist nie eine wie die andere. Man muss das Auge haben, um die schönste Wuchsform auszuwählen, und das Glück, dass sie sich so entwickelt, wie man sich das erhofft. Und natürlich kann man statt Polstern, Kissen oder Kugeln ebenso einen bonsaiartigen Wuchs erzwingen. Wer die Föhre gern dichter hat und niedrig, kann immer die Hälfte der Jahresaustriebe im Frühling entfernen. Da die Föhren ein wichtiger Bestandteil japanischer Gärten sind, kommen viele interessante Sorten aus dem Land der aufgehenden Sonne. Nicht nur das niedrige Wachstum wurde den kleinen Kiefern angezüchtet, es gibt auch solche mit goldenen Nadeln und Sorten mit säulenförmigem Wuchs.

Zwergföhren sind hervorragend geeignet für Balkontröge. Sie entwickeln sich in einem kargen Substrat langsam und passen sich den Gegebenheiten an. Gut entwässerte Tröge schützen vor Staunässe. Die Pflanzen können eine kurze Trockenperiode überstehen. Nur trockenkalte Winter oder heiße trockene Sommer lassen sie eingehen, wenn man sie nicht gießt.

Beidseits des Alpenkamms

Kastanienkultur auch nördlich der Alpen

Maroni, Edelkastanien, Esskastanien oder botanisch *Castanea sativa* sind für uns klar Boten aus dem Süden. Das stimmt heute weitgehend, die Maroni-Händler bieten Sorten aus Italien an. Auch unsere Vertrautheit mit Kastanienwäldern verdanken wir der Alpensüdseite, und die schönsten Selven, wo gepflegte, große Einzelbäume auf sauberen, grünen Wiesen stehen, kennen wir aus dem Bergell, beispielsweise wenn man von Castasegna nach Soglio wandert. Aber es gibt ebenso am Zürichsee Kastanienbäume, in Wädenswil, am rechten Seeufer und selbst in der Stadt Zürich. Mit einem Blick aus dem Badezimmerfenster sehen wir, wie es dem Kastanienbaum in der Nachbarschaft geht. Denn wo Wein wächst, wachsen auch Kastanien. Ganz so einfach ist es aber nicht, seine eigenen Maroni anzubauen. Die Edelkastanien lieben den Kalk nicht, und sie brauchen einen Geschlechtspartner, um Früchte zu produzieren – was man allenfalls durch eine entsprechende Aufpfropfung ermöglichen kann.

Wir wissen heute kaum noch etwas über die Kastanien und die mit ihnen verbundene Kultur. Dabei ist es noch gar nicht so lange her, dass selbst auf der Alpennordseite viele Menschen von Kastanien gelebt haben, und einige Kulturen überlebten. Wichtige Anbaugebiete waren die Föhntäler der Innerschweiz, das Walenseegebiet und das Wallis. Gut gedeihen Kastanien auch seit je in der Oberrheinebene von Basel aus nördlich zwischen Vogesen und Schwarzwald. Früher hat man zur Ernährung Kastanien gesammelt und aus ihrem Mehl Nahrungsmittel hergestellt. In unserem Jahrhundert hat schließlich der Kastanienrindenkrebs den Rückgang der Kastanienbestände noch beschleunigt. Nun besinnt man sich aber allenthalben auf die alte Tradition und versucht erhaltene Baumriesen zu bewahren.

PRÄCHTIGE ALTE RIESEN

Das Holz der Kastanien ist wegen eines hohen Gerbsäureanteils imprägniert und sehr witterungsbeständig. Da sie im nicht gepflegten Niederwald immer wieder aus dem Stock treiben, bilden sie Büschel von Stämmen, die als Pfähle oder Brennholz Verwendung finden. Leider sind viele Kastanien «ringschälig» – sie spalten sich konzentrisch –, dennoch kann man sie zu Schindeln und Parkett verarbeiten. Die Kastanien in den Selven sind meist veredelt, und man hat eine Vielfalt von Sorten herangezüchtet, früh und spät reifende, solche, die gut für die Mehlproduktion sind, und wirkliche Speisekastanien, deren beste die Maroni aus Cuneo im Südwesten des Piemont sind.

Zur Bekämpfung des Kastanienrindenkrebses, einer Pilzerkrankung, die 1904 im Botanischen Garten der Bronx erstmals beobachtet wurde, 1938 Genua erreichte, 1948 das Tessin und 1984 die Alpennordseite, bedient man sich eines Virus, das den Pilz befällt. Und gegen die lästigen Würmer, die Maden des Kastanienbohrers und des Kastanienwicklers, kommen in einem Versuchsbetrieb im Tessin Nematoden, Fadenwürmer, zum Einsatz.

Mit der Rosskastanie verbindet die Edelkastanie keinerlei Verwandtschaft. Eine gewisse Ähnlichkeit der stacheligen Fruchtbehälter und der braunen Früchte waren ausschlaggebend für die Namensgebung dieser aus Asien stammenden Bäume mit den schönen Blüten.

Bäume prägen unsere Welt

Winterliche Charakterskizzen

Bäume sind die Pflanzen, die unsere Umwelt am meisten prägen. Im Sommer sind sie es, die mit ihren Blättern Grün in die Straßenzüge der Stadt bringen, und im Herbst sind es die Laubbäume, welche die Landschaft in bunten Farben erstrahlen lassen. Ihren individuellen Charakter verraten sie aber am besten im Winter, wenn das Laub gefallen ist. Von weitem erkennt man auf den Hügelkuppen die charakteristischen Formen der Linden mit ihren nach oben strebenden Ästen, oder die knorrigen Triebe der Eichen als Solitärbäume oder an den Waldrändern, die ständig die Wachstumsrichtung zu ändern scheinen, um ihre Assimilationsfabriken – die Blätter – am besten der Sonne entgegenzuhalten.

Für botanisch Interessierte sind es vor allem die Japanischen Ahornbäume, die mit ihrem filigranen Skelett von Ästen viel über ihre Form verraten. Sie wachsen oft fächerförmig, die Zweige in Etagen ausgerichtet. Im Garten kann man hie und da noch etwas nachhelfen, um sie noch perfekter scheinen zu lassen. Gleiches kann man von den Hartriegeln sagen. In einigen Gärten

oder öffentlichen Anlagen gibt es ältere Prachtexemplare. Uns interessieren hier weniger *Cornus alba* 'Sibirica', deren korallenrote Äste im Winter sehr dekorativ sind, sondern die höheren Bäume von *Cornus controversa*, *Cornus kousa* und *Cornus florida*. Sie alle sind nicht nur sehr dekorativ, wenn sie Blüten oder Blätter tragen, sondern auch jetzt in der Kälte, wenn sie uns das Geheimnis ihres Aufbaus preisgeben: Auf langen, schrägen oder horizontalen «Etagen» breiten sich die Äste und Zweige aus und zeigen bereits die Knospen für eine intensive Blüte im Frühjahr.

Wunder sind im Winter – wie im Sommer – die Erlen. *Alnus glutinosa*, die Schwarz-Erle, hat einen prächtigen Aufbau. Die Äste tragen im Sommer die belaubten Zweige aufwärts wie die metallenen Teile eines Kronleuchters die Lampen. Die schönste aber ist die Bambus-Erle (*Alnus glutinosa* 'Imperialis'). Um ihre feinen, tief geschnitzten Blätter zu tragen, reicht ihnen eine sehr grazile Struktur – man denkt aus der Distanz, eine Gruppe Lärchen vor sich zu haben.

Familienwechsel

Der üppig blühende Blauglockenbaum

Die Verwandtschaft der Pflanzen gibt einen Hinweis auf die Entwicklungsgeschichte. Zurzeit leben wir in einer Phase des Umbruchs. Die genetische Forschung hat es nicht nur ermöglicht, dass man dem US-amerikanischen Präsidenten Thomas Jefferson nach über 200 Jahren einen Seitensprung mit Sally Hemings, einer Sklavin seiner Frau, nachweisen konnte. Sie hat auch die verwandtschaftlichen Beziehungen der Pflanzen korrigiert. Vielfach sind neue Unterfamilien entstanden, die gewissermaßen Seitenzweige einer größeren Sippschaft zusammenfassen, die sich näherstehen als andere.

In älteren Büchern wird der Blauglockenbaum (*Paulownia tomentosa*) noch den *Bignoniaceae* zugewiesen. Der renommierte Schweizer Botaniker Elias Landolt ordnete sie 2001 in seinem überaus verlässlichen Werk *Flora der Stadt Zürich* auch noch unter den *Bignoniaceae* ein, und auch im Standardwerk *Flora Helvetica* von Konrad Lauber und Gerhart Wagner wird sie dieser Familie zugeteilt. Hans-Dieter Warda hingegen ordnet sie in seinem Werk *Das grosse Buch der Garten- und Landschaftsgehölze* 2002 den *Scrophulariaceae* zu, den Braunwurzgewächsen.

EINE EIGENE FAMILIE FÜR DIE BLAUGLOCKEN

Auf Wikipedia wird nun gemäß der neuesten Forschung eine eigene Familie für die Paulownia eröffnet, die Blauglockengewächse (*Paulowniaceae*). So steigt die Zahl der Familien laufend, wobei alle drei der Ordnung der Lippenblütenartigen angehören.

Die *Paulownia* wurde von dem berühmten Japanologen Franz von Siebold, der in niederländischen Diensten stand, vor 1840 nach Europa gebracht und nach der damaligen Kronprinzessin und späteren Königin der Niederlande benannt. Anna war eine Tochter des Zaren Paul I. und trug so den Namen Anna Pawlowna. Die *Paulownia* soll übrigens der Lieblingsbaum von Franz Joseph I. gewesen sein, Kaiser von Österreich. Noch heute wird sie in einem großen Aufforstungsprogramm weltweit eingesetzt. Ihre gewaltigen blau-lila Blütenstände sind im Frühling so spektakulär, weil sie vor dem Entfalten der Blätter blühen. Die Pflanze stammt aus China, wo ihr leichtes Holz zu Möbeln, Schalen und Essstäbchen verarbeitet wird. Vor etwa 150 Jahren wurde sie nach Japan importiert, wo man sie für die Anfertigung der typischen Holzsandalen verwendet.

DIE SCHÖNSTEN SIND NICHT WINTERHART

Auch die Familie der *Bignoniaceae* umfasst Bäume, die um ihres Holzes willen interessant sind, etwa *Jacaranda mimosifolia*, den mittel- und südamerikanischen Palisanderholzbaum. Wegen seiner Blätter ist dieser ein schönes Kübelpflanzengewächs. Er kommt aber kaum zum Blühen und braucht einen Winterplatz, dessen Temperatur nicht unter zehn Grad Celsius fallen darf. Speziell sind auch der Kalebassenbaum (*Crescentia cujete*), der spektakuläre runde Früchte macht, oder die *Kigelia* mit ihren langen Früchten, die ihr den Namen «Leberwurstbaum» eingebracht haben. Wegen ihrer großen gelben Blüten ist die *Tabebuia chrysantha* in tropischen Ländern bekannt, und wegen der roten Blüten der Afrikanische Tulpenbaum. Trotz dem Verlust der Paulownie ist die Familie der *Bignoniaceae* noch immer eine stattliche. Und vielleicht kehrt ja in der systematischen Botanik, wenn alle genetischen «Fingerabdrücke» einmal bestimmt sind, wieder etwas Ruhe ein.

In Menton, einer französischen Stadt an der Côte d'Azur, ist uns ein wunderbar blühender Baum mit großen, offenen und fünfzähligen rosafarbenen Blüten begegnet. Er gehört aber auch einer anderen Familie an: Der Florettseidenbaum (*Ceiba speciosa*) zählt zu den Malvengewächsen und kann bis zu 15 Meter hoch werden. Jung ist sein Stamm sehr bewehrt. Viele äußerst spitze Stacheln schützen ihn. Man denkt, diese hätten ihm vermutlich das «Florett» im Namen gebracht. Nein, es sind die Samen, die wie Watte aus den Früchten hervorquellen und an die Faserqualität der Florettseide – die äußeren Teile des Seidenkokons – erinnern. Im Alter ist er nicht mehr auf die Stacheln angewiesen, und er kann im unteren Teil des Stammes in einer Verdickung einen Wasservorrat einbauen, was ihm auch den Namen «Flaschenbaum» eingetragen hat.

Hanebüchene Bäume

Solider Baum, solides Holz

Das Hanebüchene an der Hainbuche ist, dass sie gar keine Buche ist. Im Gegensatz zu den großen grün- oder rotlaubigen Buchen mit ihren prächtigen grauen Stämmen ist die Hagebuche, Hainbuche oder Weißbuche (*Carpinus betulus*) keine Buche, sondern ein Vertreter der Familie der Birken. Das merken im späten Frühling nicht zuletzt die auf Pollen empfindlichen Mitmenschen.

ZUR HECKE VERURTEILT
Dennoch kann die Hagebuche zu einem stattlichen Baum heranwachsen, wenn man sie denn lässt. Sehr häufig aber lässt man sie nicht: Hagebuchen eignen sich – wie ihr Name verrät – vor allem als Laubhecke. Sie trägt jeden Rückschnitt mit Fassung und lässt sich in viele Formen bringen. Man kann aus ihr Bögen formen und Laubengänge, und als (im Sommer) dichte Hecken gliedern Hainbuchen manchen Schlossgarten. Sie dienen aber auch zur Einfriedung von Siedlungen und Schulhäusern, früher ebenso von Viehweiden. Gerade ihre Toleranz gegenüber dem Heckenschnitt lässt sie für zeitgenössische Gartengestalter wieder hochaktuell werden.

Die Blätter der Hainbuche sind von deutlichen fischgratartigen Nerven durchzogen, fassen sich rau an und sind am Rand fein gezackt wie eine Säge. Sie hängen oft bis zum Ende des Winters noch braun am Baum. Die Samen sind mit einem dreiflügligen Blatt versehen, das sie – ähnlich wie die «Nasen» der Ahornbäume – im Wind weit davonwirbeln lässt.

HARTES HOLZ FÜR LANGJÄHRIGEN GEBRAUCH

Ihr Holz ist härter als das von Buche und Eiche, es eignet sich deshalb zur Herstellung von Schuhleisten, Klavierhämmern oder den Hack-blöcken der Metzger. Aus dem Holz der Weißbuche werden die weiß gescheuerten Milchkübel und Buttergefäße der Sennen hergestellt. Die Hagebuche fand aber auch als lebende Laubhecke zur Abwehr von Gegnern im Krieg Anwendung. Man ließ sie zusammen mit Rosen und anderen dornigen Heckenpflanzen zu undurchdringlichen Gebüschen heranwachsen. Der gemeinsame Nenner ist überall, dass das Holz robust ist. Und dass die Hagebuche dem Beil beim Holzspalten erbitterten Widerstand leistet, ist unmöglich, unerhört, empörend frech oder einfach hanebüchen.

Die Hagebuche mit den gerippten Blättern, den Blüten und den geflügelten Früchten.

Holzlieferanten

Saison der Bäume, aber auch der Holzfäller

Gerade die kalte Jahreszeit ist die Saison der Winterstürme. Mit ihrer Wucht knicken sie ganze Wälder um wie Streichhölzer, und die stürzenden Bäume reißen Stromleitungen und Eisenbahnfahrleitungen herunter und blockieren Wege oder Straßen.

Heute, wo mit gigantischen mobilen Kränen die Bäume gefällt und aus dem Wald geschleppt werden, kann man das Holz in allen Jahreszeiten «ernten». Früher war das ausschließlich Winterarbeit. Der Winter ist die Zeit des Sägens, des Schneidens, ja sogar die beste Zeit, um Bäume zu fällen. Früher hatten die Bauern im Sommer alle Hände voll zu tun, um die Felder zu bearbeiten. Im Winter wandte man sich dem Wald zu und holte die vom Förster fürs Fällen markierten Bäume aus dem Forst. Der gefrorene Boden und der Schnee waren ein Garant dafür, dass beim Niederkrachen der Bäume und beim Wegschleppen aus dem Wald nicht zu viel Flurschaden angerichtet wurde.

GEFÄHRLICHE WINTERARBEIT DER BAUERN

Die Arbeit war hart und vor allem sehr gefährlich: In fast allen bäuerlichen Familien gab es Verwandte, die von fallenden Bäumen erschlagen wurden. Mit Säge und Keil konnte man versuchen, den Baum in die richtige Richtung fallen zu lassen, sodass er sich nicht in anderen Bäumen verfing. Aber oft ließen sich die physikalischen Gesetzmäßigkeiten nicht so leicht abschätzen. Der Baum kam zu früh, oder er drehte

sich und erschlug die Holzer unter sich. Heute sieht man im Wald Profiteams mit riesigen Maschinen am Werk, die den Stamm packen und halten, während er vom Wurzelstock getrennt wird. Dann wird er entastet, geschält und wie mit Riesenhand an die nächste Waldstraße gelegt. So leid es einem tut, einen Baumriesen fallen zu sehen, so spannend ist es, seine Jahrringe zu zählen oder das hübsche Bild der Maserung des Holzes zu betrachten.

Jedes Holz hat seinen ganz bestimmten «Fingerabdruck», seine spezifische Farbe und oft auch seinen eigenen Geruch. Bäume lassen sich bestimmen durch ihren Wuchs, ihr Erscheinungsbild, durch ihr Laub, ihre Blüten und Früchte und durch die charakteristische Rinde – schließlich aber durch die Maserung des Holzes. Ist das Holz glänzend poliert, kommt die Struktur sehr gut zur Geltung – häufig glänzt es wie das Mineral Tigerauge.

HOLZ, EINE WELT FÜR SICH

Ein guter Freund und Schreiner hat uns ein wunderschönes Bestimmungsbuch für unsere einheimischen Bäume geschenkt, den *Holzführer* von dem Schweizer Naturfotografen Jean-Denis Godet. Darin werden alle heimischen Bäume detailliert vorgestellt, mit Blatt, Blüte, Frucht und Rinde – und vor allem mit der Maserung längs und quer durch den Stamm. Nun realisieren wir, dass die alte Truhe im Gang aus Arvenholz, der Schrank im Esszimmer aus Nussbaum, der Tisch in der Küche aus Eiche hergestellt ist.

Der Orkan «Burglind» hat in vielen Wäldern ein Chaos hinterlassen.

Entwurzelt und umgeknickt

Viele Tannen haben dem Sturm «Burglind» nicht standgehalten

Im Wald hat das Jahr nicht gut begonnen. Das Sturmtief «Burglind», das am 2. und 3. Januar 2018 orkanartig übers Land fegte, hat zwar nicht wie seine Vorgänger «Vivian» 1990 und «Lothar» 1999 immense Verwüstungen in Europa hinterlassen. Mit maximal 268 beziehungsweise 249 Kilometern pro Stunde waren diese beiden von weit aggressiveren Böen begleitet gewesen als

«Burglind». Deren maximale gemessene Windgeschwindigkeit betrug 201 Kilometer. Allein bei einem Spaziergang einige Tage nach dem Wüten von «Burglind» zeigt sich, dass im Wald unzählige Bäume dem Sturm nicht standhalten konnten.

Auf einer Straße in der Region des Pfannenstils über dem Zürichsee liegen mehr als ein Dutzend umgefallene Bäume: In den Kronen der

Weißtannen sind büschelweise große Misteln zu finden. Die Rottannen sind entweder wenige Meter über dem Boden abgebrochen, und die Splitter ragen wie riesige Zahnstocher in die Höhe. Oder aber die Tannen fielen mitsamt ihren Wurzelballen um und hinterließen große Gruben im Boden. Da dem Sturm regnerisch-nasse Tage vorangegangen waren, war die Erde aufgeweicht und bot den flachen Wurzeln keinen Halt mehr. Erstaunlich zu sehen: Die dunkle Humusschicht des Waldbodens ist kaum einen halben Meter tief. Darunter liegt der Lehmboden. Er ist nass, wirkt aber isolierend, sodass die entstandenen Mulden sich schnell mit Regenwasser füllen.

Dass ausgerechnet hier so viele Bäume liegen, lässt sich mit der Höhenkuppe nur unzureichend erklären. Es scheint eher ein Zufall zu sein, wo sich die Windböen so stark entwickelten, dass die Bäume gleich reihenweise knickten. Ein Bauer, der in der Nähe wohnt und relativ unauf-

geregt sein Holz für den Ofen spaltet, berichtet, dass es kurz vor Mittag wie Donnergrollen getönt habe, als die Bäume stürzten. Nun musse man wieder aufräumen im Wald. Die vom Dach gepusteten Ziegel hat der Dachdecker bereits wieder ersetzt. Aber auch viele überalterte und kaum mehr geschnittene Obstbäume wurden Opfer des Sturms – und wenn nicht die ganzen Bäume, dann immerhin einige Teile. Praktisch unter jedem frei stehenden Baum sind ein paar Äste oder Zweige zu finden, die «Burglind» als Tribut überlassen werden mussten.

Gesamtschweizerisch hat «Burglind» rund die Hälfte dessen, was in einem Jahr gefällt wird, umgerissen. Andernorts hat das Sturmtief jedoch noch viel schlimmer gewütet: drei Menschen wurden getötet, fünfzehn verletzt, und der angerichtete Schaden wird auf bis zu 1,6 Milliarden Euro geschätzt.

Pflanzen, die uns zu verschlingen drohen

Glyzinien und Knöterich

Im Musical *Der kleine Horrorladen* verschlingt die bösartige Pflanze Audrey II so ziemlich alles und alle, die in ihre Nähe kommen. Nein, das ist keine Einleitung für einen Bericht über fleischfressende Pflanzen. Es geht hier nicht um Karnivoren, sondern um Schlingpflanzen, die sich mit ihren rankenden Sprossen überall, wo

sie Halt finden, hinaufwinden und festkrallen und sich so sukzessive über andere Pflanzen oder ganze Hausfassaden ausbreiten.

Die Rede soll aber nicht von Bohnen, Wicken, Erbsen, Reben, Clematis, Jasmin, Geißblatt, Hopfen und anderen nützlichen, schönen oder gar köstlichen Gewächsen sein, sondern von Pflanzen, die sich kaum im Zaum halten lassen. Leider sind sie oft so dekorativ, dass wir im Garten nicht auf sie verzichten wollen, uns aber bald in der Rolle des Gefängniswärters wiederfinden, der permanent einen Ausbruch der Schlinger auf verbotenes Terrain zu verhindern versucht.

Musterbeispiele dafür sind die Glyzinien, die im Frühling mit prächtigen und duftenden Blütentrauben die Fassaden schmücken. Hat man irgendwo die Kontrolle über die eleganten Schmetterlingsblütler verloren, schlingt sich beispielsweise irgendwo heimlich ein schnell wachsender Spross um ein Dachabflussrohr, so wird dies in wenigen Jahren zugedrückt. Glyzinien heißen lateinisch und englisch Wisteria, was auch der berühmten Lane (Straße) mit den verzweifelt exaltierten Hausfrauen in der US-amerikanischen Fernsehserie *Desperate Housewives* den Namen gegeben hat.

GEWALTIGE KRÄFTE DER GLYZINIEN

Glyzinien sind zwar keine Mörderpflanzen, aber sie können dicke Eisenstangen biegen und Balkone verformen. Bei uns haben sie im Garten einen Blitzableiter umwachsen, dessen Halterung aus der Mauer gerissen und einen halben Meter in die Höhe gezogen. Sie können sich aber ebenso um andere Glyzinien schlingen und diese erdrosseln. In unserem Garten hat sich eine Glyzine um den Strang einer anderen Pflanze gewickelt und ist mit dieser zusammengewachsen, sodass deren Stamm und deren Wurzeln obsolet wurden und abgestorben sind, ohne dass die haushohen Ranken Schaden genommen hätten.

Auch unter den weniger brutalen Kletterern finden sich schwer zu bändigende Wucherpflanzen. Wer sich einmal Erde mit Winden-

wurzeln in den Garten geholt hat, kennt deren unbequeme Überlebenskunst: Jedes in der Erde verbliebene Wurzelteilchen bildet wieder eine neue Pflanze. Und selbst die wunderschöne Fingerblättrige Akebie (*Akebia quinata*) mit ihren dreiteiligen dunkelroten Blumen und – wenn man Pflanzen mit unterschiedlichem Geschlecht hat – mit pflaumenblauen Früchten kann sich zu einem bösartigen Schlinger entwickeln, der eine Kletterrose völlig unter seinem üppigen Grün erstickt. Noch schwieriger ist das Spaltkörbchen (*Schisandra*), eine hübsche Heilpflanze mit roten oder weißen Blüten und leuchtend roten «Vital»-Beeren. Sie macht unterirdische Ableger und windet sich an allem empor, was in der Nähe wächst. Sie ist gewissermaßen eine Kombination der unangenehmen Eigenschaften von Winde und Akebie, aber dennoch möchte man sie im Garten nicht missen! Ein weit anständigerer Schlinger ist das Geißblatt (*Lonicera caprifolia*), denn es erfreut uns mit schönen Blüten und betörendem Duft, den es vor allem am Abend umgibt. Nicht nur romantische Jungverliebte pflanzen es deshalb über lauschige Lauben.

BEDROHLICHE KNÖTERICHE

Weit weniger begeisternd sind die großen Knöteriche (*Polygonum*), heute auch *Fallopia* genannt. Sie begrünen in Windeseile die Schallschutzmauern an den Autobahnen, und sie überziehen große Betonmauern mit ihrem Grün und den weißen Blüten. Weil sie hässliche Bauten schnell verstecken, nennt man sie häufig «Trost der Architekten». Der Japanische Staudenknöterich ist allerdings ein übles neophytisches Ungeheuer, dem kaum beizukommen ist. Seine Wurzeln müssen mit dem Bagger ausgehoben werden!

Ritsche-Ratsche mit der Säge

Obstbäume brauchen einen Rückschnitt

An Wintertagen, an denen der Wind in der Nacht durch die Bäume rauscht, sonst aber oft milde Temperaturen herrschen und teilweise sogar etwas Sonne durch die Wolkendecke dringt, sieht man häufig Bauern in ihren Baumgärten an der Arbeit. Weshalb eigentlich schneiden die Bauern und die Gärtner die Pflanzen zurück? Bäume müssen oft zurückgestutzt oder gar gefällt werden, weil sie sonst einem Sturm nicht mehr standhalten könnten. Häufig fällt es einem ja auch nicht leicht, sich von einem alten Riesen zu trennen, nur weil man seiner Statik nicht mehr traut. Aber der Besitzer trägt die Verantwortung.

QUALITÄTSVERBESSERUNG – MANCHMAL MUSS MAN RIGOROS SEIN

Viele Nutzpflanzen müssen im Volumen reduziert werden, damit ihre Fruchtbarkeit erhalten oder gesteigert werden kann. Neben den Obstbäumen, denen man diejenigen Äste belässt, die stark genug sind, um viele Früchte zu tragen, sind die Weinberge das beste Beispiel, wie nur durch rigorosen Rückschnitt die gewünschte Qualität erreicht werden kann. Eindeutig die konsequenteste Erziehung lassen noch immer die Winzer den Reben angedeihen. Je nach Region werden ein einziger oder allenfalls zwei Zweige fürs kommende Jahr am Stock belassen, alles andere kommt weg. Und während des Sommers wird immer wieder geschnitten, vor allem wird das Laub entfernt, das den Trauben Schatten macht und

das Reifen an der Sonne verhindert.

Fährt man im Spätwinter durch die Weinregionen im Burgund, sieht man überall aus den Reben die Räuchlein aufsteigen von den Feuern, in denen die Triebe vom Vorjahr verbrannt werden. Ob es gut ist, sie zu verbrennen, ist wieder eine andere Frage. Man könnte sie als Kompost häckseln und liegen lassen. Die Weinbauern im Département Côte-d'Or haben uns erzählt, mit dem Verbrennen würden die Krankheitskeime und die Schädlinge ausgemerzt, und der Rauch helfe dabei noch mit. Mag sein, vielleicht wollen sie sich auch nur die klammen Finger wärmen. Für die Obstbäume ist der Winter die ideale Jahreszeit für den Rückschnitt, weil dann die Pflanze ruht, und weil man – ohne Laub – sieht, was man macht.

SPALIER – SCHÖNERE FORM UND LEICHTERE ERNTE

Man schneidet die Pflanzen indessen auch zurück, um sie in eine gewünschte Form zu bringen. Damit einher geht oft das Festbinden an einem Gitter, beispielsweise für Spalierobst, das den Nutzen mit der Zierde verbinden kann. Der Anbau von Spalierobst vereinfacht die Ernte: die gefährliche Arbeit auf der Leiter entfällt. Aber der klassische Obstgarten mit den Hochstammbäumen, die unsere Landschaft früher geprägt haben, ist am Verschwinden. Einst zahlte der Staat Beiträge für das «Ausmerzen» der Hochstämme und das «Freiräumen» großer

Felder für die praktische Bewirtschaftung mit Landwirtschaftsmaschinen, heute unterstützt «Hochstamm Suisse» den Anbau und den Erhalt von Hochstammkulturen. Die Irrungen und Wirrungen der Landwirtschaftspolitik haben unsere Landschaft umgestaltet.

Bäume als Spalier werden unabhängig davon von zeitgenössischen Gartenarchitekten sehr geschätzt, denn sie lassen sich in ein geometrisch-rechtwinkliges System einordnen und verlängern gewissermaßen die Architektur der Bauten in den Garten hinein. Vertikale Stämme und exakt horizontale Äste – Bäume wie aus Kinderbilderbüchern – sind ein Traum für Gestalter. Pflanzenfreunde ziehen die Form des Doppel-U vor, bei dem zwei Lagen Äste als konzentrische Halbkreise gezogen werden. Für horizontales Wachstum kann man die Bäume kaum gewinnen, die äußersten Zweige sollten deshalb immer nach oben ragen und erst in die Horizontale gebunden werden, wenn sie die gewünschte Länge erreicht haben. Die unentwegt wachsenden Seitentriebe werden – über die ganze Saison hinweg – auf etwa zwölf Zentimeter zurückgeschnitten. An ihnen bilden sich im kommenden Jahr die Blüten.

Entscheidend ist bei allem die Gesunderhaltung der Bäume. Es sind vor allem die Aprikosen, die mehr und mehr mit Problemen ringen. Die Krankheit Spitzendürre an Steinobst wird von einem Pilz (*Monilia laxa*) verursacht, der mit Fungizid bekämpft wird. Ein Wissenschaftler von der Forschungsanstalt der Hochschule Wädenswil ist indessen der Überzeugung, dass es weder Viren noch Pilze sind, die den Aprikosen zusetzen. Sie leiden an den wechselhaften Wetterlagen im Winter. Meist sind sie geschützt an der Hauswand gesetzt. Aber gerade da erwärmt sie die Sonneneinstrahlung an schönen Wintertagen, und nachfolgende Fröste lassen das Holz teilweise absterben. Die Aprikose reagiert mit starkem Harzfluss auf die Frostschäden, und damit werden die Gefäße verstopft. Ein Zweig, ein Ast oder die ganze Pflanze stirbt ab. Man kann versuchen, die Pflanze mit einem Brett vor der Wintersonne zu schützen, aber auch das hilft nicht immer. Ähnliches gilt natürlich für Pfirsich-, Nektarinen- und Mandelbäume.

Gut geplanter Baumschnitt

Der Natur nachhelfen

Nach einem nassen Frühling, der die Pflanzen wie im Dschungel wachsen ließ, kann man oft nur noch mit der Schere den Weg durch den Garten freihalten. Aber das Schneiden ist nicht nur ein Rückschnitt, der wieder Licht und Platz schafft, es ist auch eine Chance, den Bäumen die Gestalt zu geben, die man will.

TOPIARYS – GROTESKE DER GÄRTEN

Im England der Renaissance hat man begonnen, die Hecken und Bäume in Form zu schneiden. Der Formschnitt wurde erfunden, die Topiarys: Buchsbäume oder Eiben, die zu Kegeln, Kugeln oder Pyramiden gestaltet werden. Da man an Hecken und Topiarys nicht zu tief ins alte Holz schneiden kann, werden die Figuren häufig immer etwas größer. Es braucht entsprechendes Geschick, dass der Eindruck stets derselbe bleibt.

Fährt man durch die Poebene, wird einem klar, wie sehr noch heute die Landschaft von Weiden geprägt wird, die alljährlich auf den Stock geschnitten werden – wobei die Zweige für das Flechten von Körben Verwendung finden. Und in jedem Biergarten werden die Kastanien oder Platanen zu einem flachen Blätterdach geschnitten.

Aus Japan ist die Kunst zu uns gekommen, aus Gartenbäumen bonsaiartige Gebilde zu ziehen; regelmäßig müssen sie rigoros geschnitten werden. Es braucht dabei nicht nur den geübten Blick, man muss primär eine Idee haben, was sich aus dem Baum herausholen lässt. Fertig gezüchtete Bäume dieser Art können ein Vermögen kosten. Wenn man selbst zu Draht und Schere greift, spart man Geld. Man sollte aber schon bei der Auswahl darauf achten, welche Formen sich herausbilden lassen: Bei Bäumen, die von Natur aus dazu neigen, mit ihren Ästen Etagen auszubilden, kann man der Natur nachhelfen und das Laub in der Stammregion entfernen und den Fächern der Äste Platz verschaffen. So wird aus dem lästigen Rückschnitt eine befriedigende gestalterische Tätigkeit – und vielleicht sogar eine gute Investition.

Zu kalt, zu heiß, zu trocken, zu nass - eine Frage des Klimas

Rhododendren vertragen keine Trockenheit – ist es zu heiß oder zu kalt, lassen sie die Blätter hängen, um die Verdunstung zu limitieren.

Das Klima ist weltweit zum wichtigsten Thema geworden. Nicht weniger als der Fortbestand der Menschheit wird durch die Erwärmung der Durchschnittstemperaturen um zwei oder drei Grad Celsius nach Meinung der Experten ernsthaft bedroht: Die Gletscher und die Polarkappen schmelzen, das Meer steigt an. Um dies zu verhindern, sind wir gehalten, unseren Lebensstil fundamental zu verändern. Gärtner sind es seit jeher gewohnt, dass das Schicksal ihrer Pflanzen von weit extremeren Schwankungen der Temperaturen und der Regenmenge abhängt. Extreme Winterkälte und extreme Sommerhitze fordern ihre Opfer. Nicht jedes Jahr, aber immer wieder halten Klimakapriolen die Gärtner auf Trab. Die Kolumnen spiegeln jeweils das Jahr ihrer Publikation.

Frostschäden in Zeiten der Klimaerwärmung

Obwohl es immer wärmer wird, erfrieren oft Pflanzen

Nachtfröste und Schneefall im nachösterlichen Frühling können ganz schön für Aufregung sorgen. Die Natur erweist sich immer wieder mal als unberechenbar und macht Winzern, Gemüsebauern und Gärtnern einen Strich durch die Rechnung. Bei den Bauern im wahrsten Sinne des Wortes, denn Ernteausfälle sind für sie existenziell. Für die privaten Gärtner sind Spätfröste einfach nur ein Ärgernis: Es macht traurig, die Pflanzen in so desolatem Zustand zu sehen, wenn doch der Garten gerade im Begriff war, seinem jährlichen Kairos, dem Höhepunkt des Gartenjahrs, entgegenzugehen.

Die Kälteeinbrüche sind für die privaten Gärtner im Moment ärgerlich, ein ästhetischer Makel, aber meist werden alle geschädigten Bäume und Sträucher wieder ausschlagen. Die vom Schnee abgedrückten Äste dagegen sind ein Verlust. Man kann ihn auch mit rechtzeitigem Abschütteln der weißen Kissen nicht immer verhindern.

VERSCHIEBEN VON KLIMATISCHEN GRENZEN?

Die Welt beklagt eine anhaltende Klimaerwärmung, und die Wissenschaftler überbieten sich mit immer neuen Berechnungen. Den Trend zur Erwärmung traut sich kaum mehr jemand infrage zu stellen. Die apokalyptischen Visionen von Alpen ohne Gletscher und schmelzenden Polarkappen und ansteigendem Meeresspiegel geben auch dem Gärtner zu denken. Aber vielen fällt es schwer, die heimliche Hoffnung auf die prognostizierten klimatischen Veränderungen hin zu wärmeren Zeiten zu verbergen. Zu verlockend scheinen die Möglichkeiten, nördlich der Alpen mediterrane Pflanzen im Freien halten zu können.

Tatsächlich fehlte dazu seit je nicht viel. In Bereichen, in denen traditionell Rebbau betrieben wurde, und an klimatisch privilegierten Lagen an den Alpenrandseen, lässt sich immer mehr riskieren, hier relativiert sich die Frosthärte der Pflanzen. Aber alle Temperaturangaben sind bloße Mittelwerte. Sie schließen Extreme gegen oben und gegen unten nie aus. Und wegen ein paar subtropischer Pflanzen im Garten kann man die potenziellen Gefahren eines Klimawandels nicht einfach ignorieren.

Was kann denn in einem Frühjahr wirklich in den Gärten geschehen, wenn plötzlich der Frost zurückkehrt? Generell erfrieren in exponierten Gebieten die jungen Austriebe. Je weiter entwickelt sie waren, umso stärker werden sie betroffen. An Hanglagen bewegen sich die Luftmassen, sodass sich weniger bodennahe Kälte etablieren kann. In ausgesprochenen Kälteseen allerdings haben viele Neuaustriebe und Blüten keine Chancen, die klaren Nächte mit ungebremster Abstrahlung der Wärme ohne Schaden zu überstehen.

Als Erschwernis kommt hinzu, dass vorangehende warme Frühlingstage die Vegetation enorm begünstigen können: Viele Pflanzen blühen dann zehn bis vierzehn Tage früher als normal. Bei vielen Magnolien erfrieren Blüten und Blattaustriebe. Die in voller Blüte stehenden Glyzinien nehmen an den Hauswänden und unter Vordächern keinen Schaden, aber an Metallbögen oder Balkongeländern können die Blüten und die jungen Blätter erfrieren. Das sieht ausgesprochen hässlich aus, aber gerade die wüchsige Glyzinie wird sich nicht unterkriegen lassen. Ein Freund berichtete, dass in einer solchen Situation sein Taschentuchbaum (*Davidia involucrata*) am Aufblühen war. Nach dem Nachtfrost waren weiße «Taschentücher» und Blätter nur noch hässliche braune Flecken. Nun, der Baum wird wieder Blätter machen, aber die Blüte ist für ein Jahr verpasst.

KLIMAOPFER

Der Efeu ist wohl eine der unproblematischsten Pflanzen. Selbst diese wild wuchernde Pflanze hat jedoch zarte Austriebe, die dem Spätfrost zum Opfer fallen können. Auf der Kante des Dachs sieht man dann ein Band von schwarzem Laub, eine traurige gotische Giebelzier. Das will aber nicht heißen, dass die Frostschäden in diesem Jahr den Rückschnitt des Efeus für ein Jahr einsparen lassen. (2017)

Die Klimafalle schnappt zu

Frost und Sonne schädigen die Pflanzen

Noch vor zehn Tagen haben wir die Quartiere unserer Gartenstadt durchquert, um uns über die wunderbare Blütenpracht zu freuen: Frisch aufgeblühte Magnolien verglichen die Kinder mit aufgepufftem Popcorn, duftige weiße Prunus mit Schneewolken, und da der römische Kalender gerade auf dem Unterrichtsplan stand, war die Herleitung des Monatsnamens von «aprire» – was immer Etymologen einwenden mögen – sonnenklar: In diesem Monat öffnen sich die Knospen.

Wenige Tage nach dem schönsten März seit Jahrzehnten brach in der Nacht auf den 8. April ein bösartiger Frost über uns herein. «Die kälteste Aprilnacht seit 1987», so berichteten die Medien, mit bis zu acht Grad unter null. Und in weiten Teilen des Landes folgte in der Nacht darauf noch eine gehörige Schicht Neuschnee. Nun sind die Magnolien von einem dreckigen Braun, bei den Kamelien sind nur die Blüten, die noch geschlossen waren, weiß, der Rest ist unansehnlich und faul. Kurz: Der Frost hat sehr viele Spuren hinterlassen.

Man könnte stundenlang über Mikroklimata philosophieren, wenn an der gleichen Hausfront Teile der Glyzinien schlappmachen und andere nicht. Da ja die Glyzinien immer noch eine spärlichere zweite Blüte treiben, wird vielleicht diese im Sommer üppiger ausfallen. Auch die Campsis, die roten Trompetenblumen, haben an der sonnigen Mauer schon kräftig ausgetrieben. Jetzt sind die einst zarten grünen Triebe nur noch nekrotische schwarze Krümel. Ob die Pflanze nochmals ausschlägt oder Totalschaden erlitten hat, wird wohl erst im Juni feststehen, da sie immer wieder vom Wurzelstock her austreiben kann.

BESTRAFTER WAGEMUT

Viel zu optimistisch, hatten wir den Wintergarten schon weitgehend ausgeräumt, als am Wochenende die Wetterprognose die frostige Bisenlage ankündigte. Die schweren Töpfe waren nicht mehr in Sicherheit zu bringen, aber mit Vlies, Plastik und Sackleinen versuchten wir die mediterranen Pflanzen so gut wie möglich zu schützen. Am Sonntagabend sah der Garten aus, als wenn der Verpackungskünstler Christo vorbeigekommen wäre. Beim Auspacken kamen die Schäden ans Licht: Lorbeer- und Zitrusbäume waren welk und verdorrt, aber immer nur auf der Seite, die der Sonne ausgesetzt war. Offenbar hatte die durchbrechende Frühlingssonne die gefrorenen Blätter auch unter der schützenden Hülle zu schnell aufgewärmt, sodass die Zellstruktur beschädigt wurde. Glück im Unglück: Die Südländer brauchen sowieso im Frühjahr einen rigorosen Rückschnitt, damit sie künftig noch im Winterquartier untergebracht werden können. Und es schmerzt viel weniger, Verwelktes abzuschneiden als kräftige grüne Triebe mit vielversprechenden Blütenknospen. (2003)

Supersommer

Für Pflanzen eher fatal

Dieses Jahr wird vermutlich als ein Prachtsommer in die Geschichte eingehen. Die Leute haben das warme Wetter entsprechend genossen an den Seeufern, in den Gartenrestaurants, in den Gassen und Parks. Wald, Wiesen und Gärten sind jedoch in Sachen Wasserversorgung ans Limit gelangt, und einige Pflanzen haben nicht überlebt. Was die wochenlange Trockenheit für die Gemüsebauern bedeutet, haben uns das Fernsehen und die Presse gezeigt. Die Böden im Ackerland sind von tiefen Rissen durchzogen – selbst nach einigen regnerischen Tagen –, und bis die Fische in den Bächen wieder ausreichend Wasser haben, braucht es noch einige starke Gewitter oder Regentage. Dass in den Wäldern hie und da vorzeitig die braunen Blätter des Herbstes zu beobachten sind, haben wir wahrgenommen.

In den Gärten sehen wir ab und zu eine vertrocknete Föhre oder einen abgestorbenen Rhododendron. Wer einen Garten mit wertvollen Pflanzen besitzt, organisiert es so, dass der Garten auch während der Ferien bewässert wird, entweder dadurch, dass jemand spritzt, oder durch eine automatische Bewässerungsanlage. Wir verfügen über eine – selbst installierte – Bewässerung, die sehr gute Dienste leistet. In diesem Sommer wirkte sich aber die Kombination von ausreichend Wasser und großer Wärme als Wachstumsbeschleuniger aus. Bei der Rückkehr aus den Ferien hatten sich beispielsweise die langen Austriebe der Glyzinien so über die Fenster gegen den Garten verschlungen, dass wir kaum ins Haus herein- und wieder hinausgelangten. Und wo die Bewässerung nicht hinkam, starben eine mittelgroße Arve, eine kleine Lärche und zwei stattliche Rhododendren. Und eine Hortensie im Topf erlag der Kunststoffsucht eines Marders, der den dünnen Wasserschlauch durchgenagt hatte. (2015)

Ist keine Bewässerung organisiert, sehen die Balkonpflanzen nach den Ferien trostlos aus.

Summer in the City

Trockenheit im überbauten Bereich

Rudi Carrell hätte es gefreut: Jetzt war's mal wieder richtig Sommer: Der Juni und der Anfang des Julis waren geprägt von viel Sonne und hohen Temperaturen. Im Wald war es dennoch kühl und angenehm, aber in den Straßenschluchten der Stadt hatte man eine Kostprobe vom Wüstenklima. Heiße Luft, die sich kaum bewegen wollte. In vielen europäischen Ländern – besonders in Italien – führt das schnell einmal dazu, dass sich die Zisternen leeren und die Behörden das Trinkwasser für die Verwendung reservieren müssen, die sein Name suggeriert. Vielleicht darf man sich noch waschen, aber das Schwimmbad bleibt leer und der Rasensprenger im Keller.

SEEWASSER HILFT SCHLIMMERES ZU VERHINDERN

An Alpenrandseen lebt es sich privilegiert in nächster Nähe von riesigen Wasserreserven, und man darf bei einer Hitzewelle jeden Abend zum Gartenschlauch greifen. Und wenn man schon darf, dann soll man auch! Leider sind in den letzten Wochen in unserem Garten dennoch einige Pflanzen eingegangen, einfach, weil wir ihre Not nicht gesehen haben. Von einer fünf Meter hohen Clematis hängt nur noch dürres Laub, eine Japanische Kirsche – eben noch ein blühendes Juwel – hat nun Blätter wie im Herbst. Und ein kleiner Rhododendron ist gestorben, wohl weil er neu gesetzt war und wir die Erde zu wenig angedrückt und nicht geduldig genug in den ersten Wochen seinen Wurzelballen richtig eingeschwemmt hatten. Nun machen wir uns Vorwürfe, dass wir nach ausgedehntem abendlichem Spritzen mit einem Glas Rosé vor dem Haus saßen und den Sommerabend genossen, währen nur wenige Meter weiter einer unserer pflanzlichen Gartengenossen der «Tröcknis» – wie es in alten Gartenbüchern heißt – erlegen ist.

Trotz automatischer Bewässerung und zusätzlichem Gießen gibt es immer wieder Pflanzen, die die Bewässerung nicht erreicht, die sogar bei starkem Regen unter dichten Ästen nicht zu Wasser kommen. Dachterrassen und Balkone sind im Sommer in der Stadt einem Wüstenklima ausgesetzt. Daran sollte man denken, bevor man für Wochen in die Ferien fährt. Im Schatten leiden die Pflanzen wesentlich weniger, aber wenn die Luft so heiß und trocken ist wie in den letzten Wochen, muss man für regelmäßige Wassergaben sorgen. (2017)

Hoch oben in der Wüste

Pflanzen auf Flachdächern

Ein großer Teil unserer Agglomerationen besteht aus Dächern, aus versiegelter, meist ungenutzter Fläche, die entwässert werden muss. Seit Langem möchte man die Dachflächen beleben, denn sie sind, wenn sie unbepflanzt sind, für die Natur ein eher feindseliger Bereich. Auf Dächern kann es im Sommer bis 80 Grad Celsius warm werden. Dächer sind Wüsten, und es ist entsprechend schwierig, Materialien zu finden, die den jahreszeitlichen Temperaturschwankungen auf die Dauer widerstehen. Steine und Ziegel sind dafür ein ideales Material.

EIN DACH AUS MAUERPFEFFER

Die Dachhaut bei den Flachdächern ist der Witterung ausgesetzt, die Temperaturveränderungen nutzen das Material ab, es entstehen Risse. Die ultraviolette Strahlung der Sonne bringt eine rasche Materialermüdung. Um diese zu mildern, werden Flachdächer zunehmend begrünt. Dies ist nicht einfach, ertragen doch nur wenige Pflanzen die Sonneneinstrahlung und die Trockenheit. Die, welche sich dafür eignen, bilden indessen interessante Pflanzengesellschaften. Borstige Gräser und vor allem Mauerpfeffer (*Sedum*) fühlen sich in diesem Klima wohl. Mauerpfeffer kommt in grauen, grünen, gelben und rötlichen Tönen vor, was sehr schöne, ineinander übergehende Farbeffekte ermöglicht. Leider sieht man sie selten, weil man einen höheren Standort als das Dach braucht. Dort aber, wo man über einem bewachsenen Flachdach wohnt, ist der Ausblick

viel schöner als der auf ein graues Stein-, Kies- oder Asphaltdach. Ist das Dach begehbar, kann man auch andere, Trockenstandorte liebende Pflanzen heimisch werden lassen. Es eignen sich die vielen Sorten von Haus- oder Dachwurz (*Sempervivum*).

In nordischen Ländern bepflanzt man häufig sogar Steildächer. Die ersten sind wohl von der Natur selbst erobert worden, indem alte, etwas mürbe gewordene Ziegel Pflanzen Halt boten. Die verrotteten dann und ermöglichten schließlich diversen Kräutern und Gräsern ein Überleben. Grasdächer sind für nördliche, niederschlagsreiche oder alpine Regionen eine gute Lösung. In Deutschland hat man nun aber begonnen, die Dächer mit Sumpfpflanzen zu beleben. Bei Schrägdächern braucht das Matten aus Vlies oder anderem Gewebe und eine Bewässerung, weil der Regen nicht ausreicht. Bei Flachdächern kommt man mit nur wenig zusätzlichem Wasser aus, da man das Dach wie einen niedrigen Trog anlegt und so ein ausgezeichnetes Klima im obersten Stock erreicht.

DER SUMPF ÜBER DEM KOPF

In Deutschland werden sogar staatliche Fördergelder aufgewendet, um mehr Grün auf die Dächer zu bringen. Die Klimaverbesserung im Sommer, der Wärmedämm-Effekt im Winter und der Schutz des Daches vor Beschädigung und frühzeitiger Alterung sprechen auch in wirtschaftlicher Hinsicht für die Begrünung.

Die Sumpfpflanzen sind natürlich sehr vielfältig. Man kann spezielle pflegeleichte Seggen, aber ebenso gelb blühende Sumpfdotterblumen, blaue Sumpfvergissmeinnicht oder weißen Fieberklee anpflanzen. Das Dach benötigt dann jedoch eine gewisse Pflege, denn die Pflanzen dürfen die Abläufe nicht überwuchern und verstopfen. (2013)

Im Sahara-Klima

Pflanzen auf Dachterrassen

Der natürliche Standort der Pflanzen ist die Erde. Je nach Art können sie dort ihre Wurzeln in die Tiefe wachsen lassen. Rosen beispielsweise wurzeln sehr tief und haben es deshalb selten zu trocken. Noch tiefer hinab stoßen die Reben vor. In schottrigen Weinbergen können sie viele Meter tief in den Boden vordringen, dahin, wo selbst in größter Hitze noch Feuchtigkeit bleibt oder Grundwasser liegt. Wir Menschen wollen aber auch da Pflanzen, wo sie eigentlich nicht hingehören, beispielsweise auf Dachgärten, Terrassen und Zinnen. Letztere sind im Schweizer Sprachgebrauch Dacheinschnitte oder Dachausbauten, die meist mit Blech abgedeckt werden. Im Winter sind die Pflanzen hier in ihren Töpfen extremer Kälte ausgesetzt, und im Sommer herrscht extreme Hitze. In den heute im Pflanzenverkauf üblichen schwarzen Plastiktöpfen herrscht an heißen Sommertagen eine Temperatur von 50 Grad und mehr. Bewegt der Wind die heißflimmernde Luft über die Dachziegelwüste hinweg, trocknen die Pflanzenkübel bald aus. Allein mit der Wahl der Farbe, des Materials und der Größe der Töpfe kann man die Hitze reduzieren. Die Auswahl der richtigen Pflanzen verbessert die Chance für eine sommergrüne Terrasse entscheidend. Aber das Wasser bleibt dennoch unverzichtbar.

KONTROLLBLICK IM WINTER

Kein grüner Sommer ohne Blick auf den Winter: Die meisten Kübelpflanzen auf Dachterrassen vertrocknen im Winter und nicht im Sommer. Die kalte Luft lässt sie schnell austrocknen, und niemand denkt, wenn man um den Christbaum sitzt, an die Dachterrasse. laubabwerfende Sträucher und Bäume haben im Winter eine viel größere Überlebenschance als immergrüne. Erstere machen im Winter eine Ruhepause, die Letzteren verdunsten ohne Unterlass Wasser aus ihren Blättern, um ihre Lebensfunktionen aufrechtzuerhalten, was sie elendiglich vertrocknen lässt, wenn kein Wasser nachgeliefert wird.

Je größer der Topf, desto länger bleibt er im Innern feucht. Für mehrjährige Pflanzen ist ein Durchmesser von 50 Zentimeter das Minimum. Noch besser sind quadratische Gefäße, die, nahe ans Geländer gestellt, keinen Platz verschenken und die vom Wind nicht so leicht umgeworfen werden. Anzuraten sind auch einige statische Überlegungen: Ein würfelförmiges Behältnis mit einer Kantenlänge von einem Meter, mit nasser Erde gefüllt, ist – je nach dem Anteil der Steine – zwischen einer und zwei Tonnen schwer.

HITZERESISTENTE PFLANZEN

Ganz ohne Wasser überleben allenfalls die Fetthennen, Hauswurz und die Opuntien, weil sie Wasser speichern können. Relativ hitzeresistent sind Pflanzen mit weißem Flaum auf den Blättern, der das Licht reflektiert, wie die verschiedenen Sorten von Artemisia, Lavendel, Thymian und andere Gewürze sowie Graublättrige wie Schwertlilien. Je saftiger das Grün, desto mehr Wasser müssen wir auf die Terrasse schleppen. Eine Regentonne, die das Wasser sammelt, ist eine große Hilfe. Ideal ist es, wenn man einen Schlauch auf die Zinne führen kann: Man kann sich und die Pflanzen duschen. Für relativ wenig Geld sind heute Bewässerungsautomaten zu kaufen, die einen

weitgehend unabhängig machen und auch in den Ferien für die Pflanzen da sind. Das an den Automaten anschließende Druckreduzierventil befestigt man am besten über einem Waschbecken; sollte je etwas undicht werden, fließt hier das Wasser ab, ohne Schaden anzurichten. Das Wasser im Schlauch, der aufs Dach führt, ist nun praktisch frei von Druck, sodass die Gefahr, dass er platzt, zu vernachlässigen ist. Über Tropfer erhalten die Pflanzen nun täglich ihr Wasser.

Da die Bewässerung im Winter meist nicht möglich ist, empfiehlt es sich dennoch, laubabwerfende Pflanzen zu kaufen – einzig Koniferen, Föhren oder Wacholder können allenfalls noch mithalten. Besonders hübsch in Töpfen sind Japanische Zwergahorne und die modischen Buchsbäumchen in allen Formen. Vorsicht: Wenn die Pflanze den Topf voll abdeckt, gelangt auch in Schlechtwetterperioden kein Regenwasser zu den Wurzeln – man muss gießen! (2013)

Fallen jetzt die Äste ab?

Pflanzen leiden unter der Trockenheit

In Paris mussten öffentliche Parks geschlossen werden, weil Äste wegen der Trockenheit von den Bäumen abbrachen. Nun, das tun die Äste in Paris hie und da, wie schon der österreichisch-ungarische Schriftsteller Ödön von Horváth

erfahren musste, der sich Disneys Zeichentrickfilm *Schneewittchen und die sieben Zwerge* angeschaut hatte und dann beschwingt auf die Champs-Élysées hinaustrat, wo er von einem herunterfallenden Ast erschlagen wurde. Dennoch, die Hitze, vor allem aber die seit Wochen anhaltende Trockenheit, ist für die Bäume ein Problem, das durch ein, zwei leichte Gewitterregen nicht viel gemildert wird. Vereinzelt sah man im Wald schon Ende Juni Birken, die der Trockenheit nicht standhielten und braun aus dem Grün des Waldes ragten. Nun färben sich da und dort auch die Kronen der Buchen herbstlich ein. Sie lassen ihr Laub fallen, um nicht zu vertrocknen, weil über die gewaltige kumulierte Oberfläche aller Blätter sehr viel Wasser verdunstet, das nicht mehr ersetzt werden kann.

Viele Bäume greifen mit ihren Wurzeln recht tief ins Erdreich, weshalb bei uns nicht ganze Wälder vom Absterben bedroht sind. Delikater ist die Situation für Pflanzen, die nicht in die Tiefe wurzeln, beispielsweise für Rhododendren. Eigentlich brauchen diese ursprünglich aus dem Gebirge stammenden Pflanzen eine hohe Luftfeuchtigkeit. Wie die meisten Pflanzen schätzen sie jedoch kein stagnierendes Wasser um ihre Wurzeln. Ihr natürlicher Standort ist an Hängen auf Humuspolstern, unter denen Kies und Geröll für guten Abfluss sorgen. Dafür sind sie an regelmäßigen Regen und Morgennebel gewöhnt. Kein Wunder, boten England und Irland den Sträuchern aus dem asiatischen Bergland eine ideale zweite Heimat. Auch auf den Granitzonen am Lago Maggiore und am Comer See finden sie ideale Lagen auf saurem Boden. Selbst am italienischen Ufer des Lago Maggiore haben

wir aber viele eingegangene Rhododendren und Azaleen gesehen. Den See in Sichtweite, sind sie verdorrt, weil die Gemeinden, um Wasser zu sparen, ein Verbot der Gartenbewässerung ausgesprochen haben. In der Stadt Zürich haben da, wo nicht ausreichend gewässert wurde, die Rhododendren ebenfalls oft Schaden erlitten.

RHODODENDREN LEIDEN
Fritz Schwitter von der gleichnamigen Gärtnerei in Inwil, ein ausgewiesener Rhododronspezialist, war in diesem Jahr überrascht, wie schnell die Pflanzen Schaden nahmen. Vor allem neu ausgepflanzte Stöcke können an der Dürre eingehen. Er erklärt es sich mit einer alten Gärtnerweisheit, wonach die Rhodos vor allem in den Monaten mit «r» ihre Wurzeln bilden. Im Mai blühen sie und bilden danach die Triebe aus, die im darauffolgenden Jahr Blüten hervorbringen. Dann versuchen sie, so gut es geht, durch die warmen Monate zu kommen. Zum Schutz vor zu viel Verdunstung und Sonneneinstrahlung lassen sie ihre Blätter hängen. Ein Alarmzeichen, das man nicht übersehen sollte. Die kleinen Pflanzen sind eher gefährdet, aber auch die großen wurzeln nicht tief. Rhododendren verlassen sich darauf, dass ihr Substrat nicht austrocknet. An Standorten, die Schutz vor der prallen Mittagssonne von 11 bis 15 Uhr bieten, kommen sie mit den extremen klimatischen Verhältnissen dieses Sommers zurecht. (2003)

«Sonnenbrand» auf den Rhododendronblättern

Rückkehr in den Dschungel

Der Garten hält Überraschungen bereit

Hundebesitzer sind in Gedanken immer bei ihrem Vierbeiner, wenn sie ihn nicht in die Ferien mitnehmen können. Genauso geht es den leidenschaftlichen Gärtnern: Wie wird sich der Garten bei der Heimkehr präsentieren? Wie gut wurden die Pflanzen mit Wasser versorgt? Haben sie alle die Zeit, in der sie sich selbst überlassen blieben, gut überlebt? Klar, dass im ersten Moment nach der Heimkehr ein Gang durch den Garten auf dem Programm steht. Überall haben Spinnen ihre Netze gespannt. Ohne dass man sie mit einem Bambusstecken zertrennt, ist kein Durchkommen möglich, und die fetten, großen Kreuzspinnen konnten offenbar reichlich Insekten verzehren in den vergangenen zwei Wochen. Wo bleiben bloß die Vögel, die früher dafür sorgten, dass die Spinnen nur ein Glied in der Nahrungskette sind?

ES WÄCHST UND RANKT

Aber auch die Kletterpflanzen wucherten in den vergangenen Wochen. Das Efeu kriecht schon weit gegen die Straße hinaus, die Glyzinien haben die Fensterläden fest umklammert, und zwei Meter lange Zweige schieben sich über den Plattenbelag, um irgendetwas Vertikales zu finden, an dem sie hochklettern können. Die Ranken haben die Agaven in ihren gusseisernen Vasen fast komplett eingewickelt, und wo die Fenster im Obergeschoss ein paar Zentimeter

aufgeklappt blieben, sind sie frech ins Innere des Hauses vorgedrungen. Die Bäume sind nochmals ins Kraut geschossen. Aprikosen-, Pfirsich- und Mandelbaum haben wohl einen halben Meter zugelegt, und die regennassen Zweige hängen nun schwer vor den Fenstern, sodass man kaum mehr herausschauen kann.

Es war offenbar oft feucht und warm zu Hause. Nur die Oleander-Pflanzen, die Tomaten und zwei Ahorn-Bäumchen machen einen trostlosen Eindruck mit eingerollten, vertrockneten Blättern. Sie stehen unter einem Dach, ihre Bewässerung hat nicht funktioniert, weil die Batterie zu Ende ging: ein dummer Anfängerfehler. Die Rosen sind bereit für eine zweite Blüte. Wir haben ihnen vor der Abreise in einem ebenso barbarischen wie notwendigen Akt alle Knöpfe geschnitten, die vor dem Aufblühen waren, das Laub gegen Pilzbefall gespritzt und eine Gabe Dünger verteilt. Das zahlt sich nun aus. Und die Frangipani (*Plumeria rubra*) empfängt uns mit den ersten wohlriechenden Blüten. Sie riechen nach Sommer und nach Ferien. (2009)

Notvorrat

Überlebenskünstler in schweren Zeiten

Ein heißer Sommer und ein trockener Frühherbst liegen hinter uns. Man spricht viel von den Schäden, welche die Trockenheit in Feld und Wald angerichtet hat, und vom guten Wein, der erwartet wird. Doch die Trockenheit kann

Anlass sein, sich der Pflanzen zu erinnern, die mit wenig Wasser haushälterisch umgehen und deshalb sogar lange Durstzeiten klaglos überstehen. Zum einen ist das sicher die Hauswurz, deren lateinischer Name *Sempervivum* darauf hindeutet, dass sie überlebt, selbst in schlimmen Zeiten überlebt. Die Hauswurz heißt auch Dachwurz, und beide Namen verdankt sie der Tatsache, dass sie fast ohne Humus auf einem Dach ihr Auskommen findet. Die hübschen Rosetten wachsen von innen heraus immer weiter, und die abgestorbenen Teile bilden, zusammen mit Staub und anderen Partikeln, die an der Pflanze hängen bleiben, das Substrat für das weitere Gedeihen. Geht es der Pflanze gut, macht sie sofort einen Kranz weitere Rosetten um sich herum, und bald ist eine ganze Kolonie entstanden. Für die Hauswurz spielt es keine Rolle, ob sie auf Fels oder einem Dachziegel wächst, Hauptsache, sie kann sich festhalten und ausdehnen.

IDEALE HUNGERLEIDER

Botanisch ist die Hauswurz eine schwierige Gattung, was noch extremer wurde, als einige dieser Rosettenpflanzen zur Gattung Jovibarba – womit wohl der Bart des Jupiters gemeint ist – geschlagen wurden. Und fast alle Arten beider Gattungen haben sich untereinander wieder gekreuzt. Wir versuchen, uns wenigstens über die einheimischen Sorten ins Bild zu setzen. Beim Barte des Propheten! Es ist viel einfacher, sich an den Pflanzen zu freuen, als sie zu bestimmen. Besonders hübsch ist die Spinnweb-Hauswurz, die sich mit einem feinen weißen Netz zusätzlich vor dem Austrocknen schützt.

Beim niederländischen Hauswurz-Züchter Carlo de Wilde haben wir vor Jahren eine kleine Sammlung erworben. Bei jedem der rund hundert Töpfe war eine Angabe mit dem Pflanzennamen und mit der ursprünglichen Fundstelle im Alpenraum vermerkt. Wir haben allerdings nur eine kleine Auswahl aus seinem immensen Angebot erworben. Bei vielen *Sempervivum*-Arten konnten deutliche Unterschiede – je nach Herkunft – festgestellt werden, bei anderen waren sie marginal. Da die Hauswurz in aller Regel durch ihre vielen Ableger vermehrt wird, bleibt das Erbgut erhalten. Weit problematischer waren die Beschriftungen. Nach einigen Winterstürmen waren diverse Namensschilder vom Winde verweht, und bei einigen konnten wir bald die Spuren des Bleistifts nicht mehr lesen. Dank Fotos und Kartierung der Töpfe ließen sich die Spuren wieder finden. Es ist aber nicht auszuschließen, dass auch Ableger in anderen Töpfen Fuß fassten und kleinere und schwächere Sorten verdrängten. Immerhin stehen die Töpfe mit den Hauswurzen noch immer in Reih- und Glied auf einer sonnigen Terrasse. Man kann die unzähligen Sorten im Internet ansehen und auch bestellen (www.carlodewilde.nl).

Ähnliche Hungerleider sind die Fetthenne oder der Mauerpfeffer. Ihre dicklichen, wasserspeichernden Blätter sind ebenfalls meist in engen Rosetten angeordnet; sie sind vielfach grau, um besser gegen die Wärmestrahlung geschützt zu sein. Die Mauerpfeffer beschränken sich aber nicht nur darauf, alten Mauern eine blühende Krone zu verschaffen, sie haben als Kulturfolger längst die Flachdächer unserer modernen Häuser und Industriebauten entdeckt. Ein Flachdach mit Kies wird von ihnen sehr schnell einmal begrünt, und es erhält dann die Farbtöne, die wir sonst von den Pionierrasen hoch oben in den Alpen gewohnt sind. Ihre hübschen sternförmigen, meist leuchtend gelben Blüten scheinen zu signalisieren, dass die Pflanze mit der Sonne ein ganz spezielles Arrangement getroffen hat. (2003)

Soll man in Trockenzeiten mit Bewässern nachhelfen?

Wachsen leidende Pflanzen am falschen Standort?

In englischen Gartenbüchern kommt immer wieder die Frage auf, ob man in langen Trockenperioden der Natur mit Kanne und Schlauch nachhelfen soll. Die Diskussion spielt sich meist auf zwei Ebenen ab: Zum einen geht es um die rein gärtnerische Frage, ob es Sinn macht, an Standorten Pflanzen zu setzen, die sich nicht von Natur aus eignen. Zum anderen geht es um die philosophische Frage, ob man in Zeiten weltweiter Wasserknappheit überhaupt für Zierpflanzen Wasser verbrauchen darf.

FREIWILLIGER VERZICHT?

Natürlich kann man sich auf den Standpunkt stellen, dass eben nur solche Pflanzen in einem Garten eine Existenzberechtigung haben, die das Klima, so wie es das ganze Jahr über ist, ertragen können. Aber das ist für echte Pflanzenfreunde eine zu rigorose Einschränkung. Denn man möchte im Garten doch eine gewisse Vielfalt, allenfalls auch einen Teich und einen Feuchtstandort. Zudem schwankt das Klima stark: In einem verregneten Sommer faulen die Pflanzen, die eine gute Drainage und ein trockenes Substrat benötigen, in einem sonnig-warmen Sommer vertrocknet dann die andere Hälfte. Und Kübel- oder Topfpflanzen, wie man sie auf Balkon und Dachterrasse pflegt, können ohne Bewässerung schlicht nicht gedeihen. Zudem will man auch in einem kleinen Garten möglichst viele Pflanzen halten, was bedingt,

dass Stellen am Haus und unter Bäumen, die nie Regen erhalten, genutzt werden müssen. Eine gezielte, maßvolle und effiziente Bewässerung ist deshalb durchaus angemessen.

Aber wie verträgt sich das mit der Moral, wo doch so viele Menschen auf der Welt keinen Zugang zu sauberem Trinkwasser haben? Frischwasser ist – ähnlich der Energie – nicht gut transportierbar. Sowenig wie wir hier in Europa den Stecker unserer Elektrogeräte in eine Dose stecken können, die von Sonnenkraftwerken in Afrika oder Australien gespeist wird, sowenig können die Bewohner der Sahelzone ihren Schlauch an einen Wasserhahn schrauben, der vom Rhein versorgt wird. Unsere Alpenrandseen sind enorme Wasserreservoire, und wir nehmen keinem Durstigen der Welt sein Wasser weg, wenn wir uns unserer natürlichen Reserven bedienen, um unsere Geranien zu wässern.

TIPPS ZUM WASSERSPAREN

Vielleicht sollten wir jedoch aus Solidarität mit den Menschen in warmen Ländern der Welt auf die Nutzung unseres Wasserreichtums verzichten? Das wäre zwar eine nette Geste, aber sie hilft niemandem. Es würde uns ja ebenso wenig nützen, wenn sich die Leute an südlichen Stränden nicht mehr in die Sonne legten, aus Solidarität zu uns, die wir fröstelnd in Regen und Nebel sitzen. Anders sieht es aus in Landstrichen, die im Sommer von Wasserknappheit heimgesucht werden. Und solche gibt es durchaus auch in Europa. Dort muss man natürlich Rücksicht nehmen auf die Mitbürger und kann nicht einfach die Rasensprenger laufen lassen.

Zudem gibt es gute Möglichkeiten, Wasser zu sparen, etwa recht hoch entwickelte Systeme, um das Regenwasser zu speichern und für den Garten zu nutzen. Die gute alte Regentonne hat elaborierte Nachfolger bekommen. Das Regenwasser wird häufig sogar für die Toilettenspülung oder die Wäsche genutzt. Aber solche Investitionen für eine möglichst autarke Wasserversorgung lohnen sich nur da, wo Wasser nicht in Hülle und Fülle zur Verfügung steht.

Wenn man das Wasser mit der Kanne zu den durstigen Pflanzen bringt, ist man ganz von selbst sparsam. Wenn man aber über eine automatische Bewässerungsanlage verfügt, so sollte man ein Tropfsystem verwenden, damit das Wasser nicht schon oberflächlich verdunsten kann. Und man kann die feinsten Tropfer nehmen, die nur wenig Wasser durchlassen, und zusätzlich die Bewässerungszeit so kurz einstellen, wie es die Witterungsverhältnisse zulassen. Man spart so Geld und Energie, denn die Wasseraufbereitung braucht Strom.

GIESSEN – AM BESTEN FRÜHMORGENS

Auch für die Pflanzen ist ein maßvoller Umgang mit Wasser wichtig. Werden sie allzu sehr mit Wassergaben verwöhnt, ersparen sie sich die Mühe, kräftige, tief reichende Wurzeln auszubilden. Zudem sollte man den richtigen Zeitpunkt für die Bewässerung wählen. Spritzt man am Abend, trocknen die Pflanzen nicht gut ab. Zudem ist die Feuchtigkeit eine ideale Voraussetzung für einen Raubzug der Schnecken. Am besten eignet sich der Morgen, wenn die Schnecken sich nicht mehr aus ihrem Versteck wagen und die Morgensonne die Blätter trocknet. (2015)

Wie kann man die Wasserversorgung der Pflanzen sicherstellen?

Automatische Bewässerungsanlagen im Privatgarten

Die beste Bewässerung für einen Garten ist nach wie vor der Regen. Ein, zwei Tage Nieselregen und dann wieder fünf Tage schön, so wünscht man sich das Wetter vom Frühjahr bis Herbst. Aber leider hält sich das Wetter nicht immer an unsere Vorgabe. Die zweitbeste Bewässerung ist die Gießkanne, denn damit kann man das Wasser für Beete und Töpfe so bemessen, dass es für die Pflanzen optimal ist: Der Mensch ergänzt, was zu wenig an Regen fällt.

GEDULD MIT DEM GARTENSCHLAUCH

Der Gartenschlauch ist ebenfalls eine gute Option, vor allem, wenn der Rücken das Schleppen schwerer Kannen nicht mehr erträgt. Man kann mit ihm effizient große Partien bewässern. Allein der Schein trügt. Zuerst werden die Pflanzen nass und die obersten Millimeter des Bodens. Das freut allenfalls die Schnecken, aber für die Pflanzen reicht es kaum. Man muss Geduld haben und lange wässern, damit auch tiefere Schichten etwas abbekommen. Mein Vater hat mich gelehrt, dass man für eine Pflanze, die eine große Spritzkanne voll Wasser braucht, mit dem Schlauch erst einmal die Kanne füllen soll. Das dauert seine Zeit, und genauso lang muss man die Pflanze mit dem Schlauch bewässern. So kann man sein Gefühl dafür schärfen, wie lange man mit dem Schlauch spritzen muss. Man sollte etwa zwanzig Liter pro Quadratmeter ausbringen.

Der Garten in Zeiten der Ferien ist ein nie endendes Thema. Wer nur schon ein paar Geranien vor dem Fenster hat, muss schauen, wie diese überleben, insbesondere, wenn man seine Ferien in den heißesten Wochen des Jahres plant. Wer Blumenkisten aus der grellsten Sonne in den Schatten nehmen kann, tut schon einiges für deren Überleben, aber es braucht dann doch jemanden, der hie und da für einen Schluck Wasser sorgt. Das gilt natürlich auch für die Zimmerpflanzen, die ja nicht einmal vom Regen profitieren. Topfpflanzen lassen sich aber gut in einen dunkleren, kühlen Raum stellen, wo sie viel weniger Wasser benötigen. So können sie schon zwei bis drei Wochen ausharren. Vor allem Orchideen brauchen an einem kühlen Standort während der Ferien kein Wasser. Gießt sie die Nachbarin regelmäßig wie die Geranien, sind sie nach den Ferien sicher verfault.

Was aber macht man, wenn Ferien oder andere Verpflichtungen einen vom Spritzen abhalten? Effizient ist die Methode, eine PET-Flasche voll Wasser neben die Pflanze zu stellen, mit einem Flaschenadapter, der das Wasser langsam dosiert an den Wurzelbereich weitergibt. Oder man verwendet einen «Tropf Blumat» mit einem Tonkegel, der sowohl als Feuchtigkeitssensor wie auch als Regler dient und genau die richtige Menge Wasser – aus einem danebenstehenden Gefäß oder einer kleinen Wasserleitung – abgibt. Bei den PET-Flaschen darf man nicht vergessen, ein Loch in den Boden zu stechen, weil ohne Luftzufuhr das Wasser nicht abfließen kann. Diese Systeme eignen sich für Balkon- und Zimmerpflanzen und fürs Gemüsebeet.

SPRINKLER, VERNEBLER UND TROPFER

Für große Flächen muss man zu anderen Mitteln greifen. Nach unserer Erfahrung ist es selten ein System allein, das für alles ideal ist. Für den Rasen wird man eines mit versenkbaren Sprinklern verwenden, für größere gestaltete Partien wie ein Alpinum oder Moorbeet eignen sich Sprinkler, die einen feinen Wasserschleier verbreiten. Man kann sie mit einem kleinen Computer direkt an die Leitung mit dem normalen Gartendruck anschließen. So werden die feuchtigkeitsliebenden Partien des Gartens jeden Tag kurz eingenebelt.

Für das Gros der Pflanzen eignet sich allerdings die Tropfbewässerung besser. Dazu wird an den Bewässerungsautomaten (Computer) ein Druckreduzierventil montiert. Anschließend kann man im Bausatzsystem Plastikleitungen anhängen, an deren Enden dann jeweils die Tropfer hängen. Je nach Bedarf kann man feine Sprayer, Vernebler oder Tropfer mit unterschiedlichem Durchlass montieren. Das System kann durch den Automaten gesteuert werden, sodass ein- oder zweimal am Tag oder nur jeden zweiten Tag für eine bestimmte Dauer Wasser tropft.

Es gibt sehr solide Systeme, die von Profis

eingerichtet werden müssen, oder aber günstigere wie etwa das Micro-Drip-System von Gardena, die man gut selbst montieren kann – sie werden einfach zusammengesteckt. Das Tropfsystem eignet sich besonders gut für Töpfe und Kisten. Natürlich muss man auch bei einer automatischen Bewässerungsanlage mit Rückschlägen rechnen.

Zudem empfiehlt es sich, bei den wichtigsten Steckverbindungen durch das Anbringen von Metallbriden sicherzustellen, dass kein «Rohr-bruch» zu Überflutungen führt und die Pflanzen am Ende des Leitungssystems dann doch ohne Wasser sind. Der schlimmste Feind der automatischen Bewässerungsanlage aber ist der Marder. Mit seiner unbändigen Lust, an Gummi und Kunststoff zu nagen, macht er immer wieder einmal Schäden, und dies meist an den entlegensten, für Reparaturen schwer zu erreichenden Partien des Gartens. (2011)

Überfluss

Zu viel Nässe im Garten

Wie schön sieht es doch aus, wenn Regentropfen über Blätter rieseln oder wenn sie wie glänzende Perlschnüre an den Zweigen hängen. Zu viel des Guten ist jedoch in jedem Fall schlecht. Viele, die jetzt aus den Ferien nach Hause kommen, werden erstaunt in den Garten blicken. So grün war es schon lange nicht mehr, und so viel Zuwachs konnten die Pflanzen selten in wenigen Wochen aufweisen. Im August wird so etwas wie der Höhepunkt der Vegetationsperiode erreicht, schon bald werden einzelne Blätter oder Gräser gelb und kündigen so den Herbst an.

Mitten im satten Grün finden sich die Zeichen des Verfalls: Für einige Rosetten der Hauswurz war es zu nass, sie faulen. Die zur zweiten Blüte treibenden Rittersporn-Stauden sind von Mehltau befallen. Auch die Blätter der Hagebuche weisen eine weißliche Schicht Pilzblüte auf, und die Rosen sehen so aus, als ob sie mit überlangen Trieben dem Sternrußtau, der sie vergilben lässt, davonzuwachsen versuchten. Das prächtige Basilikum, auf das man vor den Ferien so stolz war, ist nur noch ein kahles Gerüst. Raupen haben es aufgefressen und nur Massen von kleinen schwarzen Kotbällchen hinterlassen. Drei Wochen Abwesenheit haben genügt, damit der Buchsbaumzünsler eine ganze Beeteinfassung völlig ruinieren konnte. Ein von jedem Grün befreites Gespinst ist geblieben. Sauber rechtwinklig steht es nun da und wartet darauf, in Kehrichtsäcke entsorgt zu werden – auf dem Kompost wollen wir das Zeug nicht! (2010)

Geduld beim Aufräumen

Winterschäden geben zu tun

In den Gärtnereien und Gartencentern tragen die Leute volle Körbe ins Auto: Ersatz für die im außergewöhnlich harten Winter gestorbenen Pflanzen. Nicht alles jedoch, was tot aussieht, ist auch wirklich tot. Viele Pflanzen treiben wieder aus – aber sie sind unansehnlich geworden, und das reicht für viele Gartenbesitzer, um sie auszuwechseln.

EINE SCHADENSBILANZ

Im Moment ist aber Geduld gefragt, denn noch weiß man nicht, welche Pflanzen wieder austreiben. Zu ihnen gehört zum Beispiel der Lorbeer, der in seiner Form als Baum noch grün ist. Auch die Kirschlorbeer-Stauden treiben aus, die von Sonne und Kälte versengten braunen Blätter fallen ab. Das Gleiche gilt wohl für die Japanische Wollmispel, die Kupferblättrige Wollmispel (*Eriobotrya japonica* 'Coppertone'), den Japanischen Liguster sowie die Ölweide, *die Rhaphiolepsis*, die größeren Olivenbäume und die kleinblütigen Zistrosen. Die *Clematis armandii* ist komplett braun, schlägt nun aber bis zu einer Höhe von vier Metern aus – wer weiß, vielleicht treibt sie sogar noch in größere Höhe. Ihre neuen Triebe wachsen in unglaublichem Tempo, in einer Woche etwa einen halben Meter.

Schlecht sehen die Hanfpalmen (*Trachycarpus fortunei*) aus, die der Sonne ausgesetzt waren, sie müssen wieder aus dem Herzen austreiben – falls sie dazu noch in der Lage sind. Und auch der Bambus sieht derzeit so aus, dass nur noch neue Triebe aus dem Boden wieder Grün bringen können. Aber noch hoffen wir, dass die alten Austriebe sich wiederbeleben.

Endgültig auf die «RIP-Liste» der Totalverluste setzen müssen wir eigentlich «nur» den Zickzackstrauch (*Corokia cotoneaster*), die großblütigen Zistrosen, die Gold-Zystrose, einige kleine Sternjasmin – die großen werden wohl wieder austreiben –, den kleinblättrigen *Ceanothus* 'Puget Blue', den Oleander und leider den schon vier Meter hohen prächtigen Flanellstrauch (*Fremontodendron Californicum*), dem wohl sein sonniger Platz an der Hausmauer zum Verderben geworden ist. (2012)

Risiko für die Pflanzen

Milder Winter als Versuchung

Wenn an Weihnacht Frühling herrscht und im Januar ein milder Regen statt Schnee und Eis das Wetter bestimmt, könnte die innere Uhr der Pflanzen gewaltig in Unordnung geraten. Tatsächlich haben viele Zwiebelpflanzen wie Krokus, Schneeglöckchen und Iris sich schon weit aus dem Boden gewagt, und hie und da sieht man an geschützten Stellen schon die eine oder andere Blüte. Der wohlriechende Schneeball hat uns nun schon seit Wochen mit seinen rosa Blütenwolken und seinem Duft erfreut, nun fallen die Blumen von den Sträuchern; für sie ist die Saison bereits vorbei.

Natürlich blühen die japanischen Winterkirschen, aber das ist im Winter normal. Sie fangen im Spätherbst mit einzelnen Blüten an und entfalten im Februar und März ihre ganze Blütenpracht. Nun nutzen sie die Chance, die ihnen das milde Wetter bietet. Noch immer blühen die Herbst-Kamelien, die, solange der Schnee ihre Blüten nicht verderben lässt, immer wieder einige Knospen öffnen. Auch sie duften wunderbar – die Winterblüher müssen sich besonders anstrengen, um die bestäubenden Insekten anzuziehen. Im Steingarten bezaubern

einige gelbe Steinbrech-Polster, und auch bei den Rhododendren haben die vorwitzigsten schon die violetten Blüten geöffnet. Es handelt sich um eine kleinblütige Verwandte aus der Gattung unserer Alpenrose (*Rhododendron ferrugineum*), und sie trägt den Namen 'Praecox', also «vorzeitig». Sie ist normalerweise früh dran und gewöhnt, dass oft Schnee und Eis die Blüten verderben. Die Lenzrosen haben schon ihre Knöpfe aus der Erde gehoben, aber sie sind bislang fest verschlossen. Noch blühen ihre Verwandten, die weißen Christrosen, denen heuer der Winter keinen Strich durch die Rechnung macht.

Was uns dieser Tage erstaunt, ist also nicht die Tatsache, dass die Frühblüher ihre Chance nutzen, sondern dass – zumindest bis jetzt – die meisten Pflanzen der Versuchung, zu früh auszutreiben, tapfer widerstanden haben. Sie scheinen mehr auf den inneren Kalender zu achten als auf das milde Klima. Sollte das Winterwetter aber weiterhin ausbleiben, ist die Gefahr groß, dass diese Zurückhaltung einbricht und dass dann bei Frühlingsfrösten mit erheblichen Schäden zu rechnen sein wird. (2016)

Ein extremer Winter kostet viel Lehrgeld

Schatten ist für die Pflanzen zuträglicher

Nach dem Winter 2012 mit seinem anhaltenden Kälteeinbruch im Februar sind wir uns wieder bewusst geworden, dass tiefe Temperaturen, die unseren Pflanzen schaden, noch immer möglich sind. Über die Jahre sind wir etwas leichtsinnig geworden und glaubten, die jede Debatte dominierende Klimaerwärmung habe bei uns zu einer bleibenden Veränderung der Verhältnisse geführt. Jahr um Jahr wagten wir, mehr Pflanzen im Freien zu überwintern oder direkt in die Erde zu pflanzen. Das hat sich als Irrtum erwiesen, und nun wollen wir vermeiden, dass uns, beziehungsweise unsere Pflanzen, das gleiche Schicksal noch einmal ereilt. Dass zwei Winter in Folge mit eisiger Kälte aufwarten, ist vielleicht nicht wahrscheinlich, ist aber sicher nicht auszuschließen. Wir sind vorsichtiger geworden.

LEHREN GEZOGEN UND LEHRGELD BEZAHLT

Die tiefen Temperaturen im Februar 2012 haben uns indessen nicht nur Verluste beschert, sie haben uns auch einiges gelehrt. Viele Pflanzen, die in den Boden gepflanzt waren, haben die Kälte eher überstanden als solche in Töpfen, selbst wenn man die Töpfe dick mit Kokosmatten oder Noppenfolie umwickelt hatte. Und das Erstaunliche ist, dass südländische Pflanzen im Schatten viel mehr Überlebenschancen hatten als an sonnigen Lagen. Die Chinesischen Hanfpalmen, die sich derzeit noch am besten präsentieren, sind auf den Nordseiten der Häuser zu finden. Ebenso große Rosmarinsträucher kann man auf der Nord- oder Ostseite von Häusern noch entdecken, während auf der Südseite fast alle erfroren sind. Die Strahlen der Wintersonne auf den tiefgefrorenen Pflanzen sind besonders fatal. Und die Sonne trocknet natürlich auch den Boden viel mehr und schneller aus.

AUCH IM WINTER GIESSEN

Fast so wichtig wie ein vernünftiger Frostschutz ist das Gießen der Pflanzen im Winter, denn der völlig gefrorene und ausgetrocknete Boden verhindert den Nachschub von Wasser, das bei den immergrünen Pflanzen rund ums Jahr durch die Blätter verdunstet. Im vergangenen Winter haben wir – zum ersten Mal seit Langem – unsere Rosen wieder mit Tannenzweigen geschützt. Nicht wegen der Rosen, sondern wegen eines empfindlichen Baums, den wir im November ins Rosenbeet pflanzten. Und während andernorts viele Rosen eingegangen sind, haben unsere gut überlebt und kräftig geblüht. Schwieriger ist der Schutz von Buschrosen und Kletterrosen. Langfristig gesehen ersetzt man die erfrorenen Sorten besser mit winterharten. Ein kalter Winter hilft einem in dieser Hinsicht auch bei der Selektion.

In vielen Fällen hilft wirklich nur das Einräumen der Pflanzen, seien das nun solche in Töpfen oder solche – wie Canna oder Dahlien – mit Wurzelknollen. Wir überwintern immer noch die Geranien in ihren Töpfen. Ihr größter Feind ist die Luftfeuchtigkeit in der Zeit im Winterdomizil, die oft Fäulnis hervorruft. Befallene Partien müssen sofort und rigoros weggeschnitten werden. Leider sind bei uns ebenso die Schmucklilien (*Agapanthus*) nicht winterhart und müssen wie die Clivien mit ihren Töpfen in den Keller oder das kühle Treppenhaus.

GUTE ISOLATIONSFOLIEN

Insgesamt haben aber die neuen Isolationsmaterialien die Überwinterung empfindlicher Pflanzen enorm vereinfacht. Wenn man keinen Wintergarten hat, kann man empfindliche Sträucher oder Bäume kurzerhand einpacken. Drei in den Boden geschlagene Dachlatten, an der Spitze mit einem Draht zusammengehalten und mit einer Luftpolsterfolie umwickelt, leisten da gute Dienste. Zudem können solche Konstruktionen über das Sommerhalbjahr eingelagert und im Winter erneut verwendet werden. Man muss dabei aber darauf achten, dass das Kondenswasser im Plastikinnern nicht in die Knospen der Pflanzen läuft. Bei Palmen ist das Eindringen von Kondenswasser ins Herz der Pflanze das weit sicherere Todesurteil als die Winterkälte! (2012)

KAPITEL 13

Schutz vor Tieren, Insekten, Viren, Pilzen, Unkraut und Neophyten

Auch geduldige Gärtner können bei einem solchen Anblick die Nerven verlieren.

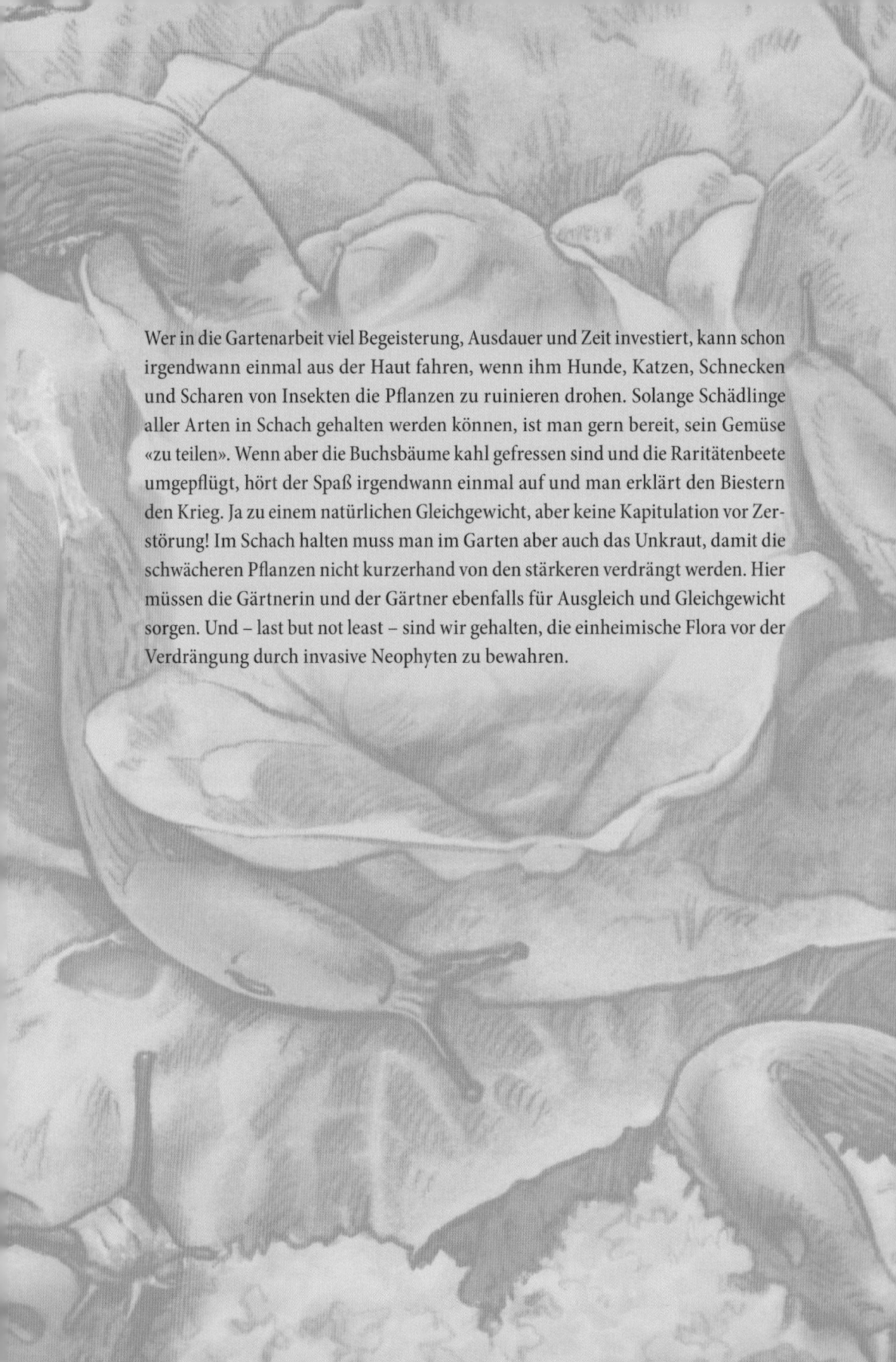

Wer in die Gartenarbeit viel Begeisterung, Ausdauer und Zeit investiert, kann schon irgendwann einmal aus der Haut fahren, wenn ihm Hunde, Katzen, Schnecken und Scharen von Insekten die Pflanzen zu ruinieren drohen. Solange Schädlinge aller Arten in Schach gehalten werden können, ist man gern bereit, sein Gemüse «zu teilen». Wenn aber die Buchsbäume kahl gefressen sind und die Raritätenbeete umgepflügt, hört der Spaß irgendwann einmal auf und man erklärt den Biestern den Krieg. Ja zu einem natürlichen Gleichgewicht, aber keine Kapitulation vor Zerstörung! Im Schach halten muss man im Garten aber auch das Unkraut, damit die schwächeren Pflanzen nicht kurzerhand von den stärkeren verdrängt werden. Hier müssen die Gärtnerin und der Gärtner ebenfalls für Ausgleich und Gleichgewicht sorgen. Und – last but not least – sind wir gehalten, die einheimische Flora vor der Verdrängung durch invasive Neophyten zu bewahren.

Zum Rambo werden?

Kampf gegen Amseln und Lilienhähnchen

Gärtner sind mit sich und der Natur im Reinen, sie sind ausgeglichene, gut geerdete Menschen, so denkt man, die nichts so schnell aus dem seelischen Gleichgewicht bringen kann. Wirklich? Von Zeit zu Zeit gelingt es schon einer Amsel, uns das Leben – zumindest das als Gärtner – zur Hölle zu machen: Jeden Tag wird Erde kiloweise aus den Beeten gescharrt, und dabei fliegen die zarten, neu gesetzten Pflanzen mit. Nach unzähligem neuem Einpflanzen sind sie immer bedauernswerter anzusehen. Kaum ist es uns gelungen, im Japangarten prächtige Moospolster anzusiedeln, werden diese schonungslos zerzaust – und das Moos stirbt entwurzelt an der Sonne. Wieso die Amseln in den Partien des Alpinums mit den seltensten und zartesten Pflänzchen die schönsten Würmer vermuten, bleibt unverständlich. Sollen wir nun den halben Garten vergittern oder mit Netzen überspannen? Ältere Gärtner haben behauptet, dass es nach ihrer Erfahrung immer wieder einmal vereinzelte Amseln gäbe, die geradezu manisch in einem Garten herumwühlen würden, und dass derartige unbelehrbare Exemplare nie Ruhe gäben. Sollen wir ein Gewehr kaufen?

GEFRÄSSIGE ROTE KÄFER

Aber dann ist die Amsel schnell vergessen, weil ein anderer Missetäter dreister wird: das Lilienhähnchen (*Lioceris lilii*), ein Käfer mit klaren kulinarischen Vorlieben. Auf mehreren Touren pro Tag lesen wir die Übeltäter ab. Es sind eigentlich schöne Tiere: Knallrot, wie mit Nagellack bestrichen, leuchten sie auf den Pflanzen, die sie – unentdeckt – in wenigen Tagen praktisch kahl fressen. Zudem legen sie ihre Eier ab, und die Larven werden unter Kotballen verborgen – was das Entfernen nicht angenehmer macht.

Diese leuchtend roten Ferraris unter den Käfern sind schnell im Fliegen und finden Liliengewächse ohne Probleme. Die rote Farbe – die vermutlich ihre Fressfeinde abschreckt – ist auffällig und verräterisch. Aber man muss beim Einsammeln die Hand unter die Pflanzen halten, denn bei Gefahr lassen sich die Käfer fallen, und einmal auf dem Rücken liegend – ihre Bauchpartie ist schwarz – findet man sie auf der dunkeln Erde kaum mehr.

In diesem Jahr haben sie sich über die Schachbrettblumen (*Fritillaria meleagris*) im Rasen hergemacht, und der Türkenbund und alle anderen Lilien hätten ihr Opfer werden sollen. Auch an der Prachtlilie (*Cardiocrinum giganteum*) haben wir sie rechtzeitig entdeckt. Statt als Gärtner zum Rambo zu werden und zu Gewehr und Giftspritze zu greifen, dreht man besser seine Runden an den diversen Standorten von Liliengewächsen vorbei und verscheucht dabei die mühsamen Amseln. Dennoch: Weshalb setzen diese nicht statt der ewigen Regenwürmer einmal Lilienhähnchen auf den Speisezettel ihres Nachwuchses?

Für die Katz

Wie schützt man seinen Garten?

Ja, ich gebe es unumwunden zu, wir sind keine Freunde von Haustieren (mehr). Aber offenbar ist es ein ungeschriebenes Gesetz, dass ein Garten für die Katzen aus der Umgebung – ob man das will oder nicht – zum Jagd- und Spielpark und zur Toilette wird. Seit einigen Jahren begreifen die Hundehalter, dass man in urbanen Gebieten seinen Vierbeiner nicht einfach irgendwo seine Verrichtung machen lassen darf. Das an die Hundeleine geknüpfte Plastiksäckchen hat sich durchgesetzt.

Und die Katzen? Rund um unseren Garten wimmelt es von Katzenhaltern, und die «sauberen» Tiere verrichten ihr Bedürfnis nie auf dem eigenen Territorium, sondern bei uns. Jeden Tag müssen wir mit der Schaufel ein Dutzend hässliche Überreste beseitigen. Sie finden sich leicht, man muss nur dem Gestank nachgehen. Und: je gepflegter das Pflanzenbeet, desto beliebter ist es als Katzentoilette. Mit eherner Regelmäßigkeit werden immer wieder die gleichen Pflanzen aus dem Boden gerissen, weil die «Kätzchen» ihre Exkremente nachlässig scharrend mit Erde überhäufen. Setzt man die wertvollen Pflanzen nicht täglich neu, verdorren sie. Je mehr man versucht, den Garten abzuriegeln und alle Schlupflöcher zu stopfen, umso attraktiver scheint er für die Katzen zu werden.

Ein Ultraschallgerät hilft, wenn auch nicht flächendeckend. Aber es vertreibt ebenso die eigenen Kinder mit ihrem Sensorium für hohe Töne aus dem Garten. Das Abspritzen mit Wasser war tatsächlich für die Katz.

WIR SIND NICHT DAS PENTAGON!

Im Internet finden sich tausend Empfehlungen, doch keine hilft: Das Ausstreuen von Kaffeesatz war eher einladend, das Sprayen von Zitronenöl störte uns selbst mehr als die Katzen. Pfefferkörner, Orangenschalen und Seifenwasser sind für Pflanzen schlimmer als für die Katzen. Wasserpistolen und automatische Wasserspritzgeräte – fast Selbstschussanlagen –, Stacheldraht, Elektrozaun und Luftgewehr werden empfohlen. Aber wir sind ja nicht das Pentagon! Im Sommer üben wir mit der Verpiss-dich-Pflanze (Harfenkraut, Buntnessel, *Plectranthus caninus*), einem nach Moschus oder Menthol riechenden Lippenblütler. Die einzige Erfolg versprechende Methode, das Anschaffen eines Hundes, kommt bei uns nicht in Frage: Wir kommen nicht vor lauter Katzendreck auf den Hund! Sonst droht uns nur neues Ungemach in Form von gegrabenen Löchern, braunen Ringen im grünen Rasen oder vergilbenden Beeteinfassungen – falls es denn ein Rüde sein sollte.

Lästige Nützlinge

Wespenplage im Garten

Wenn das Wetter gut genug ist, wollen wir im Freien essen. Sei das nun in einem Biergarten unter Bäumen oder in einem hübschen Straßencafé, auf dem Balkon oder im eigenen Garten. Und da kommen sie plötzlich in Scharen, die Wespen. Und fast immer findet sich einer in der Gesellschaft, der auf die Stiche der gelbschwarzen Viecher allergisch ist, sodass man in die stickige Luft des Lokals umziehen muss.

NERVENDE LUFTANGRIFFE

Bleibt man dennoch im Garten, wird das Gespräch dominiert von Vorschlägen, wie man die mühsamen Tiere abhalten kann. Einer schwärmt von mit Fleisch angereicherten Bierfallen, eine andere hüllt die Menschheit in Wolken von «Anti Brumm», und die vermeintlich abgeklärten Philosophen unter uns raten, keine Hektik aufkommen zu lassen. Letztere verwandeln sich dann aber bald entnervt in erbitterte Jäger, die mit Stolz die «Strecke» der erlegten Tiere auf dem Tisch ausbreiten. Ein freundlicher Kellner legt eine Scheibe Zitrone und viele Nelken auf den Tisch – das sieht schön aus, aber die Wespen lassen sich damit nicht vertreiben. Ebenso wenig hilft der Tipp, eine Wespe unter einem Glas gefangen zu halten, damit die anderen aus Furcht vor dem gleichen Schicksal das Weite suchen. Bestechend tönt der Vorschlag, einen Sack aus grauem Vlies in die Veranda zu hängen, damit die Wespen glauben, hier habe bereits ein Wespenvolk sein Zuhause und würde keine Konkurrenz dulden. Eine Logik, die von den Wespen offenbar sofort durchschaut wird.

Wespen sind an sich für den Gärtner nützliche Tiere. Da sie ihren Nachwuchs mit Eiweiß füttern, sind sie die Fressfeinde der Blattläuse und anderer Schädlinge. Deshalb sind sie auch so scharf auf unsere Teller mit Fisch, Fleisch oder Wurst. Sie essen aber ebenso gern Süßes. Am besten deckt man alles ab: Die Gläser mit Süßgetränken bekommen einen Bierdeckel und die Speisen auf den Platten müssen unter Glasglocken. Wir schwören darauf, dass man einigermaßen ungestört essen kann, wenn man eine Zigarre raucht und zusätzlich eines dieser perfiden Rackets neben sich hat, das mit einer Batterie ausgestattet ist und die allzu aufdringlichen Wespen mit einem kleinen Blitz und leichtem Bratgeruch ins Jenseits befördert. Nützlinge hin oder her!

Kammer des Schreckens

Dauerregen fördert den Schneckenfraß

Wenn die schönste Zeit für die Gärten, der Frühling und der Frühsommer, praktisch völlig dem Regen zum Opfer fällt und man dem Gemüse beim Verfaulen zusehen kann und die Knöpfe der Rosen sich gar nicht erst öffnen, dann kommt bestimmt auch noch die Schneckenplage dazu. Diese gefräßigen Tiere fühlen sich im nassen Wetter fitter denn je. Sie lassen den Garten teilweise zu einer Kammer des Schreckens werden. Jeder Gärtner hat das subjektive Gefühl, die schleimigen Viecher kriechen aus einem Umkreis von mehreren Kilometern ausgerechnet in den eigenen Gemüsegarten, um über Nacht einige Pflanzen gänzlich aufzufressen.

NICHTS HILFT

So ist es natürlich nicht, aber die Börse mit guten Tipps für die Bekämpfung der Schnecken hat eine Hausse, die den stagnierenden Index der Wertpapierbörse weit hinter sich liegen lässt. Am Ende des Tages aber muss man sagen, dass gar nichts wirklich hilft. Selbst die sonst recht probaten Ferramol-Schneckenkörner versagen. Die blauen Köder lösen sich bei Regen schnell auf und werden in wenigen Tagen wirkungslos. Beim Dauerregen der letzten Wochen ist ihre Halbwertszeit wohl auf Stunden zurückgegangen.

Dazu kommt, dass man an der Stelle, wo auch Weinbergschnecken leben, ohnehin keine chemischen Stoffe einsetzen sollte. Die optimale Methode, während der Nacht mit der Taschenlampe die Schädlinge abzulesen und zu vernichten, ist nie wirklich ein Vergnügen, aber bei Dauerregen wird sie unerträglich. Sägemehl oder Sand zu streuen, Kaffeesatz oder Eierschalen zu verteilen, hilft dabei gar nichts, Salz spült der Regen weg, und selbst die klassischen Bierfallen bringen kaum Erfolg: Da trinkt man das Bier besser selbst, um das Grauen im Garten draußen zu vergessen.

AKROBATISCHER GESCHLECHTSAKT

Vielleicht sollten wir Schnecken gegen Schnecken züchten: Der Große Tigerschnegel (Limax maximus) lässt unsere Pflanzen in Ruhe, er isst nur faule Blätter und Algen und modriges Holz. Aber er liebt Nacktschnecken. Spanische Wegschnecken oder Waldschnecken aller Art sind für ihn ein Leckerbissen, und er frisst sie weg. Vor allem liebt er die Schneckeneier. Sie sind der Kaviar des Schnegels. Wie erkennt man den Räuber in der Welt der Schnecken? Er ist – wie sich das für ein Raubtier gehört – getigert mit Tupfen oder Streifen. Zudem haben die Schnegel eine spannende Art, sich fortzupflanzen. Die Hermaphroditen hängen sich in einem akrobatischen Akt an eine Schleimschnur, die sie von einem Zweig herunterlassen, und winden sich dort umeinander in der freien Luft. Ein eleganter Tanz im Reich der schleimigen Mollusken!

Nächtliche Beißereien

Steinmarder lieben Kabel

Es mag befremden, wenn man in einer sonst eher romantisch-blumigen Kolumne über das Grün in Wald und Garten plötzlich mit technischen Problemen konfrontiert wird. Aber ein Garten basiert wie alles andere in der Welt auf Physik und Chemie und ist als künstliche Schöpfung auf die Pflege des Menschen angewiesen. Wenn Letzterer einmal in die Ferien verreisen will, muss das Bewässern der empfindlicheren Gewächse organisiert sein. Dafür gibt es heute einfach zu installierende Bewässerungsanlagen, die von kleinen Computern gesteuert werden und das Wasser richtig dosieren.

Diese praktische Lösung wird aber oft von den Mardern durchkreuzt. Die Steinmarder hat es als Kulturfolger nahe zu den Menschen gezogen. Er fühlt sich wohl in Siedlungen, Parkanlagen, Scheunen oder Dachböden, und die Kunststoffleitungen in Gärten werden gern zu nächtlichen Beißereien genutzt. Statt unter den Pflanzen zu tropfen oder aus feinen Düsen zu vernebeln, spritzt das Wasser da, wo es dem Marder passt, aus den Leitungen. Und das sind dann meist unzugängliche Orte, wo man durch Dornenhecken oder unter Rhododendronbüsche kriechen muss, um den Schaden zu beheben.

DES MARDERS ZORN RICHTET SICH AUF DIE DUFTMARKE

Vermutlich ist der Biss in die Kunststoffleitungen eher ein Irrtum des kleinen Raubtiers, denn eigentlich liebt er viel mehr die weichen Kabel der Gartenbeleuchtung. Die zernagt er mit einer erstaunlichen Wut in kleine Stücke, was ja auch den Autobesitzern wohlvertraut ist. Wenn man die Stromkreise von Außen und Innen nicht perfekt getrennt hat – und wer hat das schon? –, kann es passieren, dass man mitten im Fernsehkrimi oder bei der Bettlektüre im Dunkeln sitzt. Und der Fehlerstromschutzschalter (FI-Schalter) kann dann nicht mehr eingeschaltet werden, bevor man in Schnee, Eis oder Dauerregen das vom Marder gekappte Kabel aus der Steckdose entfernt. Mit vernünftig geplanten Sicherungsgruppen und seitlich aufklappbaren Schutzrohren – in die man die beidseitig verschweißten Kabel einfügt – kann man sich einigermaßen gegen derartige nächtliche Abenteuer sichern.

Zoologen versichern uns, dass die Marder keineswegs süchtige Gummi-Junkies seien. Es ist offenbar nicht der Geschmack der Kabel und Schläuche, der die an sich kuscheligen Tiere zu zornentbrannten Beißern werden lässt. Nein, es ist der Urin, die Duftmarke anderer Männchen auf den Kabeln, die ihre Wut entfesselt.

Die Stinkwanzen lieben leider die gleichen Früchte wie wir.

Übler Stinker

Die Asiatische Baumwanze macht uns das Leben schwer

Baumwanzen kannten wir seit je, und wir nannten alle Sorten «Stinkkäfer», weil sie sich fürs Erschlagen mit einem hässlichen Duft rächen. Nun ist vor einigen Jahren die Marmorierte Baumwanze (*Halyomorpha halys*) aus Asien zu uns vorgestoßen. Als Erstes hat sie sich über unsere Himbeeren hergemacht. Wir haben die Wanzen abgelesen und umgebracht und anschließend lange die Hände gewaschen, weil sie ihre widerliche Geschmacksnote zurückgelassen hatten.

Baumwanzen riechen im besten Fall «grün» wie ein frisch geschnittener Rasen, im schlechtesten Fall – und das ist bei den Asiatischen Wanzen der Fall – einfach ekelhaft. Wir jubelten, als wir die Himbeeren von allen Wanzen befreit hatten – aber leider rochen nicht nur die zerquetschten Wanzen etwas nach Himbeeren, sondern auch die Himbeeren penetrant nach Wanzen.

BLINDE PASSAGIERE AUS ASIEN

2007 soll der stinkende Käfer erstmals in Zürich aufgetaucht sein. Verdächtigt wird das Verpackungsmaterial für Bauteile für den Zürcher Chinagarten, in dem die Wanzen als blinde Passagiere mitgereist sein dürften. Nun verbreiten sie sich entlang der Seeufer, krabbeln in Massen in den Glyzinien, entdecken jede Frucht, an der sie saugen können und zum Dank ihre Duftnote hinterlassen. Mittlerweile hat er auch die Zitrusfrüchte schätzen gelernt, und im Winter sucht er sich gern im Haus ein warmes Plätzchen zum Überwintern.

Ihn plattzumachen kostet wegen der olfaktorischen Folgen einige Überwindung. Natürliche Feinde hat die Wanze nicht. Mit ihrem stinkenden Sekret will sie kein Vogel auf seiner Speisekarte. Und wirksame Spritzmittel gegen die Insekten werden so rasch verboten, wie neue Schädlinge auftauchen. Nach Buchsbaumzünsler, Miniermotten, Asiatischem Laubholzbockkäfer, Feuerwanze, Tigermücke, Eichenprozessionsspinner, Kirschessigfliege, Maiswurzelbohrer und anderen ungeliebten Einwanderern aus dem Fernen Osten stinkt uns im Garten die Globalisierung langsam im wahrsten Sinne des Wortes!

Der schwarze Tod im Garten

Gefahr für die Lenzrosen

Christrosen und Lenzrosen sind eine Zierde des Winters und, wie ihr Name sagt, des Frühlings. Ihre Arten sind vielfältig, und sie kommen aus Europa, vor allem aus dem mediterranen Raum, und aus Asien. Bei uns in lichten Laubwäldern im Tessin sind die Christrosen heimisch. Dem Jura entlang wächst die Stinkende Nieswurz (*Helleborus foetidus*), die – im Gegensatz zu dem, was ihr Name insinuiert – eine sehr hübsche Gartenpflanze abgibt.

Auf Korsika finden sich die höheren Stauden von *Helleborus argutifolius*, auf Mallorca wächst die Balearen-Nieswurz (*Helleborus lividus*), in der Toskana *Helleborus multifidus* und auf den Britischen Inseln und in Nordwesteuropa *Helleborus viridis*. Von Griechenland bis in den Kaukasus erstreckt sich das natürliche Vorkommen von *Helleborus orientalis*, der Pflanze, die für Gärtnerinnen und Gärtner besonders attraktiv ist. Aus allen diesen Arten haben sich, mit oder ohne menschliches Zutun, Kreuzungen ergeben, was die Orientierung im Reich der Christ- und Lenzrosen höchst kompliziert macht. Vor allem aus *Helleborus orientalis* werden immer wieder neue Hybriden gezüchtet mit diversen Farbtönen und Blütenformen. Ein Eldorado für Sammler!

VON DER SCHWARZFLECKENKRANKHEIT ZUR PEST

Aber natürlich herrscht auch im Reich der Lenzrosen nicht nur eitel Sonnenschein. Die Pflanzen können erkranken. Die Schwarzfleckenkrankheit und die Stängelgrundfäule gehen auf Pilzbefall zurück, sie können durch Rückschnitt und Fungizide bekämpft werden. Weit schlimmer ist der *Black Death*, der Schwarze Tod der Helleborus, eine Viruserkrankung, die ein schnelles Ausgraben der Pflanze und deren Entsorgung im Hausmüll erfordert.

Und wie so oft sind gerade die exquisitesten, schönsten Neuzüchtungen betroffen. Vermutlich holt man sich mit ihnen die Krankheit in den Garten. Da, wo man eine der «Pest» anheimgefallene Pflanze ausgräbt, sollte man nicht so schnell eine neue setzen. Die Krankheit bildet ein schwarzes Zickzackmuster auf den Blättern und lässt diese schnell welken.

Innerhalb eines halben Jahres ist die Pflanze tot. Manchmal treibt sie im folgenden Jahr nochmals kleine Blätter, aber diese kommen schon schwarz aus der Erde. Es hilft nichts anderes, als sich so schnell wie möglich von ihr zu trennen. Natürlich sind gesunde Pflanzen auch widerstandsfähiger und werden nicht befallen. Helleborus mögen keine permanente Feuchtigkeit, sie verlangen eine gute Drainage und sie lieben eine lehmig-kalkige Erde. Etwas Gartenkalk hilft mehr als jeder Dünger.

Uneins sind sich die Gärtner in der Frage, ob man die alten Blätter im Winter entfernen soll, damit die Blüten besser zur Geltung kommen. Einige wollen keine «nackten» Blüten, andere wollen keine welken alten Blätter. Spätestens dann, wenn die neuen Blätter austreiben, sollte man die alten allerdings wegschneiden – allein schon aus dem Grund, dass keine Pilzkrankheiten von den alten auf die neuen Blätter übertragen werden. Helleborus tragen ihre Blütenhüllblätter lange, und wenn man sie lässt, kreuzen und samen sie sich im Garten aus. Mit Vorteil schneidet man die Blüten mit ihren aufgeblasenen Samenbehältern deshalb frühzeitig weg, dann kann die Pflanze ihre Energie für ein kräftigeres Blattwachstum nutzen.

Es ist traurig, die von der Pest betroffenen Lenzrosen entsorgen zu müssen.

Sterben die Buchsbäume?

Ein Pilz bedroht Hecken und Kugeln

Seit der zweiten Hälfte des Jahres 2006 mehren sich die Fälle einer neuen Buchskrankheit. Ein Pilz, *Cylindrocladium buxicola*, lässt die Zweige der Buchsbäume absterben. Vermutlich ist die große Nachfrage nach dem Modegewächs der letzten Jahre einer der Gründe, weshalb die Krankheit eine so schnelle Verbreitung fand: Von überallher wurden Buchsbäume bezogen, man konnte sich nicht mehr auf einen Lieferanten abstützen, um der Nachfrage zu entsprechen, und so breitete sich der Pilz schnell aus.

SCHNELLE AUSBREITUNG

Im Sommer 2004 wurden erste Fälle in Großbritannien registriert, 2007 kamen nach dem verregneten August besorgte Meldungen aus Hamburg, wo in einer einzigen Friedhofanlage Schäden von über 200 000 Euro zu beklagen sind. Nun sind auch Süddeutschland und die Schweiz betroffen. Der zu warme Frühling brachte den Pflanzen Stress, der feuchte Sommer ließ den Pilz sich schnell ausbreiten. Als Erstes ist ein starker Blattfall zu beobachten, dann sterben einzelne Triebe ab, die Blätter färben sich braun, auf den Blattunterseiten findet sich ein weißer Sporenbelag, und schließlich präsentieren sich die Buchse mit schwarzen Streifen. Besonders gefährdet sind die zu Figuren und geometrischen Körpern geschnittenen Buchsbäume, weil ihre Blätter eng stehen und die Feuchtigkeit nicht wegkann. Und in der Nässe gedeiht der Pilz. Deshalb ist die sehr gedrungen wachsende Art *Buxus sempervirens* 'Suffruticosa' speziell bedroht.

Auch in der Region Zürich greift die Krankheit um sich. Ernst Meier, der Seniorchef des Gartencenters in Dürnten, diagnostiziert jeden Tag mit großer Geduld große Mengen von mit Ungeziefer und Krankheiten befallener Zweige, die ihm die Kunden bringen. Er rät zu Gelassenheit angesichts der kranken Buchsbäume, noch halte sich der Befall in Grenzen. Er glaubt, dass vor allem Gärten betroffen sind, in die erst vor Kurzem neue Buchsbäume eingebracht wurden. Man schleppt sich die Krankheit in den Garten. Unterlässt man dies, sollte der Garten verschont bleiben, vor allem dann, wenn man die Buchsbäume richtig pflegt. Im Frühling muss man das alte Laub entfernen, dürre oder kranke Äste schneiden und mit speziellem Buchsdünger die Pflanzen kräftigen. Im Mai oder Juni sollte man die Pflanzen vorbeugend spritzen und die Behandlung im September wiederholen.

UNERLÄSSLICHE DESINFEKTION DER GARTENGERÄTE

Natürlich kann man einiges zur Gesundheit der Buchspflanzen beitragen, wenn man sie in Trockenzeiten nur im Wurzelbereich wässert und die Pflanze trocken hält, wenn man sie nur bei bedecktem Wetter schneidet – oder für einmal gar nicht – und die Schere vor dem Schnitt jeder neuen Pflanze mit Alkohol oder mit dem Bunsenbrenner desinfiziert.

Vergessen darf man aber nicht, dass *Cylindrocladium buxicola* nicht die einzige Krankheit ist, die dem Buchs zu schaffen macht. Seit Langem kennt man den Erreger *Volutella buxi*, der den «Buchsbaumkrebs» verursacht, der einzelne Triebe absterben lässt, manchmal reißt er die Rinde sogar bis aufs Holz auf. Volutella lässt sich an den aprikosenfarbenen Sporen auf der Blattunterseite erkennen. Und natürlich nistet sich auch noch allerhand Ungeziefer gerne in den grünen Kugeln ein, lässt sich aber mit gängigen Mitteln gut bekämpfen.

Bedrohte Sträucher

Buchsbaumzünsler am Werk

Buchs ist ein ausgesprochenes Modegewächs. Es eignet sich hervorragend, um Gärten eine architektonische Struktur zu geben, und Buchsbaumkugeln passen in die modernsten Gärten ebenso gut wie in barocke Parterres oder in Bauerngärten. Für diese Funktion kannte man früher die kleinblättrigen dichten Arten, wogegen in vom Hause entfernteren Bereichen die großblättrigen Büsche gepflanzt wurden, die wir auch aus den Wäldern kennen. Vielleicht macht die oft an Monokultur grenzende Häufigkeit in vielen Gärten den Buchs aber verletzlich. Vor einigen Jahren schreckte eine Pilzerkrankung der Buchsbäume die Gärtner auf. Viele schwarz werdende Sträucher mussten verbrannt und ersetzt werden.

EIN UNGELIEBTER EINWANDERER OHNE FRESSFEINDE

Nun ist 2006 der Buchsbaumzünsler, eine gefräßige Raupe, aus Asien nach Europa importiert worden. Von Weil am Rhein kam er nach Riehen, und ein Jahr war später war er bereits im Kanton Basel-Landschaft. 2010 machte er sich am rechten Zürichseeufer breit. Wir haben ihn damals entdeckt und mit Insektizid bekämpft. Der Zünsler hat dummerweise bei uns keine natürlichen Fressfeinde. Wegen der Giftigkeit der Futterpflanze würgen die Vögel allenfalls gefressene Raupen wieder heraus. Sie haben den Trend zum Asian Food leider noch nicht entdeckt, und so kann er sich – wenn wir ihm nicht mit der Giftspritze begegnen – nach Lust und Laune vermehren.

Die Prognosen sind also düster. Wenn ein einziger Garten in der Nachbarschaft nicht gespritzt wird, hat man im nächsten Jahr die Raupe wieder im Garten. Viele Gärtner suchen deshalb nach Ersatz und verwenden andere Gewächse, die sich gut für einen regelmäßigen pflegenden Schnitt eignen: etwa Eiben, Duftblüte, Heckenkirsche oder die Japanische Stechpalme, die wohl dichteste und am besten geeignete Ersatzpflanze.

KAMPF GEGEN KRANKHEITEN

Wir leben in einer klein gewordenen Welt. Aus aller Herren Ländern werden uns heute kulinarische Spezialitäten angeboten, und auch Pflanzen kommen aus Asien oder Amerika zu uns. Immer öfter ziehen damit in unsere Regionen invasive Neophyten, die wir kaum mehr loswerden. Und immer öfter tauchen neue Plagegeister in Form von Viren, Bakterien und Schädlingen auf, die unsere Pflanzen befallen.

Der Buchsbaumzünsler ist sicher der zurzeit mühsamste Zuwanderer in unseren Gärten. Im ersten Schreck haben alle zu starkem Gift gegriffen. Nun gibt es bessere Methoden – mit Pheromonfallen oder mit dem *Bacillus thuringiensis* (Spritzmittel «Delfin») rückt man dem Zünsler zu Leibe, oder aber er wird mit Wasser unter Hochdruck aus den Pflanzen gespült und aufgesammelt.

Die Thujen erkranken immer häufiger

Hitze, Trockenheit, Pilze und Insekten als Bedrohung

Dass der Lebensbaum, die Thuja, hierzulande zu den häufigsten Gartenpflanzen gehört, merken wir erst jetzt so recht, weil viele seiner Exemplare krank sind und wie braune Reisbesen in den Gärten stehen. Die Thujen sind als Hecken beliebt, weil sie sich bestens eignen, die geometrischen Formen im Garten fortzusetzen. Sie wachsen als Solitärpflanzen zu hohen, immergrünen Bäumen, aber sie lassen sich, wenn man früh anfängt und konsequent bleibt, gut in Form schneiden, als Hecken, die als grüne Mauern die Gärten oder Teile von ihnen einfassen.

PRACHTSOMMER BRINGT STRESS

Thujen sind die grünen Betonmauern der Gärtner. Sie eignen sich hervorragend als Sichtschutz, und sie waren bis vor wenigen Jahren – abgesehen vom Schnitt – gärtnerisch anspruchslos. Das hat sich nun entschieden geändert. Wo man in der Stadt unterwegs ist, trifft man auf kranke oder gestorbene Thujen. Braune Flecken sind erste Symptome. Dann sterben ganze Einzelbäumchen, und in seltenen Fällen ist fast die komplette Hecke dem Untergang geweiht. Aber das ist noch nicht das gesamte Ausmaß des Thuja-Sterbens: Auch alte ‚hohe Bäume beginnen braune Zweige zu haben, dann verdorren Äste, und schließlich sterben die großen Bäume völlig ab.

Im Raum Basel waren schon 2017 die Hälfte aller Thujen krank. Nun liegt der Spitzensommer 2018 hinter uns, der uns als schönster seit Jahrzehnten in Erinnerung bleiben wird, der aber für viele Pflanzen wegen der mit der Wärme verbundenen Trockenheit einen großen Stress mit sich brachte. Langfristig angelegte Untersuchungen zeigen, dass selbst in nördlichen oder hoch gelegenen Regionen die Bäume durch die häufigeren Phasen der Trockenheit immer stärker von Stress betroffen sind.

So gingen beispielsweise in den letzten zwanzig Jahren viele Waldföhren im Unterwallis ein, und Nadelbäume wie etwa die Fichten sind dem Befall durch den Borkenkäfer weit mehr ausgesetzt. *Thuja occidentalis*, der Abendländische Lebensbaum, stammt ursprünglich aus dem Nordosten Amerikas und Kanadas. Er kommt gut mit kühlem, ja sumpfigem Boden zurecht. An der Trockenheit gehen Thujen aber eigentlich nur dann ein, wenn man sie nach dem Pflanzen nicht regelmäßig bewässert. Sind sie jedoch einmal gut angewurzelt, haben sie meist durch den Regen ausreichend Wasser. 2018 war ein Ausnahmejahr, die wenigen Niederschläge reichten vielfach nicht aus, und die Thujen sind oft – vor allem als Hecke – so dicht gepflanzt, dass der Regen eines kurzen Sommergewitters die Wurzeln nicht erreicht. Thujen können über 1500 Jahre alt werden, wenn sie nicht an Trockenheit oder wegen Schädlingen eingehen.

Die Pilze, die gestresste Thujen befallen, sind vielfältig. Es gibt die Schuppenbräune (*Didymascella thujina*), die Jungpflanzen an schattig-feuchten Standorten befällt, und die

Wurzel- und Stängelfäule (*Phytophthora cinnamomi*), die über beschädigte Wurzeln in die Pflanze eindringen kann. Geschwächte Thujen können vom Zweigsterben (*Pestalotia funerea*) befallen werden. Das Triebsterben kann aber auch auf den Pilz *Kabatina thujae* zurückgeführt werden. Bei allen Pilzkrankheiten sollte man die betroffenen Stellen so schnell wie möglich entfernen, und man kann versuchen, mit Fungizid die betroffenen Pflanzen zu retten.

PILZBEFALL UND TIERISCHE SCHÄDLINGE
Man muss sich aber gut überlegen, ob sich die Chemie wirklich eignet, denn wenn die Bäume großflächig erkrankt sind und nicht alle Gartenbesitzer mitmachen, werden bald wieder Pilzsporen die Thujen befallen. Vielleicht ist es besser, auf andere Heckenpflanzen zu wechseln. Dies besonders, weil zudem noch tierische Schädlinge die Bäume befallen: Schildläuse und Miniermotten sind eine Plage, und neuerdings treibt offenbar auch der Grüne Wacholder-Prachtkäfer nicht mehr nur sein Unwesen an dem Baum, der ihm den Namen gegeben hat, sondern ebenso an Thujen, Zypressen und Scheinzypressen.

Hartnäckiges Unkraut

Ein Frontbericht

Gärtnern, so denkt man, ist in erster Linie Hegen und Pflegen, Säen und Gießen, ein ständiges Aufbauen. In Tat und Wahrheit ist Gärtnern ein andauernder Kampf gegen das Überwuchern eines Stücks kultivierter Natur. Die wichtigsten Instrumente des Gärtners sind nicht Setzholz und Pflanzschaufel, sondern Rebschere, Säge, Heckenschneider und all die Geräte, die es braucht, um zu den Wurzeln des Unkrauts vorzustoßen. Alles in allem ein martialisches Instrumentarium.

AUCH EIN NATURGARTEN MUSS IM GLEICHGEWICHT BLEIBEN
Kein Wunder, dass deshalb viele versuchen, ihren Garten mit der Natur in Einklang zu bringen. Sie legen Naturgärten an, mit einheimischen Gehölzen und Stauden, lassen dem Unkraut seinen Raum und sind bald glückliche Besitzer eines biotopähnlichen Stücks verwildernden Landes, das mit Vögeln, Schmetterlingen, Kröten, Fröschen und Igeln eine reichhaltige Fauna aufweist, aber eine eher armselige Flora. Denn auf kleinen Grundstücken nehmen die stärksten Pflanzen schnell so sehr überhand, dass der Artenreichtum rasch zusammenbricht. Bald sind es dann die Neophyten wie Goldrute oder Sommerflieder, die das Terrain beherrschen.

Wer auf kleinem Grundstück eine Vielzahl von Blumen und Pflanzen will, darf den Kampf nicht scheuen. Ein der Natur nachempfundener Garten braucht ebenfalls Pflege, und das bedeutet, jeder Pflanze ihren Lebensraum frei zu halten und sie nicht überwuchern zu lassen von den stärksten, die bald nur noch eine Monokultur bilden.

Neben den kleinen Unkräutern, die man von den Gärtnereien einschleppt, gilt der Kampf vor allem dem großen, mehrjährigen Unkraut. Und auch da gibt es in unserer Region eine Hitparade der schlimmsten: Angeführt wird sie zweifellos vom Giersch, dem Baumtropf (*Aegopodium podagraria*), der, einmal verbreitet, kaum mehr ausgerottet werden kann. Es sei denn, man rückt ihm mit Herbiziden zu Leibe, oder man deckt ihn ein Jahr lang mit schwarzer Folie ab. Wie die Zaunwinde, den Schachtelhalm oder das wuchernde Gras, die auf den folgenden Plätzen stehen, schleppt man auch den Giersch mit kontaminierter Erde ein. Bei der Winde sind es meist winzige Wurzelteilchen, die in neuer Erde stecken, die, wenn man nicht aufpasst, eine Plage für den Garten werden. Natürlich ist die sich um jeden Zweig windende Winde mit ihren weißen Blüten hübsch, und in der blauen Variante ist sie schön und sogar domestizierbar. Aber wenn sie nicht rechtzeitig gejätet wird, kommt zum unterirdischen Netz der Subversion noch die unberechenbare Verbreitung der Samen.

Gegen die Winde hilft das Ausgraben kaum, da man selten alle feinen, weißen Würzelchen erwischt, die so leicht abbrechen. Dafür gibt es ein Mittel, das man wie einen Schaum sorgfältig auf die Blätter gibt und das dann von der Pflanze bis in die Wurzeln aufgenommen wird.

NUR EIN KURZES GASTSPIEL

Beim Schachtelhalm, der vor allem an Hängen mit feuchtem Untergrund in Massen auftaucht, ist das Herausarbeiten der Wurzeln enorm schwierig. Bei wucherndem Gras, das seine Rhizome immer weiter in die Wurzelstöcke der Pflanzen stößt, um dem Ausreißen zu entgehen, hilft ständiges Abreißen und allenfalls das Versetzen der betroffenen Wurzelstöcke in saure Erde. Ein «Unkraut» ist in unserem Garten ein tolerierter Gast, das Scharbockskraut (*Ranunculus ficaria*). Mit seinen metallisch-golden schimmernden Blüten verschönert es von März bis Mai die noch öden Stellen im Garten und ist nach dem kurzen Gastspiel wieder verschwunden. Ein Unkraut, von dem wir während zehn Monaten nichts sehen, ist im Vergleich zu anderem unerwünschtem Gewächs keine große Belastung.

Ausbrecherkönig

Der Bambus ist kaum zu bremsen

Bambus ist ein Modegewächs, eine Pflanze, die mit ihrer eleganten Form einen asiatischen Hauch in den Garten bringt und die sehr gut mit moderner Architektur harmoniert: Zu Glas-, Metall- und Betonbauten passt das abstrakt wirkende runde Rohr mit den oft regelmäßig horizontal angeordneten Blättern. Jeder weiß, was man sich unter Bambus vorzustellen hat, aber «Bambus» ist kein Pflanzenname, die verschiedensten Gattungen und Arten lassen sich darunter subsumieren. Und leider sind die schönsten auch die problematischen, weil sie Rhizome treiben, die sich im Boden kriechend meterweit fortbewegen können und dann plötzlich in die Höhe schießen. In einem großen Park können sie Wälder bilden – im kleinen Garten sind sie nur «in Käfighaltung» erträglich.

GEBALLTE LEBENSKRAFT

In unserer Nachbarschaft hat ein pfiffiger Ausbrecher einigen Schaden verursacht. Er hat kleine Mauern durchbrochen, sich unter einem Plattenbelag durchgeschlagen – der Split darunter bot kein Hindernis, Installationen für Elektrizität und Bewässerung hat er für seine Zwecke umgedeutet, und alles in allem hat er eine gewaltige Lebenskraft bewiesen. Bambus wächst so schnell, dass man fast zusehen kann. In Japan wurden Tageswerte von einem Meter gemessen. Und dann gibt es all die schlimmen Geschichten aus Asien, wo zum Zwecke von Folter oder Hinrichtung die Spitzen des Gewächses durch gefesselte Körper wachsen sollen.

Weit wichtiger als diese Gräuelgeschichten ist indessen die wirtschaftliche Bedeutung der Pflanze, deren Austriebe man essen kann und die für die Bauwirtschaft in Asien als Holzlieferant oder als Gerüstmaterial eine enorme Rolle spielt. Die Gattung *Phyllostachys* umfasst viele Arten, solche mit gelben, grünen oder fast schwarzen Halmen. Beliebt sind auch die gelben mit einem feinen grünen Streifen, der nach jedem Internodium (Teil der Sprossachse zwischen zwei Knoten ohne Blätter) an einem anderen Ort markiert scheint. Aber gerade die schönen *Phyllostachys* sind große Ausbrecher. Sie finden immer wieder eine kleine Fuge in einem Mäuerchen, die sie mit großer Kraft aufsprengen können.

BAMBUSSPERREN

Der Bau von Bambussperren erfordert ein professionelles Vorgehen. Wo der Bambus nicht in Kübeln, in Betonrohren oder an mit Betonmauern umrandeten Standorten gepflanzt werden kann, wird eine Rhizomsperre mit Kunststoff angebracht, die ab der Rolle senkrecht in die Erde eingegraben und mit einer Eisen- oder Aluverschlussschiene verschraubt werden muss. Gegen innen dürfen keine Überlappungen vorstehen, weil sich sonst ein Rhizom hineindrängen könnte. Das alles bringt aber nur Sicherheit, wenn über die Sperre hinweg kriechende Rhizome regelmäßig abgeschnitten werden. Wer seinem Bambus kein Gefängniswärter sein will, der muss andere Arten wählen, die keine aggressiven Rhizome bilden.

Neben den Ausbrechern, welche die Engländer «Runner» nennen, gibt es auch die Horstbildenden, auf Englisch «Clumber», die keine Sperren brauchen. Zu ihnen gehört die große Gruppe der *Sinarundinaria* oder *Fargesia*, schöne Büsche, die aber nie ganz den gleichen Eindruck hinterlassen wie die *Phyllostachys*. Etwas böse gesagt: Man merkt Ersteren mehr als Letzterem an, dass sie alle letztlich zu der Großfamilie der Gräser gehören.

Wer also schöne Bambuspflanzen will, der soll gleich beim Pflanzen eine professionelle Sperre einbauen, sonst kann die Sache sehr teuer kommen oder – wenn die Ausbrecher das Grundstück in Richtung Nachbar verlassen – gar vor dem Richter enden. Bambusse im Topf, in Betonrohren oder im «Gefängnis» der Bambussperre brauchen viel Wasser und auch Dünger, denn sie bilden so viele Wurzeln, dass für das Pflanzsubstrat bald kein Raum mehr bleibt. Mit ausreichend Wasser und regelmäßiger Düngung erhält man schöne Pflanzen, und die Holme werden mit jedem Jahr dicker.

Kranke Föhren

Ein Nadelpilz verbreitet sich

Was dem Buchs sein Zünsler, ist der Föhre ihre *Lecanosticta*: So könnte man salopp die beiden jüngsten eingeschleppten Schädlinge charakterisieren, die unseren Gärtnern zu schaffen machen. Allerdings vergleicht man da Äpfel mit Birnen: Das Pendant zur kahl fressenden Zünsler-Raupe beim Buchsbaum ist der Kiefernknospenwickler oder andere Insekten, die den Föhren schaden. Andererseits ist es der Pilz *Cylindrocladium buxicola*, der die Buchsbäume vergilben lässt, der sich mit *Lecanosticta acicola*, dem Erreger der Braunfleckenkrankheit bei den Föhren, vergleichen lässt. Dieser Nadelpilz – eingeschleppt wohl aus den USA – hat sich in den letzten Jahren in der Schweiz ausgebreitet, ausgerechnet vor allem in Zürich, wo er insbesondere Bergföhren befällt. Er lässt Teile der Föhren und meist am Ende den ganzen Baum braun werden und absterben. Es besteht eine Meldepflicht für befallene Bäume – da ein Übergreifen auf den Waldföhrenbestand verhindert werden soll.

SCHWIERIGE DIAGNOSE

Für den Laien ist es nicht einfach zu beurteilen, ob es sich bei den braunen Nadeln an den Föhren um natürlichen Nadelfall, die physiologische Schütte, handelt, mit der die Nadelbäume im Spätsommer ihre alt gewordenen Nadeln loswerden, da sie längst durch neue ersetzt wurden.

Auch das Streusalz des Winterdiensts lässt die unteren Äste der Föhren oft braun werden.

Wenn man den braun werdenden Bergföhren im Garten oder in der benachbarten Parkanlage nicht mehr traut, kann man versuchen, sich unter www.waldschutz.ch, Stichwort «Diagnose», schlauzumachen. Leider sind die Schadens-

bilder jenen der Rotbrandkrankheit der Föhren ähnlich – auch diese hat in den letzten Jahren bei uns überhandgenommen. Verletzungen des Baums durch Hagelzüge ermöglichen das Eindringen der Erreger, wovon Berg-, Schwarz- und Waldföhren betroffen sind.

Lästige Kleine

Das Behaarte Schaumkraut – Unkraut und Delikatesse

Was Unkraut ist, liegt bekanntlich ganz in der Betrachtungsweise des Gärtners. Alles, was er nicht in seinen Balkonkästen oder im Gemüsebeet haben will, wird als Unkraut tituliert. Einzelne Unkräuter definieren sich aber auch durch eine unglaubliche Lästigkeit. So etwa das Behaarte Schaumkraut (*Cardamine hirsuta*), eine Pflanze mit kleiner Blattrosette und weißen Blüten, die mit dem hübschen violetten Wiesenschaumkraut verwandt ist. Als *Brassicaceae* oder *Crucifera* – also Kreuzblütler – ist sie auch mit dem Senf und vielen Gemüsearten verschwägert.

SAMENSCHLEUDERN

Das Behaarte Schaumkraut ist durch die Evolution gewissermaßen zum Vorzeigeunkraut herangebildet worden. Die Pflanzen treiben schon im Winter aus und gedeihen so gut wie überall. Als ruderale Pflanzen behagen ihnen die Fugen zwischen den Gartenplatten ebenso wie jedes freie Plätzchen mit Erde im Beet oder

im Rasen. Je nach Lebensbedingungen wächst ein stattliches grünes Pflänzchen heran oder aber ein Winzling von wenigen Zentimetern, der sofort eine stecknadelkopfgroße Blüte bildet und bald schon Samen. Berührt man beim Jäten die Pflanze, schnellen die Samen im weiten Umfeld weg – und man weiß, dass man als Gärtner wieder einmal verloren hat. Das Schaumkraut verfügt über einen ähnlichen Mechanismus wie das nahe mit ihm verwandte Springkraut (*Cardamine impatiens*): Die reifen Samen werden weit weggeschleudert, indem sich die beiden äußeren Häute der langen Samenkapseln schlagartig zusammenrollen. Hat man einmal das Gefühl, den Garten frei davon zu haben, schleppt man es mit fast jeder neu gekauften Pflanze wieder ein. Zudem können mehrere Generationen in einem Jahr heranwachsen.

ESSEN WIR'S WEG!

So berechtigt der Zorn der Gärtner auf diesen vagabundierenden Überlebenskünstler sein mag, man muss einräumen, dass das haarige Springkraut andererseits auch geschätzt wird. Amerikanische Gärtnerinnen lieben die «*hairy bittercress*» heiß, und auch deutsche Gärtnerinnen schwärmen in YouTube-Filmchen von den bezaubernden Blüten dieser «Geschmacksbombe» mit ihrem würzigen Aroma mit einer Senföl-Note. Zugegeben, ich habe selbst angefangen, hie und da beim Jäten daran zu knabbern, und tatsächlich: Der zarte Geschmack nach Kresse ist hervorragend; viel besser als Rucola. Bald haben wir vielleicht das Unkraut zum Fressen gern, und das mühsame Ausreißen lohnt sich nun in doppeltem Sinn ...

Das behaarte Schaumkraut ist eine hübsche, aber überaus lästig Pflanze.

Unkraut vom Gärtner

Eine Kriegserklärung

Um es gleich vorwegzunehmen: Es ist klar, dass die Gärtnereien nicht immer alle Töpfe ohne Unkraut zum Verkauf anbieten können. Dafür fehlt ihnen schlicht das Personal. Zudem kauft man da und dort Pflanzen, die in großen Mengen frisch importiert werden, und die Großproduzenten sind auch nicht fähig, die Töpfe frei zu halten von dem, was man sich ja nicht in den Garten holen will.

SCHNECKENEIER UND LEBERMOOS

Es bleibt die Regel Nummer eins des Gärtnerns: Jede Pflanze, die neu in den Garten kommt, muss genau angesehen und in jeder Hinsicht «geputzt» werden. Wenn der Garten einigermaßen «schneckenfrei» gemacht werden konnte, reicht oft ein neuer Topf oder zwei, um die Plage wieder einzuschleppen. In stiller, taufeuchter Nacht kriecht unten aus dem Topf die braune Nacktschnecke und legt genussvoll ihre Eier ins benachbarte Beet. Oder ganz unbemerkt holt man sich Blattläuse einer neuen, widerstandsfähigen Art oder eine Pilzkrankheit. Nun, man will die blühenden neuen Pflanzen genießen und sie nicht in Quarantäne halten. Aber das setzt eine seriöse «Behandlung» voraus, die die penible Entfernung jedes Unkrauts vor dem Pflanzen umfasst.

HITPARADE DER UNKRÄUTER

Und es gibt eine ganze Hitparade von Unkräutern, die man sich einschleppen kann. An erster Stelle steht für uns das Lebermoos. Es gibt Leute, die sich freuen, wenn es seine grünen Zungen über Erde, Steine, Fugen und Kies schiebt. Wir freuen uns nicht! Bei jedem neuen Gewächs muss man das Erdreich unter der Pflanze davon befreien und es von Stamm und Zweigen kratzen. Ausgerechnet aus dem Lebermoos macht man aber heute ein Extrakt mit fungizider Wirkung, das auch im Kampf gegen die Schnecken eingesetzt wird. Nummer zwei in der Hitparade ist das oben erwähnte Gartenschaumkraut.

Den dritten Platz belegt das Sternmoos *Sagina*, von dem es viele Arten gibt. *Sagina subulata* macht schöne Polster, die, um den Eindruck eines japanischen Gartens zu erzeugen, oft beim Gärtner gekauft werden. Wie kann man nur dafür Geld ausgeben, kauft man doch Sagina meist mit, ohne es zu merken, vor allem aber, ohne es zu wollen! Die Pflanze streut ihre Samen in alle Ritzen und Spalten, und man ist versucht, zum Flammenwerfer zu greifen, um sie wieder auszurotten. Mit ihren unscheinbaren, kleinen Blüten entwickelt sie eine gewaltige Fruchtbarkeit, besonders im Alpinum, auf Tuffstein und zwischen Plattenbelägen.

Auf Platz Nummer vier setzen wir die kleinen, fürchterlichen Hornsauerklee-Sorten (*Oxalis*), die vor allem beim Kauf mediterraner Pflanzen zum Zugemüse gehören. Wenn man sie nicht sauber entfernt und noch Wochen nach dem Einzug neuer Pflanzen in den Garten überprüft, hat man große Mühe, der Invasion noch Herr zu werden. Ihre unauffälligen Kleeblätter mit den noch unauffälligeren, kleinen gelben

Blüten erobern die Fugen in Mauern, schleichen sich in den Rasen ein und bedrängen bald das Gras.

Neben diesen vier Künstlern des Versteckspiels gibt es noch eine Fülle weiterer Unkräuter, die wir von Gärtnereien einschleppen. Da ist beispielsweise der Weiße Gänsefuß (*Chenopodium album*) mit grau-grünen Rispen. Er macht kaum erkennbare Blüten, aber bis zu 1,5 Millionen Samen pro Pflanze. Oder das Hir-

tentäschel (*Capsella bursa-pastoris*), von dem in einem Jahr vier Generationen heranwachsen können und das es auf 64 000 Samen pro Pflänzchen bringt. Auch das gelbe Schöllkaut und die Garten-Wolfsmilch schleppt man sich häufig ein. Aber sie alle sind nicht annähernd so heimtückisch subversiv und invasiv wie die hier auf den «Ehrenplätzen» der schwarzen Liste aufgeführten Bösewichte.

Vermeintliche Verbündete

Bodendecker – nicht besser als Unkraut

Gärtnerinnen und Gärtner, die in Teilen ihres Gartens dem Unkraut nicht mehr Meister(in) werden, setzen oft auf sogenannte Bodendecker – Pflanzen, die alles grün machen und keinem Kraut und keinem Unkraut mehr Licht und Raum lassen. Viele Grünbereiche rund um Mehr- und Einfamilienhäuser wurden in den vergangenen fünfzig Jahren mit solch pflegeleichtem Grünzeug bepflanzt. Efeu, Cotoneaster, Immergrün, Johanniskraut, Immergrüner Schneeball und Kirschlorbeer standen jahrelang auf den Pflanzlisten der Architekten, die damit den Außenraum in eine pflegeleichte Grün-Wüste ohne jeglichen Erlebniswert verwandelten.

ERFÜLLEN NICHT MAL
MINIMALANSPRÜCHE
Es wäre ehrlicher und konsequenter gewesen, wenn die Architekten die Flächen rund um die

Häuser gleich zubetoniert hätten: Immergrüne Bodendecker erfüllen nicht einmal den Minimalanspruch an einen Garten, nämlich den Wechsel der Jahreszeiten erlebbar zu machen. Wer zu faul ist, den Garten ums Haus zu pflegen, und zu geizig, damit einen Gärtner zu beauftragen, sollte das Land den Wohnungsmietern zur Nutzung übergeben oder Nachbarn, die gerne Blumen, Kräuter oder Gemüse anbauen. Alles ist besser, als langweilige Bodendecker zu pflanzen.

Der klassische Bodendecker unserer Regionen ist das Efeu, das Quadratkilometer von Gartenfläche überwuchert, die für Vorteilhafteres prädestiniert wäre. Es gibt fast nichts Schöneres als eine alte Mauer, auf der ein Efeu blüht, oder eine unattraktive Hausmauer, die von Efeu begrünt wird. Es gibt aber auch nichts Langweiligeres, ja Hässlicheres, als ein Gartenbeet voller Efeu, einen Friedhof voller Efeu oder eine Gruppe Bäume mit lauter Efeu. Unter Bäumen grünen und blühen zum Beispiel Leberblümchen, Blue Bells, Funkien, Farne, Salomonssiegel, Schattenblumen, Waldlilien, die feine Tiarella, Heuchera, Christ- und Lenzrosen, Dicentra – tausend Arten, die ein Stück Erde interessant machen können.

BODENDECKER NEIGEN
ZUM TOTALITÄREN

Viele der Pflanzen, die wir setzen, damit sie ein Stück Erde von Unkraut freihalten, neigen zum Totalitären, überwuchern alles und verdrängen gnadenlos die pluralistische Pflanzengesellschaft. Dem Gartenbesitzer kommt die edle Aufgabe zu, die Minderheiten zu schützen und den Schwachen zu ihrem Recht zu verhelfen. Das macht man am besten, indem man von Anfang an die Territorien absteckt. Maiglöckchen, diese duftenden Bilder der Unschuld, sind im Garten hartgesottene Flächenkrieger, die alles erobern, was sie können. In Gefäße gesetzt oder mit Sperren eingedämmt, machen sie einem jedes Frühjahr Freude, ohne sich zur Monokultur auszubreiten. Ähnliches gilt für die Elfenblume (*Epimedium*) oder die Haselwurz. Praktisch alle rhizombildenden Pflanzen müssen in Schach gehalten werden. Auch Gewächse mit Ablegern wie etwa die Walderdbeeren brauchen rigorose Überwachung.

Das Unkraut mit Kraut bekämpfen

Stetes Jäten und dichte Bepflanzung helfen

Wie werde ich Löwenzahn, Giersch, Winden, Schachtelhalm und Co. los? Vielen Leuten verleidet es das Gärtnern, weil sie dessen kreative Seite kaum mehr kennen, da sie ständig am Schneiden, Roden und Jäten sind. Tatsächlich hat die Natur die phänomenale Eigenschaft, sich ihr Terrain immer wieder zurückzuerobern.

HARTNÄCKIGE
UNTERIRDISCHE ABLEGER

Auch die Berufsgärtner sind nur zu einem kleinen Teil kreativ und gestaltend tätig. Der weitaus größere Teil ihrer Arbeit besteht aus reiner Instandhaltung und Pflege: Bäume werden gestutzt oder gefällt, Hecken und Zierpflanzen gestutzt und in Form gebracht, Rasen wird geschnitten und Unkraut gezupft. Es ist ein ständiger Kampf zur Erhaltung eines labilen Gleichgewichts.

Ein verwahrloster Garten oder eine verwilderte Alpenwiese sind Indikatoren dafür, dass dieses Gleichgewicht nicht mehr stimmt, dass da Menschen nicht mehr ausreichend Zeit, Kraft oder Geld haben für die nötigen Pflegemaßnahmen. Was das Unkraut anbelangt, sind Menschen in einem urbanen Umfeld besser dran als solche, deren Grundstück direkt an die grünen Wiesen grenzt, die ihre Pusteblumen und Ähnliches mit jedem Windstoß über den Gartenzaun senden. Aber all die ausgesäten Kräuter können im Jugendstadium leicht ausgezupft werden. Es sind vor allem die Pflanzen, die sich mit unterirdischen Ablegern verbreiten, die dem Gärtner Albträume bereiten. Gräser, die sich durch tiefe Wurzeln und Ableger meist in den Wurzelballen der Pflanzen einnisten, kann man oft nur gründlich entfernen, indem man auch die betroffenen Pflanzen ausgräbt und die Halme von oben nach unten herauszieht.

UNWORT UNKRAUT

Die Plage mit dem Schachtelhalm wird man am ehesten los, wenn man versucht, ihn trockenzulegen. Am besten aber ist es, mit dichter Bepflanzung seinen Lebensraum einzuengen. Die Grünen unter uns finden es ohnehin unmoralisch, zwischen Kraut und Unkraut zu unterscheiden, und sie raufen sich die Haare beim Gedanken an Herbizide. Das ehrt sie, aber wir wollen uns das Unkraut im Garten nicht aus

ideologischen Gründen unter Schutz stellen lassen. Natürlich bestimmt der Mensch, was Kraut ist und was Unkraut, und er tut das nach seinen jeweiligen Interessen und seinem individuellen Geschmack.

WIE MAN SICH DAS JÄTEN ERSPART

Bei der Bekämpfung von Neophyten haben wir die Grünen wohl wieder auf unserer Seite, dann, wenn die einheimische Artenvielfalt verteidigt werden muss. Auch für den Kampf gegen Staudenknöterich, Drüsiges Springkraut, Riesen-Bärenklau, Goldruten und Ambrosie wird heute ein großes Waffenarsenal aufgefahren, das neben Plastikplanen auch Chemie umfasst. Und ganz sicher ist die Verwendung von Kraut gegen Unkraut eine optimale Methode. Man bepflanzt den Boden so dicht, dass dem Unkraut keine Chance bleibt: Wer seinen Boden gut bewirtschaftet, dem bleibt das Jäten weitgehend erspart!

Ungern gesehene Gäste

Invasive Pflanzen im Visier

Natürlich sind eine Vielzahl unserer Pflanzen in Feld und Garten eigentlich Neophyten – viele davon sind in der Folge der Entdeckung Amerikas zu uns gekommen, wie die Kartoffeln, die Tomaten, Peperoni und Mais. Andere, wie die Weinrebe und unsere Obstbäume, wurden schon in der Antike bei uns ansässig gemacht, und wie-

der andere kamen mit dem Kolonialismus und der Erschließung der Welt mit neuen Verkehrsmitteln. Viele dieser importierten Arten sind für uns nützlich oder mindestens unproblematisch.

AUF DER SCHWARZEN LISTE

Ins Visier der Botaniker und der Artenschützer

geraten sind vielmehr die invasiven Neophyten, die bei uns einheimische Pflanzengesellschaften zu verdrängen drohen. Einige, wie die Kanadische Goldrute, erdrücken durch ihre schiere Präsenz immer mehr einheimische Pflanzen in Mooren, Sümpfen und an Waldrändern. Andere, wie etwa die Robinie oder die Lupine, beides Leguminosen – pardon: heute botanisch *Fabaceae* genannt –, schaffen, dank der Möglichkeit, mit ihren Knöllchenbakterien Stickstoff anzureichern, in ursprünglichen Magerwiesen plötzlich ein nährstoffreiches Umfeld, was eine Änderung der Pflanzengesellschaft nach sich zieht. Bei den invasiven Neophyten steht, nicht nur aus alphabetischen Gründen, die Ambrosia zuoberst auf der Liste, die für Allergiker gefährlich ist. Gleiches gilt für den Riesenkerbel. Insgesamt achtzehn Pflanzen stehen auf der schwarzen Liste und sollten in der freien Natur nicht gepflanzt, besser noch: entfernt werden.

AUF DER WATCHLISTE

Auf der Watchliste der Schweiz gibt es zehn Pflanzen, ihre Ausbreitung wird beobachtet und überwacht. Zum Glück sind von den rund 382 bekannten Neophyten nur gerade achtzehn invasiv und bedrohen unsere Arten. Der Riesen-Bärenklau war einst eine Zierde der Gärten. Nun möchte man ihn – nicht zuletzt, weil er mit der Sonne zusammen beim Berühren der Haut starke Verbrennungen hervorrufen kann – wieder loswerden. Und der Sommerflieder wurde jahrelang als Schmetterlingsfutter empfohlen, ist nun aber zu einem Besen des Zauberlehrlings geworden.

Südlich der Alpen, auch im Tessin, haben auffällige Neophyten dank des dortigen wärmeren Klimas gute Chancen, Wälder und Wiesen für sich zu «erobern». Da gehört sogar die Hanf-palme dazu, die Kermesbeere, die Silberakazie, der Lorbeerbaum, die Dreimasterblume und vieles mehr. Solange die Klimaerwärmung sich in Grenzen hält, wird die Hanfpalme nördlich der Alpen kein großes Problem sein, im Süden aber ist ihr kaum Einhalt zu bieten. Gleiches gilt für Paulownia, Götterbaum, Waldkiwis oder die Schlingpflanze Kudzu, die bis zu 30 Zentimeter wachsen kann an einem einzigen Tag.

AUCH EUROPA HAT AUFSÄSSIGE PFLANZEN EXPORTIERT

Da aber alles zwei Seiten hat, zeigt man auch auf, welche Pflanzen aus dem mitteleuropäischen Raum in anderen Teilen der Welt Fuß gefasst haben und dort die einheimische Flora bedrängen. Von Neophyten spricht man streng genommen nur bei Pflanzen, die in der Neuzeit zu uns gekommen sind, und die beginnt mit der Entdeckung Amerikas 1492. Mit den europäischen Siedlern haben auch diverse neue Pflanzen Amerika erreicht. Starke Verbreitung haben dort unter anderem das Scharbockskraut, der Blutweiderich, die Gelbe Schwertlilie, die Brunnenkresse und das Schilfrohr gefunden, die sich auf Kosten der dort heimischen Arten ausgebreitet haben. Große Schäden sind auch angerichtet worden, indem Pflanzen von den tropischen Gebieten Südamerikas nach Afrika und vice versa «verschoben» wurden, was das Beispiel der Wasserhyazinthen auf dem Victoriasee belegt. Als ich in einer Kolumne über die prächtigen Herbstfarben des Essigbaums geschwärmt habe, wurde ich zu Recht darauf aufmerksam gemacht, dass man für diesen Neophyten nicht Werbung machen solle. Tatsächlich werden die eingewanderten Pflanzen mit Vehemcnz bekämpft.

Die Verdrängung der einheimischen Flora

erfordert ein Eingreifen der Behörden. Es gibt aber auch Leute, die die Schweiz als klassisches Einwanderungsland ansehen und diese «Willkommenskultur» auf die invasiven Neophyten übertragen und die Natur sich selbst überlassen möchten. Unsere Gärten und Parkanlagen sind voll von importierten Pflanzen aus aller Welt, aber die meisten machen sich nicht selbstständig und bedrohen die ansässigen Pflanzen. Im Gegenteil, wir müssen uns alle Mühe geben, damit sie bei uns gedeihen.

Sie bringen Farbe in den Garten, sind aber unerwünschte Neophyten:
Rhus, Goldruten und Aster

Ehrenrettung

Gute und böse Knöteriche

Vom Japanischen Knöterich war hier die Rede: Als schwer auszurottender Neophyt bedroht *Reynoutria* oder *Fallopia japonica* unter anderem die Ufer unserer Bäche. Sicher ist es wichtig, diesen Knöterich, der bei uns nichts zu suchen hat und erst 1825 nach Europa verschleppt wurde, in die Schranken zu weisen.

Aber wir nehmen das gern zum Anlass, um auf andere Knöterichgewächse zu blicken, die hierzulande durchaus zur honorigen Flora gehören. Aus den rund vierzig Gattungen der *Polygonaceae* und den rund tausend Arten sei auf einige hingewiesen, die durch Nützlichkeit auffallen, und einige, die um ihrer Schönheit willen Erwähnung verdienen: Nützlich ist sicher der Sauerampfer, welchen Frankreichs Köche schätzen; sicher aber nicht der Alpen-Ampfer, der als Unkraut die Weiden verschlechtert.

Sein großblättriger Cousin dagegen, der Rhabarber, erfreut uns mit seiner aparten Säuerlichkeit. Und der Buchweizen (*Fagopyrum esculentum*), der im Veltlin und im Bündnerland zu Pizzoccheri verarbeitet wird, ist auch von Nutzen. Nicht zu vergessen sei der der Schlingknöterich (*Fallopia baldschuanica*), der Lärmschutzwände und andere Sünden der Architekten mildtätig verdeckt. Er teilt mit dem Unhold aus Japan die Gattung und damit wohl auch das rasche Wachstum.

Den Schönheitspreis gewinnt sicher der Schlangenknöterich, den wir kaum zu benennen wissen. Er hieß einst *Polygonum bistorta* oder *Persicaria bistorta* oder *Bistorta officinalis* und ist der prächtige rosa Knöterich, der im Sommer Bergwiesen – etwa um die Engadiner Seen – wie ein wogendes Meer umgibt. Erwähnung verdient auch sein kleinerer, etwas höher angesiedelter Bruder *Polygonum viviparum*, der neben weißen Blüten Brutknöllchen zur Erde fallen lässt. Übrigens: Auch der schöne Schlangenknöterich neigt, wie sein inkriminierter japanischer Verwandter, zum Wuchern!

Der Feind lauert und umzingelt: Hallimasch-Befall an einem Baum.

Ein Killerpilz

Die Baumplage Hallimasch

Pilze sind eine Köstlichkeit, und ich habe einen Freund, der sich jährlich im Frühjahr eine Portion Morcheln unter dem großen Baum in seinem Garten holen kann, immer beneidet. Bei uns wachsen Champignons, aber leider Karbol-Champignons, die schön aussehen, aber nach imprägnierten Eisenbahnschwellen riechen.

Vor einigen Jahren ist dann eine nahezu hundertjährige Thuja still vor sich hin gestorben. Wir haben den Wurzelstock mit Erde überhäuft und neu bepflanzt. Aber ein Jahr später sprossen da Hunderte von Pilzen: Hallimasch. Blanchiert sind sie essbar, aber wir haben es gar nicht versucht. Zwei Jahre später hat es die benachbarte Leyland-Zypresse erwischt. Auch sie starb leise vor sich hin, aber nicht ganz. Die obersten sechs Meter mussten wir wegschneiden, unten grünt es nach wie vor. Aber in diesem Herbst hat sich am Stamm erneut der Hallimasch gezeigt. Und an einem anderen Ort im Garten starb eine Kletterhortensie, deren Laub tot an der Hauswand hing; eine große alte Stechpalme bot dasselbe Schauspiel. Unten sprossen immer die hübschen Pilzkolonien. Zum Trost kann man in der Fachliteratur überall lesen, der Pilz befalle in erster Linie schwache Bäume. Zudem wurde es wirklich etwas heller im Garten. Die Empfehlung, das ganze Erdreich, in dem sich die Wurzeln der befallenen Bäume ausbreiten, abzutragen und zu ersetzen, konnten wir nicht befolgen, denn damit hätte mehr oder weniger der ganze Garten verladen werden müssen.

Andererseits aber dürfen wir uns nun rühmen, dass in unserem kleinen, auf botanische Raritäten spezialisierten Garten das größte Lebewesen der Welt wächst. Denn das ist weder ein Mammutbaum noch ein Blauwal, sondern ein Hallimasch: Das größte Exemplar erstreckt sich im US-Staat Oregon über neun Quadratkilometer Waldfläche. Man schätzt sein Alter auf 2400 Jahre und das Gewicht seines Myzels auf 600 Tonnen.

Immer, wenn nun einzelne Bäume ihre Vitalität einzubüßen scheinen, sind wir leicht beunruhigt und trauen dem Frieden nicht. «Der Feind in unserem Bett» ist der Hallimasch nicht, aber sicher ist da im Hintergrund immer eine Drohkulisse, dass er wieder irgendwo zuschlägt.

Literatur

Die Literatur zum Thema Pflanzen und Garten ist so umfassend, dass ich hier nur eine kleine Auswahl erwähnen kann. Zum einen sind es die großen Nachschlagewerke, die bisher nur teilweise vom Internet und von Wikipedia ersetzt werden:

Aeschimann, David, Lauber, Konrad, u. a.: Flora alpina. Haupt, Bern/Stuttgart/Wien 2004.

Amber, Conrad: Baumwelten. Kosmos, Stuttgart 2015.

Bärtels, Andreas: Enzyklopädie der Gartengehölze. Ulmer, Stuttgart 2014.

Beales, Peter, Chairns, Tommy, und Walter Duncan: Rosen-Enzyklopädie. Könemann, Köln 2005.

Cheers, Gordon: Botanica. Das Abc der Pflanzen. Ullmann, Potsdam 2011.

Dirr, Michael A.: Dirr's Enzylopedia of Trees & Shrubs. Timber Press, London 2003.

Erhardt, Walter, Götz, Erich, Bödeker, Nils, und Siegmund Seybold: Zander. Handwörterbuch der Pflanzennamen. Ulmer, Stuttgart 2002.

Gildemeister, Heidi: Mediterranean Gardening. A Waterwise Approach. Editorial Moll, Palma de Mallorca 1995.

Griebl, Norbert: Orchideenparadiese Europas. Die schönsten Orchideenziele von Schweden bis Zypern. Freya, Linz 2017.

Honnegger, Mina, und Andreas Honegger: Das kleine Buch der Zitruspflanzen. Elisabeth Sandmann, München 2017.

Kawollek, Wolfgang: Kübelpflanzen. Ulmer, Stuttgart 1997.

Köchel, Christoph, und Maria Köchel: Kübelpflanzen. Der Traum vom Süden. BLV, München 1997.

Köhlein, Fritz: Primeln und andere Primelgewächse. Ulmer, Stuttgart 1984.

Köhlein, Fritz: Das große Buch der Steingarten-Pflanzen. Ulmer, Stuttgart 1994.

Lauber, Konrad, und Gerhart Wagner: Flora Helvetica. Paul Haupt, Bern 1998.

Phillips, Roger, und Martyn Rix: Stauden. In Garten und Natur. Droemer Knaur, München 1992.

Pigeat, Jean-Paul: Gärten im Japan-Stil. Ulmer, Stuttgart 2007.

Pressner, Helmut: Die Orchideen Mitteleuropas und der Alpen. Nikol, Hamburg 2006.

Reinhard, Hans R., Gölz, Peter, und Hansruedi Wildermuth: Die Orchideen der Schweiz und angrenzender Gebiete. Fotorotar, Egg 1991.

Roth, Lutz, Daunderer, Max, und Kurt Kormann: Giftpflanzen. Pflanzengifte. Giftpflanzen von A – Z. Nikol, Hamburg 2006.

Royal Horticultural Society: Dumont's große Pflanzenenzyklopädie. Dumont-Reiseverlag, Ostfildern 2000.

Tintori, Giorgio e Sergio: Gli agrumi ornamentali. Edizione Firenze, Florenz 2005.

Vertrees, J. D.: Japanese Mapels. Timber Press, Portland, Oregon 1987.

Warda, Hans-Dieter: Das große Buch der Garten- und Landschaftsgehölze. Bruns-Pflanzen, Oldenburg 2001.

Wartmann, Beat A.: Die Orchideen der Schweiz. Der Feldführer. Haupt, Bern/Stuttgart/Wien 2020.

Erhardt, Walter, Götz, Erich, Bödeker, Nils, und Siegmund Seybold: Zander. Handwörterbuch der Pflanzennamen. Ulmer, Stuttgart 2002.

Zum anderen sind es Werke, die zu meinen Lieblingsbüchern gehören, ohne die wohl meine Zeitungskolumnen nie so geworden wären, wie sie sind:

Chatto, Beth, und Christopher Lloyd: Dear Friend and Gardener! Ein Briefwechsel über das Leben, das Gärtnern und die Freundschaft. DVA, München 2013.

Claudine: Mein grünes Herz. Ein unvollkommenes Gartenbuch. Scherz, Bern/München/Wien 1964.

Compton, Tania, und Andrew Lawson: Dream Gardens: 100 Inspirational Gardens. Merrell Publisher, London 2007.

Demski, Eva: Gartengeschichten. Insel, Frankfurt am Main 2009.

Druse, Ken: The Collector's Garden. Timber Press, Cambridge 2004.

Favarger, Claude: Alpenflora. Subalpine und Hochalpine Stufe. Kümmerly & Frey, Bern 1959.

Fröhlich, Anne Marie (Hrsg.): Gärten. Texte aus der Weltliteratur. Manesse, Zürich 1967.

Garmey, Jane (Hrsg.): The Writer in the Garden. Pavilion Books, London 2000.

Giono, Jean: L'homme qui plantait des arbres. Gallimard, Paris 2018.

Hobhouse, Penelope: Garden Style. Frances Lincoln, London 1988.

Hobhouse, Penelope: Natural Planting. Henry Holt, London 1997.

Hobhouse, Penelope: Gardens of Italy. Octopus Publishing Group, London 1998.

Jelitto, Leo, Schacht, Wilhelm, und Hans Simon: Die Freiland-Schmuckstauden. Handbuch und Lexikon der Gartenstauden. Ulmer, Stuttgart 2002.

Kriechbaum, Wilhelm: Alpenpflanzen im Garten. Ein Buch für Liebhaber von Alpenpflanzen und Steingärten. Parey, Hamburg/Berlin 1960.

Lacey, Stephen: Real Gardening. Penguin, London 2002.

Lees-Milne, Alvilde, und Rosemary Verey: The Englishman's Garden. Penguin, London 1982.

Maeterlinck, Maurice: Die Intelligenz der Blumen. Eugen Diederichs, Jena 1907.

Pakenham, Thomas: Remarkable Trees of the World. Weidenfeld & Nicolson, London 1996.

Pogue Harrison, Robert: Gardens: An Essay on the Human Condition. The University of Chicago Press 2009.

Sacks, Oliver: Die feine New Yorker Farngesellschaft. Eine Reise nach Mexiko. Liebeskind, München 2019.

Sackville-West, Vita: Aus meinem Garten. Einfälle und Ratschläge. Ullstein, München 1986.

Sackville-West, Vita: Meine Lieblingsblumen. Frankfurt am Main 2016.

Sackville-West, Vita: Mein Frühlingsgarten. Insel, Frankfurt am Main 2019.

Sackville-West, Vita: Mein Garten im Sommer. Insel, Frankfurt am Main 2019.

Sackville-West, Vita: Mein Herbstgarten. Insel, Frankfurt am Main 2019.

Sales, John: Shades of Green: My Life as the National Trust's Head of Gardens. Unicorn, London 2018.

Smithers, Peter: Adventures of a Gardener. The Harvill Press, London 1995.

Wales, Charles Prinz von, und Candida Lycett Green: The Garden At Highgrove. Weidenfeld & Nicolson, London 2003.

Wheeler, David (Hrsg.): Gartenlektüre. Die schönsten Geschichten englischer Gartenenthusiasten. DVA, München 2015.

Wocke, Erich: Die Kulturpraxis der Alpenpflanzen und ihre Anwendung im Steingarten und Alpinum. Parey, Berlin 1928.

Pflanzenregister

A

Abeliophyllum 253

Abies 160, 162

Acer japonicum 36, 57, 131, 153

Acer japonicum 'Aconitifolium' 57, 153

Acer palmatum 36, 57, 131, 154

Acer palmatum 'Katsura' 36

Acer palmatum 'Red Wood' 57

Acer rubrum 123

Acer shirasawanum 'Aureum' 36, 153

Aconitum 49, 83, 122, 211

Aconitum carmichaelii 122

Aconitum napellus 83, 211

Aegopodium podagraria 366

Aeonium arboreum 177

Aesculus parviflora 101

Agave americana 223, 224

Agave attenuata 224

Agave tequilana azul 224

Akebia quinata 70, 76, 325

Alcea rosea 18

Allium akaka 204

Allium ampeloprasum 204

Allium ascalonicum 204

Allium caeruleum 204

Allium cepa 204

Allium flavum 205

Allium giganteum 204

Allium karataviense 204

Allium moly 205

Allium oreophilum 204

Allium sativum 204

Allium schoenoprasum 204

Allium siculum 205

Allium tuberosum 204

Alnus glutinosa 318

Alnus glutinosa 'Imperialis' 318

Alocasia amazonica 26

Alocasia odora 26

Aloe vera 223

Amelanchier arborea 58

Amelanchier canadensis 58

Amelanchier lamarckii 58, 131

Amelanchier ovalis 58

Amorphophallus titanum 304

Anagallis arvensis 16

Anagallis monellii 16

Anchusa 16, 88, 199, 200

Anchusa officinalis 199

Anemone blanda 50, 264

Anemone hupehensis 124

Anemone nemorosa 49, 293

Anemone ranunculoides 50

Anemone vitifolia 124

Anthurium 304

Aponogeton distachyos 281

Aquilegia thalictrifolia 106

Arbutus unedo 7, 9

Arctostaphylos uva-ursi 288

Armoracia rusticana 214

Aronia arbutifolia 115, 208

Artemisia absinthium 192

Arum italicum 293

Arundo donax 135, 248, 252

Asarum europaeum 293

Asparagus officinalis 99

Asphodelus 154

Asplenium ruta-muraria 262

Asplenium scolopendrium 262, 298, 300

Asplenium scolopendrium 'Cristatum' 300

Asplenium septentrionale 262

Asplenium trichomanes 262

Asteraceae 10

Astilboides tabularis 249

Atropa belladonna 210, 211

B

Baobab 222

Bellis perennis 9

Berberis thunbergii 123

Bignonia capriolata 233

Bistorta officinalis 377

Blechnum spicant 302

Bletilla striata 82

Borago officinalis 198

Botrychium lunaria 302

Brugmansia × candida 235

Buddleia 119

Bulbocodium vernum 42

Butomus umbellatus 275

Buxus sempervirens 362

C

Callicarpa 120, 130

Callicarpa bodinieri var. giraldii 130

Callistemon citrinus 220

Calluna vulgaris 287, 291

Camassia 43

Camellia japonica 296

Camellia sasanqua 127, 253, 296

Camellia sinensis 127, 296

Campsis grandiflora 233

Campsis radicans 233

Campsis × Tagliabuana 233

Capsella bursa-pastoris 372

Capsicum annuum 197

Cardamine hirsuta 369

Cardamine impatiens 369

Cardiocrinum giganteum 353

Carpinus betulus 320

Cassiope 288

Castanea sativa 316

Catalpa bignoides 232

Ceanothus 96, 175, 347

Ceiba speciosa 320

Centranthus ruber 262

Cercidiphyllum japonicum 131

Ceterarch officinarum 262

Chenopodium album 372

Chilopsis linearis 233

Chimonanthus fragrans 187

Chimonanthus praecox 38, 253

Chionanthus retusus 101

Chionantus 95

Chionodoxa luciliae 47

Chitalpa tashkentensis 233

Choisya ternata 57

Chrysanthemum segetum 155

Cichorium intybus 217

Cimicifuga racemosa 128

Cimicifuga ramosa 128

Cimicifuga simplex 128

Citrullus 213

Citrus aurantium 'Bizzaria' 226

Citrus maxima 225

Citrus medica 225

Citrus medica 'Diamante' 225

Citrus medica 'Digitata' 225

Citrus medica 'Etrog' 225

Citrus reticulata 225

Citrus rugoso 225

Clematis armandii 68, 69, 102, 175, 347

Clematis forsteri × cartmanii 69

Clematis montana 76

Clematis recta 70

Clematis vitalba 70

Clintonia borealis 19

Cobaea scandens 73, 120

Colchicum alpinum 40, 141

Colchicum autumnale 40, 141, 211

Colchicum 'Lilac Wonder' 141

Convolvulus sepium 84

Cornus albus 64

Cornus alternifolia 64

Cornus canadensis 64

Cornus florida 64, 318

Cornus kousa 63, 64, 95, 318

Cornus kousa var. chinensis 64

Cornus nuttallii 64

Cornus suecica 64

Corokia cotoneaster 347

Cortaderia selloana 135, 138

Corydalis lutea 262

Cotinus coggygria 'Royal Purple' 115, 131

Crataegus oxyacantha 181

Crescentia cujete 320

Crocus albiflorus 39

Crocus biflorus 141

Crocus pulchellus 141

Crocus sativus 40, 119, 141

Crocus sieberi 141

Crocus speciosus 119, 141, 143

Crocus tommasinianus 39, 141

Cryptomeria japonica 274

Cucurbita ficifolia 212

Cucurbita maxima 212

Cucurbita moschata 212

Cucurbita pepo 212

Cunninghamia lanceolata 266

Cupressus macrocarpa 177

Curcuma longa 216

Cuscuta europaea 92

Cyclamen coum 45, 187, 293

Cyclamen hederifolium 124, 188, 293

Cyclamen neapolitanum 45

Cyclamen persicum 45

Cyclamen purpurascens 45

Cymbalaria muralis 262

Cypripedium calceolus 82

D

Daboecia 288

Daphne bholua 54

Daphne cneorum 54

Daphne mezereum 54

Daphne odora 'Aureomarginata' 54

Daphne pontica 54

Daphne tangutica 54

Daphne × burkwoodii 'Somerset' 54

Daphne × transatlantica 54

Darlingtonia californica 279

Darmera peltata 249

Datura stramonium 234

Davidia involucrata 332

Delphinium elatum 83

Digitalis purpurea 83, 211

Dionaea muscipula 278

Distictis buccinatoria 233

Dodecatheon 46

Dracunculus vulgaris 119, 304

Drosera 279

E

Echium candicans 200

Echium giganteum 200

Echium pininana 200

Echium simplex 200

Echium vulgare 199, 200

Echium wildpretii 200

Edgeworthia chrysantha 60

Eichhornia crassipes 275

Elaeagnus 117

Elaeagnus × ebbingei 117

Empetrum 288

Enkianthus perulatus 121, 131, 274

Epimedium 51, 293, 373

Epimedium grandiflorum 'Crimsons Beauty' 51

Epimedium × perralchicum 'Frohnleiten' 51

Epimedium pinnatum ssp. colchicum 'Elegans' 51

Epimedium rubrum 51

Eranthis cilicica 49

Eranthis hyemalis 49

Eranthis pinnatifida 49

Eranthis × tubergenii 49

Erica arborea 291

Erica carnea 253, 290, 291

Erica gracilis 291

Erigeron 10, 262

Erigeron karvinskianus 262

Eriobotrya japonica 147, 172, 200, 227, 347

Eriobotrya japonica 'Coppertone' 347

Eritrichium nanum 88

Erythronium californicum 47

Erythronium dens-canis 46

Erythronium revolutum 47

Erythronium tuolumnense 47

Eschscholzia californica 102

Euonymus alatus 121, 131

Euphorbia amygdaloides 93

Euphorbia characias ssp. wulfenii 93

Euphorbia cyparissias 93

Euphorbia griffithii 93

Euphorbia milii 94

Euphorbia myrsinites 93

Euphorbia palustris 93

Euphorbia pulcherrima 93, 168

Euphorbia seguieriana 93

Exochorda korolkowii 100

Exochorda racemosa 100

F

Fagopyrum esculentum 194, 377

Fallopia baldschuanica 377

Fallopia japonica 377

Fargesia 237, 368

Fargesia murielae 237

Fatsia japonica 126

Ficinia truncata 138

Ficus benjamini 26

Fothergilla 115, 118, 123

Franklinia alatamaha 19, 128, 297

Fremontodendron californicum 235

Fritillaria imperialis 84, 143

Fritillaria meleagris 42, 143, 353

Fritillaria persica 143

G

Galanthus nivalis 37

Gardenia jasminoides 229

Gaultheria 130, 288

Gaultheria procumbens 130

Gaura lindheimeri 16

Gunnera manicata 146, 249

Gunnera tinctoria 249

Gynostemma pentaphyllum 195

Gypsophila 106

H

Haberlea rhodopensis 12

Hakonechloa macra 'Aureola' 293

Hamamelis japonica 41

Hamamelis mollis 41

Hamamelis vernalis 41

Hamamelis virginiana 41

Hedera helix 247

Hedychium coccineum 216

Hedychium coronarium 216

Hedychium gardnerianum 216

Helleborus argutifolius 170, 185, 359

Helleborus croaticus 170

Helleborus foetidus 67, 185, 359

Helleborus lividus 170, 359

Helleborus multifidus 359

Helleborus niger 168, 170, 293

Helleborus orientalis 67, 170, 185, 186, 359, 360

Helleborus × ballardiae 186

Helleborus × ericsmithii 186

Hepatica nobilis 44, 293

Heracleum mantegazzianum 211

Heuchera 293, 373

Hippeastrum 169

Hortensia macrophylla 109

Hosta 30, 86, 197, 250, 293

Hosta sieboldiana 250

Hulthemia persica 78

Hyacinthoides non-scripta 42, 293

Hydrangea 9, 76, 106, 108, 111, 112

Hydrangea anomala 112

Hydrangea arborescens 111

Hydrangea aspera 111

Hydrangea integrifolia 112

Hydrangea paniculata 106, 111

Hydrangea peruviana 112

Hydrangea petiolaris 112

Hydrangea petriolaris 76

Hydrangea quercifolia 111

Hydrangea Seemannii 112

Hydrangea serratifolia 112

Hydrocharis morsus ranae 281

Hypericum 99

I

Ilex aquifolium 165, 167

Ilex crenata 167

Ilex meserveae 167

Ilex rugosa 167

Ilex verticillata 167

Imperata cylindrica 'Red Baron' 136

Incarvillea delavayi 233

Inula helenium 103

Ipomoea tricolor 84

Iris barbata 89

Iris bucharica 42, 188

Iris danfordiae 42, 145, 188

Iris histrioides 42, 188, 253

Iris pallida 88, 89

Iris pseudacorus 89

Iris reticulata 34, 42, 44, 145, 188

Iris sibirica 89

Iris unguicularis 183, 184, 253

Iris variegata 89

J

Jacaranda mimosifolia 233, 319

Jacksonia 19

Jankaea heldreichii 12

Jasminum nudiflorum 220, 253

Jasminum officinale 69

Jasminum polyanthum 61

Jeffersonia diphylla 19

K

Kigelia pinnata 233

Koelreuteria paniculata 36, 115

Koelreuteria paniculata 'Coral Sun' 115

L

Lagenaria siceraria 212

Larix kaempferi 312

Lathraea 92

Lathyrus pratensis 202

Lathyrus vernus 202

Lavandula angustifolia 228

Lavandula stoechas 175

Leontopodium alpinum 269

Lespedeza thunbergii 134

Leucothoe 288

Ligularia dentata 103, 250

Ligularia przewalskii 103

Ligularia stenocephala 103

Ligularia veitchiana 103

Lilium regale 264

Liquidambar styraciflua 122, 123, 131

Liriope muscari 139, 274

Lonicera caprifolium 73

Lonicera fragrantissima 118

Lonicera × purpusii 253

Lonicera purpusii 181

Loranthus europaeus 173

Lupinus polyphyllus 21

Lysichition 250

M

Macfadyena 233

Magnolia grandiflora 168

Magnolia stellata 56

Mahonia aquifolium 179

Mahonia lomariifolia 180

Mahonia × media 'Charity' 253

Mahonia × media 179, 180

Matteuccia struthiopteris 302

Meconopsis 16, 96, 220

Meconopsis betonicifolia 96

Meconopsis grandis 96

Meconopsis sheldonii 96

Medinilla magnifica 26

Mespilus germanica 172, 200

Metasequoia glyptostroboides 123, 266

Mimosa pudica 101

Miscanthus sinensis 135, 138

Musa basjoo 148

Muscari 42, 139

N

Narcissus poeticus 43

Narcissus pseudonarcissus 43

Narcissus radiiflorus 43

Narcissus tazetta 169

Nectaroscordum siculum 144, 205

Neottia nidus-avis 92

Nepenthes 280

Nicotiana tabacum 206

Nuphar lutea 275

Nymphaea alba 276

Nymphaea caerulea 276

Nyssa sylvatica 122, 131

O

Oenothera biennis 104

Olea europaea 221

Omphalodes verna 88, 293

Ophioglossum 302

Ophiopogon japonicus 139, 238, 274

Opuntia ficus-indica 223

Opuntia humifusa 223

Opuntia imbricata 223

Orobanche 92

Osmanthus × burkwoodii 61

Osmunda regalis 84, 302

Oxalis 371

P

Pandorea jasminoides 233

Pandorea pandorana 233

Papaver nudicaule 102

Papaver orientale 102

Papaver somniferum 102

Paris delavayi 85

Paris incompleta 84

Paris japonica 84

Paris polyphylla 85

Paris quadrifolia 84, 85

Paris rugosa 85

Paris thibetica 85

Parrotia persica 122, 131

Parthenocissus 115

Paulownia imperialis 19

Paulownia tomentosa 233, 319

Pennisetum 136, 138

Pennisetum orientale 136

Pernettya mucronata 130

Persicaria bistorta 377

Petasites japonicus 250

Phalaenopsis 23, 231, 232, 237

Philodendron 25, 26, 304

Photinia 35, 251

Photinia fraseri 35

Phyllostachys 367, 368

Phytolacca 120, 152

Phytolacca americana 152

Picea 162

Pieris japonica 35

Pinguicula alpina 279

Pinguicula vulgaris 278

Pinus banksiana 315, 316

Pinus cembra 312

Pinus densiflora 314

Pinus longaeva 312

Pinus mugo 266, 315, 316

Pinus mugo ssp. uncinata 316

Pinus nigra 314

Pinus sylvestris 314

Pleione limprichtii 82

Plumbago 96, 146

Podranea ricasoliana 233

Polygonum bistorta 377

Polygonum viviparum 377

Poncirus trifoliata 57, 151

Pontederia cordata 275

Populus nigra 'Italica' 309

Primula auricula 67

Primula hirsuta 68

Prunus dulcis 52

Prunus incisa 'Kojou-no-mai' 52

Prunus kurilensis 'Brillant' 52

Prunus sargentii 115

Prunus serrula 52

Prunus spinosa 181

Prunus subhirtella 'Autumnalis' 52, 59, 152, 187

Prunus tomentosa 52

Prunus × yedoensis 52

Pueraria montana 202

Q

Quercus ilex 166

Quercus palustris 122

R

Ramonda myconi 12

Ramonda nathaliae 12

Ramonda pyrenaica 12

Ramonda × regis-ferdinandi 12

Ranunculus ficaria 366

Raphiolepis inidca 288

Reynoutria 377

Rhaphiolepis umbellata 288

Rheum palmatum 249

Rhodochiton atrosanguineum 74

Rhododendron ferrugineum 284, 348

Rhododendron hirsutum 284

Rhododendron kaempferi 274

Rhododendron praecox 37

Rhus 123, 131, 376

Rhus typhina 131

ribes 99

Rizinus communis 211

Robinia pseudoacacia 101

Rodgersia aesculifolia 249

Rosa 'Alberic Barbier' 75

Rosa 'Albertine' 75

Rosa banksiae 78

Rosa 'Bobbie James' 75

Rosa bunonii 'The Himalayan Musk' 100

Rosa canina 78, 181

Rosa chinensis 'Mutabilis' 78

Rosa glauca 78

Rosa 'Kiftsgate' 75

Rosa persica 78

Rosa 'Pierre de Ronsard' 154

Roscoea cautleoides 82, 216

Roscoea humeana 216

Roscoea purpurea 216

Rudbeckia 103

Rumex alpina 249

Ruscus aculeatus 293

S

Sagina subulata 371

Saintpaulia 12, 27

Salix viminalis 250

Salvia patens 'Oxford Blue' 17

Salvia rutilans 138

Salvia uliginosa 138

Sarcococca confusa 188

Sarracenia 278, 279

Sarracenia purpurea 279

Schisandra rubiflora 76

Schizophragma hydrangeoides 76

Sciadopitys verticillata 266

Scilla bifolia 47

Scilla mischtschenkoana 47

Scilla peruviana 48

Scilla sibirica 42

Scorzonera hispanica 217

Sedum 222, 223, 260, 336

Selaginella 302

Sempervivum 29, 222, 336, 341, 342

Sempervivum tectorum 222

Senecio 103, 250

Skimmia japonica 130, 171

Solanum dulcamara 182, 197

Solanum tuberosum 196

Solidago 10

Sophora tetraptera 220

Sternbergia lutea 119

Stevia rebaudiana 196

Stewartia 244, 297

Stipa eriocaulis austriaca 136

Stipa pennata 136

Stipa splendens 136

Stipa tenuissima 136

Stratiotes aloides 281

Strelitzia reginae 220, 231

Streptocarpus grandis 27

Styrax japonica 101

Symplocarpus 250

T

Tabebuia chrysantha 320

Taxodium distichum 123

Taxus baccata 178

Taxus brevifolia 178

Taxus cuspidata 178

Tecomaria capensis 233

Thalictrum aquilegifolium 105

Thalictrum delavayi 106

Thalictrum diffusiflorum 106

Thalictrum foetidum 105

Thalictrum speciosissimum 106

Thunbergia alata 73

Tiarella 293, 373

Tibouchina urvilleana 120

Trachelospermum jasminoides 119, 175

Trachycarpus fortunei 147, 347

Trapa natans 281

Tricyrtis hirta 124

Trigonella coerulea 22

Trigonella foenum graecum 21

Tulbaghia violacea 144, 192, 204

Tulipa gesneriana 43

Tulipa sylvestris 43

Tulipa tubergeniana 43

U

Utricularia 280

V

Vaccinium deliciosum 295

Vaccinium macrocarpon 288

Vaccinium myrtillus 288, 295

Vaccinium oxycoccos 288

Vaccinium uliginosum 288

Verbascum 84, 103

Verbascum giganteum 103

Viburnum carlesii 56

Viburnum farreri 179

Viburnum opulus 100

Viburnum plicatum 100

Viburnum tinus 58

Viburnum × *Burkwoodii* 57

Viburnum × *Juddii* 58

Victoria amazonica 19

Victoria regia 19

Viola odorata 65, 66

Viscum alba 173

W

Washingtonia robusta 19

Z

Zamioculcas 304

Zantedeschia 220, 265, 304

Zantedeschia aethiopica 220, 265

Zingiber officinale 214

ANDREAS HONEGGER hat Mineralogie, Philosophie, Kunstgeschichte und deutsche Literatur studiert und mit einer Dissertation über Hugo von Hofmannsthal promoviert. Er arbeitete fast drei Jahrzehnte für die Neue Zürcher Zeitung als fester Redakteur. Heute ist er Kolumnist für verschiedene Zeitungen, leidenschaftlicher Gärtner und Verfasser von Garten- und Pflanzenbüchern. Er ist seit 2004 Autor im Elisabeth Sandmann Verlag und hat dort «Das Geheimnis der Steine», «Die Blumen der Frauen», «Das kleine Buch der Zitruspflanzen», «Vom Leben und Lieben der Pflanzen» sowie «Das Gedächtnis der Bäume» veröffentlicht. Ferner verfasste er die Texte zu Rosie Sanders «Überwältigende Blüten». Weitere seiner Publikationen kreisen um das Thema Gärten in Zürich und am Zürichsee. Andreas Honegger lebt mit seiner Familie in der Nähe von Zürich.

CORNELIA GANN und **EVA KLÄUI** lernten sich vor über 20 Jahren während des Studiums der Wissenschaftlichen Illustration an der heutigen Zürcher Hochschule der Künste kennen. Verbunden durch ihre Liebe zum Detail, die Freude am künstlerischen Ausdruck und eine breite Palette an Illustrationstechniken arbeiten sie seither immer wieder gemeinsam an gestalterischen Projekten. Beide leben mit ihren Familien in Zürich und arbeiten auch dort.